《经济法研究》实行匿名审稿制

经济法研究

第14卷

张守文　主编

北京大学出版社
PEKING UNIVERSITY PRESS

图书在版编目(CIP)数据

经济法研究. 第14卷/张守文主编. —北京:北京大学出版社, 2014.11
ISBN 978-7-301-24981-9

Ⅰ. ①经… Ⅱ. ①张… Ⅲ. ①经济法—研究—中国—文集
Ⅳ. ①D922.290.4-53

中国版本图书馆CIP数据核字(2014)第234476号

书　　　　名: 经济法研究(第14卷)
著作责任者: 张守文　主编
责 任 编 辑: 郭瑞洁
标 准 书 号: ISBN 978-7-301-24981-9/D·3692
出 版 发 行: 北京大学出版社
地　　　　址: 北京市海淀区成府路205号　100871
网　　　　址: http://www.pup.cn
新 浪 微 博: @北京大学出版社　@北大出版社法律图书
电 子 信 箱: law@pup.pku.edu.cn
电　　　　话: 邮购部 62752015　发行部 62750672　编辑部 62752027
出版部 62754962
印　刷　者: 北京大学印刷厂
经　销　者: 新华书店
965毫米×1300毫米　16开本　22印张　371千字
2014年11月第1版　2014年11月第1次印刷
定　　　　价: 48.00元

卷 首 语

本卷分为特稿、名家论坛:营改增的法律问题、名家笔谈:经济法主体理论、经济法基础理论、宏观调控法、市场规制法、博士生论坛:财产理论七个部分。

特稿专栏刊发杨紫烜教授《论经济法主体的概念和体系》一文。该文围绕着经济法主体范畴问题,从经济法主体的概念与体系两个层面展开分析。文章在清晰界定经济法主体的定义及其与相关主体的区别的基础之上,系统全面地提出了"二元结构""三个层次"经济法主体体系,并就行业性中介组织在经济法主体体系中的地位,进行了深入分析,对于完善经济法主体理论,具有重大的指导意义。

本卷名家论坛的主题是营业税改增值税(简称"营改增")的法律问题。"营改增"是我国减轻企业税负、优化税制结构、推动经济发展的重要举措。本期论坛邀请了张守文教授、席月民教授、陈少英教授和张富强教授,从经济法理论基础、税权配置和具体行业的"营改增"等角度,就"营改增"涉及的法律问题发表观点,以回应我国经济改革过程中的重大现实问题,彰显经济法的现实功能。

本卷名家笔谈的主题是经济法主体理论。本专栏邀请徐孟洲、刘少军、薛克鹏、卢炯星、陈婉玲、隋洪明等六位学者,分别从法学体系、经济法子系统、理论反思、经济法主体特殊性和具体形态等视角,阐述对经济法主体理论的真知灼见,其中既有宏观视角的建构和反思,也有微观视角的梳理和类型化分析,所提出的观点富有创新性,有助于深化主体理论的研究,进一步凝聚理论共识,推动经济法理论的发展。

"经济法基础理论"专栏共刊发三篇论文。冯果教授的《经济法的价值理念论纲》一文,认为经济法的价值理念是关系到经济法内在精神和原则确立及功能发挥的根本性问题,实质正义和社会本位是经济法最为核心的理念,其内涵将随时代发展而不断丰富;经济法价值在具有一般法价值的同时,更加注重对社会整体秩序、社会整体效率、社会整体公平(实质公平)和社会实质正义的维护和追求。李国海教授与卢伟同学合作的《论经济法责任之独特性——兼评"经济法独立责任论"》一文，认为经济法责任的"本座"依然在于传统三大责任，其独有法律责任形式无法支起整座经济法责任"大厦"，因此经济法责任的独特性而非独立性具体表现为对传统责任的改进和新型法律责任两个方面。袁达松副教授和廖雅雯同学合作的《经济程序法研究述略——兼论经济审判机构的恢复与拓展》一文，梳理了法学界就经济程序法的存在理据、分类及其实施机构的论争，论述了经济审判机构的恢复与拓展的可能性，为我国经济诉讼程序法的构建提供了一种有益参考。

"宏观调控法"专栏共刊发三篇论文。管斌副教授的《我国系统重要性金融机构监管改革研究》一文，强调特定类型金融机构具有系统重要性，后金融危机时代各国金融监管改革的重点就是加强对此类金融机构的监管，我国金融法应当立足本土资源，借鉴国际经验，构建针对性的监管体系。陈建霖助理教授和崔炯哲博士合作的《风和光国有化的合法性与合理性》一文，认为公共财产的分配形式不限于公共免费使用，可以随科技进步和社会经济发展而有所变化，对自然资源国有化能够防止滥用，实现稀缺自然资源的有效管理。张春丽博士的《社会保险基金投资监管法律问题研究——以被保险人收益权保护为核心》一文，从社会保险基金投资功能出发，分析权利范式、法律关系性质和监管框架的借鉴意义，提出了构建我国社会保险基金监管法律制度的基本思路。

"市场规制法"专栏共刊发三篇论文。钟志勇教授的《自由融资权与刑罚权的冲突及解决》一文，归纳了自由融资权与刑罚权冲突的具体表现，分析了限制自由融资权的正当性，并就适用非法集资罪的情形，提出相应对策建议。缪因知讲师的《国有企业视野下的主权财富基金法律规制》一文，讨论了主权财富基金的国有企业属性及其影响，从公司治理、公共治理的角度整体考察了主权财富基金的应有的行为准则，强调主权财富基金治理内部透明度的重要性。陈肖盈博士的《日本互联网广告行政规制的现状与启示》一文，介绍了日本互联网广告行政规制的主要特点，对中日两国法律规定进行比较分析，并论述了日本经验对我国的借鉴意义。

本卷"博士生论坛"专栏的主题为"财产理论"。共刊发四篇文章，分别是邬蕾的《论康德财产权的理性根据》、康宁的《演进之物——法学财产概念的西源流变》、杨青贵的《〈土地管理法〉的修改与集体土地财产价值的实现——以集体土地处分行为规制规则供给为对象》、胡晶晶的《专利权质押之质权人权利研究——以物权法一般理论为基础》。这些文章分别从哲学、法律史、经济法、知识产权法等角度，讨论财产问题，有助于增进不同学科之间的关联，拓展经济法研究的理论资源，加强经济法研究的理论厚度。

《中共中央关于全面深化改革若干重大问题的决定》提出了全面深化改革的总体思路和主要任务，对经济领域的改革作出了具体部署。国家治理体系和治理能力现代化的改革总目标，以及改革的主要任务，涉及到经济法的多个理论命题与部门法制度，经济法学界在全面深化改革与经济法治建设中将大有可为。《经济法研究》也一如既往地欢迎大家惠赐优秀研究成果，共同推进经济法的新发展。

北京大学经济法学科的博士生何锦前、段礼乐、张东和覃甫政等同学，参加了本卷组稿等工作，在此表示感谢。同时，也感谢北京大学出版社法律事业部邹记东主任、郭瑞洁编辑长期以来的大力支持。

张守文

2014 年 4 月 15 日

于北京大学经济法研究所

目录

本卷特稿

名家论坛：营改增的法律问题

名家笔谈：经济法主体理论

经济法基础理论

宏观调控法

市场规制法

博士生论坛:财产理论

Contents

The Scholar Viewpoints: On the Theory of the Subject on Economic Law

Basic Theory of Economic Law

The Macro-control Law

The Market Regulation Law

本卷特稿

论经济法主体的概念和体系

杨紫烜*

第十四届全国经济法前沿理论研讨会的主题是“经济法学主体范畴研究”。范畴即基本概念。“哲学上指反映客观事物本质联系的基本概念,是人的思维对客观事物本质的概括的反映。”①每一门学科都有自己特有的一系列范畴。经济法学的范畴包括经济法、经济法的调整对象、经济法的地位、经济法的体系、经济法的主体、经济法的理念、经济法的基本原则、经济法的制定、经济法的实施等。为了明确经济法学主体范畴,必须深入研究经济法主体的概念和体系。下面,笔者从两个方面进行论述。

一、经济法主体的概念

(一)经济法主体的定义

经济法主体,即经济法律关系主体,是指根据经济法的规定发生的权利和义务关系的参加者。简言之,经济法主体,是指经济法律关系的参加者。为了明确经济法主体的定义,需要搞清楚以下四个问题:

第一,如何理解“经济法律关系”?

要搞清楚什么是经济法律关系?首先要明确法律关系的概念。笔者认为:法律关系,是指根据法的规定发生的权利和义务关系;经济法律关系,是指根据经济法的规定发生的权利和义务关系。

经济法律关系是思想的社会关系,而不是物质的社会关系。列宁指出:马克思、恩格斯的基本思想“是把社会关系分成物质的社会关系和思想的社

---

* 杨紫烜,北京大学法学院教授、博士生导师。

① 《现代汉语规范词典》,外语教学与研究出版社、语文出版社2004年版,第369页。

会关系"。"思想的社会关系是物质的社会关系的上层建筑"。[2] 应该说,经济法调整的特定经济关系,同经济法律关系是不同类型的社会关系:前者是物质的社会关系,属于经济基础的范畴;后者是思想的社会关系,是前者在法律上的反映,属于上层建筑的范畴。

有些学者之所以把经济法律关系说成是经济法的调整对象,正是由于他们把特定的物质的社会关系和特定的思想的社会关系等同起来,混淆了它们的原则界限。这是违反历史唯物主义的基本原理的。因为生产力与生产关系、经济基础与上层建筑的辩证关系,是历史唯物主义的基本原理。

第二,如何理解经济法主体是经济法律关系的"参加者"?

经济法主体是经济法律关系的"参加者"。这里所说的"参加者",包括组织体和个人。不是组织体和个人,不能成为经济法主体;是组织体和个人不一定是经济法主体。[3]

第三,如何理解经济法主体参加的经济法律关系是"权利和义务关系"?

经济法主体的权利和义务的概念,有广义和狭义两种理解:一是从广义上讲,经济法主体的权利和义务既包括国家协调受体的权利和义务,也包括国家协调主体的职权和职责[4];二是从狭义上讲,经济法主体的权利和义务,仅指国家协调受体的权利和义务。

国家协调主体的职权,是指依照经济法的规定,国家协调主体具有自己作为或不作为和要求他人作为或不作为的资格。

国家协调主体的职责,是指依照经济法的规定,国家协调主体必须作为或不作为的责任

关于国家机关的职权和职责的关系,有的学者认为:"职权一词不仅指法律关系主体具有从事这种行为的资格或能力,而且也意味他必须从事这一行为,否则就成为失职或违法。"[5]笔者认为,从这个意义上来说,国家机关的职权可以同时理解为国家机关的职责。例如,我国《产品质量法》第18条第1

② 《列宁选集》第1卷,人民出版社1995年版,第19、47页。

③ 对此,笔者将在本文第二部分进行详细论述。

④ 例如,我国《反垄断法》第41条规定:"反垄断执法机构及其工作人员对执法过程中知悉的商业秘密负有保密义务。"在这里,"义务"这一概念就包括了作为国家协调主体的反垄断执法机构的职责在内的。

⑤ 沈宗灵主编:《法理学》,北京大学出版社2003年版,第73页。

款规定的四项职权[⑥],也可以理解为四项职责。笔者还认为,在有些情况下,国家机关的职责可以同时理解为国家机关的职权。例如,《中国人民银行法》第4条第1款规定的13项职责[⑦],也可以理解为13项职权。可见,职权和职责的实际含义一般是相同的。但是,不能将两者完全等同起来。因为在有些情况下,法律所规定的国家机关的职责[⑧]不宜视为国家机关的职权。所以,对于国家机关的职权,可以理解为国家机关的职责;对于国家机关的职责,在多数情况下可以理解为国家机关的职权,在有些情况下这样理解不妥。换言之,国家机关的职权也就是国家机关的职责;国家机关的职责不一定是国家机关的职权。

狭义上讲的经济法主体的权利,即国家协调受体的权利,是指依照经济法的规定,国家协调受体具有自己作为或不作为和要求他人作为或不作为的资格。

狭义上讲的经济法主体的义务,即国家协调受体的义务,是指依照经济法的规定,国家协调受体必须作为或不作为的责任。

第四,如何理解经济法主体参加的权利和义务关系是"根据经济法的规定发生的"?

任何法的主体,都是根据法的规定发生的权利和义务关系(即法律上的权利和义务关系)的参加者;不是根据法的规定发生的权利和义务关系(即不是法律上的权利和义务关系)的参加者,都不是法的主体。在法的主体中,是不是经济法主体,决定于该主体是不是"根据经济法的规定发生的"权利

---

⑥ 《产品质量法》第18条第1款规定,县级以上产品质量监督部门根据已经取得的违法嫌疑证据或者举报,对涉嫌违反本法规定的行为进行查处时,可以行使下列职权:对当事人涉嫌从事违反本法的生产、销售活动的场所实施现场检查;向当事人的法定代表人、主要负责人和其他有关人员调查、了解与涉嫌从事违反本法的生产、销售活动有关的情况;查阅、复制当事人有关的合同、发票、账簿以及其他有关资料;对有根据认为不符合保障人体健康和人身、财产安全的国家标准、行业标准的产品或者有其他严重质量问题的产品,以及直接用于生产、销售该项产品的原辅材料、包装物、生产工具,予以查封或者扣押。

⑦ 《中国人民银行法》第4条第1款规定,中国人民银行履行下列职责:发布与履行其职责有关的命令和规章;依法制定和执行货币政策;发行人民币,管理人民币流通;监督管理银行间同业拆借市场和银行间债券市场;实施外汇管理,监督管理银行间外汇市场;监督管理黄金市场;持有、管理、经营国家外汇储备、黄金储备;经理国库;维护支付、清算系统的正常运行;指导、部署金融业反洗钱工作,负责反洗钱的资金监测;负责金融业的统计、调查、分析和预测;作为国家的中央银行,从事有关的国际金融活动;国务院规定的其他职责。

⑧ 例如,我国《税收征收管理法》第53条第1款规定:"国家税务局和地方税务局应当按照国家规定的税收征收管理范围和税款入库预算级次,将征收的税款缴入国库。"又如,我国《中国人民银行法》第29条规定:"中国人民银行不得对政府财政透支,不得直接认购、包销国债和其他政府债券。"

和义务关系的参加者;根据其他法的规定发生的权利和义务关系的参加者,则是其他法的主体。例如:根据民法的规定发生的权利和义务关系的参加者,是民法主体;根据行政法的规定发生的权利和义务关系的参加者,是行政法主体;根据国际经济法的规定发生的权利和义务关系的参加者,是国际经济法主体。

(二)经济法主体与相关主体的区别

经济法主体不同于经济关系主体。因为经济法主体所参加的经济法律关系同经济关系主体所参加的经济关系性质不同,经济法律关系是思想的社会关系,经济关系是物质的社会关系;它们产生的时间也不同,经济法主体所参加的经济法律关系是在有了经济法以后才产生的,而经济关系主体所参加的经济关系是在经济法产生以前就已经存在;它们的范围也不同,经济法律关系是经济法所调整的特定经济关系在法律上的反映,这种特定经济关系只是经济关系的组成部分而不是经济关系的全部。

经济法主体不同于创制经济法的主体。法定的国家权力机关和国家行政机关可以参加根据经济法的规定发生的权利和义务关系,成为经济法主体;也可以根据法定的职权和程序制定或认可经济法律规范,成为创制经济法的主体。但是,不能把这两种不同的主体混为一谈:不能在法定的国家权力机关和国家行政机关参加经济法律关系时,将其视为创制经济法的主体;也不能在国家权力机关和国家行政机关依法制定或认可经济法律规范时,将其视为经济法主体。

经济法主体不同于其他法的主体。经济法主体是经济法律关系的参加者,而其他法如民法、行政法、国际经济法等法的主体,分别是民事法律关系、行政法律关系、国际经济法律关系等法律关系的参加者。这些不同的法律关系,决定了其各自的主体也是不同的。虽然有些组织体和个人既可以成为经济法的主体,也可以成为民法、行政法或国际经济法等法的主体,但是,不能混淆经济法主体与其他法的主体的界限。例如,企业可以参加经济法律关系,成为经济法主体,也可以参加民事法律关系、行政法律关系或国际经济法律关系等法律关系,分别成为民法、行政法或国际经济法等法的主体。但是,不能在企业参加经济法律关系时,将其视为其他法的主体;也不能在企业参加其他法律关系时,将其视为经济法主体。

二、经济法主体的体系

（一）经济法主体体系的概念和结构

经济法主体体系，是指由多层次的、门类齐全的经济法律关系的参加者组成的有机联系的统一整体。这一定义，具有三个基本含义：一是经济法主体体系是由经济法律关系的参加者即经济法主体组成的有机联系的统一整体；二是组成经济法主体体系的经济法律关系的参加者即经济法主体，在纵向结构上是多层次的；三是组成经济法主体体系的经济法律关系的参加者即经济法主体，在横向结构上是门类齐全的。

就各个层次、各个门类的经济法主体的内部结构而言，都是"二元结构"。例如：第一层次的经济法主体，包括国家协调主体和国家协调受体；第二层次的市场监管法主体、宏观调控法主体，分别包括市场监管主体和市场监管受体、宏观调控主体和宏观调控受体；第三层次的竞争法主体、财政法主体等，分别包括竞争监管主体、竞争监管受体和财政调控主体、财政调控受体等；其他层次的各个门类的经济法主体，也是"二元结构"。

经济法主体体系的结构，决定于经济法律关系的结构；经济法律关系的结构，决定于经济法调整的特定经济关系的结构。因此，经济法调整的特定经济关系包括市场监管关系和宏观调控关系，决定了经济法律关系包括市场监管法律关系和宏观调控法律关系；经济法律关系包括市场监管法律关系和宏观调控法律关系，决定了经济法主体包括市场监管法主体和宏观调控法主体。

（二）市场监管法主体

市场监管法主体，即市场监管法律关系主体，是指根据市场监管法的规定发生的权利和义务关系的参加者。简言之，市场监管法主体，是指市场监管法律关系的参加者。

对于市场监管法主体，根据实践的需要，可以按照不同的标准进行连续划分。例如：对于市场监管法，按照其调整对象的不同，可以划分为市场准入与退出法、竞争法、消费者权益保护法、产品质量法等；相应地，可将市场监管法主体划分为市场准入与退出法主体、竞争法主体、消费者权益保护法主体、产品质量法主体等。对于这些不同门类的市场监管法主体还可以继续进行划分,如竞争法主体又可划分为反垄断法主体和反不正当竞争法主体。以上不同层次和不同门类的市场监管法主体,都有监管主体和监管受体之分。

按照市场监管权限的不同,可将市场监管划分为政府监管和政府经济监管部门监管。对于政府监管和政府经济监管部门监管,按照其层级的不同,又可以分别划分为中央政府监管、地方政府监管和中央政府经济监管部门监管、地方政府经济监管部门监管。对于政府经济监管部门监管,按照监管行业的不同,又可以划分为广告业、房地产业、金融业等监管。对于这些不同行业的市场监管还可以继续进行划分,如对于金融业监管可以划分为银行业、证券业、保险业、期货业等监管。以上不同层次和不同门类的市场监管,有不同层次和不同门类的市场监管法主体。

按照市场监管法主体类型的不同,可将作为组织体的市场监管主体划分为政府监管主体和政府经济监管部门监管主体;将市场监管受体划分为组织体和个人。对于作为市场监管受体的组织体,又可划分为经营单位(如企业和从事经营活动的事业单位)和非经营单位(如作为经营者利益代表者的行业性中介组织)。对于作为市场监管受体的个人,又可划分为不同类型的个体经营者。

(三) 宏观调控法主体

宏观调控法主体,即宏观调控法律关系主体,是指根据宏观调控法的规定发生的权利和义务关系的参加者。简言之,宏观调控法主体,是指宏观调控法律关系的参加者。

对于宏观调控法主体,根据实践的需要,也可以按照不同的标准进行连续划分。例如:对于宏观调控法,按照其调整对象的不同,可以划分为计划法、财政法、中央银行法、价格调控法等;相应地,可将宏观调控法主体划分为计划法主体、财政法主体、中央银行法主体、价格调控法主体等。对于这些不同门类的宏观调控法主体可以继续进行划分。例如,财政法主体可以划分为财政收入法主体、财政支出法主体。又如:财政收入法主体还可以划分为税法主体、国债法主体等;财政支出法主体还可以划分为政府采购法主体、转移支付法主体等。以上不同层次和不同门类的宏观调控法主体,也都有调控主体和调控受体之分。

按照宏观调控内容的不同,可将宏观调控法划分为产业调控法、区域经济调控法、资源与能源调控法、国有资产调控法、对外经济调控法等;相应地,可将宏观调控法主体划分为产业调控法主体、区域经济调控法主体、资源与能源调控法主体、国有资产调控法主体、对外经济调控法主体等。对于这些不同门类的宏观调控法主体可以继续进行划分,如产业调控法主体又可以划分为第一、第二、第三产业调控法主体。以上不同层次和不同门类的宏观调控法主体,也都有调控主体和调控受体之分。

按照进行宏观调控的国家机关地位的不同,可将宏观调控划分为国家权力机关调控和国家行政机关调控。对于国家权力机关调控和国家行政机关调控,按照其层级的不同,又可以分别划分为中央国家权力机关调控、地方国家权力机关调控和中央国家行政机关调控、地方国家行政机关调控。中央国家行政机关调控和地方国家行政机关调控,又可以分别划分为中央政府调控、中央政府经济调控部门调控和地方政府调控、地方政府经济调控部门调控。以上不同层次和不同门类的宏观调控,有不同层次和不同门类的宏观调控法主体。

按照宏观调控法主体类型的不同,可将作为组织体的宏观调控主体划分为国家权力机关调控主体和国家行政机关调控主体;将宏观调控受体划分为组织体和个人。对于作为宏观调控受体的组织体,又可划分为国家机关(如使用预算收入的国家机关)和社会组织。对于作为宏观调控受体的社会组织又可划分为经营单位和非经营单位(如使用预算收入的事业单位)。对于作为宏观调控受体的个人,又可以划分为个体经营者和非经营者的个人。

(四) 行业性中介组织在经济法主体体系中的地位⑨

1. 行业性中介组织的概念

市场中介组织,是指依法设立,在国家机关与市场主体之间以及市场主体相互之间从事经济运行的中间服务事业的自治性社会组织。

行业性中介组织属于市场中介组织的范围,是指由同一行业或者具有同一特性的成员组成,并以促进行业或者该集合群体的公共利益为目的的非营利性中介组织。它包括行业协会、商会、同业公会、专业(职业)协会等。在实质意义上,各类行业性中介组织与行业协会的基本功能和特征是相同的,故也可简称为行业中介组织或者行业组织。

2. 行业性中介组织不属于国家协调主体的范围

行业性中介组织可以接受政府授权,履行与行业有关的资质评定、原产

---

⑨ 参见曾东红:《市场中介组织法律制度》;肖江平:《市场监管法的一般原理》《宏观调控法的一般原理》。载杨紫烜主编:《经济法》(第四版)北京大学出版社、高等教育出版社出版,第169、172、183—184、209—210、428页。

地认证、行业调查、行业统计、制定行业发展规划和引导企业贯彻执行行业发展规划等部分公共经济管理职能,发挥某些市场监管和宏观调控的作用。需要注意的是,行业性中介组织不是国家机关,它只能在接受政府授权的条件下,才能履行以上职能,发挥上述作用,所以,它本身不是国家协调主体。

3. 行业性中介组织属于国家协调受体的范围

尽管市场监管受体常常是经营者,但有时也可能不是经营者而是其利益的代表者。例如,当行业性中介组织的行为违反市场监管法应受到监管主体的监管时,实施该行为的行业性中介组织也就成为市场监管受体。

行业性中介组织所为的经营指导行为,有时会违反宏观调控法的规定,影响总供给和总需求。因而,在特定情形下,作为经营者利益代表者的行业性中介组织,也会成为宏观调控受体。

总之,行业性中介组织不属于国家协调主体的范围,在一定条件下可以成为国家协调受体。

名家论坛：
营改增的法律问题

“营改增”的经济法理论思考

张守文*

一、问题与研究路径的限定

“营改增”作为我国当前税制改革至为重要的制度安排,受到了政产学研各界的深度关注,其改制价值已在经济、法律、政治等多个层面被反复强调。从总体上说,“营改增”问题与经济和法律关联尤为密切,只是经济学界的研究相对更多,法学界的探讨还相当不够,因而非常需要从经济法的视角深入探究。

增值税与营业税作为我国商品税领域的两个最主要税种,在整个税收体系中亦举足轻重——两税不仅征收范围广,覆盖各类法定的货物与劳务,且其收入多年来始终占全国总体税收收入的一半以上。① 因此,“营改增”不仅对各类市场主体具有普遍影响,而且亦直接关乎国家的税收收入,以及中央和地方政府的收入分配。对于如此事关民生与国计的重大改革,如何确保其合理性与合法性,充分体现法治的要求,是经济法研究需要关注的重大课题。②

研究“营改增”问题,除了上述的法治路径,尚需从经济法理论的角度来思考。例如,“营改增”作为经济法领域的重要制度变革,是否符合经济法的理念和调整目标?是否体现了经济法基本原则的要求?与经济法的基本原理、基本矛盾有何关联?如何从“营改增”的角度说明经济法是促进发展之法?如何看待其与宏观调控法或产业结构法之间的关联?其中的权力配置

---

* 张守文,北京大学法学院教授,博士生导师。

① 在2012年,我国增值税和营业税占税收收入总额的比重分别为39.8%和15.6%,合计已超过税收总额的一半。

② 对于此类问题的讨论,可参见张守文:《“结构性减税”中的减税权问题》,载《中国法学》2013年第5期。

或权义结构涉及哪些经济法问题？等等。

上述问题的研讨，与经济法的本体论、价值论、规范论、运行论等均密切相关。经由各类经济法理论的视角，可以透视“营改增”的诸多问题。例如，从本体论的角度，有助于明晰“营改增”的性质和制度归属③；从价值论的角度，有助于明确“营改增”的方向和应遵循的原则；从规范论的角度，有助于解决“营改增”所涉主体的权义配置，特别是扣除权配置的问题④；从运行论的角度，有助于发现在“营改增”立法、执法过程中的问题，从而确保“营改增”的顺利实施。上述相互关联的视角，对于全面理解“营改增”均有其价值。

限于篇幅，考虑到当前“营改增”的价值分析更为迫切和重要，本文拟着重从经济法的价值论角度展开讨论，这涉及“营改增”的目标、原则、功能与经济法的调整目标、基本原则、功用价值的相关性和一致性，同时，这些讨论对于从经济法的其他理论视角探讨“营改增”问题亦具有重要意义。

二、从经济法的调整目标看“营改增”

“不断地解决个体营利性和社会公益性的矛盾，兼顾效率与公平，从而促进经济的稳定增长”，是经济法调整所欲实现的经济目标。⑤ 作为经济法领域的税法制度的重要调整，“营改增”也应当通过解决税法领域的矛盾和问题，来实现促进经济稳定增长的目标，因而与经济法调整目标是内在一致的。

众所周知，“营改增”是在金融危机发生后，我国经济增长放缓的情势下推出的，其直接目标就是通过降低缴纳营业税的市场主体的税负，推进第三产业的发展，从而促进产业结构的调整和优化，进而保障经济的稳定增长。因此，它与经济法调整所欲实现的促进经济稳定增长的目标是完全一致的。

“营改增”要实现上述目标，一方面，必须关注个体的营利性，更多地体

---

③ 如“营改增”是否具有宏观调控的性质，营改增”的制度变革是否属于宏观调控法的范畴，可否归入调整产业结构的工具，等等。从国家目标来看，“营改增”显然不是基于单纯的组织税收收入角度的考虑，而更多地是基于调整产业结构乃至整体经济结构的考虑，因而具有明显的宏观调控的性质。

④ 对于此类问题的讨论，特别是扣除权问题的讨论，可参见张守文：《增值税的“转型”与立法改进》，载《税务研究》2009年第8期。

⑤ 经济法的调整目标包括经济目标和社会目标，具体探讨可参见张守文：《经济法总论》，中国人民大学出版社2009年版，第21—22页。“营改增””与经济法调整所欲实现的经济目标联系更为紧密。

现税收“中性”,着力解决营业税领域存在的重复征税,以及营业税与增值税的纳税主体之间的税负不公问题,从而促进其公平竞争;另一方面,还必须考虑社会公益性,保障国家在提供公共物品方面所需要的税收收入,不能因为“营改增”而使国家的税收收入降得太低,即“营改增”既要体现“结构性减税”的要求,又要保持适度的税负水平。通过“营改增”实现公平税负,促进公平竞争,有助于激发市场活力,促进市场主体发展,更好地保障个体营利性;同时,也有助于进一步扩大税基⑥,增加国家的税收收入,因而从长远和整体的意义上,能够更好地保障社会公益,体现整体上的社会公益性。可见,在“营改增”的过程中,“不断解决个体营利性和社会公益性的矛盾”非常重要,这正是实现经济法调整目标的重要路径。

与上述矛盾的解决直接相关,“营改增”不仅要通过解决重复征税问题,来提高市场主体的效率,还要通过公平税负,来促进市场主体之间的公平竞争。从整个“营改增”的制度安排来看,其对个体营利性和社会公益性的强调,本身就体现了对效率价值与公平价值的重视。“营改增”过程中对效率与公平的兼顾,正是体现了经济法调整目标的要求。

总之,“营改增”所涉及的基本矛盾(个体营利性与社会公益性的矛盾)、基本价值(效率与公平的价值)、基本目标(促进经济的稳定增长)与经济法的调整目标是完全一致的。“营改增”之所以要体现经济法调整目标的要求,不仅因为“营改增”这一制度变革本身就是经济法调整的重要组成部分,还因为“营改增”也体现了经济法的理念。

事实上,在经济法的调整方面,特别强调经济性。经济性既是经济法的基本特征,也体现了经济法调整应当遵循的基本理念和目标,以及同经济宪法要求的契合。⑦ 作为经济法领域的重要制度变革,“营改增”当然亦应更好地体现经济性,即应有助于降低交易成本(包括企业的税收成本),提升企业的竞争能力和经济效率,增加社会总体福利,使整体的经济运行和微观的主体经营都更加“经济”,体现经济法对于经济性的追求。

---

⑥ 在这方面其实与“拉弗曲线”所体现的原理是一致的,即在一定的条件下,降低税负有助于拓宽税基,并在总体上增加国家的税收收入。

⑦ 相关探讨可参见张守文:《宪法与经济法关系的“经济性”分析》,载《法学论坛》2013 年第 3 期。

三、从经济法的基本原则看“营改增”

经济法的三大基本原则，即调制法定原则、调制适度原则和调制绩效原则，在税法领域会具体体现为三大基本原则，即税收法定原则、税收公平原则和税收效率原则。对于上述各类原则，“营改增”本应严格遵循，但在现实的制度实践中却存在诸多问题，需高度重视并有效解决。

（一）基于法定原则的分析

从法定原则的要求看，“营改增”必须依法进行，因而须有充分的法律依据，对相关主体的实体权义和相关程序等亦须作出明确的法律界定。但是，在“营改增”方面，全国人大及其常委会并无专门立法，如果以1985年全国人大对国务院的授权立法决定为依据，或者以国务院及其职能部门的相关规定为依据，都还存在着依据不足、效力低下等问题，因而与法定原则的要求差距甚远。⑧

依据严格的法定原则，“营改增”之类的制度调整，应当遵循“法律保留”原则。毕竟，“营改增”有助于解决长期存在的商品税征税客体的“货劳二元结构”问题，通过统一征收增值税，既有助于实现增值税征税链条的完整，从而更好地保障纳税人的抵扣权和国家的税收收入，又有助于防止重复征税。由于“营改增”既涉及我国的主体税种，又涉及基本的课税要素调整，直接关乎宏观经济运行和微观市场主体的利益，因而对于如此重要的、基本的涉税事项，应当遵循“法律保留”原则，按照《立法法》的要求，由全国人大对“营改增”作出相应的立法。⑨

从既有的制度实践看，“营改增”涉及整体的税制体系变化、中央和地方的关系以及纳税人的权益，但其制度调整并未经由立法机关，而是政府单方作出的，这无疑是一个非常突出的问题。也许有人强调不同税种对“法律保留”的要求不同——如所得税等直接税更需要人民的同意，而增值税和营业税等间接税对立法层级要求并不高，但这种说法值得怀疑。尽管从立法实践上看，我国主要在所得税立法方面坚持了“法律保留”，但这并不能说明间接税就不需要贯彻法定原则。从一般原理或应然要求来看，只要是税收立法，

---

⑧ 同样的问题在房产税等立法领域也存在。可参见张守文：《关于房产税立法的三大基本问题》，载《税务研究》2012年第11期。

⑨ 参见张守文：《“结构性减税”中的减税权问题》，载《中国法学》2013年第5期。

都需要严格执行法定原则。

(二)基于公平原则的观察

我国1994年税制变革的重要指导思想或原则是"统一税法、公平税负、简化税制",并且,"统一税法"是"公平税负"的重要前提和基础。但当时的"统一税法",主要是考虑将同类税种予以统一,如将当时对不同所有制企业分别征收的几类企业所得税予以统一,对后来形成的内外有别的企业所得税予以统一,以及对内外有别的房产税、车船税予以统一,等等。这些税种的合并,主要强调对同类主体的同类征税客体,不应设定不同税种。"营改增"后统一征收增值税,并非同类税种的统一,因为两税的征税客体不同,一类侧重于货物,一类侧重于劳务,因此,"营改增"与既往的税种统一不同,它是优化税法体系的一种尝试。

"公平税负"是公平原则的重要要求和体现。启动"营改增"的重要动因,就是公平税负的现实迫切需要。以往的两税并行造成的税负不公是显见的,为此应关注如下两个方面:一是营业税存在的重复征税与增值税在理论上的"中性"之间的差异,以及与此相关的税负差异;二是增值税的扣除制度与营业税的税基确定制度方面存在的差异,以及由此形成的税负差异。此外,仅在营业税领域,不同行业的企业之间也存在税负差异和税负不公。因此,改进的增值税制度主要从力求"无差异""税收中性"的角度,来促进企业的公平竞争和有效发展。

在具体的税收制度中,涉及公平原则的问题更多。例如,企业所得税的名义税率虽已统一,但企业的商品税税率却不尽相同,不仅不同行业的企业缴纳的增值税和营业税存在较大差别,即使是同一个企业,如果同时从事增值税和营业税的应税项目,涉及混合销售或兼营等问题,则还会牵涉复杂的征管安排或税收筹划。而一旦统一征收增值税,上述许多问题就可能迎刃而解。

(三)基于效率原则的考量

"营改增"的直接目标,是通过解决营业税领域存在的重复征税、税负相对较重和税负不公问题,来促进专业分工细化和企业的转型升级,激发市场活力和提升企业竞争力,进而调整经济结构,促进经济稳定增长,而上述目标的实现,则会提升市场主体的微观效率和经济运行的宏观效率,因而"营改增"在总体上是符合效率原则的。

但是，在“营改增”的过程中，也存在一些有悖于效率目标的情况，如一些行业的税负不降反升，就影响了微观效率；而在试点过程中出现的不同地区之间的不均衡现象，也会影响试点地区与非试点地区的经济效率；此外，“营改增”还会因征收主体的变更而在一定时期增加某些征税机关的征收成本，从而会影响征收效率，等等，这些问题都需要在制度设计或制度完善方面不断解决。

另外，在制度设计方面，如何实现增值税税目与营业税税目的融合，合理设置税率，还需进一步考虑。随着越来越多的营业税税目转征增值税，税率级次的多档，抵扣权的安排等，都可能会影响效率，这是在完善增值税立法方面需要着重关注的重要问题。

不仅如此，“营改增”还与征管体制直接相关，直接影响中央与地方的税收收入权的分配，并由此会进一步影响“营改增”的方向和进程。[10] 如果在“营改增”的过程中不能有效解决地方财政需求问题，则可能在更大程度上影响公共经济效率和私人经济效率，这是一个极易被忽视的问题。

四、从经济法的功用价值看“营改增”

经济法内在的、客观的功用价值，体现为其在调制领域的规范功能、保障功能等多个方面。从功用价值的角度有助于分析“营改增”的功用和制度定位，发现影响其功能实现的结构问题，揭示“营改增”与宏观调控法的内在关联。

（一）影响制度功能实现的结构问题

经济法上的差异性原理表明，面对现实中需要解决的诸多差异，必须从结构调整入手，通过结构的优化来实现整体均衡。据此，针对增值税和营业税制度实践导致的不合理差异，既要调整整体的税制结构，将营业税的税目并入增值税的征收范围，又要调整增值税制度的内部结构，整合“吸收合并”营业税所带来的相关问题，从而实现均衡税负的目标。

依据经济法上的结构原理，只要存在二元结构，就必会存在非均衡的问

[10] 相关探讨可参见施文泼、贾康：《增值税“扩围”改革与中央和地方财政体制调整》，载《财贸经济》2010年第11期。

题。[11] 事实上,在营业税与增值税的征税客体的"货劳二元结构",正是导致相关行业、企业的税负差异或非均衡的重要原因。因此,只有改变结构,才能解决因结构而生的税负差异等诸多问题,实现整体的制度优化。

从历史上看,增值税与营业税之所以会并存,是因为当年分税制启动之时,中央曾试图通过将营业税收益权主要配置给地方,来换取其对推行分税制的支持。由此可见,税种的设置或税制的结构,还与分税制的财政体制直接相关,不仅涉及如何征税,还涉及如何分税。

总之,"营改增"是通过对整体税制结构和具体的增值税制度的内部结构作出改变,来实现税法制度的相关功能,从而解决商品税的征收问题,规范相关税收行为,保障相关宏观调控的有效展开,因此,对于影响制度功能实现的各类结构问题,必须予以特别关注。

(二)"营改增"的调控功能

在经济法的各类宏观调控制度中,税法制度的调控功能尤为重要。"营改增"作为重要的税法制度变革,不仅有助于减少重复征税,公平税负,而且有助于优化产业结构,推进宏观经济的稳定增长,因而它不仅对于微观经济具有重要意义,其宏观调控功能亦非常突出。以往学界更强调增值税的"中性"特点,很少谈及其宏观调控功能,但由于"营改增"作为一种制度变革,对于多个行业的不特定主体都有巨大影响,尤其在税率、计税方法以及最终税负方面的调整,已经具有了宏观调控的功能,因而在这个意义上,"营改增"可以成为宏观调控的一种工具。[12]

"营改增"作为"结构性减税"的主要措施,其直接目的并非组织收入或增加收入,而恰恰是公平税负、减少重复征税,促进制造业与服务业的均衡发展,进而促进经济结构的优化和经济的良性运行。随着现代法的发展,财税法的宏观调控职能日益突出,这也是当年马斯格雷夫强调应从传统的财政学转向公共经济学研究的重要原因。在现代法的发展过程中,不能僵化地固守某些传统认识,必须看到"营改增"之类的税法变革所具有的突出的保障宏

---

[11] 差异性原理与结构原理等直接相关,它们都涉及经济法的功能问题,具体探讨可参见张守文:《经济法原理》,北京大学出版社 2013 年版,第 7—10 页。

[12] 有的学者认为,"营改增"是在国际金融危机的背景下,基于实施"结构性减税"的意图而启动的,从一开始就被打上了"反危机"的烙印,与宏观调控紧密相连,对于宏观调控体系的重要意义日趋凸显。参见高培勇:《"营改增"的意义、前景与建议》,载《中国税务报》2013 年 4 月 17 日。

观调控的功能。

"营改增"的试点,会影响不同地区、不同产业的发展。但是,如果按地区而不是按行业进行试点,就会带来新的区域发展不平衡问题,以及增值税链条不连续问题,直接影响调控实效。为此,我国在扩大试点过程中,从原来按省市试点改为按行业试点。尽管如此,试点本身仍然存在一些不足,需要通过完善增值税的立法,尽快推出整体的《增值税法》来加以解决。⑬

五、结　论

经济法理论可以为研究"营改增"问题提供多个有益视角,仅从经济法价值论的角度,就可以发现"营改增"与经济法调整目标的内在一致性,以及在贯彻法定、公平、效率等原则方面存在的问题,揭示其功用价值与结构调整、宏观调控之间的内在关联。

基于与经济法调整目标的内在一致性,"营改增"同样应当遵循经济法或税法的基本原则,全面解决其在立法依据等方面存在的贯彻法定原则不够,以及在落实公平原则和效率原则方面存在的各类问题,这对于确保"营改增"的合法有效推进非常重要。此外,从功用价值的角度,有助于发现现行税法制度存在的结构问题,从而可以通过"营改增"之类的制度变革和结构调整,不断优化税法结构和经济结构,并进一步增进税法制度的宏观调控功能。

从经济法的价值论的视角探讨"营改增"的目标、原则和功用,有助于进一步认识"营改增"对微观经济和宏观经济发展的促进功能,更好地理解为什么"经济法是促进发展之法";同时,也有助于进一步发现经济法的理论与制度之间的内在关联,从而能够更好地运用经济法理论去指导经济法各个领域的制度实践,提升经济法理论的解释力和指导力。

---

⑬　对于"营改增"试点所带来的相关问题,可参见张守文:《税收立法的"试点模式"——以增值税的立法试点为例》,《法学》2013年第4期。

营业税改征增值税后的地方税权保障

席月民*

营业税改征增值税是我国当前结构性减税的一项重要内容。增值税先转型后扩围,对完善税制结构、推动经济结构调整和促进经济发展方式转变有着重要的战略意义。然而,这一改革举措在现行分税制体制下无疑需重构中央与地方的利益格局,营业税改征增值税后地方税权如何获得保障亟待顶层设计。

一、营业税改征增值税倒逼地方税制改革

理顺各级政府间财政分配关系是我国"十二五"规划确定的重要任务。这也就意味着,按照财力与事权相匹配的要求,在合理界定事权基础上,需要进一步完善分税制,完善预算制度和税收制度。营业税改征增值税,在中共中央《关于制定国民经济和社会发展第十二个五年规划的建议》中,即作为税制改革的一项重要内容而受到社会关注。扩大增值税征收范围,相应调减营业税等税收,一方面有利于完善现行流转税制,消除重复征税,降低企业的税收成本;另一方面,也有利于优化投资、消费和出口结构,促进三次产业融合,推动经济结构调整,从而更好地为加快转变经济发展方式服务。众所周知,增值税属于中央和地方共享税,营业税属于地方税,而且营业税目前是地方税的主体税种,被增值税取代后,必然会影响地方财政收入。然而,地方税并不能被简单地仅仅理解为地方收入问题,为适应分级政府和分级财政的要求,地方税更多地反映了中央与地方的税收分配关系,体现了国家税权的纵向分配结果。从地方税的起源、发展和改革目标看,如何与中央政府按照事权不同实现税权的合理分配,其实才是其中的关键。由于流转税一直是我国

---

* 席月民,法学博士,中国社会科学院法学研究所副研究员,经济法研究室主任。

的主体税种，而且营业税在地方税体系中又占据核心地位，因此，营业税改征增值税后，地方税制改革无疑面临着新一轮的挑战。在地区经济结构及其社会经济发展水平不变的情况下，流转税制的这一重大调整必然导致地方税的收入落差，增值税与营业税合并后，如果没有调整中央与地方之间现行的分享比例，则地方收入必将严重萎缩，地方政府所担负的职能以及由此所决定的地方政府支出则将反向强化地方政府的收入压力。

就营业税改征增值税后的收入归属而言，目前的争议主要集中在两种方案上。其一是继续执行原来的营业税分成机制，即将改征后的增值税仍归属于省级及以下的地方政府所有；其二是将改征后的增值税与现行增值税的分成机制统一起来，即按中央占大头、地方占小头方式重新分配。相比较而言，第一种方案对地方政府的财政收入影响明显较小，但其缺点也显而易见。由于增值税的进项抵扣制度使得上下游企业间的营业毛利存在此消彼长的关系，因此在关联方之间存在着"转让定价"以及通过在不同税收辖区设置营业机构实施避税的可能，对劳务改征增值税后，货物与劳务税领域的"转让定价"势必愈演愈烈，上下游对劳务的定价操纵更容易被诱发冲动。此外，有些地区基于地方保护会给予企业"本级财政贡献额"一定比例的"税收返还"，当然也可以是"财政奖励"等不同名称。企业在地方政府的"政策引导"之下，可能会以"转让定价"手段来加大劳务部分的增值税税基，从而侵蚀物耗部分的增值税税基。第二种方案需要结合财税体制的系统改革进行评价，这取决于中央政府对地方税进行改革的决心。该种方案可以消除不同行业、不同税目的增值税收入在中央与地方之间分成比例不同的现象，从而克服诱发地方税收竞争问题。因此，第二种方案比第一种方案更为可取一些，但与此同时也会对地方税制改革形成一种倒逼机制。重构完备的地方税体系是改革分税制的客观要求，只有按照优化税制结构、公平税收负担、规范分配关系、完善税权配置的原则来健全税制体系，并立足税收法定主义而强化地方税收的制度供给，才能保证地方税权的实现真正获得法理依据和法律依据，维护地方税权的刚性和效力。

二、地方税权在营业税改征增值税后的补给保障

增值税扩围后，其税基涉及国民经济的各个行业和各类经济活动，从动产到不动产再到无形资产，从制造业到服务业，从生产、批发到进口、零售环节，涵养并覆盖了充足、稳定的税源。问题是，在中央和地方既有的利益分配

格局下，如何弥补地方政府因营业税改征增值税而遭受的收入损失？如何为地方政府公共服务的提供建立起一个长效稳定的财政补给保障体系？这些问题事关增值税扩围改革能否取得成功，以及能否得到各地地方政府的普遍支持等根本性问题，地方税权在营业税改征增值税后的补给保障不容忽视。理论界普遍认为，在全国范围发展市场经济，既需要自由竞争也需要公平竞争，一个运行良好的增值税应该是由中央政府按照统一标准进行课征的增值税，而不应该是地方政府各自为政、各取所需的增值税。将增值税的税权直接下放给地方政府并不合适，一方面，从征管上来说，由于增值税的税基具有很强的流动性，因此若由地方政府征收增值税，势必会给征纳双方带来税收管理和纳税遵从方面的高成本；另一方面，增值税税收收入在全国财政收入中所占比重一直较高，一旦划归地方则无疑会削弱中央政府的宏观调控能力。实践证明，增值税成功转型后，促进了社会生产的专业化分工，作为一个行之有效的大税种，基于其税收中性的特征即不会干扰和扭曲市场资源配置，故理所当然地应该成为中央政府平衡各地财政收入、调节地区间财力差距的主要工具。另外，从实践看，把增值税交给地方政府是以征税地点为基础，还是以商品和服务的最终消费地为基础进行厘定目前仍存在实际困难，这些困难主要来自于对跨地交易的处理，除非地方政府在地区之间采取绝对控制的办法，否则无法实现在消费地征收增值税。基于此，地方政府要想有效课征增值税，只能采取来源地原则，即在销售地征收增值税。然而，由于增值税在征收管理上实行抵扣法，因此难免造成税收在地区间的非正当竞争性横向转移，进而可能导致地方保护主义，一些地方可能会通过人为设置壁垒限制其他地区的商品进入本地区销售，从而阻碍或破坏全国统一大市场的形成和良性发展。

尽快健全地方税体系，使地方税权在营业税改征增值税后及时获得补给保障已成为大势所趋。目前，营业税改征增值税试点地区和行业范围仍在进一步扩大中，从去年初到现在，其推广提速之快已给地方政府带来巨大压力。从短期看，税制改革仍应坚持科学减税理念，但为弥补地方财政收入的不足，需合理界定营业税改征增值税后中央与地方的事权和支出责任，重新调整中央和地方的收入划分比例。但从长远看，开征新税种，继续完善现有税种，通过税制改革与优化促进和改善地方财政的自生能力才更加符合可持续发展的根本理念。笔者认为，从我国当前的税制结构看，地方税权在营业税改征增值税后的补给保障需要在直接税改革方面做足文章，深入推进财产税制改革与所得税制改革。以个人所得税改革为例，附加福利课税问题已成为我国个人所得税法改革与完善的瓶颈，高收入者享有的名目繁多的附加福利因其收入的隐匿性仍游离于个人所得税法的调控之外，这不但降低了个人所得税收入分配调节功能的发挥，进一步拉大了居民间的贫富差距，而且减少了地方政府在个税方面的财政收入，削弱了地方税权在地方经济治理中的应有作用。修改《个人所得税法》，从法律上明确界定附加福利的概念，使其成为一个独立的税目并采用相应的课征方法，应该成为今后个税改革重要的突破口。又如房产税改革，在我国现有税收体系中，房产税属于典型的财产税和地方税。上海和重庆两地的房产税改革试点，已然构成税收立法权纵向分配的积极探索。作为已有税种，我国各地现有房产税制目前并不完全统一，房产税改革应当充分考虑全国各地房地产业的发展现状和趋势，化费为税，简并税种，构建统一规范的物业税制。开征物业税意味着对原有房地产税种的替换，是实现我国房地产市场健康稳定发展的重大战略选择。物业税的课税环节是房地产的保有阶段，其税基具有非流动性，作为财产税，其以房地产的评估值为计税依据，能把地方公共品的成本和收益很好地结合起来，这些重要特点决定了其应该成为我国地方税体系中的主体税种，成为地方税改革和完善的重要选择。这不但是一个经济问题，更是影响社会稳定的重要民生问题。相反，资源税、环境税等税种以政策调节职能为主，并不适宜作为我国地方税的主体税种。

三、财政转移支付制度是弥合营业税改征增值税后地方政府利益受损的有效途径

1994年的分税制改革，确立了以生产地原则（注册地管理办法）为核心的增值税地区分享制度，明确了增值税在中央与地方之间的分享比例。增值税的共享安排在一定程度上减轻了中央与地方的财政紧张关系，也深刻影响了中央与地方政府对经济的管理方式。其实，在增值税的税收分配上，除按比例进行分配外，还可以采取均等化的转移支付方法，即根据各地区的人口规模、经济发展状况、财政资金需求等一系列指标，按照一定的标准化公式进行分配。如果说开征新税种对现行税制体系框架和既有营改增税制改革方案具有一定的“颠覆性”，则以各级政府之间所存在的财政能力差异为基础、以实现各地公共服务水平的均等化为主旨的财政转移支

付制度,无疑是弥合营业税改征增值税后地方政府利益受损的另一种有效途径。在增值税扩围中,如果通过财政转移支付的方式把中央政府增加的收入返还给地方政府,则来自地方的改革阻力肯定会减少许多。在不改变现行分税制财政体制的基础上,财政转移支付制度可以作为推动增值税扩围改革的补充性制度,这样做有利于降低改革成本,调动地方参与这项改革的积极性。

虽然说财政转移支付是现行财政体制下在营业税改征增值税后平衡中央和地方财政关系的现实选择,但不同的转移支付方式所产生的政策效应毕竟有所不同。中央对地方政府的转移支付标准的确定依具体目标的不同而会采用不同的方法。比如,从尊重既得利益的转移支付角度看,主要有税收返还与体制补助。前者是1994 年分税制改革所确定的转移支付方式,目的在于保证地方的既得利益,保证改革的顺利进行,而体制补助则是按照1994年分税制改革时,原体制中的中央对地方的补助继续按规定进行补助。从以均等化地方政府公共服务能力为根本目标的转移支付确定方法看,则主要是财力性转移支付。财力性转移支付又称为一般性转移支付,主要参照各地标准财政收入和财政支出的差额以及可用于转移支付的资金数量等客观因素按照统一公式进行计算。另外还有专项转移支付。专项转移支付也称为专项补助,上级在设计转移支付制度时,限定了资金作用的目的和用途,实行专款专用。在增值税扩围改革中,由于并不涉及原有的体制补助问题,因此,中央政府可以采取的转移支付方式具体包括了税收返还、财力性转移支付以及专项补助,不同转移支付方式在具体的目标和功能方面有所不同。其中,税收返还和财力性转移支付在体现中央政府的意图方面较弱,专项补助则在体现中央政府的意图方面较强;税收返还在影响地方政府的决策方面程度适中,财力性转移支付在这方面较弱,专项补助则较强。在地方政府运用补助资金的自由度方面,税收返还和财力性转移支付较强,而专项补助则较弱。增值税扩围改革下的转移支付应逐步取消税收返还,重构财力性转移支付与专项补助制度,着力实现纵向转移支付的规范化和透明化运作。这主要是因为目前的税收返还仍以维护地方既得利益的基数法进行分配,体现了对收入能力较强地区的倾斜原则,维护了较富裕地区的既得利益,与缩小地区间差距的主旨背道而驰。采取专项补助的方式对促进财政均等化的作用最大,能够解决一般性转移支付所不能解决的问题,特别是一些基本公共服务水平的提高问题。财力性转移支付在促进财政均等化上的作用虽然没有专项补助大,但地方政府在使用财力性转移支付资金上具有更大的灵活性。同时,对专项补助资金的使用需要加强监管,避免地方政府将资金运用到低效率的项目上。总的来说,自1998年以来,财政均等化已成为实施公共财政的基本要求,因此在确定"营改增"后财政转移支付方式的具体方案选择方面,还是应服从于公共财政的基本要求,强化地方经济和社会发展中基础性数据的真实统计、收集和使用,强化预算管理和监督,切实维护地方政府的应有利益,通过法律手段促进和保障地方公共服务能力或水平的均衡化发展。

我国银行业"营改增"瓶颈之突破：增值税课征模式的选择*

陈少英** 林 莎***

金融业是我国国民经济发展的推动力量,银行业又是金融体系中的核心和支柱。根据《财富》杂志的排名,我国五大国有商业银行已经步入世界500强企业,但仍存在着不良资产率较高、资本充足率及盈利水平较低、经营机制不完善、抵御风险能力较弱等问题。因此,将银行业逐步纳入增值税范围,为银行业的发展创造一个公平、高效的外部环境,是促使银行业在市场竞争中处于更加有利地位的重大举措。

一、银行业"营改增"的趋势与挑战

(一) 银行业"营改增"是大势所趋

我国是世界上极少数对银行业在交易环节征收营业税的国家之一。1984年《中华人民共和国营业税条例(草案)》将金融和保险合列为一个税目,经过1994年税制改革,确立了银行业现行营业税法律制度。现阶段我国营业税的法律依据主要是2008年修订,2009年1月1日起施行的《中华人民共和国营业税暂行条例》(以下简称《暂行条例》)和2011年修订、2011年11月1日施行的《中华人民共和国营业税暂行条例实施细则》(以下简称《实施细则》)。

根据《暂行条例》的规定,对银行业征收的营业税包含在"金融保险业"税目中,其中"金融"具体指经营货币资金融通活动的业务,具体征税范围包

---

* 本文系上海市高校一流学科(法学)建设计划(经济法学科)的阶段性成果。

** 陈少英,华东政法大学教授,博士生导师,研究方向:财税法、经济法。

*** 林莎,上海瑛明律师事务所律师,主要研究方向为财税法、经济法。

括贷款、融资租赁、金融商品转让、金融经纪业和其他金融业务。《暂行条例》规定，金融服务业的营业税税率为 5%，以纳税人的营业额为计税依据。对银行业课征营业税，其计税依据不合理，导致严重的重复课税；加之税率设计不公平以及税收优惠不全面等问题，使得我国银行业面临的总体税负比建筑业、交通运输业等其他现代服务业，甚至其他金融服务业所承担的总体税负更高。因此，银行业作为我国金融业的重要组成部分，将其纳入增值税的征税范围能够有效地减少甚至避免重复课税从而减轻其总体税负，对我国银行业的总体发展具有重要意义。具体讲：第一，根据增值税普遍征收的立法精神，并使其达到制度设计中的"中性"效果，应将其征税范围覆盖到商品、劳务的生产和流通的所有环节和行业，使课税对象涵盖货物生产、批发、零售和各种服务行业。只有增值税的抵扣链条比较完整，才能使商品、劳务的生产、流通各个环节"环环相扣"，最终达到"环环相抵"，增值税的"中性"作用才能真正发挥。而对银行业课征营业税，不仅无法扣除其投入其他产业的资本中含有的营业税额，也无法对金融业本身所消耗的购进货物所承担的税额。所以，选择性征收增值税的方法对市场经济的正常运行将造成扭曲效应。第二，我国对银行业课征营业税无法实行退税，从而使银行的出口型业务无法享受零税率的优惠，极大地削弱了金融业的国际竞争力，不利于我国银行业乃至金融业走向国际化。第三，现代服务业正逐步取代制造业而成为我国服务经济时代的支柱产业，在今后的很长一段时间内将成为国民经济发展的重要增长点。我国政府为应对国际金融危机对国民经济发展带来的负面影响，2011 年 11 月 16 日，财政部和国家税务总局出台了《营业税改征增值税试点方案》，并于 2012 年在上海市启动了交通运输业和部分现代服务业营改增的试点工作。《试点方案》虽未将金融保险业纳入试点范围，但对其适用税率、计税方法已经作出了原则性安排。之后，试点又扩大到北京、天津、江苏、安徽、浙江（含宁波市）、福建省（含厦门市）、湖北、广东（含深圳市）九省市。2013 年 4 月 28 日，财政部、国家税务总局召开扩大"营改增"试点工作视频会议，落实国务院决定，即自 2013 年 8 月 1 日起将交通运输业和部分现代服务业营改增试点扩大到全国，并择时扩大铁路运输和邮电通信行业试点。会议认为，营改增是推进我国财税体制改革的"重头戏"，有利于经济发展方式的转变，促进社会分工和协作，优化产业结构，推动经济升级，提高经济增长的质量和效益。可见，在全球经济复杂多变的形势下，进一步扩大营改增试点，体现了我国政府改革开放的坚定信心。基于此，银行业由营业税改征增值税指日可待，是大势所趋。

(二)银行业“缓入围”是迫于困境

“银行、保险公司以及其他提供与金融产品有关的服务的企业,对任何税制都是一种挑战。”①目前,我国银行业“营改增”暂缓纳入试点范围,就是由于银行业所提供的金融中介服务和间接收费的金融服务具有隐性特征,导致银行业“营改增”存在着技术障碍。

1. 计税依据难计量

在采用增值税专用发票抵扣制度下,银行业所承担的增值税税负等于销项税额减去进项税额之差。因此,增值税的有效运行必须依赖于纳税人销售货物或提供劳务时向购买方收取的全部价款和价外费用以及确定的购进费用以便计算销项税额与进项税额。然而,银行业在提供金融中介服务时通常采用存贷款利差或其他差价的形式间接收取服务费用,这种收费的间接性和隐蔽性特征使银行业的计税依据难以准确区分和计量。以银行贷款业务为例,增值税的计税依据应该是银行创造的增加值,但贷款业务的利息收入中不仅包含了银行获得的增加值,还包括资金成本、对违约风险的补偿和对通货膨胀的补偿等,这就使准确衡量增值税计税依据十分困难。②

2. 增值税税率难确定

税率是衡量税负轻重的重要标准之一。在全球资本流动加剧的今天,设计合理的增值税税率,也是我国吸引外国直接投资(FDI)的筹码之一。③ 通过对近年来世界各国增值税的标准税率进行比较分析,可以得出结论:亚洲地区的增值税平均税率与世界其他地区相比是较低的,而我国的增值税税率与其他亚洲各国相比则依然较高。

---

① 〔美〕亨瑞·J.艾伦等:《美国税制改革的经济影响》,郭庆旺等译,中国人民大学出版社2001年版,第541页。

② 杜莉、张苏予:《论我国金融业营业税转增值税在上海金融核心地区试点的必要性和可行性》,载《世界经济情况》2009年第8期。

③ 杨默如:《中国增值税扩大征收范围改革研究——基于营业税若干税目改征增值税的测算》,中国税务出版社2010年版,第143页。

世界上部分国家(或地区)现行增值税标准税率④

单位:%

	平均税率	国家(或地区)	增值税率
亚洲	12.24	中国	17
		日本	5
		韩国	10
		新加坡	7
欧洲	20	英国	20
		法国	19.6
		德国	19
大洋洲	12.92	澳大利亚	10
		新西兰	15
非洲	14.57	埃及	10
		南非	14
北美洲	5	加拿大	5
拉丁美洲	12.79	巴西	19
		阿根廷	21
		墨西哥	16

银行业的收入主要来自其提供的金融服务及其资产,而原材料的投入相对较少,因此我国若将银行业纳入增值税征收范围后,继续保持17%的增值税标准税率而只允许其抵扣设备和原材料的进项税额,可能导致我国银行业的税负大大提升,不利于我国银行业在亚太地区吸引外商直接投资和参与国内外市场竞争。因此,增值税作为间接税的主要形式,其国际协调的趋势就是要统一税基、协调税率,以平衡税负水平。⑤ 我国应当按照"简税制、宽税基、低税率、严征管"的原则和目标适当调整增值税的名义税率,并从加强征管技能和征管水平等方面着手提高增值税的实际税率,使增值税扩大征收范围后,不仅有效降低银行业的流转税负也仍能有效保证国家的财政收入。

对于以上可能遇到的难题,世界上课征增值税的国家采用了不同的征收方法给予应对,而不同的处理方法给政府财政收支、税务征管以及银行内部合规成本等带来的结果是不同的,反映出课税模式的选择是银行业"营改

④ KPMG's Corporate and Indirect Tax Rate Survey 2012, http://www.kpmg.com/Global/en/IssuesAndInsights/ArticlesPublications/Documents/corporate-indirect-tax-survey.pdf.

⑤ 靳东升、龚辉文:《经济全球化下的税收竞争与协调》,中国税务出版社2008年版,第153页。

增”摆脱困境的关键所在。这对于长期在银行业实行营业税法律制度的我国来说，无疑是一种巨大的挑战和重大的突破。我国应当结合财政收支的实际需要、税务机关的征管水平以及银行业的业务特征、发展状况及管理便利等诸多因素，权衡和选择最适合现阶段我国银行业的增值税征收方法。

二、银行业“营改增”的国外之考察

目前，大部分国家已对银行业课征增值税（如 OECD⑥ 各国、欧盟、澳大利亚、新加坡、新西兰等），只有少部分的国家仍对银行业课征营业税或其他流转税（如中国、德国、韩国、法国、巴西、俄罗斯和匈牙利等）。⑦ 各国银行业课征增值税采用了全部免税法、部分免税法、零税率法以及毛利征税法等征收方法。具体讲：

（一）欧盟、OECD 银行业的基本免税法

欧洲是现代增值税的发源地，其较为先进的增值税法律制度和模式值得我国学习和借鉴。目前，欧盟各国和 OECD 主要国家都对银行等金融业全面实行增值税。大部分的欧盟成员国实行的课税方法为基本免税法，该课税方法的便利性和效率性为其后的 OECD 主要国家纷纷效仿。所谓基本免税法，又称为基本豁免法、一般免税法等，是指国家原则上对银行业的大部分金融服务免征增值税，而只对有限的一些直接收费金融业务开征增值税，并对一些出口金融业务或者与出口商品直接相关的金融服务适用零税率的免税法。

欧盟的基本免税法是实施范围最广的一种模式，但欧盟各国和 OECD 国家均根据自身国情的特殊性在具体操作和处理上采取了不同的变通方法，而其中的差别主要体现在免税项目所对应的进项税额的处理方法以及对可抵扣进项税额的认定标准方面。具体讲：第一，仅对非主营金融业务课税。根据欧盟第 6 号增值税指令（the Sixth EU VAT Directive），银行等金融业务可分为主营金融业务和非主营金融业务，政府根据不同金融业务的性质和类别采用免税政策或者依标准税率课征增值税的政策，并对出口金融业务实行零税率政策。而根据 OECD 调查报告显示，大部分 OECD 国家将银行等金融机构

⑥ OECD 是 Organization for Economic Cooperation and Development 的简称，指“经济合作与发展组织”。

⑦ 参考中国金融税制改革研究小组：《中国金融税制改革发展报告》，中国税务出版社 2004 年版，第 394—399 页。

的业务分为核心金融业务和附属金融业务（或者隐性收费业务和显性收费业务）两大类，并针对不同类别的金融业务和具体需要分别实行免税、征税或零税率的税收待遇和处理方法。[⑧] 这里，非主营金融业务或者附属金融业务，是指银行业等金融企业的附带业务或直接收费业务，主要是指金融咨询业务、债务托收、证券保存、基金管理业务以及银行保管箱业务等。依照基本免税法，国家仅对非主营金融业务或附属金融业务以标准税率征收增值税。第二，对主营金融业务免税。主营金融业务或核心金融业务，是指银行业等金融企业的主营业务，包括金融中介业务和间接收费金融业务，主要是指贷款、银行账户以及货币、债券和其他证券的交易等业务。免税，是指纳税人对增值税征收范围内的应税项目享受免于缴纳销项税额的优惠政策。享受免税待遇的纳税人在本环节不可抵扣上一环节转嫁的进项税额，也不能给下一环节创造可供抵扣的销项税额。对主营金融服务或核心金融业务，欧盟及大多数 OECD 国家都免征增值税，但同时对金融机构购买固定资产所支付的进项税额实行不可抵扣政策。因此，银行对其主营金融业务享受免税政策的同时不可抵扣其在上一环节购买房屋、办公设备、计算机、办公文具等固定资产的支出中所缴纳的增值税。之所以对主营金融业务实施不可抵扣的免税政策有以下两种考虑：一方面，银行等金融机构的金融中介服务和间接收费服务的价值难以计量和准确划分，要确认金融服务的增值额在理论上和实务操作上都存在很多困难；另一方面，对银行业的金融业务课征增值税可能会对其资本的流动和周转造成阻碍。第三，出口金融业务零税率。出口金融业务，主要是指对本国以外的国家或地区提供的金融服务或与出口商品直接相关的金融服务。零税率商品和服务的经销者在计算缴纳增值税时，免于缴纳销项税额，并对上一环节购入货物和固定资产时所支付的增值税，申请出口环节的退税。目前，世界各国为了进一步鼓励出口和提高本国出口商品和服务的国际竞争力，一般都对出口金融业务实行零税率。

基本免税法对大部分金融服务免税的规定，有效地避免了难以确定金融中介服务及间接收费服务价值的问题，也大幅地降低了税务部门的征管费用及纳税人的遵从成本。但是，基本免税法也存在以下三个弊端：首先，对主营金融业务免税的同时不允许抵扣银行业在上一环节购进项目的进项税额，会导致银行业增值税抵扣链条的中断，进而导致下一环节购进免税金融服务的

---

⑧ Report of the OECD, Indirect Tax Treatment of Financial Services and Instruments, at http://www.oecd.org/dataoecd/9/26/1915300.pdf, 22 October 1998.

纳税主体面临重复课税的问题。其次,对主营金融业务和非主营业务分别实行免税和征税的待遇给既提供应税服务又提供免税服务的银行带来沉重的纳税遵从费用,因为它必须计算应税服务应分摊的可抵扣进项税额的比例,而金融产品和金融活动的日益复杂更加重了这种计算负担。最后,对主营金融业务免税还会导致市场价值的扭曲,造成个人纳税人少纳税而企业纳税人多纳税的不公平问题,因为个人纳税人消费免税金融服务可以逃避缴纳增值税,而企业纳税人则由于要承担下一环节增值税面临着重复纳税的负担。

(二)澳大利亚、新加坡银行业的可抵扣进项税额的免税法

为了减少因基本免税法不能抵扣进项税额导致的重复课税问题,澳大利亚、新加坡等国家在借鉴欧盟基本免税法的基础上,在较大范围内对向国内客户提供的主营金融业务免税,并规定允许金融机构在一定范围内抵扣进项税额,对非主营金融业务仍以标准税率征收增值税。其具体做法主要有两种:第一,免税服务区分抵扣法。"免税服务区分抵扣法"是指对银行等金融机构的大部分业务免税的同时,要求金融机构将提供给增值税纳税人的免税服务和提供给其他客户的免税服务区分开来。当免税服务是提供给缴纳增值税的纳税人时,免税服务就视同应税服务处理,适用零税率从而抵扣相应的进项税额。新加坡政府允许银行业金融机构采取免税服务区分抵扣的"特别办法"(Special Method)申报进项税额的抵扣。在免税服务区分抵扣法的处理下,下一环节购进免税金融服务的增值税纳税人享受了对购进货物和固定资产的零税率待遇,有效地减轻了纳税人重复纳税的负担。第二,固定比例抵扣法。新加坡政府除了允许银行等金融机构采用"免税服务区分抵扣法"的特别办法,还开创了"固定比例进项税额抵扣法"(Fix Input Tax Recovery Method)的处理模式,即国家对大部分主营金融业务免税的同时,允许对购进货物或固定资产的全部进项税额按照一个固定的比例进行抵扣,这一比例因金融机构类型的不同而有所不同。澳大利亚沿用了欧盟对核心金融服务免税的模式,又为了限制银行业金融机构因追求免税待遇而纵向兼并的做法,效仿了新加坡对免税金融服务提供部分进项税额抵扣的做法。如澳大利亚提供免税金融服务的纳税人可按照25%的比例对其购进上一环节免税金融服务的进项税额进行抵扣;而新加坡以行业标准为基础(依据金融机构的不同类型)允许不同金融机构按不同的差别固定比例(42%—96%不等)对进项税额总额进行申报和抵扣,比澳大利亚对所有金融机构采取同一

固定抵扣比例的做法更加合理。[9] 因为不同类型的金融机构对应税项目和免税项目的划分具有不同的标准,而对其适用同一固定退补率的办法则可能导致课税不合理和不公平等问题。

澳大利亚、新加坡模式的进项税额部分抵扣法,使金融税收政策更加合理,也使税务征管工作更加简便,同时在一定程度上减轻了重复课税。固定比例进项税额抵扣法较之免税服务区分抵扣法,其税收征管更为简便和高效。因为所有的免税金融服务适用统一的抵扣比例,就省去了在应税服务、免税服务以及出口服务分摊进项税额以计算可抵扣进项税额的工作。但这种方法并未从根本上解决金融服务业本身在应税服务与免税服务之间如何分摊进项税额这一问题,人为设定的抵扣比例而并不允许抵扣全部的进项税额,仍然保留了一定程度的重复课税因素;而人为地划分金融机构的应税销售和免税销售也将导致纳税申报和抵扣工作的复杂化,从而增加税务部门的税务征管成本和费用以及增值税纳税人的纳税成本。如果彻底地消除重复课税因素,就需要对全部金融服务实行零税率,银行等金融机构就可以对其购进的上一环节进项税额全部进行抵扣。但这种做法不仅会给政府增加征税成本,更扭曲了一国金融行业金融服务的市场价值。

(三) 加拿大、新西兰银行业的零税率法

零税率法,是指在免税的同时,允许抵扣金融机构购进固定资产所含的全部进项税额。为了克服直接对金融中介服务和其他间接收费服务征税遇到的困难,也为了避免因划分免税服务和应税服务导致的重复课税问题,有些国家对全部金融服务都实行零税率;而有些国家对金融中介和其他隐性收费的金融服务适用零税率,而对显性收费的金融服务仍按通常的方法课税。这种方法实际上是将所有的金融服务纳入增值税体系,允许银行等金融机构就其购进项目申报和抵扣全部进项税额。目前适用零税率法的国家主要有加拿大和新西兰等。

零税率法允许银行等金融机构获得全部的进项税额抵免,彻底消除了重复征税,使得金融机构摆脱了增值税税负,从而有利于保持和提高一个国家金融业的竞争力。零税率法由于不再划分可以抵扣的进项税额项目,也在一定程度上降低了税收征管部门的征管费用和执行费用。但零税率法同样存

⑨　中国金融税制改革研究小组编著:《中国金融税制改革研究》,中国税务出版社 2004 年版,第 163 页。

在着许多不足和弊端：首先，对所有金融服务一律实行增值税零税率，无疑会使国家财政收入大大减少，将严重影响一国政府的财政收入和支出安排。其次，零税率使金融服务以不含税价格参与市场竞争，导致对非金融商品和服务以含税价格参与市场竞争的不公平待遇，可能会扭曲两种商品和服务的相对价格而产生替代效应，从而扭曲了金融服务和其他应税非金融商品和服务的相关价格。但是，由于金融服务没有完全的替代品，所以这种扭曲作用可能很小。[⑩] 最后，若对直接收费服务征税而对中介服务或间接收费服务实行零税率，就可能导致纳税人为追求有利于自身的税收处理方法和适用税率而在不同类别服务间转移收入或把直接收费服务转化为其他中介服务或隐性收费服务。

三、银行业“营改增”的课征之方法

通过对国际上基本免税法、可抵扣进项税额免税法以及零税率法三种征收模式的利弊分析，综合考虑我国目前银行业的业务结构以及税务机关征管水平等因素，可以确定我国银行业增值税的课征模式。主要矛盾突破以后，制度设计等次要矛盾便可迎刃而解了。

（一）国外银行业增值税征收方法的启示

基本免税法由于无法彻底消除重复征税的因素而造成增值税抵扣链条的中断，不利于整个增值税体系的协调发展。与此同时，对银行提供间接收费的服务免税，将会像鼓励其他提供免税商品和服务的企业一样，鼓励他们进行纵向兼并。[⑪] 因此，我国可以借鉴欧盟和OECD国家对大部分主营金融服务（或核心金融服务）免税的做法，但在适用免税政策的同时，改革其不允许进项税额抵扣的规定，采用允许抵扣进项税额的变通征税办法，以尽量将银行业的金融服务纳入增值税的抵扣链条之中，从而有效地减少银行业在提供和接受服务环节造成的重复课税问题，并在一定程度上遏制纵向兼并的现象。

然而，新西兰和加拿大零税率的做法虽然彻底消除了重复课税因素，但其对一国财政收入水平以及税收征管能力的要求较高。从我国目前银行业

⑩ 参见中国金融税制改革研究小组编著：《中国金融税制改革研究》，中国税务出版社2004年版，第165页。

⑪ 同上书，第161页。

的业务结构以及国民经济发展的状况来看,还不适宜对银行业采取零税率法。但是,零税率法通过区分隐性收费金融服务和显性收费金融服务来区分应税项目和免税项目的办法,具有较强的可操作性,值得我们借鉴。

基于我国目前的经济发展状况以及国家财政收入情况,新加坡、澳大利亚所采用的可抵扣进项税额免税法是比较适合我国银行业增值税的课征模式。我国对银行业首先应确定什么是隐性收费金融服务,什么是显性收费金融服务,进而确定对银行业征收增值税的应税项目和免税项目。在此基础上,对免税项目采用固定比例进项税额抵扣法,即对主营金融服务(或核心金融服务)免税的同时,允许纳税人对其购进的免税金融服务以行业标准为基础按不同的差别固定比例对购进货物或固定资产的全部进项税额进行抵扣。但我国应对抵扣比例进行科学合理的预测和估算,简化增值税纳税申报和抵扣工作的方法和流程,在最大化地克服重复课税因素的同时,有效降低税务部门的征管成本以及纳税人的遵从成本。

(二) 我国银行业增值税征收模式的确定

综上,我国银行业增值税的征收方法是:对应税项目依照标准税率课征增值税,对免税项目的销售额免税并允许按一定比例(随着条件成熟直至全部)抵扣进项税额,对出口金融商品以及与出口金融商品直接相关的金融服务实行零税率。

1. 我国银行业增值税的应税项目

我国银行业增值税应对银行业的显性收费业务按照标准税率课征增值税。所谓显性收费业务,是指银行业通过直接收费的方式所提供的金融服务。目前,我国银行业的主要业务可以分为资产业务、负债业务以及中间业务三大类。其中,中间业务是指银行利用自身信息、技术、机构网络、资金和信誉等方面优势,以中间人或代理人的身份代替客户办理收付、咨询、代理、担保、租赁和其他委托事项,提供各项金融服务并直接收取相应费用的相关业务。因此,我国银行业的中间业务属于显性收费业务,具体包括金融租赁业务、信托业务、金融理财咨询业务、银行保管箱业务以及债务托收、证券保存等。直接收费业务的收费金额非常明确和具体,相应的销项税额易于确定,因此将其纳入增值税专用发票抵扣机制中不会增加税务机关和纳税人的管理成本和执行成本。

2. 我国银行业增值税的免税项目

我国银行业增值税应当对银行业的隐性收费业务实行免税政策。所谓隐性收费金融服务,是指银行业采用存贷款利差或者其他差价的形式收费方式所提供的金融服务。我国银行业经营的资产业务和负债业务是银行资金的主要来源,都是采用差价收费方式来提供相关银行金融服务的。其中,资产业务主要包括贷款类业务、票据类业务、债券投资类业务、金融同业及其他资产业务等,而负债业务主要包括存款类业务、同业拆借类存入款项和发行债券等业务。因此,我国银行业提供的资产业务和负债业务属于隐性收费金融服务,增值税的免税项目应当包括存贷款业务、票据类业务、债券投资类业务和同业拆借等银行资产业务及银行负债业务。

3. 我国银行业增值税的零税率项目

随着经济全球化和金融全球化的迅猛发展,我国可以借鉴欧盟等国家的做法,对银行业从事的出口金融服务或与出口商品直接相关的金融服务实行零税率,使我国的金融商品或服务能够以不含税的价格参与国际市场竞争,提高我国银行业的国际竞争力。具体而言,我国银行业从事出口金融服务或与出口商品直接相关的金融服务主要是指所有涉及外币或者外国客户的金融服务,包括我国金融机构在境外提供的金融服务以及在境内所提供的国际贸易融资业务、国际借贷业务、外汇买卖业务和离岸金融业务等。

需要指出的是,由于银行金融服务的分类标准具有复杂性和综合性等特点,笔者在划分银行业增值税的应税项目、免税项目和零税率项目时,采用列举加概括法以避免单纯列举法产生的罗列不全面、不准确等问题。据此建议,在确认银行业增值税的应税项目和免税项目时,应当综合考虑金融服务的收费方式以及收费项目的具体性质以作出准确的认定,从而制定出一份较为科学、合理的“征税名单”。

(三) 我国银行业增值税法律制度的实施

我国银行业增值税征收模式的确立不可能一步到位,它是一个循序渐进的过程。在短期内,我国应当允许归类于应税项目(包括零税率项目)的进项税额予以一定比例的抵扣,对归类于免税项目的进项税额不允许抵扣;对不能明确归类的进项税额可根据银行业应税项目和免税项目的营业收入总额按比例进行分摊。从长期看,由于银行业务种类庞杂,将进项税额严格准确地归类于应税和免税项目任务繁重。为了节省征管成本,可允许银行业仅就进项税额在出口项目和非出口项目之间的归属进行核算,而对非出口项目的进项税额则按照统一的比例进行抵扣。我国在确定可抵扣进项税额的比例方面应积极听取银行业等金融机构相关专家、税收立法专家以及国外同行专家的意见和建议,科学合理地预测和估算出最适合我国国情的抵扣比例,并随着国内外金融形势的转变作出合理调整。但无论如何,为了维护增值税法的统一性和相互协调性,银行业课征的增值税可抵扣进项税额项目应与其他行业保持一致,包括外购用于提供应税产品或服务的原材料、低值易耗品和机器设备等中间投入品而发生的进项税额,以保证增值税抵扣链条的完整性和有效性。

此外,由于银行业以提供存贷款业务等金融中介服务、部分直接收费的金融服务以及其他间接收费的金融服务为主要业务,银行的资金来源地较为复杂和多变,增值税计税依据的流动性较大并受经济周期影响而具有波动性。因此,需要中央政府对银行业务及日常运行进行宏观调控。笔者认为,由国税系统征收银行业增值税可以充分发挥国税系统垂直监管的优势,有利于中央政府更快地掌握第一手资料,及时采取统一的监管措施,保障银行业增值税制度的有效实行。

论高素质律师队伍建设与“营改增”政策瓶颈的破解*

张富强　王挺昂**

律师行业的稳健发展与否，无疑是衡量现代社会法治文明程度的一个重要标志。我国《律师法》赋予律师负有“维护当事人合法权益，维护法律正确实施，维护社会公平和正义”的神圣职责。党中央、全国人民代表大会以及国务院先后发文，明确把完善律师税收制度作为保障律师行业稳健发展的一项重要任务。① 然而国家税务总局有关律师行业的财税政策，却呈现与之相悖的一些特征，不利于我国律师行业品牌化、规模化和高端化的可持续发展。

一、问题的提出

自1978年我国恢复律师制度以来，我国律师行业获得了迅速发展，为维护当事人合法权益，推进法治建设，维护社会公平和正义作出了积极的贡献。但时至饱受国际金融危机冲击而使社会经济法律关系更趋纷繁驳杂的当下，

---

* 本文系本文系教育部人文社会科学研究规划基金项目“营改增”试点扩围与国民收入分配正义价值的实现(13YJA820065)和广东省律师协会重点项目《税费改革与我国高素质律师队伍建设研究》(x2fxN5110560)的阶段性成果。

** 张富强，华南理工大学法学院法学教授，经济法专业博士生导师；王挺昂，华南理工大学法学院博士研究生。

① 2010年9月17日中共中央办公厅、国务院办公厅下发《关于转发〈司法部关于进一步加强和改进律师工作的意见〉的通知》(中发〈2010〉30号)，明确把完善律师税收制度作为保障律师行业稳健发展的一项重要任务。2010年10月18日党的十七届五中全会通过《中共中央关于制定国民经济和社会发展第十二个五年规划的建议》和2011年3月14日全国人民代表大会通过的《中华人民共和国国民经济和社会发展第十二个五年规划纲要》，再次明确提出“积极发展律师、公证、司法鉴定、经济仲裁等法律服务业”，调整和改革税费政策，“营造有利于服务业发展的政策和体制环境”的目标。

我国律师行业却在高素质律师队伍建设和品牌价值创建,为社会各界提供全方位复合化、优质高效的法律服务等方面,呈现出难以为继的发展瓶颈。而其中一个重要的因素,就是我国律师行业执行的税收政策导向不妥以及税负过重。这种状况,在实行营改增后仍未有明显改变且有加重趋势。

我国律师行业在纳入营改增试点之前,应纳税收主要包括依律师事务所营业额计征的5%的营业税及其附加税以及依律师个人营业所得计征的个人所得税。从实际执行来看,全国各地律师的税负是较重的。例如,在2010年,江苏省律师业业务收费总额为27.8亿元,缴纳各类税款总额为2.9亿元②,约占当年律师收费总额(不扣除任何费用的情况下)的10.43%,广东省律师业务收费总额为52.7亿元,缴纳各类税款总额为9.4亿元③,约占当年律师收费总额的17.8%。自2012年1月1日以来上海、北京、江苏、广东等地逐步开展营改增试点,律师事务所原计征的营业税及其附加税改征增值税及其附加税,年经营额超过500万元的,称为一般纳税人,由缴纳5%的营业税改为缴纳6%的增值税,进项增值税额可作抵扣;经营额不超过500万元的,称为小规模纳税人,适用增值税简易征收的方式,税率为3%,不作进项抵扣。同时,依律师个人经营所得计征个人所得税的规定不变,如独资和合伙性质的律师事务所的律师,其年度经营所得,仍然比照“个体工商户的生产、经营所得”应税项目征收个人所得税,即以每一纳税年度的收入总额减除成本、费用以及损失后的余额。至于在征管方式上,仍然严格执行国家税务总局将定位为高收入者的律师“一律实行查账征收”的政策。由此可见,营改增的实施,我国律师作为“高税负、严征管”对象的原有的税收环境不仅未转为宽松,而税负的加重更不利于高素质律师队伍的建设。

二、我国律师行业税收政策的瓶颈

我国律师所以被置于“高税负、严征管”的税收环境,显然是与国家税务总局将律师定位为“高收入者”,并强调应对律师行业加强税收调节力度和

---

② 参见《江苏省律师协会简介》,http://www.jslawyer.com/jba,2013年8月25日。

③ 广东省司法厅律师管理平台截至2010年底统计数据,转引自邓捷、廖婷、孙天华:《浅析我省律师行业税收征管问题》,载《第三届南方财税法高层论坛暨“国际金融危机下我国房地产税法改革的难点与机遇”研讨会论文集》,第157页。同时,根据我们对北京、上海、江苏和广东等省市律师的调查,律师用于办案和办公的各项成本大约在律师业务总收入的30—40%,且随着租金的猛增而不断提高。

征收管理有着密切的关系。但这一定位既不符合律师所特有“高奉献的法律职业定位、高密集的法律知识积累、高智力的法律服务提供、高风险的法律执业承担”的行业特点，也明显违背了《律师法》的有关规定以及全国人大常委会和国务院有关“调整和改革税费政策”，“营造有利于服务业发展的政策和体制环境”，“积极发展律师、公证、司法鉴定、经济仲裁等法律服务业”的政策目标，对我国高素质律师队伍的规模化、专业化和规范化建设造成明显的冲击。

（一）现行对律师的“高收入者”定位不符合实际情况

国家税务总局自2001年6月以来多次发文将律师定位为高收入者，强调对律师等高收入者加强税收调节力度和征收管理。对律师为高收入者的定位，是鉴于我国税务机关将律师事务所视同一般经济组织，过分强调其营利性，从而构成对律师行业实施“重征管、轻扶持”税收政策的重要依据。但这种定位显然存在着对律师行业收入水平、执业成本的严重误解。

1. 律师并非“高收入行业”。毋庸置疑，当20世纪末21世纪初各行各业的平均收入处于较低水平之时，律师的确一度成为人们较为羡慕的高收入行业，但随着近年来其他行业收入的普遍提高，律师行业却因为“僧多粥少”而致收入未有明显的提高或甚至有所下降。即使在当下，律师行业中不乏年收入达到50万以上甚至数百万之巨的高收入者，但在人数上却是屈指可数，大多数律师的收入还是相对较低的。也就是说，律师的收入存在着明显的两极分化。以广东为例，根据《广东省律师薪酬与职业发展调研报告（2012年）》提供的数据，在律师平均收入最高的深圳和广州两市，仅有3%和4%律师的年收入达到50万元及其以上，15%和7%律师的年收入达到30—50万元，30万以下的中低收入者仍然构成律师的主流。④ 而根据广东省律师协会公布的数据计算，2010年全省19756名执业律师全年业务收费总额为52.7亿元，折合人均年收入仅为25667元⑤，大大低于本省机关干部、国企员工的平均收入水平。加强对律师业中“富豪级”或“高收入者”个人所得税的征

④ 引自《广东省律师薪酬与职业发展调研报告（2012年）》中表七的数据。载《第四届南方财税法高层论坛暨“税费改革与我国高素质律师队伍建设”研讨会论文集》，第1—29页。同时参见中国财税法网：http://www.cftl.cn/show.asp? c_id=24&a_id=9257，访问日期：2013年3月3日。

⑤ 转引自邓捷、廖婷、孙天华：《浅析我省律师行业税收征管问题》，载《第三届南方财税法高层论坛暨“国际金融危机下我国房地产税法改革的难点与机遇”研讨会论文集》，第157页。

管，无疑是必要的，有利于保证税收及时足额的入库。但若因此将全体律师定位为“高收入者”，一律实行查账征收，从严征管，显然既不合理，也缺乏法律依据。

2. 律师是未被合理核算的“高成本行业”。律师属高知识密集、高智力和高风险行业，其职业特点就是运用知识、智慧和技能为当事人提供优质高效的法律服务，故容易使人产生“高智能 = 低成本 = 高收入”的联想，以为律师除了依靠脑力与口才，不需要花费太多成本。这实际上是对律师行业的一种误解。根据律师的实践，其执业成本大致可以分为直接费用和间接费用两大类。直接费用包括律师执业必需的财力投入：办公场所的购置费或租赁费、装修费等；办公设备和办公用品的购置费和维修费等；调查取证所需的交通费、餐费、通讯费和文印费等；办案所需的私人汽车购置费及维修、保养等费用；等等。间接费用又可分为有形费用和无形费用。前者包括执业前后为积累和更新专业知识、提高专业素养、拓展案源所需的大学专业教育、继续教育、业务培训、考察交流、广告宣传、活动接待等支出；后者包括律师执业前后的时间、精力和智力投入；因选择或从事法律执业而放弃其他就业或兼职的机会成本等；因办案或出差而经常放弃与家人团聚的生活成本等。可见，律师（特别是独立或合伙律师）的执业不仅涉及高额的金钱投资，而且涉及大量的智力、时间和精力投资。可惜的是，律师执业的高成本，由于我国尚未就律师行业尚未建立起健全的会计核算制度，因而未能获得现行税收政策较为充分的认可并得到合理的核算，从而使律师的成本未能在税前得到合理的扣除。

（二）现行对律师“重征管、轻扶持”政策有违税收公平原则

把律师业定位于高收入行业，是税务机关对律师业实行“重征管、轻扶持”的出发点。而定位的错位，必然导致税收政策制定的偏差，这体现在律师行业税收政策，在课征律师事务所的营业税时扩大应税营业额的计征范围，在课征合伙人律师个人所得税时“比照”现行税负偏重的“个体工商户的生产、经营所得”应税项目，在允许扣除项目的规定上有相当不合理的限制，从而使律师行业承担比其他合伙企业更多的税收负担，显明地违背税收公平的原则。

1. 应税营业额被扩大计算。根据国家税务总局《关于律师事务所办案

费收入征收营业税问题的批复》(国税函发[1995]479号)的规定[6],我国各级税务机关把律师事务所“在办案过程中向委托人收取的一切费用”,包括实际上不属律师业务收费、律师在业务收费以外收取的、代委托人向审判、仲裁等机关支付的诉讼费和仲裁费等代收代交费以及为委托人调查取证所支付的交通费、餐费、住宿费、查档费、鉴定费、公证费等办案费,统一计入营业税应纳税额,不仅明显扩大了律师营业税计税范围,且与司法部有关律师收费的行业规定相冲突。[7]

2. 合伙人律师适用的个税应税项目不合理。根据国税发[2000]149号文,我国个人投资者或合伙人律师的年度经营所得,须比照“个体工商户的生产、经营所得应税项目”纳税[8],而非按通常的个人所得税“工资薪金所得应项目”纳税。这种规定无疑是非常不合理的。因为合伙律师如果按“工资薪金所得应项目”纳税,适用3—45%七级税率,其每月收入在得到法定免征额(3500元)、社会保障费(所得的8%)和住房公积金((所得的23%))等减除费用后,其余额每月不超过8万元且全年不超过96万元的,则也适用35%的税率。如果按个体工商户应税项目纳税,则适用5—35%五级税率,不设免征额,年收入超过10万元的部分,适用35%的最高边际税率,须缴纳3.5万元的税款,与前者相比,显然税负要重得多。尽管按《个人所得税法》的规定,“个体工商户的生产、经营所得,以每一纳税年度的收入总额减除成本、费用以及损失后的余额,为应纳税所得额”,但按国家税务局的规定,律师事务所应税年度经营所得额不仅“不得扣除出资合伙人本人的工资、薪金”,而且能够作为成本费用扣除项目也极其有限且不合理。因此,合伙人律师目前适用的应税项目,明显存在着税率畸高、免征额畸低、级差幅度畸窄、税负过重的问题。

3. 有关可扣除项目的规定不合理。根据《个人所得税法》第六条规定,个体工商户的生产、经营所得,以每一纳税年度的收入总额减除成本、费用以及损失后的余额,为应纳税所得额。但按我国现行税收政策,律师事务所应税年度经营所得额不仅“不得扣除出资合伙人本人的工资、薪金”,而且能够

---

⑥ 参见国家税务总局:《关于律师事务所办案费收入征收营业税问题的批复》(国税函发[1995]479号)。

⑦ 根据司法部发布的《律师服务收费管理办法》规定:“律师事务所在提供法律服务过程中代委托人支付的诉讼费、仲裁费、鉴定费、公证费和查档费,不属于律师服务费,由委托人另行支付。”

⑧ 参见国家税务总局:《关于律师事务所从业人员取得收入征收个人所得税有关业务问题的通知》(国税发[2000]149号)。

作为成本费用扣除项目也极其有限且不合理。税务机关在核定律师执业成本时仅关注直接费用，而不考虑执业所需要的间接费用。在律师执业实际成本的构成中，间接费用的比例往往大于直接费用。⑨ 同时，税务总局税收政策与司法部行业管理规定不协调，导致律师因行业规范和限制而"广告宣传费"费用占营业收入比例极少，远远达不到5%。而因办案需要的会议费、业务招待费用却远远超过营业收入5‰的限制却无法实行税前扣除。此外，律师执业风险金仍未被列为税前扣除项目。

（三）现行会计核算办法并不适合律师行业的特点

目前我国税务机关仍未制定出适合律师业务特点的专门的会计核算办法，而是在执行《企业会计制度》的基础上参照执行该会计核算办法，具体增设一些与律师事务所业务有一定相关性的明细科目，这给查账征收方式的实施带来极大的困难。首先，据司法部统计，至2011年，我国已经拥有接近1.9万家律师事务所，超过20万的从业人员，但小于10人的律师事务所占总数的50%以上。⑩ 其中北京、上海和广东律师事务所的平均规模分别为律师事务所的规模分别为15.8、11.7和11.8。⑪ 以广东为例，全省律师事务所大多仅有3—5个合伙人，9—12个律师及其助理，年均收入约在200—300万元左右，会计人员多由本所律师兼职或临时聘用人员⑫，在缺乏会计核算办法明确指引的情况下很难符合查账征收的要求。其次，从税收征管的角度讲，律师业应税项目具有很强的隐蔽性，若当事人不主动申报，税务部门很难掌握其真实情况，在缺乏专业的会计明细科目指引的情况下，如检查不及时则很难取得确凿证据。⑬ 加上各地省市税务部门为顾及本地利益，对国家税务总局规定的税收征收方式往往采取各有特点的消极或变通的办法，从而导致甚至深化各省市之间律师遭遇税收不公的格局。

---

⑨ 周小平：《四川省泸州市律师行业税收负担的调查报告》，中国律师网：http://chineselawyers.bokee.com/5562151.html，2013年3月8日。

⑩ 根据前瞻产业研究院发布的《2012—2016年中国律师事务所深度调研与投资预测分析报告》，北京拥有1415家律所，从业人员22418人；上海拥有1078家律所，从业人员12562人。载中国行业信息研究网 http://www.chinamrc.com/yanjiubaogao/zhuanxiangyanjiu/2012/0626/23311.html，2013年8月25日。

⑪ 据广东律师协会的统计，截止2013年7月底，广东省共有律师事务所2034家，执业律师24000余名。载广东律师网 http://www.lawyer.gd.cn/html/lvxiejianjie/2009/0105/65.html

⑫ 分别引自《广东省律师薪酬与职业发展调研报告（2012年）》中表一、表二。

⑬ 彭志华、吴光坤：《对律师业税收征管的调查与思考》，载《财政监督》2006年第4期。

三、我国律师行业税收政策瓶颈的破解

量能课税是税法的一项原则，是宪法平等原则在税法上的具体化。它强调根据纳税人纳税能力大小来确定税收负担水平。凡是收入多的，说明纳税能力强，应赋予较重的税收负担；凡是收入少的，说明纳税能力弱，应赋予较轻的税收负担或者不纳税。为此，我们应加紧开展破解律师行业税收政策瓶颈的对策研究，在各地实施或即将实施的“营改增”试点中，遵循国家税收立法的原则和精神，结合党和国家律师对律师行业的科学定位，对律师业务所涉增值税和个人所得税作出“一揽子”改革，以切实降低律师业税负，防止高素质律师人才外流，推进我国高素质律师的队伍建设。

（一）应以“需重点支持和发展的行业”定位律师业

建设高素质律师队伍，同样需要税收政策的配合。而国家税务总局针对律师行业“高收入、营利性、高税负、严征管”的税收政策定位，显然与律师作为法律服务者的职业特点和社会特性不相吻合。我们认为，根据现行法律以及党和国家关于完善律师税收制度以保障律师行业稳健发展的规定，把律师定位为“具有高投入、高智力输出、高风险和非以营利为目的，且并非高收入的服务性行业”，也就是国家和地方税务机关“需要重点支持和发展的高端法律服务行业”，是比较合适的。

（二）应制定符合律师行业特点的税收政策

显然，如将律师行业定位为“需要重点支持和发展的高端法律服务行业”，就应当对现行税收政策中不能客观反映律师行业特点的、针对“高收入者”特有“高税负、严征管”的相关政策规定进行深层次的改革。因此，我国税务机关应当在全国逐步实施“营改增”改革的同时，认真贯彻《律师法》《个人所得税法》《企业所得税法》和《税收征收管理法》等有关规定，逐渐克服或消除律师行业面临的“边际税率畸高、免征额畸低、级差幅度畸窄”的困扰，通过合理降低律师业税负，促进我国高素质律师队伍的建设。

1. 应至少维持律师税负不增的最低水平。根据财政部和国家税务总局印发的《交通运输业和部分现代服务业营业税改征增值税试点实施办法》规定，提供现代服务业服务的，一般纳税人增值税税率为6%。小规模纳税人

可适用简易征收率3%。⑭ 据此,我国自2012年1月1日起实行"营改增"试点后,律师事务所由于从原交5%营业税率改为6%增值税率而成本抵扣未见增加从而导致税负不降反升,这显然不符营改增有助结构性减税的改革初衷。因此,在出台抵扣细则之前,应当将一般税率降至5%,使年收入500万元以上中大型律师事务所税负至少维持不增的最低水平,同时规定律师个人所得税依据工薪所得而不是工商业户应税项目缴纳,以引导我国律师事务所做大做强,呈现京沪等地百人、千人大型律师事务所不断涌现的良好局面,而杜绝大中型律师事务所不断分裂为小型律师事务所不良现象的频繁发生。

2. 应择机出台适应律师行业特点的专业会计核算办法。实施"营改增",需要建立适应律师行业特点的健全的会计核算办法,这对于采用查账征收方式、规范律师行业的财务行为、实现税收依法征纳,均具有积极的意义。因而应在实施增值税试点改革的同时,就查账征收制度中与现行律师法、律师管理规定相冲突的部分,进行认真的调研,在听取律师行业主管部门、行业协会及广大律师意见的基础上进行相应的修正和调整。在此基础上,尽快出台适应律师行业特点的会计核算办法,明确规范与律师事务所业务相关的明细科目及其处理办法,从而为律师行业全面实行查账征收方式奠定制度基础。

3. 应尽快制定律师行业增值税的可抵扣范围。律师行业高智力投入的特殊性决定了其可作为进项抵扣的部分比较少,在营业税改征增值税后,应当明确规定经营收入中的进项抵扣即可扣除项目,尽可能减轻律师过重的税收负担。(1)律师高智力的行业特色决定了律师的经营成本主要不是货币或非货币性资产的成本,而是无法计量的律师个人的智力成本(即律师积累和运用知识所付出的潜在的智力劳动)和承担的代理风险。因此,应当显著地提高律师通过继续教育、业务培训、考察交流等各种渠道扩充各类知识、提高办案理论素养的费用支出,至少应当从目前律师工资1.5%的税前扣除比率提高到10%,以后再逐步提高至15—20%。(2)适时采纳司法部有关律师事务所按照创收的5%提取律师执业风险金的规定,允许将执业风险金列入税前扣除项目,以后再逐步提高至6—8%。(3)适时采纳司法部限制律师事务所进行不必要"广告宣传"的行业管理规定,将营业收入可扣除项目中"广告宣传费"从原有规定的5%缩小至5‰。同时将因办案需要的会议费、

---

⑭ 根据该《试点实施办法》的规定,实施"营改增"改革,旨在克服营业税重复征税、降低企业税负和产品成本、通过实现结构性减税,达到平抑物价,提高整个社会经济效益的目的。

业务招待费从原有规定5‰提高到5%，并将律师执业所需办公场地、设备和用品等的租赁、购置或维修费用，办案所需的汽车和通讯工具的购置及运行、交通、文印、通讯等支出按合理的比例或据实列入可扣除项目。(4) 随着近年来办公场租、物价及办案所需各项开支的猛涨，应当适当提高受薪律师扣除办案支出的标准，目前至少应当从原有规定其分成收入30%作为办案支出费用的标准提高到40%，以后逐渐实行与物价指数挂钩，以保障受薪律师的合理收入。(5) 出台专门针对律师提供公益服务活动的税费扣除政策。例如律师在办理指定辩护案件、进行法律援助以及为公益事业提供免费法律服务时，都应该通过实施适当扣除必要费用的税收政策以资鼓励。⑮ 这样既可减轻律师负担又可更充分地服务低收入公众，让社会更加和谐。

4. 应尽快规定律师个人所得适用工薪所得应税项目。当初在考虑让合伙律师个人所得税计征“比照”税负较重的“个体工商户的生产、经营所得应税项目”，允许从中减除“成本、费用以及损失后的余额”，其主要原因是律师事务所须缴纳的营业税，系以提供法律服务的全部收入为计征依据，不得作任何的扣除。现在实现“营改增”，允许律师事务所可以“当期销项税额”(全部收入)扣除“当期进项税额”(通过设置“可抵扣范围”，将全部成本予以抵扣)，以增值额(实际的利润)计税，就没有必要在计征合伙律师个人所得的“应纳税额”时，再“比照”个体工商户的生产、经营所得应税项目，允许从中减除“成本、费用以及损失后的余额”。也就是说，为了与“营改增”试点相适应，应将合伙律师个人所得适用项目从原来的“个体工商户的生产、经营所得应税项目”改革为“工资、薪金所得应税项目”，并参照企业所得税计征的办法，将合伙所、个人所按月发放给合伙律师、创始律师的工资、薪金作为增值税的税前扣除。同时，税务机关就应当严格执行《合伙法》有关“合伙人的增减无需进行工商登记和相关变更验资”的规定，停止对律师事务所发生增减出资合伙律师时按变更上一月份律师事务所未分配利润征收20%所得税。

---

⑮ 赵小平、熊君、孟娟:《律师税费研究》，载《法治研究》2008年第9期。

名家笔谈：经济法主体理论

论经济法主体体系中的消费者*

徐孟洲**

一、对经济法主体体系的理论概括

作为独立法律部门的经济法,应当有区别于其他部门法的具有自身特点的主体及主体体系。经济法主体是经济法律关系的直接参与者,是经济法律关系构成的基本要素,它既是经济权利的享受者,又是经济义务的承担者,对其行为的法律后果能够承担法律责任。因此,经济法主体如同民事主体、行政法主体一样,也是一类独立的法律主体。经济法所调整的对象是市场经济基础上发生的需要法律规制和宏观调控的社会经济关系。因此,凡是依照国家经济法的规定,有权参加上述社会经济关系,并以自己的法律行为承担一定法律后果的社会组织和个人,均能成为经济法的主体。

关于经济法的主体体系,已有学者从理论上加以概括,例如经济决策主体、管理主体与实施主体;经济管理主体与经济活动主体;管理主体与管理受体、规制主体与受制主体等。也有学者沿用民法的主体模式,将经济法的主体概括为自然人、法人和其他组织或国家、社会组织和公民等,而这无法反映经济法主体的特定身份及经济法主体所承载的特殊权利义务。

对经济法主体的理论概括或进行类型化,必须表明该类主体承载着经济法的权利(权力)义务。笔者将经济法的主体概括为消费者、经营者、经济管理者,这样能够体现经济法本质特征,能够表明经济法主体所承载的经济法的权利(权力)义务的特殊性。在消费者、经营者、经济管理者三类主体体系中,消费者和经营者的概念已经为我国《反垄断法》《反不正当竞争法》《价格法》或《消费者权益保护法》所使用,并且法律对其也有明确定义,是经济法

---

* 本文根据作者所著《耦合经济法论》第七章经济法主体论缩写而成。

** 徐孟洲,中国人民大学教授、博士生导师。

确认和保护的对象。《预算法》《税收征收管理法》和《中国人民银行法》等法律又规定了作为经济管理者的财政机关、税务机关和中国人民银行等主体的法律地位。社会经济关系的发生与发展主要通过广大的经营者、消费者的行为来实现；经济活动的导向、经济秩序的维护和宏观经济的调控需要通过经济管理者的行为来保障。因此，消费者、经营者和经济管理者是由经济法确认和保护的一类新创的固有法律主体。

由于作为经济管理者的国家、各级政府及其国家机关和行业协会等，在社会经济生活中，他们或充当市场监管主体或宏观调控的实施机关，或者是授权代为从事各行业管理者与自律管理者，从而成为经济法确认和保护的社会经济关系参加者，承载着经济法上的权力与责任，因此，当国家、各级政府或者国家机关和行业协会等参加经济法律关系时，它们也是经济法的主体。各级政府是国家的主要经济管理者，但除了政府之外，其他国家机构或者组织也行使经济管理的职能，也可以成为经济法的主体。例如，国家权力机关也行使经济决策、管理、监督的职能，要对国家预算进行审批和对特别重大的经济个案进行审批与监督。由此可见，国家权力机关也可以成为经济法的经济管理主体。再者，行业协会或者其他组织（例如银行业协会、商会、消费者保护组织等）具有准公共职能的机构经授权行使经济管理职权时，也可以成为经济法的管理主体。而这些经济管理主体难以纳入政府的范畴。因此，将经济法的一类主体概括为“经济管理者”，一方面可以反映其在经济法中承担的经济管理职能方面的权力与职责，另一方面又可以将政府之外的授权承担经济管理职能的组织纳入经济法的主体体系，应更具说服力。需要注意的是，此处的经济管理者仅指国家、各级政府或者国家机关和其他依法授权承担公共管理或行业管理职能的机构与组织，不包括企业管理者。

二、消费者是经济法主体体系的核心

在经济学上，消费者是与政府、企业相并列的参与市场经济运行的三大主体之一，是与企业相对应的市场主体；在法学上，消费者是各国的消费者保护法的主体，也是经济法的基本主体。经济法的消费者，是指为日常生活或公共产品消费需要而购买、使用商品、公共产品（以下所称商品包括公共产品）或者接受服务，享受经济权利与义务的人，主要包括为了满足生活消费或公共产品消费需要而购买、使用商品或者接受服务的自然人，也包括有上述行为的法人和其他社会组织。消费者是经济法的核心主体。

众所周知,在国民经济活动的整个领域主要有三大主体之间的活动及其所发生的经济关系,即国家或政府、企业(生产经营者)和消费者之间所发生的经济关系,主要包括:国家或政府与企业的管理与被管理的关系;国家或政府与消费者之间的保护、指导与被保护、被指导的关系;受法律的规制与调控指导的经营者与经营者之间的竞争与经济活动关系;经营者与消费者之间因消费者购买、使用商品或者接受服务而发生的消费者权益保护关系。这四种关系均是经济法所调整的对象,均直接或间接关系到消费者这一主体。法律调整国家与经营者之间经济关系的最终目的,也是为了满足消费者物质和文化的需要。

消费者的消费活动主要是指生活消费。作为社会再生产四大环节之一的消费既是生产、交换和分配这三个环节的目的,也是它们活动的归宿。而消费有两大领域,即生产消费和生活消费。生产消费是以物质资料生产为目的的劳动力和生产资料的消费,而生活消费是以劳动力的再生产为目的的生活资料的消费,主要是自然人的消费。生活消费又主要表现为购买和使用各类物质资料,即商品的消费和接受各种形式服务,如商业性劳务服务、文化教育劳务服务、政府公共事业劳务服务、卫生保健劳务服务、旅游劳务服务、信息劳务服务等等。法律所规范和保护的消费者行为主要是指消费者生活消费,其范围包括购买商品、使用商品和接受服务这三项内容,即法律所调整的生活消费的形式既包括购买商品和接受服务这两种形式,还包括使用商品这种形式,当商品的使用者与购买者,不是同一个主体时,商品使用者的权益也受到法律保护。

作为经济法主体的消费者主要是指进行生活消费的自然人,但也包含有偿取得商品和服务、满足生活资料消费或公共产品消费需要的法人和其他社会组织。对消费者的外延一般有两种界定,一种是狭义的消费者,仅指购买、使用或者接受服务的自然人;另一种是广义的消费者,不仅包括自然人,还包括购买、使用或者接受服务的法人和其他社会组织。例如,日本 2001 年《金融商品销售法》将金融消费者界定为“资讯弱势的一方当事人,即在金融商品交易之际,相对于金融机构的专业知识,一般无论是自然人或法人,基本上属于资讯弱势者”①。

“我国台湾地区 2011 年 6 月通过的‘金融消费者保护法’第 4 条规定:‘本法所称金融消费者,指接受金融服务业提供金融商品或服务者。但不包

---

① 焦瑾璞:《金融消费者概念的内涵与外延》,载《中国金融》2013 年第 8 期。

括下列对象:一、专业投资机构。二、符合一定财力或专业能力之自然人或法人。'同时,第 3 条规定:'本法所定金融服务业,包括银行业、证券业、期货业、保险业、电子票证业及其他经主管机关公告之金融服务业。'从第 4 条规定上看,在财力和专业能力上处于弱势地位的法人也应在其法律保护范围之内,但具备一定财力或专业能力的自然人不在保护范围之内。"②我国《消费者权益保护法》第 2 条规定:"消费者为生活消费需要购买、使用商品或者接受服务,其权益受本法保护",这里的"消费者"没有明确界定其范围是仅指消费者个人。

因此,作为经济法主体的消费者,应采广义说,是指为生活消费或公共产品消费需要,购买、使用商品或者接受服务的自然人和法人或者其他社会组织。法人或者社会组织的生活消费或公共产品消费需要,有一部分用于该单位的直接生活消费;另一部分又转化为该单位成员的生活消费。经济法主体的消费者,不仅为自然人,也包括法人和其他社会组织。

在确定经济法的主体为消费者、经营者和经济管理者之后,以何者为中心,三者的利益如何衡量就成为一个重要问题。笔者认为,应以消费者为中心构建经济法的主体体系。笔者认为消费者是经济法的核心主体。因为:

第一,"以人为本"的理念要求"以消费者为本"。

"以人为本"所指的人,应指自然人,因为,只有自然人才谈得上"人"的全面发展。同时,"以人为本"中的"人",至少应该包括抽象意义上的人,即包括广大的国民及子孙后代,因此需要强调全面、协调和可持续的发展观;也应指现实中具体的个人,否则"以人为本"就会陷入空洞,无法将"以人为本"真正落实到现实中的个人,使广大的人民群众真正受益,而从消费者的定义看,消费者仅包括自然人。例如,美国《布莱克法律词典》认为"消费者区别于制造商、批发商和零售商,是指那些购买、使用、持有、维护以及处理产品或服务的个人"。英国的《牛津法律大辞典》认为,消费者是指那些购买、取得和使用各类物品和服务(包括住房)的个人。而经营者和管理者主要包括组织,而不是个人。而且,在经济法的三方主体中,消费者和个人的关系最为密切。人们首先必须吃、喝、住、穿,然后才能从事政治、科学、艺术、宗教等等。吃、喝、住、穿,生活消费是也。故消费为天地间第一要义。因此,人人都是消费者,消费者保护法为与人人密切相关的法律。由于"以人为本"之"人"为自然人,因此,作为自然人的消费者应当首先得到保护,这是现代社会"以人

② 同上注。

为本"理念的要求,是落实2004年《政府工作报告》中提出的"坚持科学发展观……更加注重以人为本……着力解决关系人民群众切身利益的突出问题"的必然要求。消费者的保护应是经济法的第一要义。

第二,经济学的理论出发,消费者也应该得到优先的保护。

根据马克思主义的经典理论,消费是社会再生产完整运行体系的一个不可缺少的环节。马克思在著名的《〈政治经济学批判〉导言》中,科学分析了生产、分配、交换、消费四个社会再生产环节的相互依存、互相媒介的辩证关系,并把生产看成是手段,把消费看成是目的,而分配和交换则是中间的过渡环节。消费是生产的出发点,又是生产的目的。"没有需要,就没有生产。"消费者权利的保护,有利于消费的实现,也能促进生产。亚当·斯密在其名著《国富论》中指出,"消费是一切生产的唯一目的,生产者的利益,只有在能促进消费者利益时,才应加以注意。"只有当消费者的权利得到充分的保护,才能刺激消费者的消费需求,从而增加产品和服务的供给,实现国民经济持续增长的目标。因此,无论从消费在抽象的社会生产环节中的地位看,还是从刺激消费、扩大需求、促进国民经济增长的现实角度考虑,消费和消费者的保护都应当得到充分的尊重。

第三,消费者处于弱者地位,应该给予特殊的保护。

经济法追求对社会公共利益的保护。经济法以维护社会整体利益为自己的价值追求,政府或管理者尽管被赋予了强大的管理职权,但由于管理机关的特殊地位,经济法无需对其进行特殊的保护;相反,在赋予其权力的同时,还必须对其权力的行使进行约束和规范,保证其不侵犯市场主体的正当权利。相比管理者而言,经营者、消费者处于弱者的地位。而在经营者与消费者的关系中,消费者处于弱者的地位。法律应给予消费者特殊的保护,因为:其一,在消费者与经营者的交易中,经营者与消费者的利益形态不同,经营者所承担的是经济风险,而消费者除了承担经济风险还必须承担生存风险,因为消费品本身可能存在危害人身和财产安全的风险。其二,在消费品交易中,经营者的利益可以得到及时的满足,而消费者的需求只能在交易完成、获得并使用消费品后才能得到满足,双方的利益并不平衡。其三,经营者和消费者的信息掌握程度严重不对称。在消费者和经营者的关系中,信息天然的集中在经营者一方,经营者从事商品、服务的生产与提供,有关商品的成分、性能、构建、功能、作用、成本等与商品服务本身有关的各种信息由经营者天然的垄断,消费者对商品、服务的认识在绝大多数情况下必须依靠经营者提供的信息才能实现,如果经营者提供不真实或者不充分的信息,消费者就可能作出错误的判断和选择。尤其是随着科技的发展,产品和服务越来越复杂,消费者对商品或者服务作出准确的判断几乎不可能。第四,经营者可能处于垄断的地位。在不完全竞争的市场中,垄断者支配市场,消费者无其他选择,不得不购买垄断者提供的产品,不得不接受质次价高的消费品。

因此,与实力强大的经营者相比,分散、弱小的消费者显然处于弱者地位。在消费者和经营者的利益衡量中,一方面,消费者应当优于经营者得到法律的保护,以实现实质的公平正义。另一方面,管理者负有保护消费者和经营者权利并监督经营者履行相应义务的职责,且现代社会越来越强调政府的服务行政,管理者的权利配置均应以消费者和经营者的保护盒规制所需为其界限,政府的权力是手段而非目的。因此,在经济法的视野中,在其主体的体系构造中,消费者应处于核心地位;经营者的生产经营目的是为消费者提供有偿服务与商品,管理者应服务于消费者和经营者。对于所有的经营者与管理者而言,消费者是“上帝”;这是“以人为本”的应有之义;也是经济法的立法必须加以贯彻的理念。

三、保护消费者是经济法的终极目标

消费者保护是国际社会共同关注的话题。消费者保护的框架应当满足消费者的哪些合理需要,如何通过各种措施和制度的建立和完善满足消费者的合理需要,也是各国面临的课题。

《联合国保护消费者准则》(1999 年扩大版)的一般原则指出,这套准则的目的是确保下列合理需要获得满足:(a) 保护消费者健康和安全不受危害;(b) 促进和保护消费者的经济利益;(c) 使消费者有机会取得足够资料,让他们能够按照个人愿望和需要作出知情的选择;(d) 消费者教育,包括关于消费者所作选择的环境、社会和经济影响的教育;(e) 提供有效的消费者赔偿办法;(f) 享有建立消费者团体和其他有关集体或组织的自由,而这种组织对于影响到它们的决策有表达意见的机会;(g) 促进可持续消费形式。其中,在(a)身体安全方面,该《准则》提出:① 各国政府应当认可或鼓励采取适当措施,包括法律制度、安全条例、国内或国标标准、自愿标准和保存安全记录,务求确保产品在指定用途或通常预期的用途方面安全可靠。② 适当的政策应确保制造商生产的商品在指定用途或通常的用途方面安全可靠。③ 适当的政策应保证产品上市之后,制造商或经销商如果发现未曾预见的危险,应毫不延迟地通知有关当局并酌情通知消费大众。政府也应考虑保证消费者适当获悉危险的方法等等。在(b)促进和保护消费者的经济利益方面,该《准则》要求,政府政策应设法使消费者能够从其经济资源中获得最大利益。政府政策也应设法达成最令人满意的生产和绩效标准、适当的经销方式、公平的商业做法、提供资料的销售方法,有效保护消费者的经济利益和市场上的选择,使其不受不利做法的影响。各国政府应加紧努力,确保制造商、经销商和其他从事提供商品和服务的人遵守既定法律和强制性标准,以防止损害消费者经济利益的做法。各国政府应鼓励公平和有效的竞争,以便能有最多种类最相宜的产品和服务提供消费者选择。各国政府应定期审查有关度量衡的法律,并评估负责执行的机构是否恰当等等。

由此可见,消费者的保护需要各种措施和制度的建立和完善,并非仅仅一部消费者保护的单行法所能解决。消费者的保护仅仅依靠传统的民法亦很难实现,需要政府制定基本的消费者政策并制定具体的法律法规加以实现,政府的参与甚至直接作为法律关系的一方主体是十分必要的。例如,在上述的保护消费者身体安全方面的措施当中,政府的作用非常明显。政府必须制定相应的标准,明确经营者义务,并在出现可能危害消费者安全的危险时发挥作用。政府机关应当在保护消费者身体安全方面的法律中充当执法者。在促进和保护消费者经济利益方面的措施中,生产和绩效的标准、适当的经销方式、公平商业做法的认定和监督都离不开政府的参与,公平和有效的竞争需要政府作为执法机构,度量衡的执行也需要政府的监督。

因此,消费者的法律保护除了依靠民法中合同法和侵权法的一般提示和事后救济外,主要必须依靠经济法,发挥政府和消费者组织的作用,运用经济法的理念和调整手段。具体而言,有关产品质量管理和信息披露的法律、产品标准的法律、危险产品紧急处置的法律、广告的法律、防止不公平商业做法的法律、维护公平和有效竞争的法律,维护商品合理价格的法律等都必须运用经济法的理念和调整手段,体现政府的管理和参与,或者将消费者的保护作为主要目标之一,是消费者保护的专门制度。通过这些制度,经济法对经营者和消费者之间交易的各个要素(主体、客体和媒介)进行全面的保护和规制:经济法规定了作为交易主体的经营者的一般义务以及消费者的一般权利;对作为交易客体的产品(服务)的质量要求、信息披露、广告宣传、度量衡进行全面的规制;对作为交易媒介的价格进行规制,从而确保消费者和经营者的公正交易以实现消费者的保护。由此可见,消费者保护需要运用经济法的理念;经济法是消费者保护的主力军。经济法尤其是市场规制法的立法宗旨也明确体现了消费者保护的价值追求。例如,我国《消费者权益保护法》

《产品质量法》《反不正当竞争法》《价格法》均在其立法宗旨条款中明确了保护消费者的内容。我国台湾地区的相关制度也体现了消费者保护的价值目标。除了“消费者保护法”外,被普遍认为竞争法也将消费者的保护置于首要目标;“公平交易法”第 1 条规定,“为了维护交易秩序与消费者利益,确保公平竞争,促进经济之安定与繁荣,特制定本法”。消费者是我国经济法主体体系的核心。保护消费者是经济法的终极目标。

论法学体系中的经济法学主体

刘少军[*]

任何一门相对独立的法学，都应该有其区别于其他法学的基本特征，这些特征应该是该法学本质的反映，是由该法学的本质属性所决定的。法学主体是它的重要特征，经济法学如果没有区别于其他法学的特殊主体，其法学理论就难以成立。几十年来，经济法学者围绕这一问题进行了许多研究，也取得了一些有价值的相应研究成果。但是，由于缺少对法学本质的研究，将法律规范等同于法、将法律部门等同于法学学科，造成了许多误解，也使经济法学理论总是难以自圆其说。因此，要明确经济法学的主体，必须从法和经济法学的本质开始研究，明确经济法学的特殊价值追求，并在整个法学体系中说明其各项特征，经济法学不仅需要自身自圆其说，还必须保证它在整个法学体系中也能够自圆其说。

一、法与经济法学的本质

人类的学术体系从总体上可以分为自然科学和社会科学，这两种科学在哲学思维上是有本质区别的。自然科学以自然界的客观事实为研究对象，目的在于探索自然规律，用以解决人类生活中的问题；社会科学以人类社会的自我感觉为研究对象，目的在于探索人类需求的主观规律，以利用现有条件最大限度地满足社会不同阶层的主观需要。判断自然科学正确与否的最终标准是其研究成果是否符合客观现实；判断社会科学正确与否的最终标准是其研究成果是否获得社会不同阶层的主观认同。要使自己的研究成果能够获得社会不同阶层的主观认同，就必须以人类社会的价值追求作为研究的出发点和归宿，离开了人类社会的价值追求社会科学就失去了研究的方向，也

* 刘少军，中国政法大学教授、博士生导师。

就不可能得出正确的结论。

法学是社会科学的重要组成部分，它研究的出发点和归宿也必须是其价值追求。笔者经过长期的研究和总结认为：法的基础价值追求主要包括三个方面，即道义价值追求（自然法）、功利价值追求（功利法）和实证价值追求（实证法），这已经为几千年来的法学实践所证实。现实生活中的法，就是以最大限度满足不同阶层社会需求为最终目标的道义价值追求、功利价值追求和实证价值追求的最佳边际均衡点。在现实生活中，按照最大限度满足人类社会不同阶层需要的目标，法的价值追求又可以具体分为满足个体利益的价值追求、满足整体生活环境利益的价值追求和满足整体经济利益的价值追求，它们是人类社会发展至今所产生的三个具体的核心价值追求。在现实的法学研究中，我们只能以这三个核心的价值追求作为法学研究的出发点和归宿，否则，法学研究就会失去方向。

在此同时，法学研究还必须澄清以往研究中的一些误解，这些误解主要包括三个方面：一是法与法律规范的关系；二是法律部门（部门法）与法学学科的关系；三是法律规范与法学价值追求的关系。

在我国目前的法学研究中，绝大多数学者并不区分法与法律规范，将法律规范等同于法，这是法学研究的一个重大误解。事实上，法律规范只是实证法的基本构成要素，并不是法学的全部。除法律规范之外，法还应该包括道义法和功利法。我们所要研究的是全部的法，而不仅仅是实证法。如果仅仅以实证法为研究对象，那么法学充其量也只能是法律规范解释学。并且，它也不能回答法律解释的依据是什么，事实上法律解释也主要是依据道义法和功利法理论进行的，离开了道义法和功利法，法律规范只能依据语言学进行解释。这种解释基本上是不具有法学意义的，也无法从根本上解决法学问题。

我国法学界在法学研究中的第二大误解，是关于法律部门（或称部门法）与法学学科的关系，这一误解是与上一误解相联系的。事实上，法律部门（或称部门法）是前苏联学者创造的一个概念，它的前提是不承认道义法和功利法，认为法学的研究对象仅仅是实证法或法律。在目前世界，除我国外并不存在法律部门（或称部门法）这一概念，世界各主要国家的法学分类主要是法律文件的分类、裁判案例的分类和法学学科的分类，并不存在法律部门的分类。并且，从法的本质属性上来看，法律部门的分类也是不可能实现的，我们没有能力以法律的某种特征将其进行科学的分类。原因非常简单，任何法律文件甚至某法律条款都是综合的，它的调整对象和调整方法都是全方位的，至少是多方位的。也正是由于这一原因，我国从来没有形成被大家普遍认同的法律部门划分标准,即使学者们给出许多标准,也不能解决这一问题。明知不可为而为之,虽然精神可嘉却非学术之道。

法学研究的目的,是为了总结和发现法律现象中的价值追求,以指导司法实践。作为一个相对独立的法学学科它必须有自己区别于其他法学的独立价值追求,如果没有这种独立的价值追求是难以构成一个相对独立的法学学科的。并且,这种独立的价值追求还必须是本质性的追求,而不能是现象上的追求,该学科的法学现象和特征是其价值追求的反映。如果不能正确地区分法学本质与法学现象之间的关系,仅进行某些法学现象的描述,就会成为无源之水无本之木。同时,我们也必须明确,尽管法是由道义法、功利法和实证法构成的,但现实生活中,法学研究必然是以实证法为核心进行的。此外,法学研究的一个很重要的目的是进行法学知识的传播,具体的法学学科还必须与具体的法律规范相联系,尽量保持法律规范的完整性。因此,本人认为,法学研究是以法学学科为单位的,而不是以所谓法律部门(或称部门法)为单位的,法学学科的划分标准只能有两个:一是它的法学价值追求标准,二是与之联系密切的法律规范标准。法学价值追求标准是本质的、理论的、抽象的、绝对的、不可分割的,法律规范标准是现象的、实际的、具体的、相对的和可以协调的。因此,法学学科只具有理论上的纯粹性,反映在具体的法律规范上并不是纯粹的,不同法学学科在法律规范上是可以有交叉的。理论上存在纯粹的经济法学,实践中不存在纯粹的经济法。

二、经济法学的价值追求

价值追求是法学的灵魂,是人类社会需求的本质反映。从法学角度看,人类社会发展至今只产生了三种现实的核心价值追求,即保护个体利益、保护社会整体生活环境和保护社会整体财富创造能力。保护个体利益是人类社会价值追求的出发点和归宿,离开了个体利益任何社会利益的存在与保护都是没有最终意义的。当然,从道义法和功利法的角度看,个体利益可以划分为两个基本层次:一是个体的基本利益,这是使个体成为社会个体的基础性利益,这种利益是需要法律绝对保护的,不得以任何理由剥夺任何社会个体的基础权利。否则,他就会失去作为社会个体的地位。二是个体的延展性利益,这是使个体利益得到延伸和扩展的利益,这种利益只需要法律的相对保护,个体可以为了最终获得更大的利益而相对放弃部分延展性利益,它是可以用整体利益进行均衡的利益。

人类社会从来就是具有整体利益追求的，事实上，有社会就必然有共同利益或整体利益。人类社会的整体利益首先是整体生活环境方面的利益，其中，既包括全体社会成员的领土安全、人身安全、财产安全，也包括公共工程、公共设施和公共权力的建设与维护等。要维护这种整体利益就必须建立国家行政机构，赋予相应的机构和人员以适当的权力。如果我们把这种利益称之为整体行政利益，将这种权力称之为行政权力，将相应的法称之为行政法学，那么，整体行政利益就是行政法学的核心价值追求，它是一种与个体利益相对应的权力和利益，它的权力来源是社会个体放弃部分延展性利益的结果，它最终使每个社会个体都因此获得了超过其所放弃利益的更大利益。因此，整体行政利益就成为一种法学的重要价值追求，是一种可以与个体利益进行均衡的价值追求，它们既相互矛盾又相互依存。

在仅存在这两种价值追求的条件下，创造社会财富的经济活动是由各社会个体自行完成的。但是，随着人类对社会财富追求的不断提高和科学技术的发展，社会财富的创造产生了两种基本趋势。一是社会分工得到了不断深化，形成了不同的产业部门、行业和单位；二是生产经营向集中化发展，生产经营活动由个体化发展为家庭化、企业化和垄断化；最终使当代社会成为整体经济社会。在整体经济社会中，各经济活动主体不再是孤立的个体，而是社会整体经济活动中的一个节点，各主体之间产生了系统性的联系。整个社会的财产创造能力不再仅取决于单个个体的生产经营活动，而是取决于整个社会的整体创造能力，于是就产生了整体经济利益。要保障社会的整体财富创造能力，以最大限度地满足个体的财富需要，国家就必须设置相应的机构并赋予其相应的权力。整体经济利益和权力是与个体利益相对应的另一种权力和利益，它的权力来源是个体放弃部分延展性利益的结果，它最终使每个社会个体都因此获得了超过其所放弃利益的更大利益。因此，整体经济利益就成为另一种法学的重要价值追求，是一种可以与个体利益进行均衡的价值追求，它们既相互矛盾又相互依存。如果将这一法学思想体系称为经济法学，则它的核心价值追求就是整体经济利益。

由以上可见，在目前社会，法学的具体价值追求只能有三种，即个体利益追求、整体行政利益追求和整体经济利益追求。其他价值追求都是这三种价值追求的不同交叉或组合（如宪法、刑法等），不是一种独立的价值追求，不可能构成一个相对完整的法学思想体系，虽然在现实中我们可以按照其他特征划分出宪法和刑法。只有个体利益、整体行政利益和整体经济利益才是构成当代法学思想的基本体系。由于个体利益和整体行政利益早在 20 世纪之前就已经成为显性的价值追求,已经得到社会的普遍认同。因此,民商法学和行政法学很少受到质疑。整体经济利益是20世纪以后才逐渐成为各国法学的显性价值追求,甚至许多方面还表现的不够充分,再加之学者们对其理论认识还不很深刻。因此,经济法学经常受到不是全面了解法学现实的“法学家”们的质疑。但是,无论如何质疑,整体经济利益和经济法学都已经成了当代社会的法学事实,如果有人视而不见我们也只能表示遗憾。

三、经济法学的核心主体

法学是解决主体之间利益矛盾的科学,一个完整的法学思想体系应由法的主体、客体、行为、责任和程序构成。其中,主体、客体和行为是法的本体,我们可以将其统称为本体法。就此而言,一个完整的法学体系应由本体法、责任法和程序法构成,它们分别体现着不同的价值追求和哲学思想。如果某一法学不能有完整的本体法、责任法和程序法思想体系,就难以说它是一个相对独立的法学体系,就不能构成一个相对独立的法学学科,这一法学学科也就难以自圆其说。虽然,宪法和刑法等学科我们通常也是将其作为一个相对独立的法学学科来看待的,但它们的独立并不是法学思想上的独立,而是法学操作上的相对独立。在法学思想上,它们只是民商法学、行政法学和经济法学的某种特定交叉与组合。

民商法学由于是以维护社会个体利益为价值追求的法学学科,它的法学主体只能是能够直接或间接主张自身权利的社会个体。就目前社会来讲,它的核心主体主要包括:自然人和由自然人组成的家庭,以及企业单位和事业单位等。民商法学的客体是独立于主体而存在的,主体权利(力)能够作用其上的各种财产。就目前社会而言,它主要应包括:实体财产、知识财产和货币财产,其他财产都是这三种基础财产的转化形式,我们可以分别将其称为原生财产和衍生财产。民商法学的行为是民商法主体实施的受民商法所评价的行为,具体包括纯粹民商法主体之间的行为,以及民商法主体之间关于财产的行为。民商法学的责任程度是损失补偿,民商法学的程序主要是权利受害人与侵害人之间的诉讼程序。

行政法学由于是以维护整体行政利益为价值追求的法学学科,它的主体只能是国家行政机关和与之相对应的行政相对人。就目前社会来讲,它的核心主体主要是享有国家行政权力的各种政府机关,它的附属主体是作为行政相对人的各种民商法学主体。由于法学中的客体,只能是各种形式的财产,行政法学的客体也是民商法学中的财产，只是行政法学在这些财产上附加了行政性财产权力。因此，作为法学客体的财产不严格属于某一个法学体系，属于某一法学体系的只能是特定的财产权利(力)。行政法学的行为是政府机关实施的受行政法所评价的行为，具体包括直接对民商法学主体的行为和对财产的行为。行政法学的责任程度包括整体行政利益损失和行政违法的预防两个方面，行政法学的程序包括行政法令的强制执行程序和行政相对人对违法行政行为的申请复议和诉讼两种程序。

经济法学由于是以维护整体经济利益为价值追求的法学学科，它的主体只能是国家经济监管主体和与之相对应的监管相对人。就目前社会来讲，它的核心主体主要是享有国家经济监管权的各种经济监管机关，它的附属主体是作为监管相对人的各种民商法学主体。这里需要特别注意的是，经济监管主体不是作为政府机关的行政机关，而是独立于或相对独立于行政机关的经济监管机关。这种监管机关目前在世界各国都已经普遍存在，只是由于各国的具体情况不同其独立性不完全相同。但无论如何，它们在法学性质上不同于行政机关。经济监管相对人，则是各种形式的民商法学主体。经济法学的客体也是民商法学和行政法学中的财产，只是经济法学在这些财产上附加了经济监管性财产权力，特别是其中的国有财产和货币财产，其财产权利(力)中的核心权力是经济监管权力。经济法学的行为是经济监管机关依法实施的，受经济法评价的对经济监管对象的监督管理行为，具体包括直接对民商法学主体的行为和对财产的行为。经济法学的责任程序包括整体经济利益损失和经济违法的预防两个方面，经济法学的程序主要是指经济监管机关对经济违法主体的诉讼程序。这些认识不是以某学者的个人见解为基础的，而是以各主要国家的法律事实和法律实践为基础的，虽然有些还只是处于发展过程中，但它的发展趋势是明确的。就此而言，经济法学理论缺少的不是学者的想象，而是对各国法律实践的总结和学者的法学理论水平。

经济法理论研究系列笔谈

——对经济法主体理论的反思

薛克鹏*

任何法律关系都是由人即主体构成的社会关系。没有主体,也就没有客体,权利和义务亦无必要。主体是整个法律制度的核心和目的,也是设置法律规范的前提。权利和义务的分配、法律责任的形式及法律实施机制最终是根据主体在社会中的不同地位所决定。因此,主体及主体的不同需要决定了各个部门法的属性。正如拉德布鲁赫所言,“对于一个时代的法律风格而言,重要的莫过于对人的看法,它决定着法律的方向。”①作为年轻的经济法学,只有在现有法律制度基础上,抽象和概括出属于本学科的主体范畴,才能证明自己存在的必要性、客观性和正当性,并为具体制度的构建提供理论指导。随着经济法制度的日臻完善,学者们已对经济法主体进行了归纳和概括,形成了具有本学科特点的主体概念,如经营者和消费者等。我们相信,假以时日,经济法主体范畴和主体制度将会趋于成熟。不过,笔者以为,在构建经济法主体理论过程中,有几个似乎已有定论的主体问题需要学界进行反思,以免被这些问题误导,影响经济法主体制度的完善。

一、关于经济法主体的定义和定位

在如何定义经济法主体方面,目前似乎形成了一种固定化的模式,都将其界定为经济法律关系的参加者或经济权利和义务的承担者。这是一种自20世纪80年代以来就在使用的定义方法,多年来很少有人质疑。但是,现在

---

* 薛克鹏,法学博士,中国政法大学民商经济法学院教授。

① 〔德〕古斯塔夫·拉的布鲁赫:《法律上的人》,舒国滢译,载〔德〕拉德布鲁赫:《法律智慧警句集》,中国法制出版社2001年版,第141页。

看来,这种定义并没有回答什么是经济法主体这一问题,因此也就没有使人们通过简单的定义了解到作为经济法主体有哪些特征,以及与民商法和行政法主体的区别。因为定义的目的是通过揭示经济法主体的本质属性,将它从邻近的属概念中区分出来。权利和义务是法律关系主体的应有之义,所有法律主体不是享有权利,就是承担义务,或者二者兼有。一个人之所以在宪法、行政法、民法和程序法等法律中都有不同的称谓和法律角色,并不是因为在其中享有权利或者承担义务,恰恰相反,而是因为其自身的特殊性以及在相关领域中的特殊地位决定了被赋予不同的权利或者被要求承担不同的义务。所以,将经济法主体定义为参加经济法律关系,或者在经济法上享有权利和承担义务的人,实际是一种循环定义。这是我们需要重新界定经济法主体标准的原因,否则,就很难为经济法确定一个具体范围。

结合近年来的理论研究和立法成果,并参照相邻部门法的主体特点,我们认为,作为经济法的主体应当符合以下标准:

(1) 身份的经济性,即应当是在市场中的自然人或社会组织。因为顾名思义,经济法应当规范的是市场中人的行为。

(2) 行为的经济性,即从事的是如生产、流通、分配、消费或服务等具有经济意义的活动。

(3) 后果的公共性,即主体行为与社会公共利益有着直接关系。身份的经济性特征还不能完全说明经济法主体的特征,因为民事主体大多也是从事经济活动的主体,参与经济关系。而只有那些既从事经济活动,同时又与社会公共利益直接相关的个人或社会组织才属于经济法的主体。

总之,经济法的主体与市场有关,与经济有关,更与社会公共利益有关。根据这些标准我们会发现,虽然市场中有无数具有不同角色的自然人或由自然人组成的联合体,但它们最终可以归为以下三类:一是供给产品或服务的,即经营者;二是购买和使用产品和服务的,即消费者;三是为经营者提供劳务的,即劳动者。在这三个基本主体基础上,又形成代表各自群体利益的自治组织,即行业协会、消费者组织和劳工组织等社会团体。此外,以提供公共产品和公共服务的政府构成另一类主体。而经济法的主体应当是由经营者、消费者、劳动者、社会团体和政府构成一个体系,其中经营者具有基础和核心地位。可以说,经济法是围绕着如何规范经营者和如何规范政府而形成的一个法律部门。显而易见,这种主张与目前许多学者的观点存在分歧,其中包括国家、国有企业、行业协会和劳动者等在经济法中的地位问题。这也正是笔者认为学界需要反思的地方。

二、国家作为经济法主体的反思

自20世纪90年代中后期,经济法学界已经形成了以国家为中心的主体理论,国家作为经济法的主体已经成为主流观点。但是,现在看来,我们必须对国家作为经济法主体的观点进行反思,以政府而非国家作为经济法的主体。

首先,国家是一个多义性概念,可以在不同的场合被使用。如凯尔森所言,"国家这一术语通常所指对象的多样性而弄得很难界定。这个词有时在很广的意义上用来指'社会'本身,或社会的某种特殊形式。但这个词也经常在狭义得多的意义上用来指社会的特殊机关,例如,政府或政府主体、'民族'或其居住的领土。"②总括起来,国家一是指特定的社会,即由一定的居民、领土和拥有独立主权政府组成的共同体,是从法律上组织起来并且人格化了的社会③;二是指社会的管理机构——国家机构或政府机构(government)。社会意义上的国家无疑是一个独立的利益实体,它不仅是国际社会和国际法上的主体,而且其承载的国家利益,也是所有国内法的基本价值。不过,由于人们习惯于将国家理解为社会的管理机构。因此,为了避免歧义,我们主张经济法应当用"社会"一词替换"国家"概念,同时经济法所追求的也就不是国家利益,而是社会公共利益。

其次,作为社会管理机构意义上的国家不能成为经济法的主体。因为这种意义的国家亦即国家机构,它可以分为权力机关、行政机关(政府)、审判机关和检察机关。在社会主义市场经济体制中,国家机关分工协作,各司其职。最高和部分权力机关负责制定法律和地方性法规,行政机关根据法律负责许可、限制、禁止和调控市场,审判机关则负责适用法律,定分止争,检察机关则负责监督法律实施。它们虽然都是法律关系的主体,但却未必是经济法的主体。权力机关为市场主体制定规则并负责监督政府,并不参与经济活动,所以,不应当成为经济法主体,否则,就违反自然公正原则。至于各级人大对财政预算、预算和发展规划的审查和通过,只是对政府财政和规划活动的监督。当前以负责审批财政预算和审议五年规划为由,认为权力机关属于

---

② 〔奥〕凯尔森:《法与国家的一般理论》,沈宗灵译,中国大百科全书出版社1996年版,第203页。

③ 参见〔英〕戴维·M.沃克:《牛津法律大辞典》,北京社会于科技发展研究所组织翻译,光明日报出版社1989年版,第851页。

经济法主体的观点非常值得商榷。另外,审判和检察机关不能也不应当参与市场经济活动,不应当成为经济法的主体。在国家机关体系中,只有履行行政职能的政府才能代表国家进入市场提供产品或服务、参与交易和分配,或者以权力者身份对市场主体进行规制。因而,作为经济法主体的是政府,而不是国家。但是,目前学界不适当地扩大了经济法主体的范围,将立法机关和司法机关也纳入经济法律关系主体范围,这是导致目前主体制度混乱的一个重要原因。

三、关于政府和国有企业地位问题

政府作为经济法的主体学界虽无异议,不过,较为一致的看法是将政府置于规制者、调控者或管理者地位,从而淡化了政府在经济法中的被规制问题。在市场经济体制中,经营者是经济活动的主要参与者,因而,为了维护社会公共利益,经济法首先以经营者的行为为规制对象,如竞争法和消费者权益保护法等。此类法律主要是关于经营者的行为规范,政府仅代表国家以规制者或执法者身份,对经营者危害社会公共利益的行为进行限制、禁止、强制和处罚。此外,在现代市场经济中,政府也以宏观调控等名义从事经济活动,包括生产、交易、分配、消费、借贷行为等活动。由于政府的任何一种调控行为都直接关系到社会公共利益,因此,经济法必须予以规制,规制的对象包括预算、投资、借贷、税收、采购和转让国有资产以及货币发行等行为,以防止政府越权预算、违规融资、秘密交易、奢华消费和滥发货币等行为。这就决定了宏观调控法应当是规制政府调控行为之法,而非保障政府调控之法。这是政府成为经济法主体的根本原因。但是,受国家本位思想的影响,许多学者误以为宏观调控法规范的重心是被调控者。这就必然导致经济法没有围绕规制政府调控行为提出有效的制度设计。至于政府以许可、强制、限制、禁止或处罚等方式规制经营者的行为,行政法从维护行政相对人权益的视角已经构建起完备的制度,经济法几乎没有可以作为的空间。

与政府相关联的一个主体是国有企业的经济法地位问题。国有企业在国民经济中曾经占有绝对的主导地位,并有着特殊的法律待遇。历经多年改革,国有企业与市场和政府的关系已经有了新的变化,法律地位与外资和民资企业逐渐趋同。经济法学者在国有企业方面的研究成果颇丰,为国有企业的改革作出了积极贡献。不过,在经济法中,国有企业应当居于何种地位目前尚需研究。国有企业资本虽为国家所有,但其本质上仍然是经营者,应当按照一般经营者标准进行规制。对此学界似无异议。不过,仅仅将国有企业视为一般的经营者还不够,还应当按照政府标准予以规制。因为国有企业的财产来源于财政预算,政府从管理者的选择、重大事项的决策和资产处分都要对其进行控制,所以,国有企业实质是政府在市场中的延伸部分,从某种意义上讲也就是政府之手。这就决定了与一般企业相比,国有企业具有政府和权力的属性,其经营活动必然与权力存在一定联系。特别需要一提的是,作为国家干预市场的一种特殊形式,政府设立国有企业应当具有目的上的正当性,即社会公共利益需要。社会公共利益是国有企业存在的唯一理由,也是重建国有企业的基本标准。现有的国有企业如果符合这一标准,就应当继续存在和完善;否则,就应当从市场上退出。毋庸置疑,一方面近年来国有企业目的异化现象越来越严重,另一方面许多地方政府为融资或垄断目的,又开始设立国有企业或变相设立国有企业。经济法虽然在规范国有企业资产管理方面有了实质性突破,但在规范国有企业的设立、运营和退出等方面尚未提供有效的规制方案。所以,国有企业作为经济法主体,必须被置于被规制者地位,按照经营者和政府的双重标准进行双重规制。

四、关于行业协会在经济法中的地位问题

行业协会作为经济法的主体已经得到学界的认同。不过目前学界有过度夸大行业协会积极作用的现象,甚至把克服市场失灵和政府失灵作为经济法主体的理由,并建议赋予其一定的规制权和宏观调控权。对这种观点,我们必须予以警惕和反思,否则,将会阻碍经济法主体制度的构建。行业协会作为一种自律性组织确有其存在的正当性和合理性,通过集体约束,迫使个体经营者的行为符合同行业的共同利益,进而对整个社会产生积极效果。不过,企业通过行业协会联合在一起的目的并不是为了社会公共利益,而是在激烈的市场竞争中意识到,要最大限度地实现和保障个人利益,所有就必须团结和组织起来。在行业共同利益最大化的动机驱使下,行业协会不会为了消费者、劳动者和社会公众的利益进行自我规制,相反,往往是共同对付消费者、劳动者和环保组织等公益组织的工具。经济法规制的目的是为了维护自由竞争,保护消费者、劳动者权益和环境资源。但是,从近年来媒体披露和执法机构查处的案件看,行业协会不仅是我国目前垄断的最大推手,而且也是限制消费者权利和劳动者权利的主要力量。所以,面对政府为维护公平竞争、保护消费者和劳动者权利以及保护资源环境等为目的的规制,行业协会

极少持赞成态度。行业协会虽然有规制成员的权利，但其所谓的规制往往是对那些违反行业潜规则的经营者实施的集体制裁，防止其危害行业的共同利益。所以，寄希望行业协会克服市场失灵几无可能，这只是少数学者天真的幻想。同样，谋求行业利益最大化的本性，决定了行业协会只会游说政府作出对本行业有利的调控措施，而不会顾及其他行业的利益，更不会关注整个社会的公共利益。所以，它不仅不可能克服政府失灵问题，反而可能会干扰政府的宏观调控。

总之，行业协会或同业公会并不是非营利性组织，而是放大了的经营者，也是最大的营利性集团；它们是利益集团的代言人，以行业共同利益最大化为目标；它们只关心本行业的利益，而枉顾社会公共利益；它们还可能被少数大企业控制，异化为少数企业谋利的工具。所以，行业协会应当是被规制的对象，而不是规制者和调控者。经济法应当防止其沦为个人或利益集团的工具，进而危害社会公共利益。这是行业协会作为经济法主体的应有地位。

五、关于劳动者在经济法中的地位问题

劳动法曾经被视为经济法学的一个分支，劳动者因此也曾是经济法中的一个概念。但是，随着劳动者问题的日益凸显，特别是拉德布鲁赫关于经济法和劳动法互相分立思想的传播，一些学者开始从独立部门法的角度研究和审视劳动法。④ 目前，司法考试尽管仍然把劳动法纳入经济法体系之中，但多数学者已经很少从经济法视角思考劳动者问题。国务院新闻办公室发布的《中国特色社会主义法律体系》白皮书将劳动法纳入社会法中，无疑又强化了这种分离趋势。其实，劳动者并非仅有民事法律和社会保障法等法律保障，作为经济法必须从自己的角度考虑对劳动者的保护问题。因为任何一个市场，无论其中的经济关系如何复杂，其主体最终都可以化约为经营者、消费者和劳动者等三类，而且劳动者和消费者基本重叠，同时与经营者（劳动法中被称为用人单位）成为依存和对立关系。我们不否认劳动法与竞争法、消费者权益保护法和财税法等经济法制度之间的差异，但是，我们也必须承认，导致劳动者和劳动者问题的原因，归根结底仍然是经济活动，所以，只有通过规范企业行为，才能保护劳动者。

④ 参见〔德〕拉德布鲁赫：《法学导论》，米健、朱林译，中国大百科全书出版社 1997 年版，第 77 页以下。

首先,劳动者是在工业化过程形成的一个社会群体。没有经济和经济发展,特别是没有产业革命,也就没有劳动者。所以,抛开经济谈论劳动者和保护劳动者,是舍本求末。劳动者面临的问题和经济法所关注垄断、不正当竞争和消费者权益等问题在本源上相同,都是社会经济发展到一定阶段的必然现象。所以,劳动者问题与经济法面临和解决的其他问题具有相同的社会背景。

其次,劳动力市场是基本的生产要素市场之一,也是社会主义市场经济不可或缺的组成部分。劳动者作为劳动力的提供者,与企业和其他用人者共同构成劳动力市场的两造主体。劳动者在市场中的实际地位,既取决于市场供求状况,又取决于劳动者在交易中的实际谈判能力。因此,有关劳动者的立法既要遵循劳动力市场的规律,又要以秩序、公平、自由和效益为目标,为双方的公平交易提供制度保障。

再次,劳动者不仅是单纯的自然人,而且是稀缺的资源和基本的生产要素。作为人力资本或资源,劳动者是经济发展的基础,是决定经济增长的第一要素。⑤ 所以,保护劳动者,也就是保护有限的经济资源。

复次,导致劳动者问题和消费者问题、垄断问题、资源环境问题以及经济危机问题的,其实都源于相同主体的相同行为,即企业及企业的生产经营活动。虽然《劳动法》使用的是用人单位概念,但除了国家机关等用人单位外,主要用人单位其实也就是《反垄断法》和《反不正当竞争法》中的经营者。

最后,在保护劳动者方面,所谓的劳动法和经济法采用的方法完全相同。一方面劳动法通过规制企业行为,如工作时间、工资标准、工作环境、劳动条件等进行倾斜式保护,另一方面通过财政、税收、信贷和产业扶持等手段对劳动力市场进行调控,以促进就业。

总之,劳动者作为市场经济的一个非常重要的群体,与经营者、消费者以及政府,同时构成经济法主体,并且与消费者一样,被赋予被保护的权利。所以,我们应当将垄断、消费者、环境资源和劳动者等问题统称在一起,建立一个统一的规范市场行为的法律制度,而不是出于狭隘的学科利益,将劳动问题和其他经济问题相互分离,人为割裂部分与整体之间的联系。

---

⑤ 参见〔美〕保罗·萨缪尔森、威廉·诺德豪斯:《经济学》(第十六版),萧琛等译,华夏出版社 1999 年版,第 436 页。

宏观经济调控法主体职责和权利义务理论研究

卢炯星*

一、宏观经济调控法律关系与宏观调控法的主体

（一）宏观经济调控法律关系

宏观调控法是调整国家在调节和控制宏观经济运行过程中发生的宏观经济调控关系的法律规范的总称。宏观经济调控法律关系是指：宏观调控法调整的国家在宏观经济调控运行过程中发生的宏观经济调控主体和被调控主体之间形成的权利义务关系。

宏观经济法律关系的构成要素与法律关系的构成要素相同，即由宏观经济法律关系的主体、宏观经济法律关系的客体和宏观经济法律关系的内容（权利、义务）三要素构成。宏观经济调控法的主体是构成宏观经济法律关系的构成要素之一。

（二）宏观调控法的主体

宏观经济调控法主体，是指宏观经济调控法律关系的参加者。由于宏观经济调控法律关系是根据宏观调控法的规定发生的权利和义务关系，因此也可以说，宏观调控法主体，是指根据宏观调控法的规定发生的职责和权利义务关系的参加者。

经过三十多年研究，我国基本建立了宏观调控法主体的理论体系，但对宏观调控法主体理论，也存在不同的观点，需要进一步完善研究。

---

* 卢炯星，厦门大学法学院教授，厦门大学经济法研究中心副主任，福建省法学会经济法学研究会会长。

二、我国宏观调控法主体理论不同的论述

（一）有关宏观调控法主体理论的论述

关于我国宏观调控主体理论，不同学者有不同的学术观点。有的学者认为宏观调控主体有决策与执行、中央与地方、政府与社会中间层、权力机关与政府等方面的层次划分，应通过立法来协调不同层次间的权限配置和相互关系。② 简称“多层次宏观调控主体论”。

有的学者认为：“宏观调控主体应当是拥有充分资源的市场主体。中央银行、证券自营商和国有企业实施宏观调控的实证分析表明，宏观调控非政府化既有助于提高宏观调控本身的有效性，也有利于改变政企不分、政府过多介入市场的弊端。”③这一观点简称“拥有充分资源的市场主体论”。

宏观调控的决策主体虽然是中央，但这并不代表中央是万能的，可以不考虑地方。有学者基于“上有政策，下有对策”的问题，提出解决中央和地方间对抗问题的建议，包括实行调控权法定原则、在中央与地方配置上引入适当的市场机制以及促进宏观调控法律的民主化。④

（二）杨紫烜教授有关宏观调控法主体理论

杨教授认为：“对于宏观调控法主体，根据实践的需要，也可以按照不同的标准进行连续划分。例如：对于宏观调控法，按照其调整对象的不同，可以划分为计划法、财政法、中央银行法、价格调控法等；相应地，可将宏观调控法主体划分为计划法主体、财政法主体、中央银行法主体、价格调控法主体等。对于这些不同门类的宏观调控法主体可以继续进行划分，如财政法主体可以划分为财政收入法主体、财政支出法主体。财政收入法主体还可以划分为税法主体、国债法主体等。财政支出法主体还可以划分为政府采购法主体、转移支付法主体等。以上不同层次和不同门类的宏观调控法主体，也都有调控

---

② 管斌、汪敏、覃明娜、吴文芳：《第十届全国经济法理论研讨会综述》，载《法商研究》2003年第20卷第1期。

③ 管斌、崔征、康健：《第十一届全国经济法理论研讨会综述》（宏观调控部分），载《法商研究》2004年第21卷第1期。

④ 刘大洪，夏航：《宏观调控法的经济学透视》，载漆多俊主编《经济法论丛》第八卷，中国方正出版社2003版。

主体和调控受体之分。”⑤

按照宏观调控内容的不同，可将宏观调控法划分为产业调控法、区域经济调控法、资源与能源调控法、国有资产调控法、对外经济调控法等；相应地，可将宏观调控法主体划分为产业调控法主体、区域经济调控法主体、资源与能源调控法主体、国有资产调控法主体、对外经济调控法主体等。对于这些不同门类的宏观调控法主体可以继续进行划分，如产业调控法主体又可以划分为第一、第二、第三产业调控法主体。以上不同层次和不同门类的宏观调控法主体，也都有调控主体和调控受体之分。⑥

按照进行宏观调控的国家机关地位的不同，可将宏观调控划分为国家权力机关调控和国家行政机关调控。对于国家权力机关调控和国家行政机关调控，按照其层级的不同，又可以分别划分为中央国家权力机关调控、地方国家权力机关调控和中央国家行政机关调控、地方国家行政机关调控。中央国家行政机关调控和地方国家行政机关调控，又可以分别划分为中央政府调控、中央政府经济调控部门调控和地方政府调控、地方政府经济调控部门调控。⑦

以上不同层次和不同门类的宏观调控，有不同层次和不同门类的宏观调控法主体。按照宏观调控法主体类型的不同，可将作为组织体的宏观调控主体划分为国家权力机关调控主体和国家行政机关调控主体；将宏观调控受体划分为组织体和个人。对于作为宏观调控受体的组织体，又可划分为国家机关（如使用预算收入的国家机关）和社会组织。对于作为宏观调控受体的社会组织又可划分为经营单位和非经营单位（如使用预算收入的事业单位）。对于作为宏观调控受体的个人，又可以划分为个体经营者和非经营者的个人。⑧ 杨教授的宏观调控主体理论论述，全面阐述了我国宏观调控主体的理论，对经济法理论和宏观调控主体理论具有指导意义。

（三）宏观调控法主体理论尚存在不完善之处

对于以上不同的宏观调控主体理论，例如“多层次宏观调控主体论”，虽然有一定的道理，但将宏观调控主体分为有决策与执行、中央与地方、政府与社会中间层、权力机关与政府等方面的层次划分，不是非常明确。例如宏观

⑤ 杨紫烜：《国家协调论》，北京大学出版社 2009 年版，第 323—324 页。

⑥ 同上书，第 324 页。

⑦ 同上。

⑧ 同上。

调控权集中在中央政府,政府与社会中间层、权力机关与政府,其政府属于中央政府或地方政府,表述不准确。“拥有充分资源的市场主体论”将拥有充分资源的市场主体,作为宏观调控主体,不是很准确。因为宏观调控主体一般是政府或政府机关,证券自营商和国有企业是宏观调控受体。宏观调控是政府的行为,而宏观调控非政府化是与宏观调控性质不符的。因此,宏观调控主体理论需要进一步完善。

三、完善我国宏观调控法主体职责和权利义务理论

(一)我国宏观调控法主体及职责

宏观调控法主体是国家在宏观调控运行中的调控者。我国宏观经济调控权集中在中央,因此,宏观经济调控法的主体主要有全国人大权力机关和国务院及各部委宏观调控综合部门和宏观调控一般部门。宏观调控法主体根据国家法律的规定,享有宏观调控职权(力),同时须履行宏观调控的责任(简称“职责”)。

1. 宏观调控权力主体——全国人大及职责

全国人民代表大会是最高国家机关。全国人大及其常委会行使最高立法权、决定权、任免权、监督权。全国人大作为宏观经济调控法的主体,其职责主要有:修改宪法;监督宪法的实施;制定和修改刑事、民事、国家机构的和其他的基本法律。行使国民经济的决策权。审查和批准国民经济和社会发展计划和计划执行情况的报告;审查中央和地方预算及中央和地方预算执行情况的报告,批准中央预算和中央预算执行情况的报告等。

2. 宏观调控主体——国务院及职责

国务院,即中央人民政府,是最高国家权力机关的执行机关,是最高国家行政机关。根据我国《宪法》第 89 条的规定,国务院行使下列宏观调控职权:

根据宪法和法律,规定行政措施,制定行政法规,发布决定和命令;向全国人大会或者全国人大常务委员会提出议案;规定各部和各委员会的任务和职责,统一领导各部和各委员会的工作;统一领导全国地方各级国家行政机关的工作;编制和执行国民经济和社会发展计划和国家预算;领导和管理经济工作和城乡建设;管理对外事务;改变或者撤销地方各级国家行政机关的不适当的决定和命令;依照法律规定决定省、自治区、直辖市的范围内部分地区进入紧急状态;全国人民代表大会和全国人民代表大会常务委员会授予的

其他职权。

3. 宏观调控主体——国务院宏观调控综合部门及职责

除了国务院外,国务院宏观调控综合部门也是宏观调控法的主体。国家发改委是综合研究拟订经济和社会发展政策,进行总量平衡,指导总体经济体制改革的宏观调控综合部门。国家发改委的职责是:

(1) 拟订并组织实施国民经济和社会发展战略、中长期规划和年度计划,统筹协调经济社会发展,研究分析国内外经济形势,提出国民经济发展、价格总水平调控和优化重大经济结构的目标、政策,提出综合运用各种经济手段和政策的建议;负责监测宏观经济和社会发展态势,承担预测预警和信息引导的责任,研究宏观经济运行、总量平衡、国家经济安全和总体产业安全等重要问题并提出宏观调控政策建议。

(2) 负责协调解决经济运行中的重大问题,调节经济运行,负责组织重要物资的紧急调度和交通运输协调;负责汇总分析财政、金融等方面的情况,参与制定财政政策、货币政策和土地政策,拟订并组织实施价格政策;承担指导推进和综合协调经济体制改革的责任,研究经济体制改革和对外开放的重大问题,组织拟订综合性经济体制改革方案,协调有关专项经济体制改革方案,会同有关部门搞好重要专项经济体制改革之间的衔接,指导经济体制改革试点和改革试验区工作。

(3) 承担规划重大建设项目和生产力布局的责任,拟订全社会固定资产投资总规模和投资结构的调控目标、政策及措施,衔接平衡需要安排中央政府投资和涉及重大建设项目的专项规划。安排中央财政性建设资金,按国务院规定权限审批、核准、审核重大建设项目、重大外资项目、境外资源开发类重大投资项目和大额用汇投资项目。指导和监督国外贷款建设资金的使用,引导民间投资的方向,研究提出利用外资和境外投资的战略、规划、总量平衡和结构优化的目标和政策。

(4) 推进经济结构战略性调整。组织拟订综合性产业政策,负责协调第一、二、三产业发展的重大问题并衔接平衡相关发展规划和重大政策,做好与国民经济和社会发展规划、计划的衔接平衡;协调农业和农村经济社会发展的重大问题;会同有关部门拟订服务业发展战略和重大政策,拟订现代物流业发展战略、规划,组织拟订高技术产业发展、产业技术进步的战略、规划和重大政策,协调解决重大技术装备推广应用等方面的重大问题;承担组织编制主体功能区规划并协调实施和进行监测评估的责任,组织拟订区域协调发展及西部地区开发、振兴东北地区等老工业基地、促进中部地区崛起的战略、规划和重大政策,研究提出城镇化发展战略和重大政策,负责地区经济协作的统筹协调。

(5) 承担重要商品总量平衡和宏观调控的责任,编制重要农产品、工业品和原材料进出口总量计划并监督执行,根据经济运行情况对进出口总量计划进行调整,拟订国家战略物资储备规划,负责组织国家战略物资的收储、动用、轮换和管理,会同有关部门管理国家粮食、棉花和食糖等储备;负责社会发展与国民经济发展的政策衔接,组织拟订社会发展战略、总体规划和年度计划。

(6) 研究提出促进就业、调整收入分配、完善社会保障与经济协调发展的政策建议,协调社会事业发展和改革中的重大问题及政策;推进可持续发展战略,负责节能减排的综合协调工作。

(7) 组织拟订发展循环经济、全社会能源资源节约和综合利用规划及政策措施并协调实施,参与编制生态建设、环境保护规划,协调生态建设、能源资源节约和综合利用的重大问题,综合协调环保产业和清洁生产促进有关工作。组织拟订应对气候变化重大战略、规划和政策,与有关部门共同牵头组织参加气候变化国际谈判,负责国家履行联合国气候变化框架公约的相关工作。

(8) 起草国民经济和社会发展、经济体制改革和对外开放的有关法律法规草案,制定部门规章;承办国务院交办的其他事项。⑨

4. 宏观调控一般主体——国务院有关部委

国务院有关部委,负责国家某一方面宏观调控工作,包括财政部、商务部、国家税务总局、中国人民银行、国土资源部。

(1) 宏观调控主体——财政部

财政部是中华人民共和国国务院的组成部门,是国家主管财政收支、财税政策、国有资本金基础工作的宏观调控部门。

财政部的职责主要有:① 拟订财税发展战略、规划、政策和改革方案并组织实施,分析预测宏观经济形势,参与制定各项宏观经济政策,提出运用财税政策实施宏观调控和综合平衡社会财力的建议,拟订中央与地方、国家与企业的分配政策,完善鼓励公益事业发展的财税政策;起草财政、财务、会计管理的法律、行政法规草案,制定部门规章,组织涉外财政、债务等的国际谈判并草签有关协议、协定。

---

⑨ http://www.ndrc.gov.cn/jj/default.htm2013 年 7 月 1 日访问。

② 承担中央各项财政收支管理的责任。负责编制年度中央预决算草案并组织执行。受国务院委托，向全国人民代表大会报告中央、地方预算及其执行情况，向全国人大常委会报告决算。组织制定经费开支标准、定额，负责审核批复部门（单位）的年度预决算。完善转移支付制度；负责政府非税收入管理。

③ 组织制定国库管理制度、国库集中收付制度，指导和监督中央国库业务，按规定开展国库现金管理工作。负责制定政府采购制度并监督管理；负责组织起草税收法律、行政法规草案及实施细则和税收政策调整方案，参加涉外税收谈判，签订涉外税收协议、协定草案，制定国际税收协议和协定范本，研究提出关税和进口税收政策，拟订关税谈判方案，参加有关关税谈判，研究提出征收特别关税的建议，承担国务院关税税则委员会的具体工作。

④ 负责制定行政事业单位国有资产管理规章制度，按规定管理行政事业单位国有资产；负责审核和汇总编制全国国有资本经营预决算草案，制定国有资本经营预算的制度和办法，收取中央本级企业国有资本收益，制定并组织实施企业财务制度，按规定管理金融类企业国有资产，负责办理和监督中央财政的经济发展支出、中央政府性投资项目的财政拨款，参与拟订中央建设投资的有关政策，制定基本建设财务制度，负责有关政策性补贴和专项储备资金财政管理工作。负责农业综合开发管理工作。

⑤ 会同有关部门管理中央财政社会保障和就业及医疗卫生支出，会同有关部门拟订社会保障资金（基金）的财务管理制度，编制中央社会保障预决算草案：拟订和执行政府国内债务管理的制度和政策，拟订和执行政府国内债务管理的制度和政策，编制国债余额限额计划，依法制定地方政府性债务管理制度和办法，防范财政风险。负责统一管理政府外债，制定基本管理制度。代表我国政府参加有关的国际财经组织，开展财税领域的国际交流与合作。

⑥ 负责管理全国的会计工作，指导和管理社会审计。承办国务院交办的其他事项。[⑩]

（2）宏观调控主体——商务部

商务部是国务院直属部委，行使国家对内外贸易的管理职能。在宏观调控中，承担对内外贸易的调控职能。商务部重要职责有：

---

⑩ http://www.mof.gov.cn/zhengwuxinxi/benbugaikuang/2013 年 7 月 14 日访问。

① 拟订国内外贸易和国际经济合作的发展战略、政策，起草国内外贸易、外商投资、对外援助、对外投资和对外经济合作的法律法规草案及制定部门规章，提出我国经济贸易法规之间及其与国际经贸条约、协定之间的衔接意见，研究经济全球化、区域经济合作、现代流通方式的发展趋势和流通体制改革并提出建议。

② 拟订国内贸易发展规划，促进城乡市场发展，研究提出引导国内外资金投向市场体系建设的政策，指导大宗产品批发市场规划和城市商业网点规划、商业体系建设工作，推进农村市场体系建设，组织实施农村现代流通网络工程。

③ 拟订促进外贸增长方式转变的政策措施，组织实施重要工业品、原材料和重要农产品进出口总量计划，会同有关部门协调大宗进出口商品，指导贸易促进活动和外贸促进体系建设。拟订并执行对外技术贸易、出口管制以及鼓励技术和成套设备进出口的贸易政策，推进进出口贸易标准化工作，依法监督技术引进、设备进口、国家限制出口技术的工作，依法颁发防扩散等与国家安全相关的进出口许可证件。牵头拟订服务贸易发展规划并开展相关工作，会同有关部门制定促进服务出口和服务外包发展的规划、政策并组织实施，推动服务外包平台建设。拟订我国多双边（含区域、自由贸易区）经贸合作战略和政策，牵头负责多双边经贸对外谈判，协调谈判意见并签署和监督执行有关文件，建立多双边政府间经济和贸易联系机制并组织相关工作，处理国别（地区）经贸关系中的重要事务，管理同未建交国家的经贸活动，根据授权代表我国政府处理与世界贸易组织的关系，牵头承担我国在世界贸易组织框架下的谈判和贸易政策审议、争端解决、通报咨询等工作，负责对外经济贸易协调工作。

④ 承担组织协调反倾销、反补贴、保障措施及其他与进出口公平贸易相关工作的责任，建立进出口公平贸易预警机制，依法实施对外贸易调查和产业损害调查，指导协调产业安全应对工作及国外对我国出口商品的反倾销、反补贴、保障措施的应诉工作。

⑤ 宏观指导全国外商投资工作，拟订外商投资政策和改革方案并组织实施，依法核准外商投资企业的设立及变更事项，依法核准重大外商投资项目的合同章程及法律特别规定的重大变更事项，依法监督检查外商投资企业执行有关法律法规规章、合同章程的情况并协调解决有关问题，指导投资促进及外商投资企业审批工作，规范对外招商引资活动，指导国家级经济技术开发区、苏州工业园区、边境经济合作区的有关工作。

⑥ 负责对外经济合作工作,拟订并执行对外经济合作政策,制定中国公民出境就业管理政策。负责对外援助工作,拟订并执行对外援助政策和方案,推进援外方式改革,编制对外援助计划、确定对外援助项目并组织实施,管理具有政府对外援助性质资金的使用,管理多双边对中国的无偿援助和赠款(不含财政合作项下外国政府及国际金融组织对中国赠款)等发展合作业务。

⑦ 牵头拟订并执行对香港、澳门特别行政区和台湾地区的经贸规划、政策,与香港、澳门特别行政区有关部门和台湾地区受权机构进行经贸磋商并签署有关文件,负责内地与香港、澳门特别行政区商贸联络机制工作,组织实施对台直接通商工作,处理多双边经贸领域的涉台问题。

⑧ 依法对经营者集中行为进行反垄断审查,指导企业在国外的反垄断应诉工作,开展多双边竞争政策交流与合作。指导我国驻世界贸易组织代表团、常驻联合国和有关国际组织经贸代表机构以及驻外经济商务机构的有关工作,承办国务院交办的其他事项。⑪

(3) 宏观调控主体——国家税务总局

国家税务总局是中央国家行政机关及其直属机构,是参与国家宏观调控的机构。其职能主要有:

① 参与研究宏观经济政策、中央与地方的税权划分并提出完善分税制的建议,研究税负总水平并提出运用税收手段进行宏观调控的建议。② 起草税收法律法规草案及实施细则并提出税收政策建议,与财政部共同上报和下发,制订贯彻落实的措施。③ 承担组织实施中央税、共享税及法律法规规定的基金(费)的征收管理责任,力争税款应收尽收。④ 负责编报税收收入中长期规划和年度计划,开展税源调查,加强税收收入的分析预测,组织办理税收减免等具体事项。⑤ 负责制定税收管理信息化制度,拟订税收管理信息化建设中长期规划,组织实施金税工程建设。⑥ 开展税收领域的国际交流与合作,参加国家(地区)间税收关系谈判,草签和执行有关的协议、协定。⑦ 办理进出口商品的税收及出口退税业务。承办国务院交办的其他事项。⑫

(4) 宏观调控主体——中国人民银行

中国人民银行专门行使国家中央银行职能,是国务院的直属部门,是我

---

⑪ http://file.mofcom.gov.cn/article/swbjj/2013年7月15日访问。

⑫ http://www.chinatax.gov.cn/n8136506/n8136593/n8137489/n8138194/index.html,2013年7月16日访问。

国金融调控的主体。中国人民银行的主要职责为：

① 拟订金融业改革和发展战略规划，承担综合研究并协调解决金融运行中的重大问题、促进金融业协调健康发展的责任，参与评估重大金融并购活动对国家金融安全的影响并提出政策建议，促进金融业有序开放。起草有关法律和行政法规草案，完善有关金融机构运行规则，发布与履行职责有关的命令和规章。

② 依法制定和执行货币政策；制定和实施宏观信贷指导政策。完善金融宏观调控体系，负责防范、化解系统性金融风险，维护国家金融稳定与安全。负责制定和实施人民币汇率政策，维护国际收支平衡，实施外汇管理，负责对国际金融市场的跟踪监测和风险预警，监测和管理跨境资本流动，持有、管理和经营国家外汇储备和黄金储备。

③ 制定和组织实施金融业综合统计制度，负责数据汇总和宏观经济分析与预测，统一编制全国金融统计数据、报表，并按国家有关规定予以公布。组织制定金融业信息化发展规划，负责金融标准化的组织管理协调工作，指导金融业信息安全工作。

④ 发行人民币，管理人民币流通。制定全国支付体系发展规划，统筹协调全国支付体系建设，会同有关部门制定支付结算规则，负责全国支付、清算系统的正常运行。

⑤ 经理国库。管理征信业，推动建立社会信用体系。从事与中国人民银行业务有关的国际金融活动。承办国务院交办的其他事项。

（5）宏观调控主体——国土资源部

国土资源部是国务院的有关部门，负责国土资源的宏观调控和管理监督工作。承担保护与合理利用土地资源、矿产资源、海洋资源等自然资源的责任。承担优化配置国土资源的责任。负责规范国土资源权属管理。承担全国耕地保护的责任，确保规划确定的耕地保有量和基本农田面积不减少。承担及时准确提供全国土地利用各种数据的责任。承担节约集约利用土地资源的责任。负责矿产资源开发的管理。负责管理地质勘查行业和矿产资源储量。依法征收资源收益，规范、监督资金使用，拟订土地、矿产资源参与经济调控的政策措施。推进国土资源科技进步。开展对外合作与交流。承办国务院交办的其他事项。

此外，科学技术部、人力资源社会保障部、住房城乡建设部、农业部、工业和信息化部、交通运输部等，也履行部分宏观调控职能。

（二）宏观调控法主体的主要责任

宏观调控主体依法享有宏观调控的权力，同时须承担违反宏观调控法的法律责任。宏观调控主体须依法行使国家宏观调控权，遵守法律规定宏观调控的程序；由于宏观调控失误，或滥用宏观调控职权，造成国家财产重大损失，其责任人员须承担行政责任或刑事责任，给受调控主体造成损失，应承担赔偿的责任等。

（三）宏观调控法的受调控主体

宏观经济调控的受控主体是在国家宏观调控过程中，接受国家宏观调控的主体。主要指地方政府、企业及其他经济组织和个人。

1. 受调控主体——地方各级人民政府

地方各级人民政府是我国宏观调控的受调控主体。有义务接受国家的宏观调控。地方政府必须接受国家的房地产调控、地方政府债务调控等。

2. 受调控主体——公司、企业和其他组织

在我国，企业按照所有制不同分类可以分为：国有企业、集体企业、私营企业（合伙）、外商投资企业（包括中外合资经营企业、中外合作经营企业和外资企业）、有限责任公司、股份有限公司、联营企业（紧密型联营企业、半紧密型联营企业、松散型联营企业）、企业集团（集团公司、半紧密型集团、松散型集团）等。其他组织也是我国宏观调控的受控主体。

3. 受调控主体——中介机构

中介机构是指那些介于政府与企业之间、商品生产者与经营者之间、个人与单位之间，为市场主体提供信息咨询、培训、经纪、法律等各种服务，并且在各类市场主体，包括企业之间、政府与企业、个人与单位、国内与国外企业之间从事协调、评价、评估、检验、仲裁等活动的机构或组织。⑬

党的十四届三中全会通过的《中共中央关于建立社会主义市场经济体制若干问题的决定》指出："要发展市场中介组织，发挥其服务、沟通、公正、监督作用。"在政府职能转变过程中，政府的一部分权力转为中介机构行使，社会中介组织是宏观调控与市场调节相结合中不可缺少的环节。

在我国中介组织分为：保证市场公平交易、平等竞争的中介组织，如会计

---

⑬ 《中介组织》百度百科网 http://baike.baidu.com/view/131361.htm，2013年7月12日访问。

师事务所、审计师事务所、资产和资信评估机构等等;促进市场发展并提供服务的中介组织,如商标事务所、企业咨询机构、信息服务机构、结算中心等;调停市场纠纷,保证市场正常运作的中介组织,如律师事务所、公证所、仲裁机构、计量和质量检查机构等;沟通市场交易活动的中介组织,如经纪公司与经纪人、职业介绍所、人才交流中心等;自律性中介组织,如商会、行业协会等。[14] 特别是行业协会,在市场经济中将发挥越来越重要作用。

国家在宏观调控过程中,对中介组织的宏观指导、宏观调控等,使中介组织进一步适应市场、规范自律。国家对中介组织的调控过程中,中介组织成为宏观调控的受控主体。例如国家对房地产宏观调控,房地产中介组织成为宏观调控的受控主体。

4. 个人受调控主体

个人一般指自然人。自然人是指有生命并具有法律人格的个人,包括公民、外国人和无国籍的人。个人在不同法律关系中,可以成为不同法律关系的主体。例如在民事法律关系中,个人成为民事法律关系主体;在经济法律关系中,个人成为经济法律关系的主体。在宏观调控法律关系中,个人成为宏观调控法律关系的受控主体。例如根据对房地产实行宏观调控,限制个人购买房屋,个人成为国家宏观调控的受控主体。

(四)宏观调控法的受调控主体的权利和义务

1. 宏观调控法的受调控主体的权利

在宏观调控过程中,注意受控主体的权利法律保护。宏观调控法中受控主体的主要权利是:依法接受调控的权利;参与宏观调控法律、法规的讨论权利;有向宏观调控主体提出意见和建议的权利;在受到宏观调控主体非法调控造成损害时,有提出损害赔偿请求的权利等。

2. 宏观调控法的受调控主体的义务

宏观经济调控受控主体的主要义务是遵守宏观调控法律、合法经营、接受宏观经济调控主体的调控、组织和指导。要求受调控主体一方面要加快进行企业经营机制的转换,进一步加强公司制改造和法人治理结构,塑造合格的市场主体,使企业成为真正独立的商品生产者和经营者;另一方面要加强法制教育,使这些经济实体和个人依法自律,在法律约束下,自觉接受国家的宏观调控。

---

⑭ http://baike.baidu.com/view/131361.htm,2013年7月12日访问。

结　　语

宏观经济调控法主体职责和权利义务理论,是宏观调控法理论的重要组成部分,社会主义市场经济是宏观调控下的市场经济,在我国市场经济体制不断完善过程中,需要宏观调控法的不断完善。本文对宏观经济调控法主体职责和权利义务理论的研究,特别是对宏观调控主体职责理论的研究,旨在进一步完善我国宏观调控法的理论,用宏观调控理论指导我国宏观调控法的实践。

经济法主体形态扩张与思维突破

——以区域经济主体为中心

陈婉玲*

转型期社会结构和经济结构的发展直接推动了人格权种类和形态的丰富和扩张。经济法对“人”的设计与传统法关于“人”的设计不同，把区域经济主体纳入自己的主体范畴，反映了经济法对传统法律主体理论的超越和突破。

一、区域主体独立经济地位的彰显

区域作为具有地理属性的一定空间的概念，是人类为了共同的利益所组成的相对固定的共同体。传统社会条件下的区域经济发展呈现“封闭式”运行状态，受自然条件、文化因素、科学技术水平和交通条件等影响，区域的主体意识相对淡薄。市场经济条件下的区域经济发展却是独立的区域主体在自组织过程中实现的，区域作为经济主体必然会对经济利益分配体制提出新的要求。长期以来，人们对经济利益主体的关注局限于个人或企业等初级经济主体以及国家在国际社会的资源配置主体问题，而忽视了主权国家内部区域的主体性问题。事实上，市场伦理尊重各种主体的独立经济利益，区域对于一个国家特定时期的经济利益分配具有独立的要求，为了获得良好的发展空间，区域在自身利益最大化驱动下，不断推动着不同区域之间平等的合作与竞争机制的运行。因此，如何处理好区域之间的关系，将直接影响国家经济发展的活力和资源配置的效率。区域已经成为继个人、企业等初级经济组织和国家这一国际经济组织之后的第三经济主体。①

---

* 陈婉玲，华东政法大学教授，法学博士。

① 韩传春：《第三经济主体》，山西经济出版社 2004 年版，第 96 页。

区域在客观上是一个连续的有限空间范围，即主权国家内部能够实现一定经济空间组织和运行的微观承载对象，是一个由居民、企业、政府等组成的具有系统性、结构性的整体。我国过去实行的中央集权的计划经济管理体制忽视区域差异，掩盖不同区域的不同需求，地方的产业布局、财政收支、物资分配等都由中央计划来决定，各地区并不构成一个相对独立的目标利益函数，“国家力量上升和集权化消除了这些组织的个性”②，区域主体缺位导致区域经济失去了有效的组织者和承载者。社会主义市场经济体制逐步释放了区域经济发展的热情，区域主体以独立的地位和人格主动地介入社会经济活动，区域的发展定位和利益诉求获得了国家与社会的认同。“各个区域主体在社会经济系统中都存在一个最佳的理想位置，只有在这个位置，它的效能才能得到最大发挥。”③

区域的独立经济主体地位对传统的法律调节提出了新的要求。这种要求集中地体现为必须通过制度创新的方式依法确立区域的独立经济利益，并使区域政府作为区域利益的受托人，成为区域利益真正的代表。因为区域政府天然地具有福利“社会人”的属性，追求所辖区域居民和企业福利最大化是其首要目标，“政府，作为一种实现帕累托最优资源配置的机构，其存在会减少人数众多时获取个人关于公共物品和外部性偏好的信息所需要的交易成本和谈判成本。”④当然，如何使区域利益的受托人——区域政府真正履行受托义务而不成为区域经济利益“攫取和掠夺”的“经济理性人”，如何提升并监督政府“区域经营”的能力和行为，尚需要完备的法律制度的约束。

二、区域经济利益的经济法调整

从各国的实践经验看，彰显区域经济主体法律地位，解决区域经济发展不均衡的法治化程度较高。美国以法律形式促进欠发达地区发展始于20世纪60年代。为改变最贫穷的阿巴拉契亚地区的面貌，美国国会通过了《阿巴拉契亚区域开发法》，组建阿巴拉契亚区域委员会，对该地区进行了卓有成效

② 尹保云：《什么是现代化——概念与范式的探讨》，人民出版社2005年版，第55页。

③ 金丽国：《区域主体与空间经济自组织》，上海人民出版社、格致出版社2007年版，第63页。

④ 〔美〕丹尼斯·C.缪勒：《公共选择理论》，杨春学、李绍荣译，中国社会科学出版社1999年版，第45页。著名经济学家斯蒂格利茨认为，政府具有三大优势：第一，政府是一个对全体社会成员具有普遍性的组织；第二，政府拥有其他经济组织所不具有的强制力；第三，政府拥有较其他任何经济组织更大的资源优势。

的经济开发。1993 年 8 月，美国通过了系统解决欠发达地区发展问题的基本法案——《联邦受援区与受援社区法》，对接受援助的地区、援助的目的、采取的综合措施、受援地区必须达到的目标等基本问题进行了系统的规范，并对受援助地区接受援助的方式提出了要求。日本于 1950 年制定了第一部区域开发法，即《北海道开发法》，在中央政府设立北海道开发厅，国家财政单独设立北海道开发事业费预算，综合开发北海道的土地、水面、山林、矿山、电力等资源，以改变其经济长期落后状态。日本随后又陆续制定了一系列关于欠发达地区振兴的法律，如《孤岛振兴法》《过疏地区振兴特别措施法》《中部圈开发促进法》《农村地区工业引入促进法》等，促进欠发达区域经济发展。德国以《宪法》保障人们“生活价值和生活条件的同一性”为依据，颁布了《联邦空间布局法》《联邦改善区域结构共同任务法》，围绕着“联邦领土上空间的普遍发展”的宗旨，依法实施落后地区、结构薄弱地区的开发补贴政策。

我国区域经济利益分配长期处于非均衡状态。⑤ 从“包容性增长”政策出发，当经济发展到一定水平时，防止累积因果循环造成地区贫富差距的无限扩大⑥，营造不同区域合理分享经济增长成果的政策和法律环境，确保不同区域公平参与市场竞争、实现机会均等是缓解不同区域利益冲突和优化经济结构的关键所在。国家“十二五”发展规划将区域经济发展方式的主要内涵确定为区域经济发展的全面性、协调性和可持续性，其核心是区域经济利益分配的优化。因此，需要通过一系列特殊的区域经济政策和立法，调整利益分配格局，刺激落后地区的发展。我国区域经济协调发展虽然主要依靠国民经济和社会发展五年计划（规划）以及一些区域性倾斜政策，但制度化的财政、金融激励措施也已经成为区域经济协调发展的基本手段。从法律属性看，这些旨在缩小区域发展差异的制度安排应当纳入经济法的范畴。

经济法区域经济协调发展的制度架构充分体现经济结构调节的属性，其对区域经济主体利益的关注及其制度设计表现出有别于传统法的法律主体

---

⑤ 计划经济体制时代实行“全国一盘棋”的区域资源配置方法，国家统一调配不同区域资源，统一分配资源利益，受非市场经济伦理的影响，区域的利益诉求与主体意识并不强烈。改革开放后以“先增长后分配”为发展理念，沿海地区倾斜的区域政策和东西部有差异的渐进式改革安排，扩大了我国区域经济东、中、西三大地带发展的差异。

⑥ 美国学者罗伯特·达尔在《现代政治分析》一书中将政治资源分配的不平等分为累积性不平等和弥散性不平等。累积性不平等指“个人拥有的某一资源越多，他拥有的其他资源也就越多”，弥散性不平等则指“一个人在某一等级序列中的地位与另一等级序列无关（没有相互关联），缺少某种资源的人可以通过对其他资源的控制来补偿”。详见〔美〕罗伯特·A. 达尔：《现代政治分析》，王沪宁、陈峰译，上海译文出版社 1987 年版，第 95—96。

观念。首先,经济法调整的经济关系的整体性和结构性决定了其法律关系主体的强、弱二元主体群架构,这种强弱主体结构完全区别于传统法律关系主体间的“对称性、可逆性、双向性和相互性”,经济法对区域经济主体的制度倾斜就是法律思维基于主体差异性的社会现实的一种进化,正如罗尔斯所言:人与人之间的差异是一种客观现实,但如果法律对这些先天性不平等的情况视而不见,依然对所有市场主体一视同仁,就只能使“不平等变得天经地义,甚至加深这种不平等”。⑦ 其次,“区域”在经济法范畴内主要表现为特定的以省、市、自治区等行政辖区为依托的经济发达地区和欠发达地区,这些特定“区域”有各级人民政府作为其权利能力和行为能力的载体,有统一管理的具有整体性和稳定性的可供支配和使用的财产以及所追求的团体利益,符合作为法律关系主体的基本条件。经济法对“区域”主体利益关系的调整塑造了新兴的具有整体性特征的法律主体新类型,某一时代的法律主体结构,应该是该时代现实与逻辑相契合的结果,区域主体及其利益作为法律调整的对象是时代的产物,是对传统的法律关系二元主体结构理论的延伸。

三、区域经济主体利益调节的原则

经济法通过财税、金融等措施对欠发达区域实施援助或救济,以激活欠发达区域自身优势,稳定并缩小区域经济发展差距,其实质是利益的空间转移。救济可分为集中救济和个别救济,前者指国家设立救济基金对符合条件的欠发达区域实施救济如财政的转移支付;后者指由发达区域对欠发达地区实施经济援助、技术支持、援助性合作等单方面援助。援助的途径包括以财政拨款、优惠贷款、减免税的方式直接援助,也包括各种园区建设和基础设施建设在内的间接援助。从总体上看,在法制化框架内实施的援助或救济制度应当贯彻倾斜、适度和发展机会平等的法律原则。

倾斜就是对欠发达区域的倾斜,其实质是必须充分正视区域经济发展的差异,既要看到区域差异是确保竞争的基础,也要看到过度的差异可能导致国家体系的崩溃。区域发展协调体系就是要在承认区域差异的同时,以法律手段建立解决区域差异问题的制度框架,将差异控制在合理的范围之内。“对弱者实施适度的援助,以防止由于分配结果的过度不公而使机会公平失

---

⑦ 〔英〕彼得 · 斯坦、约翰 · 香德:《西方社会的法律价值》,王献平译,中国法制出版社 2004 年版,第 71 页。

去存在的基础”。[⑧] 当然，对欠发达区域进行救济和倾斜必须是基于制度因素的前提，自然地理因素和制度安排与变迁都会对区域经济发展产生差异性影响，前者决定了区域生活方式和特色文化内涵，后者直接导致区域间不平等的发展态势，诚如德沃金所言：每个人都有作为平等的人受到对待的权利，政府必须给予处于弱势性、边缘性的少数人予救济和关照，但救济是有前提的，个人对自己由于信念、偏好和个性而作出的选择后果负有责任，政府只对由于“境况”[⑨]导致的不平等进行救济。

适度也即有限度，注意协调强势区域权益维护与弱势区域利益倾斜之间的关系。解决区域差异首先是为了解决竞争力的差异，而不是一种简单的困难补助，如果只靠“输血”的方式，不仅无法彻底解决区域经济差异问题，而且有可能损害市场公正。承认中、西部区域的利益流失可能部分沉淀到了东部发达区域，这是发达区域对不发达区域实施经济援助的合理基础，但过度的物质利益的简单转移容易对发达区域权益造成侵害。对欠发达区域实施援助的目的是缩小能力差异并为其建立公平竞争的基础，必须设计合理科学的援助条件和具体目标，界定救济的界线和限度，才能使对欠发达地区的救济发挥真正的效果。

发展机会平等并不是“收入分配平等”，对欠发达区域救济的目的是引导建立充分有效的竞争机制，片面的“收入分配平等”的追求可能导致集体化的低效率和阻碍经济增长，使整个社会经济长期处于落后水平。对欠发达地区的经济利益的救助，并不是为了形成欠发达地区对发达地区的“依附”[⑩]，而是为了帮助其提高竞争力，形成自己独立主动的利益驱动和追求，即“授之以鱼，不如授之以渔”。因此，在强调对欠发达地区进行权利倾斜和利益救济的同时，必须重视其主体“自身责任”的担当，消除依赖性的滋生。我国目前在中、西部重要城市如武汉、重庆、成都等推行的“发展极”战略，就是希望通过有计划的重点投资、产业培植形成经济发展的向心力，提高其竞争力并对周围地区经济发展的辐射扩散效应。

---

⑧ 韩传春：《第三经济主体》，山西经济出版社 2004 年版，第 163 页。

⑨ 德沃金所谓的“境况”主要是指个人的残障、智力等因素。区域经济发展中“境况”导致的不平等主要是指后天由于市场机制和政策因素影响导致的发展弱势。

⑩ 区域经济依附是这样的一种状况，即一些区域的经济发展受制于其他区域经济的发展和扩张，经济发达地区与经济落后地区之间存在相互依赖关系，但结果是发达地区能够扩展和加强自己的经济实力，而落后地区的经济扩展和加强则是发达地区发展可能产生的积极或消极的影响的反映。“依附”创造出来的是落后、痛苦以及社会的边缘化。

经济法学主体的梳理、规范与拓展

隋洪明*

经济法主体是经济法律关系的核心,也是经济法研究的重要课题,在经济法产生与发展的过程中,伴随着我国从计划经济向市场经济过渡的进程,人们对经济法主体的认识不断深化,学界从不同的侧面对其进行了卓有见地的剖析,但一方面经济法理论研究的先天性欠缺使得经济法主体本身的自给性不足,另一方面随着市场经济的不断发展和深化,经济法主体亦处于不断变化之中,所以,作为经济法律关系中权利义务承担者的经济法主体需要进一步厘清与明确,唯此,才能在理论上澄清经济法学的模糊认识,消除无谓的纷争,在实践中为社会主义市场经济体制的改革与完善提供支持。

一、经济法主体研究的阶段划分

经济法主体的研究一直是经济法基础理论研究的热点之一,但与以研究对象为核心形成"干预说""协调说""纵横统一说""调制说"等自成一派的学说相比,其理论基础尚显薄弱,深度、广度、共识度存在明显不足,虽然这种缺陷的存在对于经济法的地位及生存没有根本性的影响,但一个对自己领域主体本原都没有深刻认识的学科,总有一种挥之不去的遗憾,回顾经济法研究发展的脉络,可以更清晰地看到我国经济法主体研究之路的曲折与误区,为适应不同发展环境的主体规制探究正确的方向。

自 1978 年十一届三中全会将工作重心转移到经济建设方面以后,人们对于经济主体的意识逐渐增强,经济法学者在研究经济法调整对象为自己争取生存地位的同时,开始关注国家管理经济过程中的主体问题,1992 年随着社会主义市场经济体制的确立,经济法主体的研究不断深化,与经济体制改

* 隋洪明,山东政法学院教授。

革的背景相一致,逐渐形成市场经济背景下国家干预与市场主体规制的思路,因此,经济法主体的研究可以分为两个阶段:

(一)第一阶段:1978年至1992年

由于此阶段是我国经济法产生与发展的初期,同时受计划经济观念的影响,人们对经济法主体的认识总体上呈现出浅显、分散、零星、各自为政的特点。据不完全统计,各种教材或期刊对经济法主体概念的表述有二十几种之多,有人认为"经济法主体,是指经济法律关系的参加者"①,有的认为"经济法律关系的主体是进行经济活动的自然人和社会经济组织,经由法律设定后成为具有经济权利和经济义务规定的那种实体"②,也有人认为"所谓经济法律关系的主体,是指参加经济法律关系的当事人"③,还有人认为"经济法律关系的主体是指参与经济法律关系,享有经济权利,承担经济义务的当事人"④,归纳起来,在此时期最具代表性的主要有两种主体观,一是宽泛式主体观,即将一般法律关系的主体当做经济法的主体;一是移植式主体观,即将民事法律关系的主体引入的经济法中,作为经济法律关系的主体⑤,应该说,对经济法主体的认识还处于浅层阶段。

(二)第二阶段:1992年至今

实行社会主义市场经济以后,我国经济法学的研究发生了重大的转变,由此也开始对市场经济条件经济法主体问题进行审视,并且在更广泛的意义上展开,一些老一代经济法学者逐步修正自己固有的观念,一批中青代经济法学者以特有的开拓精神进行了大胆的探索,杨紫烜教授将经济法的定义进一步完善为"经济法主体,亦称经济法律关系主体,是指在国家协调本国经济运行过程中,依据经济法享有权利(权力)和承担义务的组织体和个人"⑥,陶和谦、刘文华教授主张"经济法主体有两个基本含义。一是指经济法律关系的主体……二是指根据经济法的主体制度成立的主体"⑦,漆多俊教授认为"经济法律关系主体,简称经济法主体,亦即国家经济调节法律关系主体,它

---

① 周之源主编:《经济法概论》,吉林大学出版社1988年版,第72页。
② 孙皓晖主编:《经济法学原理》,陕西人民出版社1987年版,第316页。
③ 陶和谦、杨紫烜主编:《经济法学》,群众出版社1989年版,第62页。
④ 邱宏铮主编:《经济法概论》,北京经济学院出版社1991年版,第24页。
⑤ 参见李中圣:《经济法主体理论的反思》,载《法律科学》1991年第4期。
⑥ 杨紫烜主编:《经济法学》,北京大学出版社 高等教育出版社1999年版,第95页。
⑦ 陶和谦、刘文华主编:《经济法》,中国人民大学出版社1999年版,第100页。

是指受经济法调整的国家经济调节关系的参加者即当事人，是国家经济调节管理活动中权利义务的承受者”⑧，李昌麒教授主张“经济法主体即经济法律关系主体，是指参加经济法律关系，拥有经济权限的当事人”⑨。可以看出，老一代经济法学者在经济法主体问题上基本形成两个特点，一是大多将经济法主体等同于经济法律关系主体，二是将经济法主体放在特定的经济关系（干预、协调、调节、管理等）中研究的，在此基础上，中青代经济法学者的研究更具新意，在研究方法上有人提出对经济法主体的研究方法和范围不应该只限于人格、财产，而应从组织、权力、公共性等多维度展开，以此作为探讨经济法的权利义务及责任的基础。⑩ 也有人提出经济法主体的研究应该“将‘增量利益关系’作为经济法的调整对象，在此基础上研究经济法主体”⑪，还有人“通过对经济法主体概念内涵的分析和外延的列举归纳以及相关理论观点的评述，将经济法主体定位于调制主体和调制受体”⑫，这些研究对于深化经济法主体的认识起到了重要作用，标志着经济法主体研究进入一个新的阶段。

二、经济法主体研究的路径规范

虽然在三十多年经济法主体研究的过程中取得的成绩有目共睹，百花齐放的经济法主体研究真正体现了学术研究的真谛，但缺乏共识的各自表达在似是而非中难免贻误对真理的揭示，到目前为止，经济法主体体系构建的不足正是这种现象的结果，纠偏的路径是回归本源，从经济法本质的原点出发，探求经济法主体的特质，克服不同学说的矛盾与不足，找到其未被认知的必然真义。

（一）经济法主体研究的原点

为更清晰地表述经济法主体的特性，大多学者热衷于对经济法主体进行分类，如同对经济法主体概念与本质的研究一样，对经济法主体种类的界定

⑧ 漆多俊主编：《经济法学》，高等教育出版社 2007 年版，第 71 页。

⑨ 李昌麒主编：《经济法学》，法律出版社 2008 年版，第 118 页。

⑩ 参见姚海放：《经济法主体理论研究》，中国法制出版社 2011 年版，第 6—15 页。

⑪ 刘运新、陈乃新：《经济法主体论纲》，载《贵州警官职业学院学报》2006 年第 6 期。

⑫ 郭维真：《试论经济法主体的二元结构性》，载《福建师范大学学报》（哲学社会科学版）2008 年第 6 期。

主要有两种方法:一是行为界定法,一种是身份界定法。由此不同学者将经济法主体种类作了各种不同的划分:或者分为市场主体、经济行政主体和社会中间层⑬,或者分为经济管理主体和经济活动主体⑭,或者分为国家经济调节(管理)主体和被调节(管理)主体⑮,或者分为国家经济管理机关和市场领域内的微观单位⑯,还有的分为“经济法主体主要就是计划者和反垄断者”⑰,等等,这种划分的优点是可以从表象上反映经济法主体的特点,也在一定程度上体现了经济法主体与民法主体以及行政法主体的区别,但深入分析可以发现,总难以跳出传统经济法主体研究借鉴与泛化的窠臼,无法解释经济法主体存在的正当性和必要性,无论是“权利本位”还是“社会本位”抑或“权力本位”都不能对经济法调整的特有现象作出合理的解释,何况,社会是处于发展变化状态的,权利与权力经常处于互动之中,两者之间并不存在天然的难以逾越的鸿沟,将权力与权利以及社会人为地划分为不同的对立有时会造成矛盾与偏颇,并不利于实际问题的解决,经济法追求的是规范与实质公平,不以单一的权力或权利为僵化的教条。因此,对经济法主体的研究还需要从逻辑起点上寻求根据。众所周知,经济法与经济法主体都是现代经济发展的产物,是国家为调节特定的经济利益关系而通过法律手段衡平不同主体利益的一系列法律规范,可见,经济法主体既不是一般意义的管理与被管理主体,也不是市场主体与经济行政主体,而是维护现代经济利益的具体经济法律关系主体。

(二)经济法主体研究的范式统一

经济法曲折发展的历程和到现在为止都常受质疑与诟病的原因是缺乏统一范式的基础支撑,除了虚幻的大经济法无具体执行力的普适性浮夸外,经济法学无法获得实质性繁荣的背后是研究范式不统一的混乱。“范式是一种对本体论、认识论和方法论的基本承诺”,美国著名科学哲学家托马斯·库恩(Thomas Kuhn)提出并在《科学革命的结构》(The Structure of Scientific Revolutions)(1962)中系统阐述的基本理论至今仍应是经济法研究力行遵循的准则,在共同的假说、理论、准则和方法等基本信念的支配下,才能对经济

---

⑬ 王全兴:《经济法基础理论专题研究》,中国检察出版社 2002 年版,第 409—570 页。

⑭ 史际春、邓峰:《经济法总论》,法律出版社 1998 年版,第 186—187 页。

⑮ 漆多俊:《经济法学》,武汉大学出版社 1998 年版,第 94—95 页。

⑯ 马洪:《经济法原理新编》,上海财经大学出版社 1996 年版,第 23—26 页。

⑰ 邱本:《论经济法主体》,载《法学评论》1997 年第 3 期。

法主体的范围、内涵、外延等问题进行归纳、定义，以达成共识。

1. 经济法主体的内在特性：不平等性与经济利益性。经济法主体的研究必须超越泛化与桎梏于已有主体制度的误区，既不能将一般法律关系中的主体理论当做自己的主体，也不能将民法中已经固化的已有概念简单地拿来当做自己的主体体系，否则，永远都难以摆脱"经济法没有自己的主体"指责的阴影，任何"有力"的辩解与论证都显得苍白无力。传统的国家、政府机关、市场主体的划分（无论其具体名称如何）没有体现经济法本身的特性，经济法主体的确立必须是立足于经济法特有语境与法律关系中的自有主体体系，是建立在经济法主体特殊性的基础之上的。经济法主体的特殊性在于经济法主体是国家干预经济过程中维护弱势一方利益中的主体，而不是整体经济关系中的主体或一般法律关系中的主体，其内在特性是处于干预范畴中的宏观或微观活动的参加者。

2. 经济法主体的规范性：利益规定性。经济法主体没有天然的干预主体，也没有当然的被干预主体，只有在宏观上危害社会秩序，在微观上出现违法行为时，才"需要"干预，经济法主体既不同于行政机关日常经济的管理主体，也不同于市场主体参加经济活动接受监督管理的主体，而是经济利益不平衡关系中的主体，在干预关系中，干预主体（可能是政府机关或行业组织）为国家利益、社会利益或自身利益（自身利益往往被忽视或被隐瞒）而对被干预主体进行干预，利益受损主体基于自身的利益或受损或由此导致的整体利益受损而请求相关主体干预，在诸多干预过程中越来越表现出自身的利益性，而利益必须以法定为前提和标准，由此要求干预必须在共同的规则下进行，要求干预主体具备权力的规定性，被干预主体承受受约束性，不可将市场主体与经济法主体混为一谈，经济法主体应具有严格的规定性和受限制性。

三、经济法主体研究的新扩展

随着经济社会形势的不断发展，在各种经济利益中需要衡平的经济法主体种类的新形式不断出现，适时总结归纳研究这些新形式，才能不断丰富经济法主体的研究，增强经济法对现实世界的解释力，现实的不断发展要求经济法主体理论的持续深化，经济法学是不断发展的，为此，应拓展经济法主体新形式的认知，提高预见性与前瞻性，为新的经济法主体形式提供健康发展的理论指导。

（一）加强对新型主体的研究

市场经济的发展使得新型市场主体不断出现并且所处的地位越来越重要，为经济法主体的丰富奠定了坚实的的社会基础，地方政府组织、区域性组织、新型垄断企业组织、非人格化利益体、社会组织中介组织、行业组织、关联主体、弱势群体等新型主体形式在经济法的语境下都没有受到足够的重视，其规制以及权利义务的赋予都缺乏理性的论证和实践的确定，使其在经济法中所发挥的作用大打折扣，结果在一般环境中总是将干预与被干预对立起来，夸大了两者的排斥与制约，却无视其融合与利益相通给社会和公众带来的损害，没有处理好两方对立与三方博弈的关系，使经济法主体过于简单化，也陷于经济行政主体的误区，因此，加强对经济法新型主体的研究是经济法研究的重要课题。

（二）明确经济法主体的权利义务关系

经济法主体的权利（力）与义务的享有与承担是解决经济法主体问题的核心，在权利与权力的关系上应当坚持扩权（利）而限权（力）的原则，应该增加干预的条件限制与绩效评价，受干预者不能只承担义务而不享受权利，最终使干预者备受诟病。在经济法主体关系中，微观关系中的具体主体往往被宏观关系中的抽象主体所取代，一般意义上的国家无限干预权与谨慎干预、有限干预的冲突造成实务中的行为矛盾，社会公众一方面希望国家无所不在、无所不能在所有领域以“有形之手”调控一切社会关系，维护良好的社会秩序与市场秩序，同时，当干预过度或出现偏差或干预无效时，又会对干预表现出抵制与不满，这种状况严重影响了干预的行为与效果，因此，需要建立“权利（力）—义务”为核心的主体体系，支撑经济法主体的身份与行为。借用经济法“责权利相统一原则”“以责定权，以责定利”，坚持权利与义务的统一，才能使经济法主体的特性得到自足与显现。

如果只局限于经济法主体之间存在着管理和被管理的关系，而忽略了不同经济法主体之间的利益关系及其行为目的，必然陷入权力与权利的矛盾中，动摇经济法主体制度存在的基石。在具体经济法律关系中，经济法主体承担的使命与追求的目的不同，由此决定其享有的权利和承担的义务不同，一个主体既可能是管理者（相对于被管理者）、经营者（相对于生产者而言），或者销售者（相对于消费者而言），又可能是竞争者（相对于其他竞争者而言），或者被调控者、被规制者（相对于政府而言），甚至是经过授权的行业管理者(相对于本行业其他经营者),以身份和行为解释经济法的主体,必然导致在经济关系的流动性和复杂性中由于“角色”转换产生的混乱,因此,必须将明确经济法主体的权利义务作为规范拓展衡量经济法主体的基本标准。

(三) 完善经济法主体责任制度

经济法主体责任制度的不独立或不完善是经济法主体不能立足的另一个重要原因,没有自成一体的责任制度,仅仅以“综合责任”为借口将民事责任、行政责任以及刑事责任部分或全部地吸纳为自己的责任,总没有足够的说服力,也难免不被他人所承认,因此,确立经济法自己特有的责任是经济法主体研究必须拓展的广阔领域。作为衔接经济法理论与实践环节性要素的经济法主体应该具有完善的责任体系与合理的制度。现行的经济法责任不仅未形成自己的责任体系,而且已有的责任中带有明显的倾向性,往往过度强调受干预者的责任而有意无意地忽略干预者的责任,干预主体既是执法主体,又是立法主体,造成权利义务及责任受益的不对等。经济法主体责任的这种不均衡性,不能对公权力形成有效的约束,无法体现经济法主体特有的性质,不能不说是经济法主体体系构建的缺憾,一个没有责任的主体如同不受约束的怪兽,肆意泛滥造成的后果无法设想。经济法的执行力不足与其责任不均衡,不完善有关。“任何一种成熟的理论体系,都必须有自己的理论基石,而理论基石的主要表现形态就是基石范畴”[18]。显然,经济法主体的基石范畴具有无限的拓展空间,经济法主体制度的完善也需要经济法责任体系的建立。

---

⑱　张文显:《法哲学范畴研究》,中国政法大学出版社2001年版,第334页。

经济法基础理论

经济法的价值理念论纲

冯　果*

一、问题的提出

法的价值与理念①属于历久弥新的命题，虽深奥但却实在，虽艰涩但却丰富，曾吸引一代又一代的法律人思索和探悉。但在不断增长的理论厌倦症的影响下，我们时常也会发出“理论无用论”的哀叹，日益发达的科学技术和精巧的研究方法似乎正在将思想的作用驱走。“多研究些问题，少谈些主义”成为我们回避这一命题的一个很好的借口。问题是，我们真的能够回避吗？没有经济法理念与价值统领的经济法还能称为现代意义上的经济法吗？没有理念和价值统摄的经济法理论还能称得上为经济法理论吗？经济法理论缺失的学科还能称之为经济法学吗？我们实在不敢想象理念与价值缺失的经济法的未来的命运。现实本身就是一个最好的注解。

（一）精神游离和理念缺失的立法实践

常言道：“大术不立、小规不正”，没有正确理念统领的经济法注定是没有精神追求与灵魂缺失的经济法。在吃尽了无法无天之苦，感受了西方法律发达、完备的强大冲击力之后，我们旋即进入了一个法律万能和“立法爆炸”

---

* 冯果，武汉大学法学院副院长、教授、博士生导师。

① 人们通常在相同或近似的意义上适用法的理念、价值或价值理念。法的理念与价值的含义确是十分近似，但仍有一定的不同，后文将有专门的探讨和分析。考虑到二者的相近与高度关联性，本文将二者合并在一起作专门介绍。为行文方便，本部分暂不作严格区分。

的时代，具有经济法属性的法律和法规数量之多，内容之庞杂令人叹为观止。[2] 然则，立法虽多却乱象纷呈，立法实践中经济法理念杂乱和漂移的问题却随处可见。

中国每一项经济与社会制度的改革都是在相关立法的推动之下进行或完成的，其中不少就是经济法的“杰作”。然而如果对中国的经济立法及改革实践略加审视，我们就不难发现，在立法实践中凡是有利于政府的政策或法规往往都能够轻易出台；反之，关涉政府从口袋掏钱、惠泽百姓方面的政策和立法，却迟迟无法问世。以关乎民生的教育、住房和社保三大基本改革为例，1999 年政府推出的大学扩招政策，使中国的大学承载了协助政府拉动消费、推进经济增长的光荣任务；1998 年，国务院发布的《关于进一步深化住房制度改革加快住房建设的通知》宣布全国城镇从 1998 年下半年开始停止住房实物分配，全面实行住房分配货币化，从此买房成了中国人最大的消费。这两项政策及其配套法律法规背后所隐藏的政府牟利动机可以说昭然若揭；但在养老保险和医疗保险等因关涉政府从口袋掏钱，政府在这方面就远不像在教育产业化、培育房地产市场上那么踊跃举措，其中立法进程的国家本位取向相当明显。[3]

再以金融立法为例，同样存在立法理念及价值取向偏差的问题。目前，众多的金融立法为推进资本市场繁荣而不遗余力，但却很少关注金融资源配置的公平问题。金融城乡二元结构、严格的金融机构准入管制，使富者和强者因更容易获取金融支持而变得更强，而贫者则只有存款的权利却难有获得贷款等金融服务的自由，从而生活或生产雪上加霜，利率管制所带来的利率与物价涨幅的不合理倒挂，更是一种不公正的财富转移甚至掠夺机制。由此我们不能不产生什么是我们所需要或追求的经济法，以及经济法的未来发展是什么的诸多困惑和疑虑。

正如高德步先生所言：“事实上，不论经济学还是法学，都不可能将实证方法和规范方法分开，我们不可能设想没有任何政策性建议的经济学，更不可能设想没有是非善恶等价值判断的法律和法学。”[4]没有正确价值理念引

---

② 早在 1994 年就有人就撰文指出：“14 年经济立法，从社会资源供给能力角度来讲，其增长大大超过社会资源的增长，即经济立法的增长超过社会的承载量”（详见方腾高：《大失衡：14 年中国经济法法制建设的忧患》，载《中外法学》1994 年第 1 期），这种爆炸式立法现象在随后的十几年间更为突出。

③ 近几年这一状况有所好转，其中原因是多方面，但并不表明经济法立法理念已经得到解决。

④ 高德步：《产权与增长：论法律制度的效率》，中国人民大学出版社 1999 年版，第 53 页。

领的经济法必然是令人忌惮和恐惧的"经济法"。

(二)经济法学贫困或幼稚的根源

任何一个学科的发展都需要理论上的提升。经济法的价值与理念既是对经济法客观效能的一种判断,更反映的是对法现象的一种理性认知。它是人们在法律实践的基础上,将感性认识所获得的法律材料,经过思考、分析、提炼而形成的,是对法本质和内在联系的抽象概括,具有统摄经济法理论和实践的核心地位和关键作用。"经济法现象只是形成经济法理念的素材,它本身不会成为经济法理念"。⑤ 经济法的价值与理念的提取与求得是一个艰辛的过程,而这一任务完成之时,也是经济法学走向成熟之时。

众所周知,经济法学是法学家族中一个比较年轻的成员,关于经济法是否构成独立的法律部门,特别是它与民法及行政法之间的界限如何划分,在法学界仍聚讼未决、见仁见智。造成这一局面的原因是多方面的,但其中一个十分关键的原因就在于我们长期以来过分关注具体经济法律制度的工具性和实用性,忽略经济法基本理论建设,尤其是对经济法价值与理念这一基本命题的探究。正如李昌麒先生所分析的那样:对经济法理念命题的忽略的直接后果,是我们无法对现实生活中典型的经济立法以及散见于其他法律中的经济法规范形成足够统一的认识和解说能力,这自然会阻碍经济法学作为专门的法学学科所应具备的法律实践活动的理论证成和理论引导功能的发挥;而且,对于经济法制度背后所蕴藏的思想、内在精神探究的缺失,也使得经济法作为一个独立法律部门的自我品格始终得不到应有的彰显。此外,经济法学界在国家干预的能力边界、干预方式以及干预度的把握及经济法的调整方法、基本原则以及责任等经济法的重要范畴问题上之所以存在诸多分歧、模糊乃至混乱,与对经济法的应然规定性和内在精神的理性认知不足不无关系。因此,这些基本理论问题的解决都必须建立在对经济法价值理念的求得之基础上。⑥ 据此,我们完全可以说,价值理念是关系到经济法学科建设未来命运的一个本源性的命题。

雅克布斯在《十九世纪德国民法科学与立法》中曾言:"以立法形成法是

---

⑤ 王保树:《关于经济法概念的考察》,载漆多俊主编:《经济法论丛》第2卷,中国方正出版社1999年版,第45页。

⑥ 参见李昌麒主编:《经济法理念研究》,法律出版社2009年版,第2—3页。

制定法的任务,以思想形成法是法学的任务。”⑦一个学科不可能没有理论,一个学者不应该没有思想。经济法的价值与理念就是经济法学人的灵魂寄托。经济法价值理念的研究现状如何?其基本内核是什么?还有哪些问题需要我们破解?在研究中究竟存在哪些不足?都需要我们有一个清晰的认识。循此思路,我们将展开本文并不能称之为成熟的思考或讨论。

二、对经济法价值理念研究的简要回顾与梳理

法的价值与理念在国外是一个古老的话题。美国法学家庞德曾说过:“在法律史的各个经典时期,无论在古代或近代里,对价值准则的论证、批判或合乎逻辑的适用,都曾是法学家们的主要活动。”⑧黑格尔也早就提出了“法的理念是自由”的概念⑨,随后的施塔姆勒、拉德布鲁赫等一大批声名显赫的方正大家无不对其津津乐道。但在中国无论是对法的价值的探讨还是对法理念的探讨,都是最近二十年间的事情。由于先天体质的不足,经济法价值与理念的研究来得尤其要晚。不过,或许正是经济法多舛的命运和吊诡的前途,迫使经济法学者深刻自省并迅速成长,经济法价值与理念研究的领地可谓生机一片。当然,同样是急于摆脱困境的心潮涌动,也带来理念总结、研究界限和探索路径等方面的不足和局限。

(一)历史的简要回顾

关于经济法理念的研究,金励最近作了一个相当详尽的梳理和分析。根据其研究,经济法理念的研究大致可以分为如下三个阶段⑩:

第一个阶段是1995年以前,这一个阶段属于经济法理念研究的雏形期。在这个阶段,虽然未明确使用“经济法理念”或价值理念这一术语,但有的著作,尤其是1992年之后的论著已经开始对经济法应然规定性进行有益探讨,暗含着对精神的探寻。

---

⑦ 参见霍尔斯特.海因里希.雅克布斯:《十九世纪德国民法科学与立法》,王娜译,法律出版社2003年版,第109页。

⑧ 庞德:《通过法律的社会控制——法律的任务》,沈宗灵,董世忠译,商务印书馆1984年版,第55页。

⑨ 参见黑格尔:《法哲学原理》,范扬、张企泰译,商务印书馆1961年版,导论,第1—2页、第36页。

⑩ 参见金励:《论经济法模型世界的构筑——对经济法理念研究的历程回顾与评价》,载《现代法学》2009年第4期。

第二个阶段为经济法理念研究的初始期(1996—2000 年)。这一阶段以 1996 年李金泽、丁作提的《经济法定位理念的批判》一文的发表为标志,经济法学界开始对经济法理念进行阐释和研究,并逐渐接近经济法理念的本质,但成果相对匮乏,代表性的成果有:何文龙的《经济法理念简论》[11]、漆多俊的《经济法价值、理念与原则》、王保树与邱本的《经济法与社会公共性论纲》等论文[12],以及王保树的《经济法原理》一书。[13]

第三阶段为经济法理念研究发展期。进入 21 世纪以后,中国经济法理念研究进入加速发展阶段,大量的学术论文和专著面世。在这一阶段,随着经济法学对经济法本质认识的不断深化,经济法理念的探讨也体现出与时俱进的现代精神,"谨慎干预论""社会本位论""人本论""协调论""科学发展观论"等许多新的观点开始涌现,并对正义、自由、效益、安全等传统法理念加以延传和更新,关于经济法理念的认识更加成熟。这一时期,仅以经济法理念为书名的学术专著就有:单飞跃的《经济法理念与范畴的解析》(中国检察出版社 2002 年版)、成涛的《经济法的理念与运作》(上海人民出版社 2005 年出版)、徐文超的《经济法理念与体系重整研究》(中国检察出版社 2007 年版)、赵立新的《社会和谐之经济法治理念》等。尤其是,2009 年 6 月由李昌麒教授主持的国家社科基金成果《经济法理念研究》一书由法律出版社出版面世,该书对经济法理念的理论基础、经济法理念的内涵、价值与意义以及经济法理念的实施机制进行全方位的解读和研究,是我国目前最为完整的研究经济法理念的一本学术专著,其出版和面世预示着我国经济法理念的研究将步入一个新的发展阶段。

经济法理念的研究往往离不开对经济法本源性价值的探究,甚至正是基于经济法价值认识的不断深化,经济法理念的研究才得以不断推进。因而,关于经济法价值的研究和有关经济法理念的研究基本上是同步演进的。在整个 80 年代,探究经济法价值的论著付之阙如,即使到 2000 年左右,也可谓寥若星辰。就笔者掌握的有限文献来看,较早探讨经济法价值的当属鲁篱发表于《法商研究》1994 年第 4 期的《经济法价值初论》。随后也就仅有邓社民、杨连专的《经济法价值论》(《甘肃政法学院学报》1997 年第 1 期)、钟青的《经济法的价值目标》(《现代法学》1998 年第 1 期)、史际春与邓峰的《经

---

⑪ 何文龙:《经济法理念简论》,载《法商研究》1998 年第 3 期。

⑫ 漆多俊:《经济法价值、理念与原则》,载漆多俊主编:《经济法论丛》第 2 卷,中国方正出版社 1999 年版,第 67—92 页。

⑬ 王保树:《经济法原理》,社会科学文献出版社 1999 年版。

济法价值和基本原则分析》(《法商研究》1998 年第 4 期)及颜运秋的《论经济法的根本价值取向及其实现》(《法商研究》1999 年第 4 期)等十来篇学术论文,真正进入快速发展时期的也是 21 世纪以后。进入本世纪后,与经济法价值有关的学术专著和论文飞速增长。[14] 值得一提的是,2009 年山东大学出版社出版了穆虹的《经济法价值研究》一书,该书从价值的一般原理入手,在张守文教授提出的二元价值结构论的基础上,将经济法的价值区分为主观评价价值和客观效用价值,并分析了经济法价值实现的保证与矫正机制。该书是目前最为系统地研究经济法价值的学术专著。此外,还有 2010 年 8 月法律出版社出版的胡光志教授的《人性经济法论》。该书从人性论的角度论证了经济法的本源价值是其人性价值。上述成果都表明关于经济法价值的研究也正在步入了一个新的阶段。

(二) 经济法价值理念研究的成就与特色

中国理论界关于经济法价值理念的探讨虽然起步较晚,但经济法学人不畏艰辛、破冰除霜、坚忍执著地进行着筚路蓝缕的开拓性研究。经济法价值理念的研究不仅确立了与时俱进的精神,建立了多音争辩的榷议模式,而且开启了制度指引转化的进程,可谓精彩纷呈,特色鲜明。根据学者的归纳,其主要特色大体可以体现在以下几个方面[15]:

1. 学术观点的时代性。经济法学界在对经济法价值理念的探讨时,并不否认对传统价值观及理念观的传承,但更加注重对经济法现代性特征和精神的把握[16],尤其主张考究经济法理念的时代性动因,并对经济法理念的时代性进行历史检视。[17] 正是在上述指导思想的指引下,经济法学界关于经济法价值理念的探究始终具有一种与时俱进的现代精神。不仅公平、正义、自

---

[14] 代表性的论文有:吕忠梅、陈虹:《论经济法的工具性价值与目的性价值》,载《法商研究》2000 年第 6 期;李晓安:《经济法的价值取向与基本原则的内在逻辑探讨》,载《法学杂志》2002 年第 2 期;贾海燕:《经济法的价值分析》,载《法学论坛》2002 年第 6 期;张英:《论经济法的基本价值取向》,载《法律科学》2004 年第 4 期;江帆:《经济法的价值理论和基本原则》,载《现代法学》2005 年第 5 期;胡光志:《经济法之人性价值》,载《政法论坛》2007 年第 3 期;顾功耘:《略论经济法的理念、价值与基本原则》,载《法学》2007 年第 3 期等。

[15] 金励:《论经济法模型世界的构筑—对经济法理念研究的历程回顾与评价》,载《现代法学》2009 年第 4 期。

[16] 参见李昌麒、鲁篱:《中国经济法现代化的若干思考》,载《法学研究》1999 年第 3 期;刘普生:《论经济法的回应性》,载《法商研究》1999 年第 2 期;张守文:《论经济法的现代性》,载《中国法学》2000 年第 5 期。

[17] 详见李昌麒主编:《经济法理念研究》,法律出版社 2009 年版,第 59—82 页。

由、秩序这些传统的价值理念在社会主义市场经济条件下得以延传和更新，而且科学发展观、和谐理念、人本主义理念等具有浓郁时代特色的学说和观点也纷纷呈现，从而使经济法价值理念始终能够跟随时代前进的步伐。

2. 探究视角的多元化。研究视角的多元化是经济法价值理念研究中另一鲜明特色，也正是这种多元化的视角，使经济法价值理念的研究成果呈现出难以想象的生动性。就当下国内经济法学界经济法价值理念的研究来看，既有从经济法价值理念形成和发展的角度来论证经济法价值理念及其内涵的[18]，也有从总体上对经济法理念的内涵进行基础性、系统性把握和论证的[19]；既有从价值论或方法论的角度论述经济法价值理念的某一方面从而丰富经济法价值理念内涵的[20]，也有对某一具体经济法制度的理念或经济法的程序法之理念进行阐述的。[21] 此外，现有研究成果既有遵循“观察——提炼——思辨”轨迹这一传统的观察性视角进行经济法价值理念思考的，也有从与其他部门法进行比较或同经济法其他基本理论问题进行比较这一比较性视角进行探讨的，还有通过批判性视角进行反思或论辩的。[22] 经济法价值理念的研究可以说是活力充盈、精彩无限。

3. 研究方法的创新性。经济法价值理念研究中研究方法不断创新，突出表现在，除传统法学思考进路外，经济学、哲学甚至在经济法基本理论研究中甚为罕见的理学研究模式共同丰富着对经济法最高原理的认知。

（三）经济法价值理念研究中的局限与不足

“学问”者，乃学以解问也。问题的真正求解需要的是淡定自若的心态和严谨务实的态度。经济法的价值与理念是对经济法现象的最为本质的理

---

⑱ 参见王琦：《中国经济法基础理论反思——兼论经济法基本理念的形成》，载《吉林大学学报》（社会科学版），2000 年第 1 期。

⑲ 如史际春、李青山的“论经济法的理念”（载《华东政法学院学报》2003 年第 2 期）、李昌麒主编的《经济法理念研究》（法律出版社 2009 年版）、穆虹的《经济法价值研究》（山东大学出版社 2009 版）等。

⑳ 如徐孟洲的“论中国经济法的客观基础与人文理念”（载《法学杂志》2004 年第 4 期）和胡光志的“经济法之人性价值”（《政法论坛》2007 年第 3 期）等，此外，李永成的《经济法人本主义论》（法律出版社 2006 年版）及胡光志的《人性经济法论》也是这方面的典型代表。

㉑ 参见徐明华、刘思萱：《中小企业促进法价值理念探微》，载《天水行政学院学报》2003 年第 3 期；徐孟州、谢增毅：《消费者及消费者保护在经济法中的地位—“以人为本”理念与经济法主体和体系的新思考》；颜运秋：《中国亟须公益诉讼理念与制度》，载《湖南工程学院学报》2003 年第 3 期等。

㉒ 详见金励：《论经济法模型世界的构筑—对经济法理念研究的历程回顾与评价》，载《现代法学》2009 年第 4 期。

解和把握,更需要一种恬静的心态、缜密的思考和详尽的考证。恰如金励所分析的,该领域虽然成果颇丰,成就不可小觑,但经济法学吊诡的命运也确实使我们的研究揉入了更多的急功近利的成分,求生存和学科脱困等功利性的考量在一定程度上压倒了学术研究自身,在学术繁荣的华衣下隐然可见心浮气躁之风。目前虽宏论不少,但应景或应急之作较多,有分量的学术论著确属寥寥,整个研究尚处于一种低层次的阶段。其表现如下:

首先,概念的内涵及外延尚缺乏明晰的界定。目前,在经济法价值和经济法理念的界定上差别很大。有将经济法的理念视为经济法本质者,也有将其视为经济法内在精神或追求者,也有将其认定为内在精神和普遍规范的。就经济法价值而言,也同样如此。有人认为经济法价值是一种客观存在,不具有主观性;有人则认为其为一种主观评价,还有人认为其是主客观的统一。显然,何为经济法的理念及经济法的价值目前尚无一个统一的认识和说法。此外,由于对经济法理念和价值本身理解的不同,其内涵自然也理解不一,这样也导致将经济法理念、原则、功能、目标等混同现象较为普遍。[23]

其次,研究浅尝辄止,缺乏应有的深度。尽管谈论经济法价值和理念的作品不少,但许多文章仅有寥寥数千字,往往是在对经济法的价值与理念简单定义和列举之后就戛然而止,至于价值或理念是如何求得,其产生的基础是什么?为什么包含这些内涵?均避而不谈。而经济法的理念与经济法观念、经济法理想、经济法目标、经济法宗旨、经济法价值之间是什么关系?经济法理念是单一的还是多元的?如果是多元的,诸理念之间有无层级关系?有无核心理念?经济法理念与经济法价值之间是包容关系、并行关系还是不同层级的关系?经济法理念和经济法价值之间能否互动及如何互动、经济法有无必要划分程序理念和实体理念等许多深层次的问题更还没有真正展开。

㉓　如有李昌麒先生和鲁篱教授在《中国经济法现代化的若干思考》中曾主张"我国现代化的经济法价值应当关注经济公平和经济民主两个价值",其意旨我们清楚,但经济民主究竟是作为价值合适还是作为原则更为妥当,着实可以进一步探究;至于马跃进、李彦芳的《协调——科学发展观的精神,经济法的理念》一文显然是将经济法的理念和功能混同。还有,张守文教授论及经济法的价值时将经济法的价值分为内在价值(客观价值或功用价值)和外在主观价值(评判价值或主观价值),确有其科学的一面,但将经济法的内在价值界定为:"调整宏观观调控关系和市场规制关系,规范国家的调制行为和市场主体的对策行为,为国家宏观调控和市场规制提供法律保障,也为调制受体的合法利益免受侵害提供法律保障",则多少有将经济法的价值与经济法的宗旨或功能等同之嫌,让人一时难以接受。相关内容参见李昌麒、鲁篱:《中国经济法现代化的若干思考》,载《法学研究》1999 年第 3 期;马跃进、李彦芳:《协调——科学发展观的精神,经济法的理念》,载《山西大学学报》2005 年第 1 期;张守文:《经济法理论的重构》,人民出版社 2004 年版,第 294—298 页。

而“唯有理清这些关键问题,经济法理念包括经济法价值的研究才会进一步发展”。[24]

最后,学术的严谨度和规范度不高。如果说我们从一个理念欠缺的年代一下子进入一个言必称理念的时代,似乎并不为过。目前,在畅谈经济法理念与价值的论述已不能算少,但真正严格考究“理念”“价值”这些基本概念的内涵的并不多,缺乏学术规范的“重复研究”、缺乏个性的“人云亦云”式的作品不少,而随手拈来、任加剪裁,甚至将法理念当做学术时髦的标签,随意标挂、生硬添加的现象并不少见,乃至于有的文章言称要借助经济法理念完善某某机制,但通篇行文却根本没有涉及经济法理念,有的谈企业文化也非与经济法理念相挂钩,生拉硬扯,使人哭笑不得。另外,还有个别学者完全脱离法学语境,创造生词,甚至大有语不惊人死不休的之势。尽管其创新勇气和巧智用心值得嘉许,但过于大胆的奇想毕竟有违科学精神,无益于真正的学术交流和学术问题的解决。

(四)我们该做什么?

经济法价值与理念的研究是一项极为艰苦的学术探索,需要有缜密细致的论证力量和严谨务实的科学态度。对于经济法理念研究现状,学界已有所认知,问题的关键在于如何使经济法理念与价值的研究能够真正柳暗花明。笔者以为,当下的最为关键的工作依然是对经济法理念和价值的梳理,厘清二者之间的关系,并在此基础上,探幽发微,寻求经济法理念的指引,并最大限度地增进和实现经济法的价值,确实发挥其制度和规则引领作用。

三、法的理念与法的价值之关系的简要分析

法的理念与价值关系问题是一个迄今为止还没有厘清的问题。就学界来看,目前主要存在以下几种不同的观点:

1. 同质说或不加区分说。目前,在经济法学界,很多时候大家是将经济法的价值和经济法的理念混同适用,不加严格区分的。如李长健在《论和谐社会与经济法理念的平衡协调——以利益为分析起点》的行文中认为,“理念是人们在认识客观规律过程中形成的一系列科学的基本观念”“任何一项

---

[24] 金励:《论经济法模型世界的构筑—对经济法理念研究的历程回顾与评价》,载《现代法学》2009 年第 4 期。

制度的背后就要有相应的价值理念的支撑”。显然作者是将理念和价值理念在同一语义上使用的。㉕ 魏豪在其硕士学位论文中，认为“法律价值是指法律所保障的价值或值得法律保障的价值，具体地说是通过立法活动所追求实现的人们之间社会关系的应然状态”，而“法的理念是对法律的各种内在规定性的抽象概括与归纳”，同样是“人们对法律想象认识过程中形成的反映社会关系应然状态与理想境界的一种信仰和追求”，因此二者并无质的差异，进而用价值理念取代法律理念的表述，认为“法律价值理念的含义主要有两层：一是法律追求的价值目标，二是法律的评价标准和依据”。㉖

2. 主客观异质说。随着研究的不断深入，认为法的价值和法的理念是两个不同范畴，不可混用的学者开始增加。如漆多俊先生就认为：“事物的价值是一种客观存在，不应包含对事物价值的判断和评价”，并据此认为，“法律价值和法律理念是两个不同的概念：事物的价值具有客观性，人们的理念则是主观的；事物的价值需要人们去实际利用才能释放，此前只是该事物的一种属性、可能性，但它是客观存在的；理念则必须由人们借助某事物的功能、价值，使之由主观的变为客观的”，即属于主观评价与判断的东西都不应该归属于价值范畴，“乃属‘理念’的范畴”。㉗

3. 不同层次关联说。江帆教授认为：尽管人们通常在相同或近似的意义上使用法律的理念、价值或价值理念，理念和价值的含义的确非常相近，但我们仍然可以在一定程度上对其分别而论，其认为法律的理念应该是高于价值的一个上位概念，可以界定为“某类价值的终极指向”。㉘ 李昌麒先生主编的《经济法价值理念研究》一书对经济法的理念和价值之间的关系作了进一步的考证。该书认为“经济法理念”在法哲学意义上，应当是一个最高层次的范畴，它具有本体论、认识论、方法论和价值论层面上的含义。而“经济法价值”则仅仅属于经济法价值论中的基本概念，所指的是以经济法与人的关系作为基础的，经济法对于人所具有的意义，它是经济法对于人的需要的满足，是人关于经济法的绝对超越指向。在该书作者看来，经济法理念不仅对

㉕ 李长健：《论和谐社会与经济法理念的平衡协调——以利益为分析起点》，载吴志攀主编：《经济法学家》，北京大学出版社 2006 年版，第 38—39 页。

㉖ 魏豪：《科学发展观与经济法价值理念的更新》，福州大学硕士学位论文，2006 年，第 12—13 页。

㉗ 漆多俊：《经济法价值、理念与原则》，载漆多俊主编：《经济法论丛》第 2 卷，中国方正出版社 1999 年版，第 67—92 页。

㉘ 参见江帆：《经济法的价值理念和基本原则》，载《现代法学》2005 年第 5 期。

经济法价值具有统摄和引领功能,而且其内涵比经济法价值要更为丰富。[29]

面对着不同的观点和见解,我们似乎步入了令人眼花缭乱的奥拉星幻影迷宫。尽管其扑朔迷离,但仍有解开谜底之必要。因为“哲学乃时代思维的火花”,而理念的淬励和价值的发掘均需要现实性的结构剖析。如果仔细推敲,我们还是完全可以登堂入室、窥其堂奥的。

首先,就同质说(或不加区分说)而言,笔者认为并非将价值和理念等同使用的学者论证就一定认定二者没有区别,而是认为难以区分或无必要加以区分,从而有意对其模糊处理,甚至或许就是一种无意识的习惯性的措辞表述,其内心可能并没认真地推敲和思考二者之间的关系。由于学术研究毕竟处于刚刚起步阶段,而上述文章探究的主旨也并非是价值与理念二者之间的关系,因此,对于这种模糊处理,情有可原,不宜过于苛求。但是如果从科学严谨的立场来看,这种做法不宜提倡。随着研究的不断深入,目前将二者混同运用的已经开始减少,越来越多的学者开始将二者加以区分,故对此不作过多讨论。

接下来我们分析主客观说。持主客观说的学者目前并不多。在人们将价值与理念普遍等同的年代,漆多俊先生就很敏锐地发现了问题的所在,并极为准确地把握住了事物价值和理念之间的本质差异,启迪我们更深层去关注和思考二者之间的关系,其睿智和用心不容否认。但漆多俊先生对法的价值的理解也有其偏颇之处。因为价值绝非就是一个单纯的客观存在,其必然是一个主客观的有机统一,对事物价值的评判本身就应该属于价值论的范畴,人为地割裂二者之间的关系,似不可取,也难以让人信服和接受。对此,后文将作进一步的分析,在此不多论。

应该说,关联说是目前最有说服力的一种学说。价值虽然是一种客观存在,具有其客观属性,但价值也有其指引的功能,价值是否实现及实现程度等均离不开人的主观评判,因此其主观性的色彩也浓厚,而理念本身就是一种理性的观念,它既是人们对某一事物内在品质或内在规定性的高度抽象的概括和归纳,也是对事物应然状态与理想境界的一种信仰和追求,它反映着人们的一种好恶及善恶判断乃至追求。因此,无论价值还是理念都是人的一种主观需要,都具有主观属性,在这种意义上二者是相通的。价值,尤其是价值追求和价值目标等,往往就是人的理念的一种反映。但价值除具有一定的主观色彩外,还有其客观性,它并非一种单纯的主观产物,而是一种客观存在。

---

[29] 参见李昌麒主编:《经济法理念研究》,法律出版社2009年版,第24—25页。

而且单就主观评判而言,法的理念与法的价值并非是一个同一层面的概念,理念应该高于价值,只有在正确理念的指引下,法的价值才能得以充分释放。至于价值是否包容于理念之中,则需要进一步考证。

四、经济法理念的内涵与基本构成

(一)经济法理念之界定

经济法理念的界定离不开对“理念”本身的理解。目前学界普遍认为,“理念”是日本人在引进西方学术、文化、制度时由德语 Idee 翻译而来,意指观念或思想等。但在现代汉语中,已不局限于一般的“观念”“思想”等,更指一般、基本的观念、思想和追求。[30] 所谓“理念”,是指一种理想的、永恒的、精神性的普遍范型[31],它是从纯文化、纯精神的角度对事物本质所作的高度抽象和概括,是一种高度抽象的理性的认知或观念。

关于经济法的理念的界定,有以下几种具有代表性的表述。史际春、李青山认为:“经济法的理念是人们对经济法的应然规定性的理性的、基本的认识和追求,是经济法及其适用的最高原理。”[32]漆多俊教授根据理念引申含义,将理念界定为理想和信念,认为经济法的理念就是人们对于经济法的某种理想的目标模式及其实现的基本途径和方式的一种信仰、期待和追求。[33]李昌麒教授对经济法理念所作的界定为“现代国家在依法适度干预经济的过程中,人们通过理性认知能力所把握到的这种国家干预经济的基本法律形式——经济法的内在精神和普遍范型”。[34]

从上述有代表性的观点来看,对经济法理念的理解,学界并没有遭遇太大的困难,也没有激烈的争论。大家对经济法理念的表达方式尽管不同,但对其本质的把握则趋同,均强调其精神性(如理性认识、内在精神、信仰、期待与追求)、主观性(如应然规定性、目标模式)和高度概括性(最高原理、普遍范式)等特点。因此,“表述的差异并没有从实质上损害对理念内涵的基本

---

[30] 《现代汉语规范词典》,外语教学与研究出版社、语文出版社2004年版,第208页。

[31] 《中国大百科全书. 哲学》第1卷,中国大百科全书出版社1987年版,第465页。

[32] 史际春、李青山:《论经济法的理念》,载《华东政法学院学报》2003年第2期。

[33] 漆多俊:《经济法价值、理念与原则》,载漆多俊主编:《经济法论丛》第2卷,中国方正出版社1999年版,第67—92页。

[34] 李昌麒主编:《经济法理念研究》,法律出版社2009年版,第22页。

把握”。[35] 相比较而言,李昌麒先生对经济法理念的界定更有高度些,也更为全面。李昌麒先生主编的《经济法理念研究》一书将经济法理念提升到经济法的“内在精神和普遍范式”的高度,并补充道:“在经济法的制定和实施过程中,其内在精神成为人们为自己的经济法实践活动所确立的最高价值目标,其普遍范型成为人们指导自身经济法活动的基本原则”,同时该书认为经济法理念“具有本体论、价值论和方法论等不同层面的意蕴”,“它涵盖了经济法的本质、本源、运行、本位、精神、目的、价值、方法等多个要素”。[36] 但是,内容过于丰富之后,其高度抽象性的品质也有可能遭到伤害,这在一定程度上可能会带来新的不可知论,即会产生不知其究竟为何的困惑[37],本人认为可以从内涵上对内在精神进行进一步的界定,对此,笔者将在后文中再作进一步的分析。

“如无必要,勿增实体”,或许威廉·奥卡姆是对的。概念本身在某种意义上看就是人类自我制造的累赘或麻烦。对于一个难以言说高度抽象的之物下定义更是如此。但学科的发展确实需要一些能够为多人接受的较为准确的概念界定。显然,经济法理念并非属于“奥卡姆剃刀”所主张剃出掉的概念范畴。由此看来,经济法理念概念的提炼仍是一个未竟的工作,仍需要不断地锻打、回炉与淬励。

(二)经济法单一理念与多元理念之争

如果说学界在经济法概念的理解上只是表述上的差异尚无实质性分歧,即“料”已在,剩下的只是进一步雕琢和打磨进而向“器”转化之问题的话,那么在经济法理念究竟由哪些要素构成,或者说哪些观念可以上升到经济法理念的高度这一问题上遭遇的困难则要大得多。目前在经济法理念的研究上存在的是“一元论”“二元论”与“多元论”并存的局面。这一局面的产生与没有厘清理念层次的构造及关注此问题的人过少有关,这一问题的存在也直接反映出我们现阶段在经济法理念问题研究深度上的欠缺与不足。为推动经

---

[35] 金励:《论经济法模型世界的构筑—对经济法理念研究的历程回顾与评价》,载《现代法学》2009 年第 4 期。

[36] 同上注。

[37] 一方面,“内在精神”和“普遍范式”本身就过于抽象,不易把握;另一方面,如果经济法理念具有本体论、方法论、认识论和价值论等不同层面的意蕴,那么它究竟是什么?会不会成为随时随地任人装扮或解释之物?既然说它涵盖了经济法的本质、本源、运行、本位、精神、目的、价值、方法等多个要素,那么其岂不成了无所不包的之物?总之,这样的定义多少有循环定义和内涵不确定之嫌。

济法理念研究的深化，有必要对此加以介绍和研讨。

1. 一元论。史际春教授认为经济法的理念是经济社会化条件下的实质公平正义，其核心内容是社会整体利益的实现，在经济社会化条件的实质公平正义下，经济自由、经济效益、经济秩序（包括经济安全）等都是其不完全的表现形式。[38] 显然，在史教授看来，实质公平正义才属于经济法的理念，经济自由、经济效益等仅是其表现形式。顾功耘教授将经济法的核心理念定位社会整体利益观，认为"经济法之所以称为经济法，就是因为经济法是站在社会整体利益的高度，平衡和协调各种经济利益主体在市场竞争中造成的不平衡与不协调的利益关系"。[39] 除此之外，还有马跃进、李彦芳的经济法的协调理念观[40]等。

2. 二元论。二元理念论的代表是朱大旗教授的平衡协调和社会本位论。朱大旗认为，经济法理念所融合于其中的因素是经济法理论中最深层次的固有本质，如果从经济法产生与发展的整个历史脉络加以考察，就应该将经济法理念定位于平衡协调与社会本位这两个方面，它们相辅相成，相互融通，是贯穿于经济法理论与实践中的灵魂所在。[41]

3. 多元理念论。程信和教授是较早谈及经济法理念的学者。早在2001年他就和李挚萍共同撰文指出，"经济法经过一个世纪的发展已经形成具有自己特色的一系列基本理念，如实质公平、社会整体利益、国家适度干预、经济安全等"，并主张随着社会的进步和现实的需要，及时更新经济法理念，将科学发展观作为其基本理念。[42] 单飞跃指出并分析了经济法的自由理念、发展理念和安全理念，认为经济法的公平理念包括规则公平、信息公平和分配公平，发展理念包含持续发展、公平发展和持续发展。[43] 徐孟洲、徐阳光提出了"以人为本""平衡协调"和社会责任本位的经济法理念。[44] 昝淑珍将社会

---

[38] 参见史际春、李青山：《论经济法的理念》，载《华东政法学院学报》2003年第2期。

[39] 顾功耘：《略论经济法的理念、价值与基本原则》，载《法学》2007年第3期。

[40] 参见马跃进、李彦芳：《协调——科学发展观的精神，经济法的理念》，载《山西大学学报》2005年第1期。

[41] 参见朱大旗、邱潮斌：《经济法理念下的科学发展观》，载《河南政法干部管理学院学报》，2005年第1期。

[42] 参见程信和、李挚萍：《可持续发展——经济法理念的更新和制度的创新》，载《学术研究》2001年第2期。

[43] 单飞跃：《经济法的法治理念探索》，载李昌麒主编：《中国经济法治的反思与前瞻》，法律出版社2001年版，第150—169页。

[44] 参见徐孟洲、徐阳光：《论财政转移支付立法理念与制度设计——对制定〈中华人民共和国财政转移支付法〉的若干意见》，载《江西财经大学学报》2005年第1期。

整体利益、政府有限干预、经济发展和经济安全作为经济法的理念。[45] 李昌麒先生则认为，人本主义、实质正义、社会本位、可持续发展和适度干预五项理念构成一个从价值论、认识论到方法论的理念结构体系。[46] 此外，还有人将经济法理念细分为实体法理念和程序法理念[47]，也有人主张在经济法的基本理念之下还有部门经济法的理念。

综上所述，在经济法理念的具体内涵上目前可谓众说纷纭，见仁见智，莫衷一是。在此值得深思的是，究竟什么原因造成了这一局面的产生？笔者认为，导致这一混乱现象产生的原因在于对经济法理念所应具有的固有本质属性的不同理解和把握。尽管大家都认为，经济法的理念应该是对经济法应然规定性的高度概括和提炼，应该反映经济法的内在精神和普遍范式，是经济法的最高原理，但哪些观念才能够具有这样一种属性，才能达到经济法理念的高度则缺乏一个共识性的认识。如不少学者将"社会本位"视为经济法的理念，但也有人质疑其科学性，认为"法律本位……绝对不能上升到理念的高度"。[48]

的确，在世界上能够称之为观念者很多，但能够上升为理念高度者恐怕极为有限，也只有那些人类理性所能够认知的最能揭示和反映事物本质且具有普遍性指导意义和统领作用者方具备上升为理念的条件和必要。申言之，我们可以形成经济法所独有的具有自己特色的观念很多，仅价值观就有很多，譬如自由观、秩序观、发展观、公平观、安全观、效率观、人权观等等不一而足，为什么我们仅挑选其中的一部分说是经济法的理念，而其他的就不是了呢？我们筛选的依据和标准是什么？既然对此多语焉不详，那就不能不令人存疑。再如，我们既可以将"平衡协调""适当干预"，甚至"权责相当"等作为经济法的理念，因为它们属于主观理性范畴，而且确实非常重要，当然也可以将其看作经济法的原则，因为原则同样对立法和司法实践具有指导作用和引领功能。为什么我们非要说它们是理念而不是一般的原则？如果我们认为它们确实应该作为经济法理念而存在的话，我们就需要更加充分地论证其已经具备了作为理念而存在的基本特质和条件。否则，也同样难以服人。就像

---

[45] 参见昝淑珍：《论经济法理念缺失与对策》，载《政治与法律》2003 年第 5 期。

[46] 详见李昌麒：《经济法理念研究》，法律出版社 2009 年版，第 6—7 页，以及第 4—8 章。

[47] 参加单飞跃、罗小勇：《经济法程序理念论》，载《湖南大学学报》（社会科学版）2003 年第 4 期。

[48] 朱卿、吴志刚：《新论经济法理念》，载《哈尔滨学院学报》2006 年第 12 期，转引自金励：《论经济法模型世界的构筑——对经济法理念研究的历程回顾与评价》，载《现代法学》2009 年第 4 期。

我们都知道“罪刑法定”在刑法中地位非同一般,但我们很少见到刑法理论中有将上升到理念的高度的。[49] 基于此,笔者的倾向性看法是:经济法理念应该是经济法内在应然规定性的最集中的体现,固然需要全面,但不能过于宽泛,其应具有内在性、宏观性和应然性这三个基本特质。

真理永远是相对的,基于自己的学识,笔者无意也无力在此对各种学说进行是非评判,但经济法理念并非普罗休斯的脸变幻莫测、无法把握。我个人认为,一元说和多元说并非问题的关键所在,我们之所以难以达成共识,其根源在于我们对经济法理念本质的揭示或者论证尚不够深刻或严密。这既表明我们尚有进一步努力的空间,也表明我们应该进一步明确下一步努力的方向。

(三) 经济法理念的层次性问题

在探讨了经济法理念的单一性与复合性之后,接下来有必要探讨的一个问题是经济法理念的层次性问题。有学者认为经济法理念具有上下位之分,“上位的法理念统领下位的法理念,下位的法理念是上位法理念的表现形式或组成部分,为实现上位法理念服务”[50];也有学者主张经济法理念之下还可细分实体性理念和程序性理念。笔者认为,这里的关键问题是要分清楚经济法理念和经济法具体制度理念二者之间的关系。经济法理念是经济法最高层次的理念,它体现经济法的精神和灵魂,贯穿于整个经济法法律部门,是一种高度抽象的法意识,具有宏观性和普遍性,它不同于具体经济法律制度的理念。而不同的经济法法律部门如竞争法律它也可以有自己的理念,如公平竞争和自由竞争理念,这些理念对其所在经济法法律部门而言有统摄和指引作用,但不能说就其是经济法的理念,就像只有对所有部门法都有统摄与指引作用的才能称之为法理念,具体部门法的理念无法上升为一般意义上的法理念一样。所以,我不赞成经济法理念再分层次的这种似是而非的说法。当然,如果经济法理念不是单一而是多元的话,在经济法理念这一同质层面上,不同理念之间可能会有一种相互推演或递进的关系。对此,我们后文再作讨论。

---

[49] 虽然张明楷教授在其《刑法理念与刑法解释》一文中提到“罪刑法定主义”,认为它是拉德布鲁赫所言及的法理念三要素之一的“法的安定性”的一种表现,但该文重在阐释如何运用刑法理念来解释刑法,并非专门研究法理念的学术论文。从文章将刑法第 2 条关于刑法所规定的目的及第 3 条刑法的原则都认为是刑法理念的一种表述来看,我认为,作者在此并非在严格意义上使用刑法理念的概念。而且,作者也声明“在同等意义上使用‘刑法理念’与‘正义理念’”。因此,单从此文尚不能认定作者已经将罪刑法定提升为一种刑法理念(参见张明楷:《刑法理念与刑法解释》,载《法学杂志》2004 年第 4 期)。

[50] 史际春、李青山:《论经济法的理念》,载《华东政法学院学报》2003 年第 2 期。

(四)经济法理念的稳定性与变迁性

经济法理念的稳定性和变迁性问题,也是我们研习经济法理念时需要把握的一个问题,因为"理念更新"已经成了一个非常时髦的话题,但如何理解和看待理念更新,恐怕并不是一个简单的问题。

变革是当今社会的核心话题。我们所处的社会每时每刻都在发生着变化,生产力的发展引起的剧烈的生产关系的变动,必然会引起利益关系的调整和变化,从而会催生人们思想观念的变革。当既有的法律理念不能够很好地指引立法和司法实践时,新的法律理念就会产生,并带来法律的变革。"正义"这一法律永恒的理念在不同的时代都会有着不同的内涵(经济法本身就人类法律理念变革的产物),而任何部门法的理念也会随着时代的进步而不断地进行调适。"刑罚谦抑"作为刑法的一个理念被学界所倡导在中国也是新近发生的事情,其出现就是基于人们对"严刑峻法"不当后果反思之后所作出的一种调整;私权至上等民商法理念虽然在本质上没有太大的变化,但它们也随着社会的发展而被不断地注入历史的新元素。同样是干预经济的经济法,也经历了传统经济法到现代经济法的嬗变。发生于20世纪60年代的一系列主客观因素的变化,迫使人们对国家干预进行更加理性的反思,导致人们对经济法应然性的理性认识发生"裂变",一种对经济法的全新的认识、立场和追求的逐步凸显,使传统意义上经济法脱胎换骨迈入了一个崭新的时代。[51] 因此,我们需要以历史的、发展的眼光看待经济法理念问题,而不能抱残守缺、因循守旧。

然而,我们也必须认识到作为一种理性观念的产物,法理念的形成并被社会接受和认可却是一个漫长的过程,且在一段时期内应保持的相对稳定。契约自由、私权神圣、意思自治、身份平等等近现代民商法理念及"权利保障""公权制约"等宪法理念的生成都是法治社会实践积累的结果,虽然其内涵也会随着时代的变迁而有所调整,但其精神内核并无本质变化。其原因在于,一方面理念之所以能够为社会认可和接受是因为其与社会主流的价值判断及真实需求相洽互适;另一方面,法理念对法治实践所具有的引领作用也要求其必须保持相对的稳定性,否则变动不居的法律理念只会导致立法和司法实践的无所适从。此所谓:"律虽动,念恒在。"尤其需要警惕的是,越是社会转型期,人们越是习惯于高举"观念变革"和"理念更新"的大旗,本来应该

---

[51] 关于经济法理念变革的历史可以参阅李昌麒主编的《经济法理念研究》第三章"经济法理念的时代性"。

予以合理评价或理性对待的理念(如个人自由等)也可能在理念更新的巨大声浪中被湮灭。频繁的“理念更新”虽然有利于任何历史转型期的“破旧”,但却无助于“立新”,更有损于“维旧”,其结果只会导致对法律制度的任意解构,激发人们对现行法律秩序的强烈的怀疑态度和对法律规则的不信任感,这无疑是法律人的悲剧。因此,经济法理念作为经济法的精神品格同样需要一定的稳定,切忌超乎时代的标新立异。

总之,作为主观的法律理念的更新是社会变革的结果,只有社会变迁才是经济法理念变迁的原动力。法律理念应该随着时代的变迁而进行适时的调整,但我们不能将法律内容的每次变动都视作“脱胎换骨”的表现,更不能超越历史地盲目追求理念的变革或更新,这是我们认识问题应有的出发点。经济法理念需要也只能在一个稳定—变迁—再稳定—再变迁的互动过程中不断得到修正和完善的。

(五) 经济法理念的构成

尽管目前对经济法理念的构成上尚无共识,难以下定论,一元论和二元论甚或多元论都有其各自合理和可取之处,但我们还是无法回避经济法理念究竟应该由哪些构成这一基本问题。

基于前面的分析,笔者认为经济法理念应是人们对经济法的应然规定性的理性的、基本的认识和追求,是经济法内在精神的体现和反映,是指导经济法活动的最高原理,具有宏观性、内在的稳定性和普遍存在性。依照本人对经济法理念的上述理解,我认为对经济法理念的解读不能单一化和狭隘化,应该尽可能地发掘和丰富其内涵,但能够作为最基本理念或称之为元理念的是“实质正义理念”及“社会本位理念”。当然随着时代的发展,以人为本、可持续发展、适当干预等也可以成为经济法的理念,但这些理念都属于经济法两大基本理念的派生或推演产物。[52]

首先,之所以说实质正义可以作为经济法的基本理念,是因为它是经济

---

[52] 纵览当前的学术成果,笔者认为,对经济法理念及其要素分析最为全面和最为透彻的莫过于李昌麒先生的《经济法理念研究》一书。该书从认识论、价值论、方法论等层面为我们绘制了一幅经济法理念的景象图,并构建了以经济法的“人本主义理念”“实质正义理念”“社会本位理念”“可持续发展理念”和“适度干预理念”五位一体的经济法理念体系,克服了当前经济法理念研究较为单薄、阐释较为片面的不足,极大地丰富了经济法理念的学术内容,将经济法理念推上了一个新的认知高度,代表着当前学术研究的最高水准。鉴于该书对经济法上述理念已有较为深刻的分析和论述,本文就不再多作论述,而是力图提出点新的看法,以供大家探讨。有关人本主义理念、实质正义理念、社会本位理念、可持续发展理念和适度干预理念的内涵、演变及机能发挥等内容,建议大家参阅该书相关章节。

法的反思形式正义的必然结果，也是经济法的最终价值指向和追求，理应成为经济法治实践的最高指导原理。

由于主张形式正义的立法导向和司法结果，完全回避了主体人格现实经济地位的差异、忽视了法律规则凝固与滞后性问题，由此使法律实质上演变为保护社会强者的工具，在维护形式正义的同时也维护着某些实质上的非正义。为了摆脱法律形式主义的困境，相应的法律规则和制度开始迅速演变，但作为经济自由主义和法律形式主义代表的民商法无力突破个人本位的现代性困境，对于当代社会整体利益、公共秩序以及弱势群体的关注更是力不从心。正是为了克服形式正义的局限，经济法才得以产生，经济法可以说就是正义立场转变的制度体现。经济法自其诞生之日起，它就剥去了所谓的抽象人格和机会平等的华丽外衣，强调对消费者、劳动者、被限制自由竞争的经营者等弱势群体的具体人格保护，并通过实质公平、自由平等和理性秩序等价值的释放承担起了实现社会共同发展之重任，实现社会公正也成为经济法的最高价值指向和目标追求。因此，实质正义具有经济法理念的基本特质，它既是一种经济法内在精神的反映，也是一种对经济法理论和法治实践具有普遍指导意义的最高理论准则，自然是经济法的最高理念。

目前，越来越多的学者开始谈论人本主义，并将“人本主义”理念作为经济法理念，甚至视为经济法的“元理念”[53]。正如前面所分析的，经济法的理念不可能是固定不变的，应该随着时代的发展而发展。鉴于人本主义理念对中国当今经济立法和执法实践所具有的强大影响，笔者认为人本主义理念及其推演出的共生理念、和谐理念、发展理念等应该贯穿于经济法的价值取向、基本原则和各项制度之中，因此也已具备作为经济法理念的基本条件，不反对将其作为独立的经济法理念。但正如该学者自己所言，经济法的“人本主义”理念的要旨是“克服资本意志对人的异化和物化所导致的人的分化的理念”，“对治社会强势和弱势群体的分化，以维护和促进社会强势弱势群体的生存和发展”。[54] 就此而言，其只不过是经济法的“实质正义”的另一种表现形式，或者说是“实质正义”的派生性理念，尚难以上升到“元理念”的高度。

其次，社会本位之所以具有经济法理念的基本要义，是因为社会本位是经济法的基本立场和归宿。

社会本位是相对于个人本位、国家本位的一种法律本位观。法律本位能

---

[53] 李昌麒：《经济法理念研究》，法律出版社 2009 年版，第 86 页。
[54] 同上书，第 90—91 页。

否上升到理念的高度,关键取决于其对所指法律价值、原则及制度构建的影响程度。随着利益的分化,社会的整体功能日益增强,社会利益的凸显与社会本位理念的形成是经济法兴起的社会根源,经济法作为适应法律的社会化诉求而诞生的新型法律部门,天然地担负着全面确立和实现社会本位的法律功能和作用,同时作为一种区别于个人本位和国家本位的新型的基本法律理念,也决定着经济法的基本立场、发展走向和最终归宿,失去了这一立场的经济法将很难成为真正意义上的经济法,至少不是现代意义上的经济法。因此,将社会本位作为经济法的基本理念并不为过,也是经济法学界目前多数人的看法,其作为经济法核心理念的地位也固若磐石。

"国家适度干预"(包括"平衡协调")作为经济法的基本原则和指导思想,大家争议不大,但能否成为理念确有商讨的余地。笔者的看法是,随着国家干预经济活动的增多以及国家干预带来负面效应的增强,经济法必须致力于解决国家干预的方式、干预程度等问题,"适度干预"也是法治国家在对政府过度干预和不当干预付出沉痛代价进行理性反思的结果。将"国家适度干预"提升到理念的高度有助经济法学诸多深层次理论问题的解决,也有利于经济法治的健康发展,因此将其视为经济法的理念并无不可,甚至很有必要。但要说明的是,"国家适度干预"是"社会本位"和"实质正义"的实现手段或实现机制,也是二者的客观要求和必然逻辑,因此,即便作为经济法的理念存在也同样应该是一种推演出的派生的理念。

可持续发展理念是经济法回应现实需求的一种体现,它为国家干预提供了正当性依据,也确立了国家干预的基本走向,并与经济法的现代性相同,但应该看到的是可持续发展理念所蕴含的代际公平、人与自然和谐及持续性与整体性发展等思想与社会本位和实质正义理念是相吻合的,甚至可为其包容。可持续发展只不过是正义观和社会整体利益观的一种新发展,是否作为独立的理念还是作为隐含于人本主义和实质正义理念之下的一种指导思想,还可继续探讨。

鉴于以上分析,本人认为实质正义和社会本位是经济法的两个最为基本的理念,是经济法理念的核心构成部分,它们奠定了经济法的基本立场和发展方向,对经济法的价值、原则和具体制度发挥着统摄和指导作用。当然,经济法理念不可能一成不变。随着社会的不断发展及人们观念的不断更新,经济法的理念也在不断丰富和充实,适当干预、以人为本甚至可持续发展等观念将会不断凸显,并逐渐独立而成为经济法的新的理念,经济法理念将会随着时代的发展而更加丰富。

五、经济法的价值及其展开

价值的含义纷繁复杂,当有着多个样面的价值概念进入到法学领域时,法学研究者就会从不同的角度和立场认识、理解和解释法的价值,经济法学界也同样如此。[55] 从20世纪90年代以来,经济法的价值问题开始引起学界关注,大家开始从不同的角度对经济法的价值展开研究,并自觉不自觉地立足于经济法社会本位的基点上,探寻经济法价值的特色及应然的价值目标,形成了诸多有价值的学术观点和研究成果,深化并丰富了人们对经济法的理解和认识,同时也存在不少需要我们继续深入研究之处。

(一)经济法价值的理论言说

在我国经济法学界,对经济法价值的属性同样也存在着主观说和客观说等不同的学术认知。有的学者强调其客观性的一面,认为,"价值是事物客观具有的一种属性,是可供人们利用的性能、功能",是一种客观存在,并据此与法的理念等相区分[56];而有的学者则突出其主观性,即"所谓经济法价值就是社会全体成员为了满足其需要,希望经济法应当具有的基本的形状和属性",并强调"经济法的效率目标是主观的、直接的,其他法律部门的效率目标是客观的、间接的"[57]。也有学者认识到经济法的价值的主观性和客观性的存在,但却将二者割裂,如将经济法的价值区分为"内在价值"和"外在价值"(也称

---

[55] 有学者对我国80年代后的诸多法的价值定义梳理后,就将其分为作用论、关系论、意义论和认识评价论四类。其中,作用论者强调法对人的作用、意义和效用,关系论者将法的价值界定为一定主体的需要和法的属性、功能之间的关系,意义论者从法和法律现象对人的意义的角度来定义法的价值,认识评价论者则将法的价值看做是主体对法的认同和评价。参见周世中、黄竹胜:《法的价值及其实现》,广西师范大学出版社1998年版,第10页及以下;转引自穆虹:《经济法价值研究》,山东大学出版社2009年版,第9页。

[56] 漆多俊:《经济法价值、理论与原则》,载漆多俊主编:《经济法论丛》第2卷,中国方正出版社1999年版,第67—68页。

[57] 郑鹏程:《经济法机制论纲》,载李昌麒主编:《中国经济法治的反思与前瞻》,法律出版社2001年版,第359—366页。

“主观评价价值”和“客观功用价值”)[58];还有学者将经济法的价值从目的与工具的角度加以区分,将经济法价值分为目的性价值和工具性价值,并认为目的性价值居于主导地位,反映经济法所追求的社会目的与理想;工具性价值是经济法为实现其目的性价值(法的理想)应具备的基本属性或共性价值,居于从属地位。[59] 显然,目前在经济法价值的属性问题上尚无共识可言。然而,关于法的价值的理解以及对其属性的认知会直接影响到研究经济法价值的学术定位,只有全面理解和准确把握经济法的价值内涵,才能充分发掘经济法价值的学术内涵,因此,有必要加以分析和探讨。

通常认为,事物的价值就是作为客体的事物对作为主体的人所具有的意义,一个不能满足人的需要、对人毫无意义之物,是无价值可言的。法的价值同样应当具有作为价值所应具有的这一基本特质,它必须是一种客观存在,而不可能是虚无、纯粹主观的产物。撇开经济法的现实价值,空洞、抽象地谈论经济法的应然价值,对经济法学的发展是百害而无一益的。那种看不到法的价值客观存在这一面而仅强调价值对法的主观能动作用的主张是不可取的。[60] 然而,我们对经济法的价值的理解也不能仅仅停留在客观效用或功能这一简单的层面。

笔者之所以不主张把经济法的价值简单地定位于经济法对人的实际效用、功能或作用,首先是因为这样的定位本身就是对经济法价值的一种价值意义的贬损。很显然,如果法的价值仅是指法的作用、效用、功能而没有其特

---

[58] 张守文教授从内在价值和外在价值两个方面分析经济法的价值,提出了著名的经济法价值的二元结构理论。其中,经济法的内在价值又称客观功能价值,是指“经济法作为一种部分,其自身所具有的内在功能,它体现的是经济法的有用性和使用价值”;经济法的外在价值又称主观评价价值,是指“社会公众或研究者所认同或期望的经济法具有或应当具有的价值”。参见张守文:《经济法理论重构》,人民出版社2004年版,第292页。此外,张守文教授的这一观点为穆虹的《经济法价值研究》吸收并作了进一步的展开,详见穆虹:《经济法价值研究》,山东大学出版社2009年版。

[59] 吕忠梅教授将经济法的价值目标体系分为工具性价值和目的性价值两个层次,工具性价值包括结果公平、经济安全和体制效率;目的性价值包含可持续发展。参见吕忠梅、陈虹:《论经济法的工具性价值和目的性价值》,载《法商研究》2000年第6期。

[60] 对此学界已有所警觉和认识。李昌麒先生曾一针见血地指出:“经济法的理论,不能建立在理想化的基础上,它首先必须立足于已经颁布的法律和法规之上,既包括现行的,也包括废止的……”参见李昌麒主编:《经济法学》,中国政法大学出版社2002年版,第12页;漆多俊先生也强调:“对法律的认识、研究和探讨不能回避价值问题,而对法律价值问题的探讨,必须从动态的历史和社会的角度出发。……首先需要考察业已存在的众多实在经济法规范,揭示其内部性特征以及它和其他部门法律的区别与联系;其次,需要考察产生和推动了实在经济法发展的那些外部性基础和人们对实在经济法的评价,揭示其存在的合理性,以及变迁发展的规律、方向、形式和途径。”

定的内涵在其中,法的价值本身就很难有存在的价值。任何法律术语的创造和使用总有其特定的语境、内涵和意义。如果法的价值就是指法对人的有用性或称功效、功能或作用,那么一个令人困惑不解的问题便会产生:在法的作用、功能已经是法学上确定的、被普遍认可的概念的情况下,我们还有什么必要画蛇添足地设定一个新的"法的价值"的概念来将其取代?如果真的是这样,"法的价值"岂不成了可有可无的概念累赘?至于法的效用,无非是法的功能与作用的另一种表述罢了,用"法的价值"来指法的效用,同样没有必要。显然,我们在创制"法的价值"这一概念时肯定另有所指或有其他的意蕴在其中。在法的价值被社会广泛接受和普遍适用的情况下,我们再对法的价值作过于简单化的处理,只能贬损经济法的价值本身的存在价值。

笔者之所以不赞成将经济法的价值仅仅视为一种客观存在而忽略其主观属性的另一个原因是因为这种主张与事实并不真正相符。我们通常认为,价值都是相对于主体需要而言的满足。"没有主体的需要、不能满足主体的需要"就无所谓价值,对人的需要的满足是法的价值的最基本的内容,而对主体需要的满足只能是客观的。这样的认识不能为错,事物的价值确实不以人的意志为转移,无论我们是否发现、是否承认,其都会客观地存在。但价值的这种存在与发掘离不开人的主观活动。因为人的需要本身既可能是一种客观需求,但也可能是一种主观感受,比如多余的需要或虚假的需要等。[61] 至于人的需要是否得到了满足,得到了多大程度的满足,更是一种主观感受。此外,我们还应当看到,主体对于客体的能动状况并不是完全一样,它与客体的性质是密切相关的。客体为自然物(人类未施加影响的自然物)的,其价值是由其属性所决定的,而不是主体所能赋予的,但客体若为人为物(包括人改造的自然物)的,则情形可能完全不同。客体的价值要么是客体出现后人为赋予的,如农作物的种子;要么是由人事先赋予和确定的。譬如,当我们建造房屋时事先就赋予了房屋的安全、美观、舒适等价值使命。再譬如,纸币本身几无价值,取代金银作为货币之初也只是为了衡量价值之用,这种价值实际上也是人所赋予的,特别是在其成为货币之后便因国家之力具有了稀缺性,形成了令人瞠目的独立价值,这种价值实际上是人增进"寻求意义,并在任何具体形式中赋予或增进价值意义,是人类内心最深沉的呼唤。"法是人

---

[61] 我们通常会产生一种购置某物的冲动,但事后却发现根本无此需要。而且需要与不需要往往是因人而异。我们自己所需要的很可能并非他人所需;安定的工作是一种需要,但有的人就喜欢新的环境和挑战,到处寻求工作流动的机会和可能。显然,需要与不需要在某种程度上就和主观感受相关联。

的创造物,人在创制法的时候,也就赋予或确定了它应有的价值使命;法的状况、法的价值状况及法的价值得以增进和释放的程度都与人的主观努力与企求有着极大的关系。对此我们不能视而不见。

笔者之所以不认同"经济法的价值就是经济法对人的效用或功能体现"这一观点的另一个更为主要的原因,是因为提供法的应然目标本应是经济法价值最为深层次的内涵。法对于人的需要的满足的首要表现是提供规则供给,即将人的需求法律化,使之具有合法的、为法律所保护的性质,也可称之为制度层面的法律化;其次,是保证法的实效性,即将已经法律制度化了的人的需要现实化为法律的现实,也可称之为社会生活意义上的法律化。这可以说是法的效用的直接体现,但这种对人的需要的满足就法对于人的意义而言,无论如何是低层级的,而法的价值更为深刻的意蕴和意义在于它是"人对法的绝对超越指向"。对此,卓泽渊教授有着精辟的阐释,他指出:"法的价值是人关于法的绝对超越指向","'指向'是指法的价值具有目标、导向的含义。'绝对'是指法的价值具有永远的、不断递进的,而又无可彻底到达其极致的性质。"[62]我们同样认为,法的价值不仅指向法的实然状态更应指向法的应然状态,它应当高于法和法的价值的现实状况。正是法的价值所具有的这种"绝对超越指向"的性质,使它包含了人类在法上的企求与愿望,并对于人类关于法的行为和思想产生了根本的指导价值,从而无比崇高与神圣。如果我们不理解法的价值所包含的"绝对超越指向"之意蕴,就无法理解历代圣哲、先贤、清官为什么能为法的实现死而无怨、死而无憾,同样无法理解为什么许多受到法的制裁的人还会感觉罪有应得、认罪伏法,甚至很欣慰,并感激对其进行处罚的司法官员。前者为法而视死如归的这种献身精神并不仅是为了实现法,更是为着实现法的价值:自由、平等、人权、公平、正义,乃至整个人类的全面自由发展;后者的认罪伏法也同样是出自于对的法的价值的认同。

主观和客观统一已基本上成为学界的共识,沈宗灵先生认为法的价值包括不同含义:"第一,它是指法促进哪些价值;第二,指法本身有哪些价值;第三,在不同价值之间或同类价值之间发生冲突时,法根据什么标准来对它们进行评价。"[63]卓泽渊教授认为:法的价值是指"以人与法的关系为基础的,法对于人所具有的意义,它是经济法对人的需要的满足,是人关于经济法的绝

---

[62] 卓泽渊:《法的价值总论》,人民出版社 2001 年版,第 13 页。

[63] 沈宗灵:《法理学》,北京大学出版社 2001 年版,第 49 页。

对超越指向。”[64]我国经济法学界也有人认为：“法的价值是一个完整的范畴，其中的各个构成要素互为条件、紧密联系，不能将它们断然分开”，主张“法的价值应当从价值的主体、价值的客体和价值的主、客观要件之间的统一三个方面加以理解，全面把握其内涵。”[65]笔者认为，如同其他部门法的价值一样，经济法的价值同样应该是：“以人与经济法的关系为基础的，经济法对于人所具有的意义，它是经济法对人的需要的满足，是人关于经济法的绝对超越指向。”[66]它蕴含着如下两个层面的基本内涵：其一，经济法价值是以作为客体的经济法与作为主体的——“人”[67]之间的关系为基础的而产生的。当然，这种客体与主体的关系仅是经济法的价值存在的前提，而不是经济法价值的本身。其二，经济法价值的核心在于经济法对于人的意义，这种意义包括经济法对人需要的满足和人关于经济法的绝对超越指向两个层面。前者包括经济法基本规则的供给（即主体需求的法律化）和法的实效性的保证（即法律化的主体需求的在现实生活中的转化和落实——也即生活意义上的法律化）；后者则是应然价值对现实经济法的超越。

理解经济法价值的内涵，不仅有助于我们更好地挖潜经济法价值的学术意蕴，发挥经济法价值的引领功能，还有助于我们纠正过于注重经济法工具性价值的不良倾向。目前我国经济法学者提出的工具性价值与目的性价值以及客观功能价值和主观评价价值等二元结构，试图通过手段与目的、主观与客观等为标准，对经济法的价值进行分类，以进一步勾画经济法的价值体系图。应该说，这是理论研究上的创新和突破，也避免了单一的主客观价值的简单言说，其合理性不容否认。但把经济法的价值划分为目的性价值与工具性价值也有值得商榷之处。因为“各个价值本身的性质和内容并不是固定的，在不同的领域中，某一价值既可能是工具性的也可能是目的性，必须针对具体情况加以把握”[68]。事实上，在现实生活中我们是很难分清目的性价值和工具性价值之间关系的，我们也难以认同自由、秩序、安全、效率、公平乃至正义等价值仅仅具有工具的意义而不具有目的价值的之属性。更为重要的是在一种本来就“重目的而轻手段”的文化中，目的性价值和工具性价值的

---

[64] 卓泽渊：《法的价值总论》，人民出版社 2001 年版，第 26 页。

[65] 穆虹：《经济法价值研究》，山东大学出版社 2009 年版，第 9 页。

[66] 李昌麒主编：《经济法理念研究》，法律出版社 2009 年版，第 24 页。

[67] 在这里，作为经济法价值的主体的“人”应该是具有社会性的个人、群体、人的总体的统一而不仅指作为个体的人。

[68] 穆虹：《经济法价值研究》，山东大学出版社 2009 年版，第 14 页。

划分,更容易将“自由、公平、效率、安全、秩序”等价值目标沦为一种手段或工具,削弱经济法价值本来所应具有“超越绝对指向”的价值引领功能。经济法的内在价值与外在价值或者主观评价价值与客观功能价值的划分,虽然思路清晰,但它却在一定程度上割裂了价值主客观的统一性。因为“公平、自由、秩序、效率”等价值并非仅仅是“社会公众或研究者所认同的或所期望的经济具有或应当具有的价值”,相反,它们是不少现行经济法具体法律制度正在体现或释放的客观价值存在。

(二) 经济法价值的特殊性及其提炼

经济法的价值是经济法特质的体现,对于不同的部门法来说,对法的价值既会有不同的解释,也有不同的侧重和取舍。那么经济法的价值究竟具有哪些不同于传统之处?其特性何在?这是经济法学界在探究经济法价值问题时始终较为关注的问题,并形成了不同的学术观点。其中代表性的观点有:

(1) 社会公平论。该说认为经济法的价值是根植于经济法的调整对象及其功能的内在规定性。一般认为,经济法的主要调整范围是对经济的干预。而市场经济体制下市场由于与生俱来的市场失灵,政府便基于社会公平的理念对之加以干预。这表现在如对垄断的干预、提供公共物品、矫正外部性等问题上。总之,“效率经由市场,公平通过政府”。社会公平包含着竞争公平、分配公平和差别待遇三层涵义,但竞争公平和分配公平始终是首要的、优先的原则,差别待遇则仅仅是前者的必要补充和深化。不过应该注意的一点是,社会公平作为经济法的主导价值并非是唯一的价值,它不排斥其他价值的存在,但在多元价值冲突时,应以社会公平为优先选择的价值取向。[69]

(2) 社会整体效益论。该说认为,经济法规范的主要目的并不是为了获得个别的、局部的、短期的市场主体效益,其根本价值取向是社会整体效益。[70]

(3) 社会秩序论。该说认为经济法是以“秩序”为根本价值取向的法。这是因为:其一,经济法调整的社会经济关系的宏观性、立体性使经济法以“秩序”为根本价值取向,充分体现经济法具有宏观性和整体性的思想;其二,由于国家权力对私权的干预,使经济法的根本价值取向是秩序而不是效

---

[69] 参见鲁篱:《经济法价值初论》,载《现代法学》1994年第4期。

[70] 参见颜运秋:《论经济法的根本价值取向及其实现》,载《法商研究》1999年第4期。

益、公平、自由或安全;其三,经济法在调整社会经济关系中,侧重社会经济生活的形式结构,即权力与权利及权利与权利的组合,是其根本价值取向是秩序,而不是效益、公平、自由和安全。[71]

(4)追求效率并促进公平论。该说同样从市场失灵的起点出发,认为正是由于市场失灵国家才必须对经济运行加以协调,以实现国家的经济管理职能,这既是市场经济发展的要求,也是经济规律的要求。在国家对经济的干预中,各种经济政策的法律化便构成了经济法的重要内容。经济法的调整必须加强宏观调控和市场管理,同时还必须加强市场主体资格和社会保障方面的配套立法。从法律经济学的角度来讲,经济法既为"经济"之法,自然应有利于提高经济运行效率,降低生产成本和交易成本,防止市场失灵,总之必须有利于效率价值的实现。从法社会学的角度讲,经济法既是"法",同样应保障公平、正义、安全,保障社会公共利益和基本人权。因此,综合起来,经济法既应促进经济运行效率的提高,也应保障经济公平和社会公平。[72]

(5)社会公平和经济民主论。该说认为法律价值的确定,是受制于法律的界域及其内在调控机能的运作的。基于学界对经济法界域的普遍认知,认为社会公平和经济民主是经济法的两大价值。社会公平包括竞争公平、分配公平和正当的差别待遇。经济民主则是指在充分尊重经济自由基础上的多数决定,在经济法的界域上,主要强调的是经济决策的公众参与,包括有微观和宏观两个层面。[73]

(6)秩序、效率、公平、正义统一论。该说认为经济法具有经济性和社会性,而此显著特点是认识经济法价值取向的关键。经济法对秩序的追求表现在维护社会经济总体结构和运行秩序。对效率和公平的追求以社会性为特色,同时正义也是其所追求的价值。在这四个价值中,社会总体经济效率和社会总体经济公平是处于中心环节的。[74]

尽管上述主要观点之间还有一定的差异,但我们可以发现,大家有一个

---

[71] 参加李金泽、丁作提:《经济法定位理念的批判与超越》,载《法商研究》1998 年第 3 期。

[72] 参见张守文:《略论经济法的宗旨》,载《中外法学》1994 年第 4 期,第 31—34 页。还有学者认为,经济法在法体系中的调整任务涉及经济领域和经济生活,其内容是经济性的,其价值亦重在经济性;同时经济法是适应经济和市场社会化的迫切要求,为解决社会化引起的矛盾和冲突而应运而生的。所以经济法又是社会性之法,经济法的价值关注社会性。经济性和社会性是经济法价值的突出属性。社会整体效益兼顾社会总体公正就构成了经济法价值链的中心环节。参见赵成渝:"论经济法的新定位",载《湖南社会科学》2003 年第 4 期。

[73] 参见李昌麒、鲁篱:《中国经济法现代化的若干思考》载《法学研究》1999 年第 3 期,第 93—95 页。

[74] 参见漆多俊:《经济法基础理论》,武汉大学出版社 2000 年,第 151—158 页。

基本的共同点，就是经济法的价值内涵更加侧重或体现经济法的社会性。所有的观点都自觉不自觉地捕捉到经济法社会本位这一基点，强调社会整体的利益，一反民法个人主义的基调，凸显整体主义的价值观。

我们认为，经济法的价值特性应该从经济法自身的属性、经济法的利益定位以及经济法的发展历史、经济法的实然规定等多角度考察和提炼。也只有这样，方能对其给以更加准确和全面的理解。经济法是在解决市场失灵和政府失败这样一组特殊的社会问题的过程中产生和发展起来的。我们知道，市场失灵的受害者是社会，个体经济活动的自由放任使社会整体利益受损，社会正义不复存在，然而，政府应市场"干预需求"以法律手段对市场加以调节时，国家强制力的潜在受害者则是市场或者说同样是社会，政府强行矫正市场失灵，可能导致对市场自由的破坏，导致市场效率的减损，同样有违正义。因此社会正义和市场自由这一对矛盾体便促成了经济法诞生乃至发展的矛盾基础。也正是基于对社会正义目标的追求，经济法才承担起了确保自由的秩序和有秩序的自由，以及追求社会经济的公平、有序和可持续发展的重任，从而确立起不同于传统民商法和行政法的利益本位——即对社会整体经济利益的维护。经济法自其诞生之日起便对极端膨胀的个人自由观予以适当的限制，高举"实质公平""事实自由"等"实质正义"的大旗，通过反垄断法、消费者权益保护法、劳动法及财税法和社会保障法等法律对社会弱势群体给予倾斜性的保护，并针对政府干预过度带来的负面效果，及时对经济法的指导思想进行调整，包括向社会转让部分权能等。经济法的价值也在经济法自身的不断发展运动中得到增进。

基于以上的简要介绍和分析，我们认为，经济法的价值与其他部门法相比，综合起来具有社会性、经济性及时代性三个鲜明的特征。

首先，经济法价值凸显经济法的社会性内涵。经济法的社会本位性是经济法价值研究中不可缺少的一环。与传统民商法不同，经济法是以社会为本位的立法。经济法的社会本位性要求在经济法的价值实现过程中既要重视市场在追求个人利益中的作用，更要重视市场中的社会整体利益，保证社会利益的实现。经济法的社会本位属性要求经济法在追求市场效率的同时，也要注重保障社会的公平，实现社会效率和结果公平；经济法的社会本位性，要求经济法的运行能够提供其他法律所不能提供的社会产品，经济法价值追求不仅仅局限于现阶段，更要保持社会和经济的可持续发展。即要以社会作为主导性主体，更要侧重社会对经济法的需求，当然也不能完全无视国家和个体的利益。

其次,经济法价值和其他部门法相比,在注重其伦理性的同时,更加关注经济性。之所以说经济法的价值内涵更加体现经济性,不仅因为经济法能"增进社会总体收益,降低社会成本,从而使主体经济行为和结果更'经济'"[75],而且因为经济法价值的确认、经济法价值的实现方式以及经济法价值的实现结果都具有经济性。第一,经济法价值的确认必须符合市场基本经济规律的要求,满足市场效率追求;第二,经济法的实现方式必须注意国家干预经济措施采用的科学性和合理性,必须注意干预成本和干预后果,必须使国家干预符合比例原则;第三,经济法的实现结果应该与"提高社会整体福利、社会总体的经济效益和社会效益"这一经济法的目标相一致,因而具有经济性。[76]

最后,经济法的价值具有鲜明的时代性。经济法价值的属性与经济法本身的属性密不可分。经济法是具有强烈时代特色的现代法,经济法的价值是对传统法律价值时代发展的产物,其无论是对自由还是对正义的理解都包含时代的价值诉求,经济法所言及的自由绝对不是一般法意义上的自由,而是一种理性的或曰事实自由,经济法所谈的秩序也不是不要自由的秩序,而是自由中的秩序,经济法所维护的公平不是一般的形式意义上的公平,经济法所追求的发展不是局部的、短期的不可持续的发展而是全局的、长久的和可持续的发展。凡此种种,都表明了经济法价值及其追求的时代特色。

(三)经济法的价值体系及其构建中的误区

在经济法的研究过程中,越来越多的学者认识到,经济法价值的研究不应该成为既有法的价值序列的游戏排列或法的价值的大拼盘,价值研究应该反映经济法的客观属性和实际需求,必须体现出部门法的价值层次和体系,作到层次分层,使各个价值之间保持有机的联系。为此,大家围绕经济法价值体系的建构或者重构近年来形成了不少特色鲜明的学术成果。其中较为有代表性的观点,除我们前面已经提到过的工具性价值和目标性价值(有人也称目标价值和功用价值)二分说、内在功用性价值与外在评判价值二元结

[75] 张守文:《经济法理论重构》,人民出版社2004年版,第221页。
[76] 转引自穆虹:《经济法价值研究》,山东大学出版社2009年版,第16—17页。

构说之外,还有社会整体利益或效益主导价值说[77],公平价值主导或核心说[78],效率与公平中心环节说[79],自由与秩序基础价值说[80],以及存在价值、法权机制、资源价值、社会价值[81]和终极使用价值、主导使用价值、集合使用价值[82]和分两类使用价值四层次说[83]等各种各样的理论言说。显然,关于经济法价值体系的构建并没有朝我们预期的方向推进,经济法内部各种理论观点的争论并没有顺理成章地得以平息,反而在某种程度上被放大和加剧。[84] 问题是究竟什么原因导致我们经济法价值体系构建陷入了这一个困境? 透过经济法价值体系构建研究我们能不能得到一些有益的启示? 我想对这些问题的思考,或许比经济法价值体系本身的构建更有价值和意义。

首先,学术研究不是文字游戏。作为部门法的经济法的价值不可能脱离法的公平、秩序、自由、效率等法律基础性范畴而存在。我们的学术研究也是用来构建法治理论和指导法治理论实践的,我们研究的目的是为了引起学界乃至整个社会的共鸣,而不是将原本公共性的学术研究转化为私人性的"自言自语"和封闭中的"夜郎自大"。在法的价值已经有着特定的确切内涵的情况下,我们另辟蹊径,创新进取的勇气固然可嘉,但如果我们脱离法学公认的语言符号和逻辑规则,使用甚至创制充满歧义的新词汇,就会使我们有关

---

[77] 社会全体效益的最大化作为经济法的目标价值统领着经济法的功能价值,使公平、秩序、自由等法律的基本价值体现出经济法鲜明的特征。经济法对公平、秩序、自由的定位,无不围绕着实现社会全体利益最大化的目标展开。持类似观点的还有:认为经济法应以社会本位为其原则,将个体的个别行为放在整个经济运行和效率中考察和评价,从保证整个社会经济运行的总体利益和效益需要去分配权利义务,构筑行为模式,经济法的根本价值就是实现对社会经济运行总体利益和效益的保护。参见孔德周:《系统系统经济法论》,中国法制出版社 2005 年版,第 151—193 页;顾功耘:《略论经济法的理念、基本原则与和谐社会的构建》,载《法学》2007 年 3 期。

[78] "公平价值主导说"认为"公平才是经济法价值的首选"。参见陈云良:《转轨经济法学:西方范式与中国现实的抉择》,载《现代法学》2006 年第 3 期;鲁篱:《经济法价值初论》,载《现代法学》1994 年第 4 期。

[79] 该说认为经济法尽管也具有秩序、效率、公平、正义等价值,但其中心环节应是社会总体经济效益与社会总体经公平。参见漆多俊:《经济法基础理论》,武汉大学出版社 2002 年版,第 151—158 页。

[80] 参见邱本:《自由竞争与秩序调控》中国政法大学出版社 2001 年,第 339—363 页。

[81] 参见单飞跃:《经济法的法价值范畴研究》,载《现代法学》2000 年第 1 期。

[82] 如所谓主导使用价值、集合使用价值、分类使用价值或功能使用价值以及法权价值、资源价值、社会价值等等

[83] 参见聂河军、李凡:《经济法价值批判》,载《哈尔滨学院学报》2003 年第 1 期。

[84] 参见韩桂君:《公平——经济法的终极关怀——质疑效益优先兼顾公平》,载《财经政法资讯》2007 年第 4 期;赵成渝:《论经济法价值的新定位》,载《湖南社会科学》2003 年第 4 期;刘光欢:《质疑经济法效益的价值取向》,载《当代法学论坛》2006 年第 2 期等。

经济法价值的研究起点无法统一，必然不可能形成认识上的共识，只会在一次次的误读、误解和无谓的争吵中浪费宝贵的理论资源，而且更为糟糕的是由于我们的研究成为在人为“真理性”标准的指导下的“自话自语”，反而有可能使我们的经济法与整个法学家族渐行渐远。因此，我认为经济法的价值就是法的一般价值在经济法领域内的特殊体现。只不过它们更多地注入了社会性和经济性的因素。基于此，我比较赞同漆多俊先生的观点，即“经济法是法系中的一个部门法，同一般法一样，它也具有秩序、效率、公平、正义等价值”，只不过更多地注入了社会性和经济性考量的因素，赋予特殊的内涵，而使在“秩序—效率—公平—正义”的价值链条中社会总体经济效率和社会总体经济公平这两个价值的中心价值地位得以凸显。[85]

其次，价值体系构建是一个客观的需求还是一个纯粹主观的抑或“人造”虚幻命题？经济法的价值是经济法这一事物本身的体现，经济法又是国家干预或调节经济生活的产物，政府与市场、国家与社会的关系构成了经济法的基本问题，当我们在为自由和秩序、效率和公平争得面红耳赤之际，大概我们忘了“正义(justice)没有比较级”的谚语，因为价值判断的复杂性使得人们往往无法作出唯一正确并能够获得共识的判断。更为重要的是，在现代社会“自由”和“秩序”已经相互交融、无法割裂。“秩序是以自由为轴心而形成，自由是在秩序的内部展开”的观念已经深入人心。效率与公平孰优孰劣、谁先谁后的问题也是因时因事因地而异。单就经济法中市场规制法而言，秩序和公平的问题很可能会压倒单纯的效率，反之，在宏观调控法领域，效率的问题绝对不应该视而不见。即便同一个部门法在不同的历史时期其所关注和解决问题的不同决定其价值取向也不应该相同，若想从众多的部门经济法中抽出一个放之四海而皆准的价值标准，并对不同的价值进行一个排列组成一个恒定的价值层级和结构，无异于天方夜谭，即便达成所谓的“共识”，也恐非真正意义上的有指导实践价值的“学术共识”。基于此，笔者的基本观点是，经济法的价值只能是在经济法实质正义和社会本位理念指导下的社会秩序、社会效率、社会公平和社会正义四位一体的和谐统一，无需也不可能再在其中分出伯仲高低。

最后，经济法价值论研究遗漏了什么？关于经济法价值体系乃至整个经济法价值论的研究都存在一个不良的倾向——实证分析和研究的缺失。纵观经济法价值体系的探讨，我们对某些问题的关注已经到了片面的程度，我

---

[85] 参见漆多俊:《经济法基础理论》，武汉大学出版社 2002 年版，第 151—158 页。

们热衷于从观念出发,将经济法价值的证成与逻辑论证过程庸俗化,缺乏实证的过于主观化的价值论研究,表现在要么是缺乏个性的"人云亦云"式的共性化表述(这也事实上基本成了价值论研究中的一个"共识现象"),要么就是缺乏学术规范的自我宣泄或宣扬,从而使学术研究无法进入经济法认识的最深层、无法触及经济法的操作层面,更无法发挥经济法价值研究应有的指导作用和学术价值。因此笔者认为,为防止经济法价值论研究因"主观性"而蜕化为一种"私人性",必须在价值研究的过程中引入实证法学的研究范式,这是价值论研究走出新的境界的必由之路。[86]

六、本文的结论

经济法的价值和理念是高度关联的问题,也是关系到经济法内在精神和原则确立及功能发挥的根本性问题,是经济法学必须认真对待的问题。所谓经济法的理念,就是指人们对经济法的应然规定性的理性的、基本的认识和追求,是经济法内在精神的体现和反映,是指导经济法活动的最高原理,对经济法的价值、原则及指导思想等具有决定性作用,是经济法诸范畴中最上位的概念,是经济法的灵魂。我们认为,实质正义和社会本位是经济法最为核心的理念,但经济法的理念具有鲜明的时代性特点,其内涵将随着时代的而发展而不断地得到丰富,以人为本、适当干预、可持续发展都因时代的变迁而在经济法理念中逐步得以确立,成为指引经济法发展的航标。经济法的价值是指以人与经济法的关系为基础的,经济法对于人所具有的意义,它是经济法对人的需要的满足,是人关于经济法的绝对超越指向,它具有主客观相统一的性质,必须全面、准确地理解经济法价值的内涵,而不能任意割裂。经济法价值具有一般法价值的基本内涵,但经济法的价值因经济法较强的社会法属性,使其在内容和侧重上与一般法的价值有明显的不同。其中社会性、经济性及时代性等构成了经济法价值的特殊内涵,因而经济法的价值更加注重对社会整体秩序、社会整体效率、社会整体公平(实质公平)和社会实质正义的维护和追求。经济法的价值就是在社会本位等理念的指引下,通过自由、秩序、效益、公平等价值的释放最终达致社会整体利益和社会实质正义目标的实现,上述价值互为关联统一服务于经济法的理念和宗旨,构成一个互为

---

[86] 关于经济法价值论研究范式缺憾和困境的分析,可参阅刘光华:《经济法的分析实证基础》,中国人民大学出版社 2008 年版,第 26—38 页。

关联、不可分割的有机整体。但要注意的是,经济法价值的研究不能演化为纯粹的价值论,要克服从观念到观念的纯主观说教的不良倾向,应注重实证研究和实证分析方法和研究范式的引入,因为价值论研究赖以存在的价值并非精神上的愉悦和享受,而在于对经济法治的指导和引领。

由于理念与价值是一个主观色彩极为浓厚的范畴,不仅内涵极其丰富,而且因大家考虑问题的角度乃至个人经历的不同,很难形成绝对的权威和完全一致的“共识”,争鸣难以避免。同时,囿于篇幅,本文仅摘取几个相关的问题加以探讨,系统性是严重欠缺的,而且很多地方是只提出了问题而没有给以明确的答案,更不用说全新的见解了,充其量只是在现有研究成果的基础上将问题提出,供大家进一步思考,我们期盼着经济法学理论研究的真正繁荣。

论经济法责任之独特性

——兼评“经济法独立责任论”

李国海[*]　卢伟[**]

经济法责任是指经济法主体侵犯经济法所保护的权利或违反经济法规定的义务所致的不利法律后果，即由于违反经济法所规定的第一性义务而引发的第二性义务。[①] 近十年来，随着对经济法作为一个独立部门法的共识的强化，经济法学界对经济法作为独立部门法的论证已鲜见了，但是对于经济法责任的独立性的研究却热度不减。[②] 经济法责任是否具有独立性，独立性在于何处以及如何凸显经济法责任的独立性，从而使得经济法责任成为独立于传统三大责任的责任体系，成为有关经济法责任研究的重点。其实，这是存有偏差的。本文在分析近些年来有关论证经济法责任独立性研究成果的基础上，旨在说明经济法责任独立性的不存在，对经济法责任的研究应该另辟路径，应跳脱独立性的迷思，更多地关注经济法责任的独特性。

一、经济法责任研究进路之反思

仔细考察近些年对于经济法独立性研究的成果，基于不同学者对经济法责任独立性的不同论证角度，可以把其归为以下几类：

一是为了经济法的独立性而论证经济法责任独立性。很多学者认为经济法独立性有赖于经济法责任的独立性，反过来，经济法责任独立于传统三

---

* 李国海，法学博士，中南大学法学院教授。

** 卢伟，中南大学法学院硕士研究生。

① 在国内法学界，关于法律责任的定义并不一致。此处定义系借鉴张文显教授的观点，即，法律责任系违反第一性义务导致的“第二性义务”。

② 笔者以经济法责任与独立作为主题词在中国知网上检索2003年至2012年的文献，共得出164条记录；而以同样的检索1992年至2002年的文献仅有3条记录，且这些文章都与经济法责任独立性相关性不高。

大责任系统,则可以论证出经济法作为单一部门法的独立性,因而为了论证经济法的独立性,就必须对经济法责任独立性予以证成。在国内经济法学界一直存在一股思潮,认为:经济法理论要不断走向成熟,就必须要有自己的责任理论,否则,就会影响经济法理论的进一步发展和成熟,导致经济法理论不能自足;也影响到整个法律责任体系的重构、完善,进而影响到社会主义法制建设。[③] 如果在经济法领域,仅仅援引传统法律部门的调整机制。简单适用民事责任、行政责任与刑事责任,没有独立的经济法责任,那么就很难在法律体系中建立起真正意义上的具有独立地位的经济法。[④] 经济法在发展过程中会不可避免地受到来自传统部门法的巨大阴抑和排拒,经济法责任在建构时,就须尽可能按照经济法自身的体系要求来进行,而不宜采取从传统的部门法责任里直接照搬、零取的做法。[⑤]

对于上述种种观点,有学者曾经一针见血地指出,我国经济法责任"求新""求异"的研究进路,是基于论证经济法独立性的需要而阐释和展开的,忽略了对传统法理学中"三大责任""四大责任"等分类方法的遵循和借鉴。[⑥] 很显然,上述研究进路是存在缺陷的。先有经济法独立性的预设立场,再来论证经济法责任的独立性,使经济法责任的研究落入了一种先入为主的功利性窠臼,其中的逻辑基础是不严密的,并没有把握问题的核心之所在。[⑦] 实际上经济法作为部门法的独立性并不依赖于经济法律责任的独立性。一国经济法成为独立法律部门取决于两个条件:一是该国政府事实上已负起经济调节职能,调节和影响国民经济结构和运行;二是该国经济法健全,重视并实际上依据和运用法律调节和管理经济。[⑧] 经济法是否具有独立的部门法地位,与经济法责任是否具有独立性并不存在必然的联系。

先有结论再加以论证的做法使我们不得不自我拷问:经济法需要有独立的责任形态是实践的需求,抑或是理论的必然,还是我们主观设置的命题?

---

③ 曹胜亮:《经济法责任的独立和独立的经济法责任》,华中师范大学硕士毕业论文,2005年第1页。

④ 焦富民:《论经济法责任制度的建构》,载《当代法学》,2004年第6期。

⑤ 莫智源:《浅议经济法责任独立存在的必要性》,载《江西财经大学学报》2003年第1期。

⑥ 李晓辉.:《经济法责任研究路径的反思与突破》,载《厦门大学学报(哲学社会科学版)》,2011年第2期。

⑦ 曾有学者对这种把是否具有独特的经济法责任作为论证经济法地位问题之先决条件的研究思路("责任—地位"思路)提出了坚决反对。参见张继恒:《经济任理论及其思维转向》,载《江西财经大学学报》,2011年第6期。

⑧ 参见漆多俊:《经济法基础理论》(第四版),法律出版社2008年版,第57—60页。

如果是我们主观设置的命题,我们又怎能保证这个命题就一定是真命题?[⑨]

二是认为经济法部门的独立性决定了经济法责任的独立性。有人认为经济法作为一个有着内在严密体系的部门法应当有其独立的法律责任。随着人们对其实现方式等的进一步探讨,经济法责任独立性会日益彰显。[⑩] 另有人认为经济法责任的独立在于其所属的部门法的独立性,即经济法责任的构成要件的独立,而不在于经济法责任的具体形式的独立。[⑪] 也有人直接指出应坚持以部门法性质为标准、承认经济法的独立部门法地位是建立独立经济法律责任的前提。[⑫] 有学者直接主张经济法律责任独立的法理依据在于经济法是一个独立的法律部门。[⑬] 只要承认经济法是一个独立的法律部门,就可以相应地推知,在经济法领域,法律责任也同样客观存在。[⑭]

部门法的独立性是否真的决定了与此对应的部门法律责任的独立性?这中间并没有必然的逻辑纽带。现在,人们已经公认环境法是一个独立的部门法,但环境法并没有独立的法律责任体系。而且,部门法的划分本身就不是纯客观的,它是一种主客观结合的产物,因而在实践中部门法之间融合交叉的现象层出不穷,我们也很难具体地描述出部门法之间的明确界限。[⑮] 事实上,法的部门与法律责任形式并不存在对应关系。[⑯] 如果再以部门法的独立性来确定部门法律责任的独立,只会在这条弯路上走得更远。

三是以经济法责任构成的特殊性、经济法制度理念与功能的不同以及经

---

⑨ 李曙光:《经济法词义解释与理论研究的重心》,载《政法论坛》,2005年第6期。

⑩ 金彤方:《经济法责任理论探析》,华东政法大学硕士毕业论文,2008年第1页。

⑪ 翟继光:《论经济法责任的独立性》,载《当代法学》,2004年第4期。

⑫ 陈江华:《经济法律责任独立性探析》,载《江西财经大学学报》,2004年第6期。

⑬ 杨德敏:《经济法律责任独立性探讨》,《河北法学》,2005年第3期。

⑭ 李晓辉. :《经济法责任研究路径的反思与突破》,载《厦门大学学报(哲学社会科学版)》,2011年第2期。

⑮ 有学者就曾指出依调整方法划分法律部门的学说,并非是绝对的科学规则,并且对此予以了详细地说明。参见郭洁:《经济法的法律责任探讨》,载《辽宁大学学报(哲学社会科学版)》,2004年第2期;还有学者指出:法律部门的划分是人们认识和研究法的一种学术活动和方法,不能过分强调其客观性,将其绝对化。法学家的主观固然要符合客观实际、有利于法治实践,但是如果误把法律部门及其划分当做客观的事物或现象的话,则无异于把一些人的主观意加与客观的社会经济及法治实践,使得法律部门划分与客观实际相脱节。参见史际春、姚海放:《再识"责任"与经济法》,载《江苏行政学院学报》,2004年第2期。

⑯ 杨紫烜:《论建立中国特色法律责任体系——兼论经济法责任、民法责任、行政法责任、刑法责任是否有独立性》,载吴志攀主编:《经济法学家》(2003年),北京大学出版社2003年版,第41页。

济法责任表现出来的新特征来论证经济法责任的独立性。[17] 在此种路径下，有人认为经济法责任构成要件的特点，经济法主体特有的社会中间层兼具调节者与被调节者的双重性格，以及严格责任为主，过错责任为辅，过错推定责任为补充的归责原则体系，这些无可争辩的立法客观规范事实证明了经济法责任独立性。[18] 还有学者从三方面论证经济法责任独立性的基础，认为经济法固有的制度功能是经济法责任独立性的根源；经济法责任独有的特征是经济法责任独立性的理论基础；经济法责任特有形态是经济法责任独立的制度基础。[19]

这种论证路径是把经济法责任看成一种“结果”，为了论证经济法责任的独立，则诉诸形成这种“结果”的过程的特殊性，求助于经济法特有的平衡社会利益与私人利益价值以及经济法责任的强制性、社会公益性或经济性特征。这种做法仅仅只能是证明经济法责任构成的特殊性，进而触及经济法责任的独特性，并不能推导出经济法责任的独立性。

基于经验，我们不能否认现实经济法立法中确实存在很多与传统三大责任相同或相似的责任形式，经济法立法的客观现实也仅仅呈现出经济法中的法律责任与传统的法律责任形态之间的你中有我，我中有你的综合交叉关系。[20] 的确，经济法特有的价值功能决定了责任所内含的性质不同于传统三大责任，这是任何部门法甚至任何单个规范性文件都具有的独特性。如果按照这种逻辑，同属民法部门中的合同法与侵权责任法各自所内含的法律价值、理念与功能、责任构成也必定是不同的，但这绝不能说它们是独立的法律责任体系！这样一种论证路径的动机仍是在一种预设的假设前提下进行的：即经济法责任是独立的责任体系。经济法学者急于证明责任的独立性，在面对经济法责任形式上大规模地依赖于三大责任的困境时，求助于形而上的内在不同。

四是将经济法责任的独立性与独特性混淆，以经济法责任的独特性推出

---

[17] 这是近年来论证经济法责任独立性的主要路径，这种论证方法肇始于张守文教授《经济法责任理论之拓补》(《中国法学》2003 年第 4 期)一文，在该文中，张守文教授提出应当超越传统的部门法理论和责任理论，通过运用矛盾分析、关联性分析、典型性分析等方法，去发现经济法责任理论的独特性、与传统责任理论的相关性，以及经济法责任形态的特殊性，从而实现对经济法责任理论的拓补。此后的多数学者就基于责任理论之拓展部分对经济法责任的独立性进行了大量的论证。

[18] 石金平：《经济法责任研究—以“国家调节说”为视角》，中南大学博士学位论文，2010 年第 1 页。

[19] 宋怡林：《经济法责任独立性的基础》，载《社会科学论坛》，2008 年第 5 期。

[20] 邓纲：《争议与困惑：经济法中的法律责任研究述评》，载《现代法学》，2012 第 1 期。

责任的独立性。有人认为经济法责任形态的特殊性，为经济法责任的独立性奠定坚实基础。[21] 另有学者认为经济法责任具有一定的独立性。经济法责任的独立性表现为责任主体的特殊性、责任形式的特殊性。[22]

这种以经济法责任的独特性来推导经济法责任的独立性，在逻辑上是不周全的。经济法责任中，固然也有一些新的独特的责任形式，但大多数责任形式还是来源于传统的民事责任、行政责任和刑事责任，尽管在经济法立法体系中，这些传统的责任形式或许已经有些细微的变化，但并不能说，这些在经济法立法体系中适用的责任形式能够独立于传统的三大责任制度体系。

五是从三大传统责任的空白处寻找经济法责任独立性的空间。如有人认为发现、总结与研究经济法责任的独立性，应当从经济生活实践出发，从分析传统法律部门责任体系的缺陷入手。[23] 因而，为了弥补传统部门法解决社会问题的无力，作为经济法逻辑内容的经济法责任的独立是必不可少。[24]

应当承认，从传统责任的"漏洞"出发，确实可以找寻出经济法责任的某些特殊之处。为了实现经济法的特殊目标，我们不能漠视传统法律责任与经济法目标之中的不匹配或抵触，需要将传统法律责任加以适当改造，以实现法律责任与法律目标之间的协调。但此处的关键是，我们为了实现经济法的目标，需要对传统的法律责任体系给予多大程度的改造？是少量局部的改造还是根本的改造？如果是前者，说明我们基本上还是借用了传统的法律责任体系；如果是后者，则表明我们创建了一套全新的法律责任体系。至少到今天为止，我们还不能说我国的经济法立法，或者推广到全世界的经济法立法，已经创建了一套全新的法律责任体系。因此，我们就不能说，经济法责任体系具有了独立空间。

总体而言，大多数学者对经济法责任所采取的研究进路是一种功利性做法，他们对于经济法责任之独立性显得急于求成。以上关于经济法责任独立性的五种论证进路都是在经济法责任必然具有独立性的潜在逻辑下进行的，这样在看待问题的眼光是狭窄的，也难以认清经济法责任之全局。这种做法也很难经受实践的沉淀和实践的检验。

我们认为正确的做法乃是以客观眼光从现实的经济法责任的立法现状

---

[21] 张守文.：《经济法责任理论之拓补》，载《中国法学》，2003 年第 4 期。

[22] 汪莉.：《经济法责任的独立性》，载《政治与法律》，2007 年第 3 期。

[23] 谭德凡：《论经济法责任的独立—以惩罚性赔偿制度的确立为例》，载《武汉大学学报（哲学社会科学版）》，2005 年第 2 期。

[24] 谭志哲：《试论经济法责任之独立》，载《行政与法》，2010 年第 7 期。

出发来研究经济法责任,必须摒弃任何先入为主的主观命题设置,实事求是地看待经济法责任是否具有独立性。实际上,经济法学者应当在这方面显得自信一点,经济法责任是否具有独立地位不是那么紧要,先人为我们提供了民事责任、行政责任、刑事责任这三大责任制度体系,我们大可以利用好这些法律文化遗产,而非另起炉灶。当且仅当现有的三大责任无法满足经济法调整社会的需要时,我们便可独创经济法所独有的责任形式或对传统三大责任予以调适改进,这是经济且理性的做法,而且现实的立法也确实是采用这样一种途径,即经济法责任中只有少量经济法独有的责任形式和改进形式。

二、经济法责任研究路径之回归:去独立性,存独特性

无论是经济法体系中的市场规制法、宏观调控法还是国家投资经营法都包含有大量的民事责任、行政责任以及刑事责任,但是与此同时也存在许多传统三大责任体系所无法涵盖的责任形式,这给经济法责任的研究带来了一些视角选择上的混沌空间,部分学者致力于研究经济法责任的独立性,除了主观上的功利考量外,也受到了经济法立法客观情由的些许误导:在经济法立法呈现出来的责任形式存在一定的独特性的前提下,部分学者将这种独特性放大成了独立性。

其实,经济法责任的独特性与独立性之间还是存在较大区隔的。

"独立"一词在汉语中指单独的站立或者指关系上不依附、不隶属,依靠自己的力量去做某事。而"独特"意为独一无二的,单独具有的,与众不同的,它与"特殊"一词近义。独立性强调依附、隶属关系的不存在,而独特更关注某一方面特性的别具一格。因此之故,经济法责任之独立性乃是指存在于民事责任、刑事责任、行政责任之外,与传统三大责任界限清晰,无依赖无隶属关系的责任体系。而经济法责任的独特性是指经济法责任有不同于传统三大责任形式的特殊性方面,它不否认对传统三大责任形式的依赖及密切联系。

回到经济法责任的独立性来看,经济法责任并没有完全地与传统三大责任一刀两断,在很多地方,经济法责任形式都依赖于民事责任、行政责任与刑事责任。刘隆亨等人甚至直接将经济法责任理解为经济制裁、行政制裁和刑事制裁。而经济法独特性则不同,它诠释了经济法不同于传统三大责任的独有责任形式,并且没有否定经济法责任与传统三大责任的密切联系。

由于未能把握独立性与独特性的区隔,有些学者不仅不能准确地一以贯

之地把握研究主题，甚至出现了打着经济法责任独立性的旗号，却得出经济法责任非独立性的结论的逻辑错愕。有些学者认定了经济法责任具有独立性，但是却提出通过经济法中的民事责任、经济法中的行政责任、经济法中的刑事责任、经济法中的经济责任的方式来实现。[25] 这不能说不是对独立性的淆乱使用，其本身就承认了经济法责任中包含了许多的传统三大责任形式，而在另一方面又提出经济法责任具有独立性。

针对上述逻辑缺失，有学者提出了纠正之道，认为：理性的、科学的经济法责任研究进路应建立在继承传统的法律责任划分理论的基础之上，归纳和提炼为经济法所特有的或所重视的责任形式，方能最终建立起符合经济法立法目的的经济法责任制度。[26]

还有学者也认识到了这个问题，在提出经济法责任独立性时，把经济法规范中的民事责任、行政责任以及刑事责任都排除出去了。如石少侠就认为经济法责任不同于经济法规定的责任，经济法规定的责任包括民事责任、行政责任、刑事责任以及经济法责任，而经济法责任只是经济法规定的责任中的一种。[27] 这种说法必然使得经济法责任独立于传统三大责任，从而满足"独立性"的要求。但是这并不符合现实的立法以及实践，经济法规范中广泛地存在传统的三大责任形式，如果不承认这些是经济法责任，却又承认前面的假定条件和行为模式隶属于经济法规范范畴，就产生了前后不可协调的矛盾；再则这种说法也无法解释经济法责任中所存在的对传统三大责任的变异形式是否属于经济法责任，如惩罚性赔偿金；最后这种说法在将经济法责任作为一种独立的法律责任上过于彻底，未显示出开放性和兼容并包性，排斥了从传统部门法的法律责任中进行精取提升的高效发展方式。[28]

另有人注意到了独立性与独特性的不同，他认为很多著名的经济法学者，都忽视了独立责任与独特责任这两个概念的区别。该学者进而指出经济法责任的独立在于经济法责任在整个责任体系中的客观存在性以及已经存在的经济法责任是否具有独立性。事实上这种解释还是没有阐释出独立性的确切含义，没有明晰与传统三大责任的关系，不具有可操作性。在谈到经济法责任独特性时，他认为经济法独特的法律责任不仅要有体现本部门法属

---

[25] 杨德敏：《经济法律责任独立性探讨》，载《河北法学》2005年第3期。

[26] 李晓辉．：《经济法责任研究路径的反思与突破》，载《厦门大学学报（哲学社会科学版）》2011年第2期。

[27] 参见石少侠：《经济法新论》，吉林大学出版社1996年版，第61页。

[28] 莫智源：《浅议经济法责任独立存在的必要性》，载《江西财经大学学报》2003年第1期。

性的理论支撑,还要有专属于自己的适用路径和责任形态,其理论支撑体现经济法的理念和价值追求,其适用路径是实现责任的程序保障。独特的经济法律责任,其适用路径不仅"使用权"归经济法独享,而且所有权也专属经济法支配。而独立的经济法责任则由两部分组成。[29] 其逻辑是经济法责任的独立性表现为独立的经济法责任,而独立的经济法责任又有竞合的法律责任和独特的法律责任构成。这里存在的问题是,竞合的法律责任与独特的法律责任是否足以构成一个独立的经济法责任体系,抑或仅仅只能形成经济法责任的独特性方面而已。独特(或称独有的)法律责任与竞合法律责任在经济法责任总体中,竞合性的法律责任占了主要方面,而独特的法律责任只是"少数派"而已,不足以决定经济法责任的独立性,仅能体现经济法责任的独特性方面。

关于经济法责任的独立性研究,种种观点都存在逻辑上的阻滞,这证明其中的进路存在缺失。要想使相关研究真正获得理论或现实的认可或呼应,就必须在研究进路上实现回归,回归到理性的具有高度逻辑基础的进路。我们认为,与其在经济法责任独立性的虚构命题上虚耗,还不如加强对经济法责任独特性的研究。

经济法中存在相当多的行政、刑事、民事责任,也存在少量经济法所独有的法律责任形式,这也是多数学者所公认的。[30] 在这些责任中,占主导的是传统三大责任,其构成了经济法责任的主要方面,而独有的责任形式只是其次要方面。事物的性质是由其主要方面所决定的,作为次要方面的经济法独有法律责任形式无法支起经济法责任独立性的"大厦",经济法责任的"本座"依然在于传统三大责任,其无论如何也不能是独立的。因此,现有的论证经济法责任独立性研究是很难站得住脚,也无法经受现实的考验。要实现经济法责任的独立性,当且仅当经济法独有的法律责任形式在经济法责任体系中占了主导地位。因而可以说,经济法责任无独立性的空间,但是存在独特性之方圆。

基于以上论述,我们认为合理化的经济法责任研究路径应建立在承认和

---

[29] 曹胜亮:《经济法责任的独立和独立的经济法责任》,华中师范大学硕士学位论文 2005 年,第 11 页。

[30] 反垄断法是经济法学界公认的典型的经济法,在此以中国反垄断法作为分析样本,可以得反垄断法第七章规定的法律责任的条款共有 9 条,其中有 6 条是以行政责任形式出现,有 2 条规定了刑事责任,还有 1 条规定了民事责任。可以看出,反垄断法中的法律责任中传统三大责任形式占了绝对多数。传统三大责任也存在相互交叉的情形,但是其独有的责任形式占了各自法律责任的主要部分,这足以支撑它们成为彼此独立的责任体系。

肯定经济法责任对传统法律责任形式借鉴的基础上，进一步挖掘和探寻经济法所特有的或为经济法所重视的责任形态，凸显其对传统法律责任理论的突破和创新。㉛

经济法责任理论的研究成果业已表明，经济法责任的具体形式既有民事、刑事和行政的传统法律责任形式的综合适用，又有经济法领域特有的责任形式，这使得经济法责任体系呈现出一种以“传统＋独特”内涵为主要特色的法律责任体系。㉜ 经济法责任呈现出特殊的复合形态，一方面，它具有创新因素，另一方面它必须借助传统的责任形式。经济法上的责任是多种责任的复合，包括传统刑事、行政责任、民事责任以及新型的社会性责任，这些责任结合形成有机的经济法调节系统。㉝ 在经济法责任系统中，既有传统的三大责任形式，也有对三大责任形式的借鉴创新后的改进形式，还有传统责任所不具有的经济法特有的新型责任形式。

经济法责任不具有独立性，学者没有必要囿于此而不放，而应当把研究重点放在经济法责任的独特性之上。于此，经济法责任的独特性表现在：一方面对传统民事行政刑事责任的改进，从而相对于一般意义上的传统三大责任有了独一无二的特性，但是在普遍性特征上并没独立于传统三大责任；另一方面经济法责任还独创了传统三大责任所不具有的新型责任形式，相对于传统三大责任，这也是其独一无二、与众不同、单独所具有的。经济法责任的独特性可见诸于下表。

<table>
<tr><td rowspan="3">经济法责任形式</td><td rowspan="2">相同或类似于三大传统责任</td><td>相同于传统三大责任</td><td>如：行政拘留；没收违法所得</td><td>经济法责任独立性障碍</td></tr>
<tr><td>对传统三大责任形式的改进</td><td>如：三倍损害赔偿责任；威慑性罚金</td><td rowspan="2">经济法责任之独特性</td></tr>
<tr><td>独有的责任形式</td><td>新型责任形式</td><td>如：拆解垄断企业；经济信誉责任</td></tr>
</table>

㉛ 李晓辉：《经济法国际化发展趋势下对经济法责任研究的反思》，载漆多俊主编：《经济法论丛》（第20卷），中国方正出版社2011年版，第400页。

㉜ 史际春，姚海放：《再识“责任”与经济法》，载《江苏行政学院学报》2004年第2期。

㉝ 郭洁：《经济法的法律责任探讨》，载《辽宁大学学报（哲学社会科学版）》2004年第2期。

三、经济法责任的独特性之表现

经济法责任虽然不能独立于传统三大责任,但是经济法固有的制度功能,特定的调整对象,经济法责任构成的特殊性,使得经济法责任具有了新的独特之处。一方面,传统的责任形式已经无法满足经济法责任的需求,在经济法引入传统责任形式时,就对一些传统责任予以了调适,以适应经济法"生态"。另一方面,经济法还独创一些责任形式来弥补传统三大责任的空白。

(一)对传统三大责任的改进

传统民法理论认为,致害人对其侵权行为所造成损害,须承担全部赔偿责任,即赔偿受害人的所有实际损失。也即是说在财产损害赔偿领域,民法主张采用全部赔偿原则或称实际损失赔偿原则。[34] 换句话说,民法对于损害赔偿采用的公平的填补式责任,功能在于补偿和恢复原状。而当经济法将损害赔偿责任引入时,将其进行了改进,经济法中开始部分采用了威慑性的公益性财产责任,开始着重于惩罚违法者。按照平等原则要求,民事责任只能具有补偿性,因为地位平等的当事人之间谈不上谁惩罚谁的问题,但是经济法责任则是补偿性与社会惩罚性相结合的责任。[35]

为什么传统的民事赔偿责任不能适应经济法责任的需求呢?其改进的根源应该在于:经济违法行为直接损害了社会公共利益,损害了不特定的社会成员的共存利益,而不仅仅限于民商法的私人利益。另一方面经济法直接保护社会公共利益,具有很强的公益属性和社会属性。而民商法旨在实现民事权利人个体的私益,强调微观的交易效率,追求个体利益最大化,从而间接地实现或保护由不特定第三人组成的社会公众的经济利益,间接提升社会的交易安全和效率水准。这样如果仍然延续民法填补式的财产责任无法实现经济法特有的社会性功能,所以有必要将赔偿方式改进为威慑性或惩罚性的公益性财产责任。惩罚性赔偿赔偿剥夺生产者和经营者获得的非法利益,削弱其经济实力,使其无利可图,从而放弃继续实施侵害行为,对正在进行相同或相似行为者起到震慑作用,使其放弃非法行为,从而减少社会整体所受的

---

[34] 彭万林主编:《民法学》,中国政法大学出版社 2002 年版,第 523 页。

[35] 韩志红:《关于经济法中以"新型责任"弥补"行政责任"缺陷的思考》,载《法商研究》2003 年第 2 期。

利益损害。[36]

此种改进的表现有:我国《消费者权益保护法》第49条的“双倍赔偿”规定,我国《食品安全法》第96条的“十倍赔偿”规定,美国《谢尔曼法》关于三倍赔偿的规定等。

另有学者指出经济法责任在传统法律责任形式基础上的“变种”还表现在国家赔偿和实际履行等。认为经济法上的国家赔偿实际上是国家或政府经济失误赔偿,是因国家或政府经济决策失误而应承担的赔偿责任,其性质主要是“立法赔偿”,相对于传统的行政赔偿或刑事赔偿有了新的特殊性。经济法中的实际履行责任不像合同违约责任中只对特定人有利,而且主要是国家或政府履行。国家或政府的主要责任,就是提供公共物品,而对于公共物品的需要一般是私人物品所不能替代的,它一般只能由政府来提供。如果政府不作为,有时可能就会对国家干预受体产生不良影响,如外部竞争环境的营造、市场秩序的维持、必要的宏观调控等等。[37]

由此可见,经济法中的国家赔偿、超额赔偿、实际履行和传统民事责任、行政责任在具体承担方式上有相同或相似之处,但也有其特殊性。[38] 这是对传统三大责任调适后,纳入经济法责任的结果。

(二)新型责任形式

经济法责任的独特性还在于经济法独创了传统三大责任所不能涵盖的责任形式,这些独有的责任形式包括:拆分大企业、资格减免、信用减等、颁发禁止令、产品召回、限制董事资格等。[39]有学者指出在我国73部经济法基本法律共规定了34种新型责任形式。[40]

拆分大企业是反垄断法上的一种特殊制裁手段,也是一种特有的责任形式。指的是当市场上存在具有垄断地位的企业,限制或可能限制市场竞争时,反垄断法执行机构为了恢复市场的正常竞争状态,要求该垄断企业拆分

---

[36] 井涛:《经济法责任的独立性问题探讨—第四届经济法前沿理论研讨会综述》,载《华东政法大学学报》2004年第1期。

[37] 张守文:《经济法责任理论之拓补》,载《中国法学》2003年第4期。

[38] 张继恒:《经济责任理论及其思维转向》,载《江西财经大学学报》2011年第6期。

[39] 关于经济法责任独有的责任形式可参见:颜运秋:《论经济法责任的相对独立性与具体形态》,载《贵州警官职业学院学报》2004年第2期。

[40] 参见石金平:《经济法责任研究—以“国家调节说”为视角》,中南大学博士学位论文2010年,第54页。

为两家以上的企业或者出让一定的营业资产。[41] 拆分企业有狭义和广义之分，狭义的拆分企业仅仅指垄断企业组织形态上的分立，即由一家企业分立为两家或两家以上的企业，分立后的企业都具有独立的法人地位，互不隶属。广义的拆分企业，除了狭义的内容之外，还包括企业出让一定的营业资产，或称资产剥离[42]，以降低该垄断企业的生产能力，迫使该企业丧失垄断地位。

资格减免主要是指国家可以通过对经济法主体的资格减损或免除，来对其作出惩罚。市场经济条件下，主体的资格显得日益重要，它直接涉及市场准入的问题。因而它同主体的存续、收益等都紧密相关。信用减等是指对于不讲诚信的市场主体，由特定的组织或机构对其信用等级予以减损的惩罚。市场经济是典型的信用经济，信用权日益成为一种新型的权利[43]，信用的减等不能不说是对一种对相关市场主体权利的剥夺，并对其未来的预期利益带来风险。现有的诸如信誉评估或评级制度、纳税信息公告制度、上市公司的PT制度、各种"黑名单"制度等等，都可能涉及信用减等。[44] 也存在将资格减免与信用减少等并用的情形，如银行同业协会发布公告，对长期欠债不还的客户予以制裁，限制其贷款资格与信用能力等。[45]

颁发禁止令是司法当局依职权或依被害人申请而采取的制止违法行为发生和防止损害扩大的一项救济措施。[46] 如早在1980年出台的美国《谢尔曼法》第4条规定："授权美国区法院司法管辖权，以防止、限制违反本法；各区的检察官，依司法部长的指示，在其各自区内提起衡平诉讼，以防止和限制违反本法行为。起诉可以诉状形式，要求禁止违反本法行为。当诉状已送达被起诉人时，法院要尽快予以审理和判决。在诉状审理期间和禁令发出之前，法院可随时发出在该案中公正的暂时禁止令或限制令。"值得注意的是在反垄断法中科以禁止令责任时，并不要求实际损害事实的发生。

产品召回责任是指生产者针对已经流入市场的缺陷产品而负有的向社会收回的义务。缺陷产品召回制度，产生于美国于1966年制订的《国家交通

---

[41] 参见李国海：《反垄断法实施机制研究》，中国方正出版社2006年版，第177页。

[42] 关于剥离资产的研究，请参见丁茂中：《经营者集中控制制度中的资产剥离问题研究》，上海社会科学出版社2013年版。

[43] 信用权尚未在立法上予以确认，但是不少民法学者都在学理上认同这种新型权利。一般认为信用权是民事主体对其具有的偿债能力在社会上获得的相应信赖与评价而享有的利用、保有和维护的权利。

[44] 张守文：《经济法责任理论之拓补》，载《中国法学》2003年第4期。

[45] 参见王全兴：《经济法基础理论专题研究》，中国检察出版社2002年版，第641页。

[46] 张继恒：《经济责任理论及其思维转向》，载《江西财经大学学报》2011年第6期。

与机动车安全法》，日本、韩国、加拿大、英国和澳大利亚等国随后也设立了自己的产品召回制度，规定生产者的产品召回责任。此后的不久美国在食品、药品、肉制品、化妆品等领域的立法中引入了缺陷产品召回制度。我国《产品质量法》第 26 条明确规定，生产者应当对其生产的产品质量负责。《消费者权益保护法》第 18 条明确规定，经营者发现其提供的商品或者服务存在严重缺陷，即使正确使用商品或者接受服务仍然可能对人身、财产安全造成危害的，应当立即向有关行政部门报告和告知消费者，并采取防止危害发生的措施。2004 年我国制定了《缺陷汽车产品召回管理规定》，该规定第三条规定，汽车产品的制造商（进口商）对其生产（进口）的缺陷汽车产品依本规定履行召回义务，并承担消除缺陷的费用和必要的运输费；汽车产品的销售商、租赁商、修理商应当协助制造商履行召回义务。

此外，还有其他的经济法责任独有的新型责任形式，在此不一一赘述。尽管经济责任新型形式如雨后春笋，但是其仅仅只是所有经济法责任中的次要方面。经济法的部门交叉性以及调整社会关系的综合性决定了经济法责任必将在很大程度上依赖于民事、行政、刑事责任。

结　语

经济法作为部门法的独立性与经济法责任的独立性互不成充要条件，没必要以责任的独立性来证成经济法的独立性，也不能以经济法的独立性来推导经济法责任的独立性。现实经济法责任体系中多数是以传统三大责任形式出现的，它们是经济法责任的主要方面，其决定了经济法责任不可能是独立于传统三大责任，因而经济法责任之独立性是不成立的。然而，经济法责任体系中确也存在不少传统三大责任所不能涵盖的特殊责任形式，也存在许多传统三大责任无法解释的改进现象。这些情形构成了经济法责任的独特性方面。因此，经济法责任虽无独立性“空间”，却有独特性之“方圆”。

经济程序法研究述略

——兼论经济审判机构的恢复与拓展

袁达松* 廖雅雯**

改革开放以来，我国进入经济社会高速前进的轨道，与此同时，与经济发展和社会进步相配套的法律体系也随之不断完善，经济法是其中甚为重要的一部分。德国学者海德曼认为，"法学研究应注意时代的精神，现代社会以'经济性'为其时代精神，'经济性'就是现代法的特征。具有这种现代法的特征，渗透着现代的经济精神的法就是经济法。"①经济法所追求的是一种经济公平正义与效率的兼顾，是一种从资源配置到财富分配，从调整手段到调整目标的规范体系。然而，当前我国的经济法缺乏必要的独立程序保障，实体经济法的运行主要借助于民事程序规则和行政程序规则。传统的程序法所内涵的精神理念与价值追求和经济法相迥异，也使得经济法独特的本质要素难以体现。② 20世纪90年代以来，法学界对这一问题掀起了持续的讨论和探索，到2000年左右，有关此问题的思考与论述已达到相当的深度与广度，加之近年来学界对公益诉讼的关注度骤升，本质上正是对经济诉讼程序问题研究的深入与升华。在新形势下，诸多学者重提经济审判庭的恢复与拓展，更为经济程序法研究注入了一剂强心针。本文试图站在系统的视角，梳理总结专家学者们对于经济程序法的存在理据、经济程序法的类型分类、经济程序法的实施机构特别是经济审判庭的恢复与拓展等问题研究的重点以及发展趋势的研究，以期为后续研究者提供较为清晰准确的研究整合，同时也为本问题今后的进一步研究提供参考。

---

* 袁达松，北京师范大学法学院副教授。

** 廖雅雯，北京师范大学法学院硕士研究生。

① 王全兴、管斌：《经济法学研究框架初探》，载《中国法学》2001年第6期。

② 参见单飞跃：《经济法理念与范畴的解析》，中国检察出版社2002年版，第107页。

一、经济程序法存在的理据

在进行此部分论述前,有必要将与经济程序法相关的概念作一厘清,为接下来的论述设定必要的前提。"程序,从法学的角度来看,主要体现为按照一定的顺序、方式和手续来作出决定的相互关系。"③其普遍形态是:按照某种标准和条件整理争论点,公平地听取各方意见,在使当事人可以理解或认可的情况下作出决定。在此意义上,法律程序是被作为"一种有秩序的,能够进行法律决定活动的载体"④来看待的。西方法谚曰:法的生命在于适用。这与审判程序是法律的内部生命的表现之论述不谋而合。⑤ 程序作为法律的外在形式,对于社会实践的要求具有很强的放大功能,它通过与社会生活的直接接触,得以将社会生活之要求反馈给法律制度本身,并最终成为新的法律制度和法学理论产生的起点。⑥ 法律程序的这一放大功能对于我们了解经济、社会的现实要求,从而准确把握时代的走向和要求也是最便利的分析工具。程序法在传统的法律解释学中被看做是为了实现权力、义务或法律关系的实质内容的手段和方法。同一实质问题可以采取不同的程序,反之,同一程序也可以适用于不同的实质问题。因此,程序并不与特定的实质内容固定在一起,程序法具有很强的技术性。⑦ 但是,考虑到"程序合成"对实体法补救效果的实体意义,程序法并不仅仅为单纯的手段和形式,"实体法通过一环扣一环的程序行为而逐步充实、发展"⑧。

经济法的运行,不仅与经济实体法的具体适用直接相关,而且也离不开相应的程序。因此,要深入研究经济法的运行问题,首先要关注经济法的程序问题。经济法是否包含程序法是自经济产生以来持久争论的话题,传统的经济法研究一直在努力证明自身独立存在的价值。在行政法学界, 关于经济法是一个独立的部门法还是行政法的一个分支的问题一直存在争论。国内外均有行政法学者认为经济法是行政法的一个分支。例如, 德国学者哈

③ 季卫东:《法律程序的意义》,载《中国社会科学》1993 年第 1 期。

④ 刘荣军:《程序保障的理论视角》,法律出版社 1999 年版,第 131 页。

⑤ 马克思:《关于林木盗窃法的辩论》,载《马克思恩格斯全集》(第一卷),人民出版社 1995 年 6 月版,第 126 页。

⑥ 吕忠梅、鄢斌:《伦经济法的程序理性》,载《法律科学》2003 年第 1 期。

⑦ 参见季卫东:《法治秩序的建构》,中国政法出版社 1999 年版,第 12 页以下。

⑧ 〔日〕棚濑孝雄:《纠纷的解决与审判制度》,王亚新译,中国政法大学出版社 1994 年版,第 86 页。

特穆特·毛雷尔认为，行政法可以分为一般行政法和特别行政法，经济法属于特别行政法。[⑨] 还有诉讼法学者认为，民事诉讼法与民法、经济法、劳动法等的关系，是民事程序法与民事实体法的关系，由这些实体法所规定的权利义务关系而产生的纠纷，要通过民事诉讼法规定的诉讼程序来解决。[⑩] 但是，上述研究多局限于实体法意义上的思辨，缺乏理性地构建独立的程序法架构，从而动摇了人们对经济法独立性的信任，没有自身独特的程序保障的经济实体法也只能是无源之水和无本之木。[⑪]

现代程序价值观的演进中实际暗含了经济法的社会利益为本位的法律精神，这是中国经济程序法存在的可能性及其必要性的客观反映。同时，经济程序法本身也可以为中国经济法的存在和成长提供外在支持，这是由现代程序法本身的价值功能目标所决定的。[⑫] 此外，现代社会的效率性与程序性，使得在经济法等现代法领域，实体法规范与程序法规范的联系日益密切。诸多学者在对实体法与程序法的密切关联达成普遍共识的情况下，转而探讨经济法等现代法所涉及的程序，张守文教授在《经济法理论的重构》中认为：经济法程序不应简单地归结为诉讼程序，还应该包括非诉讼纠纷解决程序；不仅包括传统的诉讼程序，还会包括“行政领域”的程序；不仅包含正式的程序，还包含一些非正式的程序。[⑬] 经济法不仅具有独特的程序法，且其所涉及的程序多种多样，这与传统实体法所涉及的程序法有很大的不同。

二、经济诉讼程序

（一）经济法的可诉性

诉讼程序是最为典型和重要的法律程序，作为与非诉讼程序相对方而存在，是国家司法的最基本形式，诉讼程序机制以消弭冲突、解决纠纷为其固有机能，在对诉求于法院的冲突和纠纷予以决定性、公权性裁断的过程中，使社

---

⑨ 〔德〕哈特穆特·毛雷尔：《行政法学总论》高家伟译，法律出版社2000年版，第34页。

⑩ 参见江伟主编：《民事诉讼法》，高等教育出版社、北京大学出版社2007年版，第18页以下。

⑪ 单飞跃、罗小勇：《经济法程序理念论》，载《湖南大学学报》（社会科学版）2003年第4期。

⑫ 参见吕忠梅、鄢斌：《论经济法的程序理性》，载《法律科学》2003年第1期。

⑬ 张守文：《经济法理论的重构》，人民出版社2004年版，第535页。

会冲突与纠纷依诉讼程序受制于法律评价与国家控制。[14]

经济法的可诉性问题,近年来已引起广泛重视,诸多学者对此作出了探讨。其中,有学者从“法的可诉性”的角度来研究这一问题,认为法的可诉性是指法所必备的为了判断社会纠纷的是非而使纠纷主体可诉求于法律公设的判断主体的属性。[15] 持相同观点的其他学者的表述于此十分相似。[16] “诉讼在本质上是对社会冲突进行司法控制的基本手段。在任何社会中,诉讼都以解决某种社会冲突为自身使命。”[17]对于经济法的可诉性,有学者总结为如下几点:第一,经济法的可诉性所针对的对象是特定的社会纠纷,即在国家调整社会经济过程中所发生的纠纷。第二,经济法的可诉性意味着国家调整社会经济过程中发生的纠纷能够通过诉讼这种可供选择但却是终极、权威的方式解决。第三,一定的诉讼制度是经济法可塑性实现的制度保障。[18]

随着研究的不断深入,人们越来越认识到经济程序法问题的重要性,没有相应的经济程序法,经济法就不可能得到完整有效的实施。而确立一定的诉讼制度使经济法的可诉性得以实现,便是经济法程序中最为重要、最核心的内容。有学者撰文从宏观角度指出经济之诉与诉权理论不发达,造成立法上经济法的不可诉现象广泛存在和经济审判功能的严重缺位。虽然在实践中具有法律上判断职能的主体是多元的,如民众自治组织、调解组织、仲裁组织和行政组织等,但在现代法律中,在理论上,最公正权威的裁判者是司法。只要法律具有可诉性,那么司法便是任何法律运行的必备要素和任何法律纠纷判断的最权威象征。[19] 也有学者认为:在最高人民法院撤销经济审判庭机构改革后,经济法的可诉性及其实现模式问题是经济法以及处理经济法与诉讼法、民法、行政法关系的重要问题。造成我国经济法可诉性欠缺的原因主要是:第一,经济法实体规范存在缺陷。我国已经制定了大量的经济法法律、法规,如《反不正当竞争法》《中国人民银行法》等。就已有的法律、法规而言,其法条程序性规范存在诸多不足,这是造成经济法缺乏可诉性的重要原因。第二,诉讼保障机制的不确定与缺位。现阶段要实现经济法的可诉

---

⑭ 前引单飞跃书,第285页。

⑮ 参见谢晖:《独立的司法与可诉的法》,载《法律科学》1999年第1期。

⑯ 有学者认为法的可诉性是指法律规范所具有的、可有一定主体请求法律公设的机构(特别是法院和仲裁机构)通过争议解决程序(特别是公诉程序)来判断纠纷的属性。参见王全兴:《经济法基础理论专题研究》,中国检察出版社2002年版,第69页。

⑰ 顾培东:《经济诉讼理论与实践》,四川人民出版社1988年版,第10页。

⑱ 参见游珏:《论经济法的可诉性及其实现模式》,载《经济法论丛》2003年第7卷。

⑲ 参见颜运秋:《论经济法的可诉性缺陷及其弥补》,载《当代法学》2000年第1期。

性必须在相关的经济法法规中明确规定相关纠纷解决的程序或规定准用《行政诉讼法》或《民事诉讼法》的规定，而我国的经济法除了部分规定体现在《行政诉讼法》中，很多条文并未规定纠纷解决方式。第三，我国司法现状的制约。法院权威的缺乏及司法权受制于行政权的现象还比较严重，司法审查制度也迟迟未能建立。第四，经济法可诉性理论研究的匮乏。总体看来，有关经济法程序问题的研究还相对比较薄弱，无法为经济法的可诉性提供理论依据。[20] 因此，研究经济法的可诉性问题，对经济法社会调整功能的充分发挥以及社会公共利益的切实保护，都具有显著的意义。

不论对于经济法上的可诉性问题持何种态度，经济法某些领域的可诉性相对欠缺，便是值得思考和完善的重要问题。对此，有学者认为应建立独立于三大诉讼程序之外的经济诉讼程序；也有学者提出应建立传统的三大诉讼制度的特殊制度，使其与传统的三大大诉讼制度相配合；还有学者认为应继续完善现有的行政诉讼法与民事诉讼法，使之具有更高的涵盖力，以适应经济诉讼的适用。

面对法学界的综合经济诉讼说、独立经济诉讼说和经济公益诉讼说，有学者认为：法律制度史表明，实体法部门的发展总是要引起程序法的相应分设。经济法的产生和发展也必然要求产生独立的经济诉讼法，并呼吁制定出一部具有我国特色的经济诉讼法法典。[21] 还有学者主张：经济法的独立和发展以及大量涌现的经济冲突、矛盾明显区别于民事纠纷是经济诉讼独立的前提条件。设立经济诉讼，不但能够弥补三大诉讼的严重缺陷，同时也会革新经济纠纷当事人诉与诉权的基本理念。经济诉讼以诉讼主体扩大化、诉讼规则特别化、制裁手段一体化为标志，认为经济诉讼的独立必将给诉讼制度带来更多活力，在经济社会不断进步的今天，必将发挥其独特的功用。[22] 还有的学者除了继续论述经济诉讼是一种新的诉讼类型，我国应当建立独立的经济诉讼之外，还对经济诉讼程序进行了初步的设计。[23] 有的学者则采用“经济公益诉讼”的概念，认为现有的民事诉讼、行政诉讼、刑事诉讼等三种诉讼与经济法的精神大相径庭，经济法必须有经济公益诉讼制度作为自己的特殊

---

⑳ 参见游珏：《论经济法的可诉性及其实现模式》，载《经济法论丛》2003 年第 7 卷。

㉑ 顾培东：《法学经济学的探索》，中国人民公安大学出版社 1994 年版，第 244 页以下。

㉒ 参见颜运秋：《经济诉讼独立的法理分析》，载《江海学刊》2000 年第 3 期。

㉓ 参见孟庆瑜：《论中国经济法的诉讼保障机制——中国经济诉讼的反思与重构》，载《现代法学》2002 年第 2 期。

程序法。[24]

有学者曾在 90 年代初对独立的经济诉讼程序进行了彻底否定性的评价，认为“经济诉讼没有独立存在的理由，在民事诉讼的特别体系中，也没有它存在的一席之地。”“将经济诉讼独立出来，适用一套特别程序或独立程序的做法，不能适应我国进行经济体制改革和社会经济发展的需要。”[25]还有学者认为“将其分布在三大诉讼之中且必要时设立特殊诉讼程序及审判法庭更为符合司法现实。”[26]

另有学者提出另外一种设想，即为避免重新制定一套新的诉讼制度，而借鉴刑事附带民事制度那样，可修改现行行政诉讼法，设计一套行政附带民事诉讼的程序。然而，我国的行政诉讼法属于法院统一掌管的诉讼之一，它独立于民事诉讼法也只是相对的，从本质上说，它应当属于广义的民事诉讼。[27] 更有学者认为应当以既有的诉讼制度尤其是行政诉讼制度为基础，同时建立若干适应经济法特性的特别诉讼制度来实现经济法的可诉性，充分发挥经济法的功能，提高诉讼效率。[28]

要解决经济法的可诉性问题，不仅涉及诉讼阶段的问题，而且涉及诉讼前的问题，不仅涉及程序上的设计，而且更涉及实体上的衔接。就目前经济法的具体立法而言，要解决可诉性问题，首先需要解决的是实体法上的问题，尤其应对相关主体的权利、义务与职权、职责等作出明确的规定，同时，还要对其违反相关职责或义务的法律责任作出规定，以使这些责任可以由相关的法定机构依法追究[29]，这样，才能解决可诉性的基本问题。对可诉性作广义的理解，可以不仅限于向法院起诉，还可以包括向其他的法定机构申诉、维权等，均可能是化解不满、解决纠纷的路径。

（二）经济公益诉讼

经济法以社会本位为基本价值取向，以维护社会公共利益为根本宗旨。如果经济法的可诉性缺陷不能得到最大程度的弥补，大量的经济违法行为

---

[24] 参见韩志红、阮大强：《新型诉讼——经济公益诉讼的理论与实践》，法律出版社 1999 年版，第 109 页。

[25] 参见王强义：《民事诉讼特别程序研究》，中国政法大学出版社 1993 年版，第 56 页。

[26] 参见漆多俊，王新红：《接近司法——经济法的诉讼问题》，载《经济法论丛》2003 年第 1 期。

[27] 王强义：《民事诉讼特别程序研究》，中国政法大学出版社 1993 年版，第 57 页。

[28] 游珏：《论经济法的可诉性及其实现模式》，载《经济法论丛》2003 年第 7 卷。

[29] 前引张守文书，第 542 页以下。

将难以受到制裁,社会公共利益的保护机制也就缺少一个重要的管道。[30] 因此,研究经济法的可诉性问题,对经济法社会调整功能的充分发挥以及社会公共利益的切实保护,都具有显著的意义。基于这一现实需要,相当一部分学者认为应在传统诉讼制度主要是民事诉讼和行政诉讼的基础上,构建特殊的公益性诉讼制度,将是弥补经济法可诉性缺陷的最具根本性的举措。特别是修改后的民诉法新增"公益诉讼"条款,规定"对污染环境、侵害众多消费者合法权益等损害社会公共利益的行为,法律规定的机关和有关组织可以向人民法院提起诉讼",更显示出公益诉讼未来发展的前景。

20 世纪 60 年代在西方国家普遍兴起了研究公益诉讼的热潮,给我国公益诉讼制度的研究较大的启发。美国是作为现代公益诉讼的创始国并已经形成健全公益诉讼制度的国家,适用公益诉讼审理的案件范围十分广泛,尤以公民诉讼[31]和集团诉讼[32]成为我国研究和移植的参照,为多数学者所倡导。集团诉讼制度并不专为解决经济纠纷而设,其直接功能是给予广泛的、弱小的权利提供司法救济的有效途径;间接功能是抑制了违法,保护公共利益。但是,这种制度却被认为最为契合经济法的精神。[33] 德国法律赋予团体以团体的名义起诉的权利的团体诉讼模式[34],为我国部分学者所倡导予以完善我国的消费者等公益诉讼制度。[35] 英国非常重视包括纳税人诉讼在内的公益诉讼。印度为完善公共利益诉讼而越来越强调司法能动主义[36],这与我国最高人民法院近年来所倡导的能动司法理念有异曲同工之处。总之,无论是英美法系国家,还是大陆法系国家,对涉及公益的案件都建立了相应的诉讼机制,在涉及经济公益方面,实际上已设立了相应的区别于传统诉讼的诉讼制度。有学者认为,在我国,存在于现实经济生活中的公益经济冲突,较为集中

---

[30] 参见刘桂清:《论经济法的公益性诉讼机制》,载《经济法论丛》2003 年第 7 卷。

[31] 参见李艳芳:《美国公民诉讼制度及其启示——关于建立我国公益诉讼制度的借鉴性思考》,载《中国人民大学学报》2003 年第 2 期。

[32] 参见章武生:《论群体性纠纷解决机制——美国集团诉讼的分析与借鉴》,载《中国法学》2007 年第 3 期。

[33] 参见〔美〕杰弗里·C. 哈泽德、米歇尔·塔鲁伊:《美国民事诉讼法导论》,张茂译,中国政法大学出版社,1999 年版,第 173 页。

[34] 参见〔德〕奥特马·尧厄尼希:《民事诉讼法(第 27 版)》,周翠译,法律出版社 2003 年版,第 177 页。

[35] 参见齐树洁:《我国公益诉讼主体之界定——兼论公益诉讼当事人适格之扩张》,载《河南财经政法大学学报》2013 年第 1 期。

[36] 参见蒋小红:《通过公益诉讼推动社会变革——印度公益诉讼制度考察》,载《环球法律评论》2006 年第 3 期。

地体现在涉及市场竞争秩序、国家宏观经济管理秩序、国家直接投资经营几个方面。规制这些领域冲突与纠纷的法律，包括反垄断法、反不正当竞争法、消费者权益保护法、产品质量法、宏观调控法、国家投资经营法，都折射出现代市场经济中，国家立足“社会本位”，对经济适度干预的共性而被归结为独立的法律部门“经济法”。[37]

反垄断诉讼具有明显的公益性。反垄断法反对经济专制，要实现经济民主，反对以强凌弱，以实现经济互利的目的，反垄断诉讼亦有着不同于传统诉讼的特殊属性。它不以损害的现实发生为前提，不要求诉讼主体的一一呼应，制度上偏重于弱势群体的特殊设计等特点都基于反垄断诉讼维护社会公共利益的公益性属性。由于垄断与反垄断行为引起的后果具有社会弥散性和连锁性，影响对象具有广泛性和不特定性，涉及的利益具有多重性和复杂性，从而使反垄断纠纷成为一种日渐呈现公益性的特殊社会纠纷。对于反垄断中经济诉讼案件的审判机构，国际上有由普通审判机构审理的，以美国为代表。或由特别审判机构审理的，以德国、日本为代表。许多国家在其反垄断法中均对执法机构的案件调查、审理和裁决程序作出了专门规定。这些专门性程序规定，特别是其中的审理程序，具有明显的司法活动特点，或者说是以类似法院形式的程序来进行的。纵观许多国家的立法规定，为保证反垄断执法机构审理案件的程序公正，审判人员严格的回避制度被放在突出的位置。[38] 然而，遗憾的是，我国反垄断法将“反垄断这项特殊的工作沦落为现行政府部门中一项常规性的管理工作”[39]，按一般行政机关的要求配置权力，设计运行程序。这不能不让我们对依赖行政程序处理反垄断案件的做法的合理性产生质疑。

消费者纠纷属于重要的社会公共利益问题，因为商品生产社会化程度的加强以及批量生产幅度的增大，消费品和服务的提供对象是整个消费者群体，而非某个或者某些特定的人。消费纠纷所呈现的个性特征，有别于一般民事纠纷：首先，当事人双方事实地位不平等，消费者实际上始终处于弱势地位；其次，争议标的金额通常比较少而且分散；再次，受侵害权益可能多元化，

---

[37] 颜运秋：《公益经济诉讼：经济法诉讼体系的构建》，法律出版社 2008 年版，第 68 页以下。

[38] 参见尚明主编：《反垄断——主要国家与国际组织反垄断法律与实践》，商务印书馆 2005 年版，第 10 页以下。

[39] 张炳生：《论我国反垄断执法机构的设置——对现行设计方案的质疑》，载《法律科学》2005 年第 2 期。

不仅包括消费者权益，甚至包括整个社会公共利益。[40] 在消费者纠纷中“当事人之所以选择忍受，其内在原因往往并不是对自己的利益麻木不仁，而是对挑起纠纷可能获得的受益和付出的成本以及成功的可能性进行分析后，作出的理性选择。”[41]此次民事诉讼法修改对公益诉讼制度的规定，是对传统的当事人适格理论和制度的重大突破，但是对于作为相关起诉组织和国家机关的不明确性，以及原告资格制度的不健全，仍然是公益诉讼亟待解决的问题。学者们在探讨消费者公益诉讼主体应当适度扩张的问题上达成普遍共识。在此基础上，有学者认为消费者公益诉讼当事人扩张的出路为诉讼信托制度，目前较有代表性及可行性的制度借鉴是美国的集团诉讼和德国的团体诉讼。集团诉讼最大的特点在保护消费者权益的独到之处，它可以使多数存在的小额受害者也有可能得到救济。其意义并非在于作为审理的事由本身，而是在于其围绕正当程序展开的对正义的声张，在于其实现公共政策目的的显示功能。[42] 团体诉讼则是将具有共同利益的众多法律主体提起诉讼的权利“信托”给具有公益性质的社会团体，由该社会团体提起符合其章程、设立目的的诉讼。判决针对团体及被告作出，有利于判决的效力间接地会给予团体的成员。但这一受托团体一般无权行使损害赔偿请求权，而只能提起确认之诉或变更之诉，主要是不作为请求之诉。[43]

政府采购具有公共性，其目的不限于满足个别单位的需要，同时具有为社会或公众提供服务的特性。我国《政府采购法》第43条规定：“政府采购合同适用合同法。”适用合同法也就将政府采购合同纠纷纳入了民事诉讼范畴，排除了经济公益诉讼救济。实际上，政府采购合同有别于一般民事合同，政府采购属于公共财政的范畴，各财政预算单位的商品、工程、服务的采购及其管理构成了这一制度。财政政策、经济政策乃至政治目标，显性或隐性地包含于采购行为之中。政府采购制度通过确定的、规范的方式来完成。资金来源的公共性、政府管理的民主化和制度化、克服权力腐败和权利侵蚀的要求，决定了政府采购制度的综合性和复杂性。因此，政府采购合同订立和履

---

[40] 参见颜运秋、马永双：《消费者公益诉讼的法理与规则分析》，载《河北大学学报》（社会科学版）2005年第5期。

[41] See Marc Galanter, *Why the "Haves" Come Out Ahead: Law in Ten Socisities*. New York: Columbia University Press, 1978, p. 14.

[42] 〔日〕谷口安平：《程序正义与诉讼》，王亚新等译，中国政法大学出版社2002年版，第256页。

[43] 参见齐树洁：《我国公益诉讼主体之界定——兼论公益诉讼当事人适格之扩张》，载《河南财经政法大学学报》2013年第1期。

行都要置于公众的监督之下。我国过去没有将政府采购合同和一般民事合同区别开来,没能将公共工程承包合同等政府采购合同有效地纳入公众和舆论监督之下,进而造成政府采购的劣质工程屡见不鲜,以及贪污受贿等腐败现象在公共工程领域中比其他领域存在要广泛得多,这种教训必须引起我们法律上的重视,将其区别于一般民事合同和政府采购合同。正是过去的法律没有明确规定政府采购合同的经济合同法律地位,使得我国司法实践中排斥政府采购合同纠纷的经济公益诉讼适用,仅将政府采购合同救济纳入民事诉讼范畴。行政法制发达的法国已明确将行政机关订立的合同分为私法上的合同和公法上的合同,而公共工程承包等政府采购合同已纳入公法上的合同范畴。[44] 法国公法上的合同受公法调整,由行政法院管辖。政府采购法制发达的美国,合同纠纷解决往往由政府机构内部设立的合同申诉委员会受理,且对合同申诉委员会的决定还可以请求司法审查。[45]

鉴于公益诉讼制度的功能与价值和我国现状,我国应不遗余力的完善公益诉讼制度,并构建与其相配套的相关实施机制,必要时借鉴国外的成功经验,建立具有中国特色的公益诉讼法律制度。

三、经济法非诉讼程序

从过去的研究看,人们一般比较关注传统的“三大部门法”以及与之相适应的“三大诉讼”,诉讼审判被奉为最为正统、公平和权威的纠纷解决方式。但是,随着社会的发展,新的利益冲突和新的纠纷类型的不断出现,学者们对于诉讼程序之外的非诉讼程序的关注和研究越来越多。就此,有学者提出要转变“诉讼万能”的观念,完善非诉讼纠纷解决机制立法,建立各种专门性纠纷解决机构,加强对非诉讼纠纷解决机制的监督与支持。[46] 具体来说,对于谈判的广泛应用,对于仲裁程序的深入研究,对于调解的大力倡导,对于非诉讼程序(ADR)的全方位探讨,均体现了对于程序认识的深化。非诉讼程序的理念可以进一步促进在纠纷解决程序中当事人本人的参与程度,

---

[44] 胡建森:《行政法学》,法律出版社2003年版,第281页。

[45] John Clbinc Jr and Ralph C. Nash Jr, Administration of Government Contract. The George Washington University, 1995, 3nd Edition, pp. 1313—1316. 转引自颜运秋:《公益经济诉讼:经济法诉讼体系的构建》,法律出版社2008年版,第76页。

[46] 梅宏、高洁璞:《美国非诉讼纠纷解决机制及其对我国的启示》,载《北京仲裁》2009年第2期。

并强调纠纷解决过程中的诚实信用原则,使程序正义得到更好的保障,当事人的利益和选择得到更多的尊重,有助于大众增强对于法治的信赖。

就经济法纠纷而言，确立和完善 ADR 机制能够分解大量的经济法纠纷，而且可与现行的经济诉讼程序机制协同发展，共同构筑适合我国经济发展水平和司法改革步伐的经济法纠纷解决机制体系。有学者专篇文章分析 ADR 与经济法纠纷解决的耦合性,认为 ADR 机制的灵活性适应经济法纠纷的复合性,ADR 机制的多样性符合经济法纠纷的公益性,ADR 机制的专业性符合经济法纠纷的技术性。[47] 因此,在司法实践中，经济法纠纷的解决需要引入新的机制加以补充,形式灵活、简便高效的 ADR 机制因此成为重要的选择对象。

（一）仲裁

仲裁是根据当事人的合意(仲裁契约),把基于一定的法律关系而发生或将来可能发生的纠纷的处理,委托给法院以外的第三人进行裁决的纠纷解决方法或制度。仲裁的意义在于,它是既可能消除内在与诉讼的这种不平等又能够弥补以交涉来解决纠纷的不完全的一种独一无二的机制。[48] 仲裁制度既体现了国际上纠纷解决的惯例,又受到现代西方发达国家重视 ADR 的时代思潮影响,同时也集成了以往我国在解决纠纷中的经验和惯例。可以说,仲裁是我国现行纠纷解决系统中最早完成体制转型的一种现代非诉讼程序。[49]

在程序方面,法律只规定一些基本原则以保证仲裁程序的最低限度的规范性,而具体程序则委托仲裁人自行决定。这样就使得仲裁程序较之诉讼审判更加简便和灵活。有学者将仲裁的优势归纳为:仲裁不公开进行,有利于保护当事人的商业机密和个人隐私;程序灵活,仲裁人可以同当事人约定具体程序;费用低廉。例如在美国,仲裁省略了证据开示和陪审团两个环节,从而大大节约了费用;程序简便且无上诉程序,使得仲裁成为最为快捷、更重效率、具有终局性的纠纷解决方式。[50] 更有学者指出,“在西方国家,各种关系人之间保持有一定共通的价值,在这种价值体系中容易达成从具有权威的个

---

[47] 刘颖:《论 ADR 与经济法纠纷解决机制的耦合》,载《四川大学学报》(哲学社会科学版)2009 年第 5 期。

[48] 前引〔日〕谷口安平书,第 399 页。

[49] 参见范愉:《非诉讼程序(ADR)教程》,中国人民大学出版社 2003 年版,第 225 页以下。

[50] 参见上书,第 160 页。

人或者机关中任选仲裁人的协议,而且,考虑到在将来的商业交往中还要继续维持友好关系的话,选择仲裁被认为是明智之举。”[51]与此同时,“一个不可否认的事实就是仲裁裁决比裁判更容易执行”。[52]

从目前仲裁制度运作的情况看,仲裁的应用范围限于民商事合同案件和某些非合同经济案件。值得注意的是,有学者指出:国家经济调节主体之间以及国家经济调节主体与被管理主体之间的纠纷不适宜仲裁解决,因为仲裁机构为民间组织,不能对国家机关行使裁判权。[53] 不可否认的是,典型的经济仲裁类型有消费者纠纷仲裁。消费者纠纷具有典型的经济实力差异和信息不对称的不均衡性,普通民事诉讼程序的选择不仅会加剧消费者在纠纷中所处的劣势,还会耗费更多的时间和金钱。考虑到在将来的商业交往中还要继续维持有好的关系,选择仲裁被认为是明智之举[54];并且仲裁的终局性可以更有效率的解决纠纷。

(二) 调解

调解在我国有悠久的历史。其对于有效预防和化解社会矛盾、维护社会和谐稳定具有重要作用。在经济纠纷中可以最大程度发挥第三方的积极作用,为经济纠纷当事人提供帮助和服务。从某种意义上说,调解是谈判(交涉)的延伸。正因其具有的独特优势,符合解决的社会纠纷矛盾规律,无论在我国民间还是司法诉讼中都被广泛应用。根据中立的第三方不同,调解大致可以分为民间调解、行政调解和司法调解。

调解具有程序的便利性和处理的灵活性与合理性。与审判程序相比,调解无须严格的程序,当事人的充分参与,可以一定程度上弱化当事人双方的对抗性,非公开调解可以无需顾忌机密和隐私的暴露,同时,也有利于案件的快速终结。在调解程序与诉讼程序的关系上,各国普遍采取的是调解优先的原则,鼓励当事人选择调解而不是诉讼。即使案件已经到了法院,也尽量鼓励当事人选择司法调解。我国强化了诉前强制调解程序,保障权利得到正当及时的救济,纯化法院的审判功能。诉前强制调解的本质在于基于价值衡量原则对裁判请求权的行使设置轻微的妨碍,将当事人取得调解不成功证明作

---

[51] 前引〔日〕棚濑孝雄书,第 300 页。
[52] 前引〔日〕谷口安平书,第 398 页。
[53] 漆多俊、王新红:《接近司法——经济法的诉讼问题》,载《经济法论丛》2003 年第 1 期。
[54] 前引〔日〕谷口安平书,第 394 页以下,第 346 页以下。

为特殊的起诉要件。[55]

在民间调解、行政调解乃至司法调解当中,由于上述经济程序法以及经济公益诉权的存在,均涉及经济法权益纠纷相应的调解程序或者相应程序法的调整环节。

四、经济程序法实施机构

(一) 经济审判庭的恢复问题

如前所述,在经济法的各类程序法中,诉讼程序与非诉讼程序共同担当着解决经济纠纷的任务,因而都需要进行深入研究。随着经济法理论和实践的发展,经济审判的许多方面还处于变易之中,因此,需要透过经济法的发展,研究经济审判的变易问题。[56] 2000 年 8 月,最高人民法院在机构改革方案中决定,在原民事审判庭的基础上,撤销原经济审判庭、知识产权审判庭和交通运输审判庭,相应改建成民事审判第一、二、三、四庭,建立"大民事审判格局"。至此,历时二十余年的中国经济审判制度被强行调整。这一举措在法学界引起了激烈的讨论。时至今日,诸多学者仍建议恢复经济审判庭的设立或发展更多地特定经济审判机构,明确划分民商与经济类案件范围,以便更好地适应经济纠纷解决。

在 2000 年的第八届全国经济法理论研讨会上,多位法学家均认为最高院撤销经济审判庭不合法或不合理。其中,有学者认为,对经济审判庭的存废所引发的问题,经济法学界反应剧烈,是因为我国经济诉讼理论研究长期严重滞后和因循守旧所致。还有学者认为,经济法领域存在突出的"可诉性"不强的问题,且经济审判并非全部依据经济法进行审理判决,使经济审判庭已具有"泛化"的意义。另有学者反对取消经济审判庭,针对经济审判庭存在的问题,认为应当修改相关法律,改变目前经济审判庭的判决书名称不一的状况,修订和调整经济审判庭受案范围。更有学者认为,经济冲突的特殊性、经济法的独立性和经济诉讼目的的公益性决定了经济审判庭仍有存在的必要。然而,由于经济诉讼并未独立于民事诉讼之外,不可诉现象大量存在,致使经济审判庭与民事审判庭在职能上别无二致。还有学者同样对撤销经济审判庭的理由进行了批驳,认为最高人民法院撤销经济审判庭,不仅在

---

[55] 参见肖建国、黄忠顺:《诉前强制调解论纲》,载《法学论坛》2010 年第 6 期。

[56] 前引张守文书,第 548 页。

程序上有违宪法精神和《人民法院组织法》相关规定，而且否定了经济法的可诉性，经济法当然需要保障干预正当化的基本司法形式——经济审判制度，待条件成熟时，应制定经济诉讼法。[57] 此外，有学者以反垄断诉讼为切入点，分析阐明反垄断诉讼的启动，显示出人民法院内部机构设置“大民事格局”的滞后性。重提设立经济审判庭，不仅有充足的法律依据和学术支撑，而且还有可资借鉴的经验和现实的需要。[58]

关于民商事审判与经济审判是否分离的讨论，有学者认为，经济法对消费者等弱势群体偏重保护，民商法则不分主体的强弱而一律予以平等保护。这有可能体现在诉讼中，在举证责任的分摊上以及法官行使调查权时，法官在地位中立、居中裁判的前提下，将会给经营者分配更重的举证责任，也会更主动、积极地行使法官调查权。在此意义上，民经审判应当分离。[59] 与此同时，也有学者提出了不同的意见，认为不同的诉讼法分立的内在原因在于解决不同性质的纠纷的需要。而现代意义上的民事纠纷早已不是传统观念上的那种局限于“私人”之间的狭义上的纠纷。“经济纠纷”实质是特定的民事案件，与民事纠纷并无本质区别，理应适用统一的民事诉讼法，无需另立“经济诉讼法”。我国改革开放带来的民事纠纷的变化，对民事诉讼提出了更新、更高的要求，这只能是促进民事诉讼法律制度发展和完善的动力，而不是分离民事诉讼内容、缩小民事诉讼的涵盖力、另立“经济诉讼法”的根据。[60]

有学者初步提出，最高人民法院另外组建三个审判庭：经济审判庭第一庭，审理案件的范围是消费者诉讼案件、反不正当竞争案件和反垄断案件。经济审判庭第二庭，审理案件的范围是税务纠纷案件。经济审判庭第三庭，审理案件的范围是金融纠纷案件。最高人民法院除设置上述三个经济审判庭之外，还可设置劳动审判庭、环境审判庭等法庭，以扭转目前法院对劳动者保护不力和对环境保护不力的局面。[61]

与此同时，相关经济类专门法庭也根据个地方法治环境与现实需求相继建立。2008 年 11 月 13 日，上海浦东法院宣布成立中国首家金融法庭，由其

---

[57] 参见管斌：《第八届全国经济法理论研讨会综述》，载《法商研究》2001 年第 2 期；曾东红：《论经济审判庭的命运——基本理念的识别、斗争与选择》，载《经济法论丛》第 3 卷，中国方正出版社 2000 年版。

[58] 参见邢会强：《重提经济审判庭的设立》，载《法商研究》2009 年第 2 期。

[59] 同上。

[60] 何文燕：《诉讼法上民经不应分立》，载《湘潭大学学报》（社会科学版）1997 年第 2 期。

[61] 参见邢会强：《重提经济审判庭的设立》，载《法商研究》2009 年第 2 期。

专门负责审理包括证券、银行、基金、信托等领域的民商事案件，被视作上海在强化金融法治方面跨出的最重要一步。这一试点的成功也带动了重庆、山东、河北等地金融法庭的筹建。在这一大趋势下，有学者对于专业性金融法庭进行理论剖析，认为金融法庭的建立对于提升法院对金融案件审理的专业性以及高效性具有重要作用，但是作为一个集体的金融行业会比大众投资者以及社会公众对法院的案件审理活动有更大的无形影响力，这一点势必将真正考验未来中国专业性金融审判组织职能行使的公正性与否[62]，并且金融法庭对于法官专业素质要求之高同样考验着司法系统的建设。消费者法庭同样出现在地方法院，为消费者维权建立了一条快审快结的“绿色通道”。

部分经济发达城市金融法庭与消费者法庭的设立为经济审判庭的恢复作出了前瞻性实践，经济审判庭的恢复和拓展，无论在理论上还是实践中，都是合理合法的，亟待提上议事日程并付诸实施。

（二）经济法非诉讼纠纷解决机构

我国现有的仲裁机构一般是指仲裁委员会，仲裁委员会由市级人民政府组织有关部门和商会统一组建。建立后，在组织上、经济上和工作上都是独立的，与政府再无隶属关系。因此有学者主张推动仲裁机构向民间化转型，并且在转型过程中坚持有利于仲裁使用者和增进公共利益的立场。[63] 并且将成立仲裁协会的事情交由仲裁机构去决断；主张放弃成立全国或地方仲裁协会的方式，转而由若干发展水平相当且发展理念一致的仲裁机构在完全自愿的基础上先行组建几个各具特色的仲裁协会，以形成仲裁协会的差异化合作与竞争的局面，从而促进符合仲裁内在机理和发展趋势的仲裁协会不断完善壮大。[64] 在倡议加快我国仲裁协会的组建步伐的同时，还有学者指出应将仲裁协会行业监督的职能定位于行业自律的民间组织或者半行政性机构，其监督职能应当包括规则制定、宏观调控、对外协调、组织培训、仲裁机构间斡旋沟通以及违纪惩戒等六个方面。[65] 在我国仲裁实践中，专业仲裁机构相对缺乏，中国国际经济贸易仲裁委员会曾被我国指定为证券仲裁机构，受案范围包括与股票发行和交易有关的纠纷。

我国最早的调解组织是人民调解委员会，随着社会结构的变化，在实践

---

[62] 参见黄韬：《专业性金融审判组织的理论剖析》，载《上海金融》2012 年第 1 期。
[63] 参见陈福勇：《我国仲裁机构现状实证分析》，载《法学研究》2009 年第 2 期。
[64] 参见周江：《论争中的“中国仲裁协会”》，载《北京仲裁》2009 年第 1 期。
[65] 参见汪祖兴：《试论我国仲裁监督体制的完善》，载《华东政法大学学报》2009 年第 6 期。

中还产生了一些适应现实需要的调解委员会形式。早在 90 年代初，经济纠纷调解中心这一专门调解解决经济纠纷的专设机构曾在各级地方法院普遍建立[66]，与经济审判庭相配合，分别构成经济纠纷案件的诉讼与非诉讼程序。近年来，随着“大调解”趋势的发展，法院作为诉前调解的实施主体也逐渐成为重要的调解机构之一。有学者指出法院附设诉前调解机制是当前具有创新性、前瞻性的模式，代表着司法 ADR 在中国的兴起。2003 年上海长宁区法院设立了全国第一家法院附设调解机构——“区联调委人民调解窗口”，开创了“人民调解走进法院”的先河。随后“人民调解窗口”“人民调解工作室”“诉调对接人民调解工作室”“诉前联调”“诉前调解窗口”等如雨后春笋般地在各地法院挂牌成立。在我国诉前调解制度化构建方面，法院主导型诉前调解模式成为基本走向，在此基础上实行调审分离，促进诉调对接解决纠纷模式的形成，以实现审判与调解的良性互动。[67]

然而，由于经济审判庭被强行调整，经济纠纷案件划归民事审判庭审理。案件司法审理的模糊性也导致相关诉讼调解和仲裁缺乏相应的建制和实施机制。面对此类情况，应恢复和拓展经济审判庭的设立，发展新兴的金融和消费者等法庭，同时建立健全经济纠纷非诉讼解决渠道，共同完善经济程序法的机构设置。

综上所述，在研究经济实体法的同时，和经济实体法密不可分的经济程序法是我们不可忽视的一部分。尽管“经济程序法”在很大程度上仍属于争议较多的领域，随着越来越多的人开始对此问题予以关注，学者的意见虽然多种多样，但无可争辩的是，一方面说明了我们的程序法体系并不尽如人意，另一方面社会经济问题的复杂性和多维性为程序法体系的完善提供了必要的可能性。近年来，经济公益诉讼成为经济程序法研究的热点问题，这主要因为经济公益诉讼把握住了经济法对社会整体利益的保护这一核心功能，对于经济法纠纷接近司法意义重大。另外，需要指出的是，经济非诉讼程序作为经济诉讼程序的有效补充，也体现出完善程序法体系的努力，以及纠纷解决方法的多元化以及对于“程序”这一概念认识的逐步深化。可以借公益诉讼及非诉讼纠纷解决机制成为学术研究热点的“东风”，呼吁建立起独立的经济诉讼，敦促恢复和拓展经济审判机构，将经济程序法的改进与完善在司法改革的大潮中推进得更稳更快。

---

[66] 参见姚文：《浅谈法院经济纲纷调解中心的有关问题》，载《法学评论》1993 年第 4 期。

[67] 参见唐力、母爱斌：《法院附设诉前调解的实践与模式选择——司法 ADR 在中国的兴起》，载《学海》2012 年第 4 期。

宏观调控法

我国系统重要性金融机构监管改革研究*

管　斌**

一、问题的提出:2008 年美国雷曼兄弟破产案

2008 年 9 月 15 日,有着 158 年历史、堪称华尔街代表的雷曼兄弟公司(Lehman Brothers)根据美国《破产法》第 11 章正式提出破产申请。雷曼兄弟创立于 1850 年,是美国第四大投资银行,是美国不动产市场上最大资产支持债券承销商,其债务总额达 6130 亿美元,有超过 10 万个债权人,其中最大的是花旗集团。雷曼兄弟负责 14% 的伦敦股票交易,12% 的纽约债券交易,以及每年几十亿美元的对冲基金经纪业务。① 2008 年初,雷曼兄弟每股市值超过 60 美元,九个月后跌至 7.79 美元,下跌了 94%,迫使其申请破产保护。这一涉及 25000 个就业岗位的美国史上最大破产案,引发了美国股市海啸,美元和股指期货齐声下跌,华尔街一片腥风血雨——那些曾在世界金融史上谱写过华彩篇章并在华尔街呼风唤雨的保险业巨头美国国际集团(AIG)以及高盛集团、摩根士丹利等大公司几乎一夜之间分崩离析、一溃千里,通用集团

---

* 本文是国家社会科学基金重点项目《金融机构高管薪酬、系统性风险与金融监管改革研究》(13AJY017)、教育部人文社会科学研究规划基金《影子银行体系监管法律问题研究》(12YJA820019)和和中央高校基本科研业务费研究项目《主权财富基金法律规制研究》(2011WC048)阶段性成果。

** 管斌,经济法学博士,华中科技大学法学院经济法教研室主任兼学科负责人,华中科技大学金融法研究中心主任,副教授,硕士生导师。

① 参见〔美〕杰夫·马德里克:《政府与市场的博弈:20 世纪 70 年代以来金融的胜利与美国的衰落》,李春梅等译,机械工业出版社 2013 年版,第 358 页。

也在极短时间内弹尽粮绝，最终引爆全球金融危机。②

实践表明，除心理因素外，雷曼兄弟破产案对金融体系破坏的市场渠道主要有三条：(1) 资产负债表渠道。在现代金融体系中，金融机构的资产负债表通过各种资产、负债类业务紧密联系，而雷曼兄弟在金融体系中居于中心环节，是金融体系的网络枢纽。它一旦出现问题，金融体系的支付结算链条就会断裂，给大量的金融交易对手带来直接损失，或通过担保、保险等方式给其他金融机构带来间接损失。与此同时，雷曼兄弟的破产在其网络布局中也制造出类似混乱。同许多大型金融机构一样，雷曼兄弟要求其所有实体的全部现金流动都必须经过纽约的现金管理系统。当雷曼兄弟濒临破产，其海外子公司的现金流被切断，而雷曼正忙于同它的律师们争夺公司的决定权。三家亚洲子公司因雷曼兄弟的这一延误而停业，之后这三家子公司被野村控股公司收购。③ (2) 借贷渠道。雷曼兄弟出现财务困难后，就发生了惜贷行为；而信贷量的下滑，造成宏观经济的衰退；随着市场违约行为的增加，各类金融机构都会受到影响，出现财务困难，导致信贷市场的兵燹。(3) 价格渠道。雷曼兄弟出现问题时，在其无法获得可靠的资金来源的情况下，以折价出售资产的形式补偿自己的资本金。在金融机构的资产负债表采用以市定价的原则下，即使金融机构之间不互相持有资产，资产价格变化所带来的损失也可以对其他金融机构造成巨大冲击。当资产价格下跌时，如果大多数金融机构都采用抽回流动性的方式，将迫使大家出售更多的资产，资产价格则进一步下降，从而影响到各自的财务状况。例如，作为商业票据市场的做市商，雷曼持有着其对冲基金账户交存的大量抵押品，因形形色色的当事人对其中约 650 亿美元抵押品主张权利以致被破产冻结了。④ 2008 年 9 月 16 日，老牌货币市场基金“大保值”(Reserve Primary Fund)拥有雷曼 7.85 亿美元的商业票据投资，占基金 620 亿美元总资产的 1.2%，净资产值比同行还高 50

② 详见美国金融危机调查委员会：《美国金融危机调查报告》，俞利军等译，中信出版社 2012 年版，第 356—376 页；美国金融与经济危机起因调查委员会：《金融危机调查报告》，王欣红等译，社会科学文献出版社 2013 年版，第 430—455 页；陈云贤、何荣天、潘峰：《投资银行风险收益对应运营论——雷曼兄弟经营失败案例分析》，中国金融出版社 2012 年版；等等。

③ See The effect of Lehman's collapse on its Asian subsidiaries is briefly discussed in Press Trust of India, September 17, 2008. 转引自〔美〕戴维 · 斯基尔：《金融新政：解读〈多德—弗兰克法案〉及其影响》，丁志杰等译，中国金融出版社 2012 年版，第 151 页。

④ See J. Mackinnon, "Hedge Funds Call for Intervention on Lehman", *Financial Times*, October 16, 2008.

个基点。与其他共同基金不同的是,货币市场基金的股份价格是保持不变的,通常是1美元,基金的盈利用于支付利息而不是提高股份的价值。由于股价固定在1美元,如果亏损导致一只基金的每股净资产跌破了1美元,就有可能引发挤兑,投资者们会争先恐后地要求得到每股1美元的全额偿付,将损失风险留给其他投资者。因竞争收益,Reserve Primary Fund及其同行尽量减少存单等更安全和低收益证券的持有量,转而更偏好商业票据。商业票据是美国企业获得营运资本的主要工具——企业要用这笔钱支付工资,向供应商支付货款。在雷曼兄弟崩盘时,Reserve Primary Fund的每股净资产跌到了0.97美元,跌破1美元。Reserve Primary Fund因出售资产困难,无法满足投资者赎回要求而冻结抽资后,主要机构投资者开始大撤资,慌不择路地抽走了基金总资产中的2/3,直到基金9月17日暂停赎程序。担忧情绪也蔓延到了其他货币市场基金的投资者中,整个货币市场基金遭到挤兑,在接下来的10天内,投资者将投入美国货币市场基金的3.5万亿美元抽走了几乎10%。⑤ 由于货币市场基金是商业票据市场的一个主要来源,为稳定市场,美联储被迫扩充对货币市场基金的贷款;财政部对2008年9月19日前的所有投资者账户平衡作出保证,保证有效期至2009年9月18日。有人据此认为,雷曼兄弟破产不仅造成了经济影响,还带来了巨大的政治影响,成为“改变世界的一天”(The Day the World Changed)。⑥

英国学者沃尔特·白哲特曾说:“援助一家现存的坏银行就是阻止建立一家未来的好银行。”⑦但是,现实世界中有些金融机构却基于规模、复杂性

---

⑤ 参见〔美〕斯夸姆湖小组:《门朝哪开:重塑全球金融系统》,乔江涛译,中信出版社2013年版,第7—8页。

⑥ 参见梅里恩·萨默塞特·韦布:《雷曼倒闭:真正改变世界的一天》,梁艳裳译,http://www.ftchinese.com/story/001046889? page=1,访问时间:2012-10-10。

⑦ Walter Bagehot, Lombard Street: A Description of the Money Market, Wiley Investment Classics,1999.转引自[瑞士]艾娃·胡普凯斯:《比较视野中的银行破产法律制度》,季立刚译,法律出版社2006年版,扉页。

和关联性等因素所产生的系统重要性而“大而不倒”(Too big to fail, TBTF)。[⑧] 面对这些系统重要性金融机构的经营失败,“生存还是死亡,这是一个问题”[⑨];对于政府而言,救还是不救,也是一个问题。众所周知,美联储和美国财政部拒绝对雷曼兄弟提供信贷支持,但雷曼兄弟倒闭造成的剧烈的市场反应表明,投资银行已经具有了系统性影响。在金融体系中,雷曼兄弟此类系统重要性金融机构一旦受到冲击,无论这种冲击是来自何种渠道,它就会给金融体系带来严重的负外部性,造成金融体系的系统性危机,充当了金融危机爆发的幕后推手。历史殷鉴,必须铭记。在雷曼兄弟破产之后,摩根士丹利和高盛都获得了美联储的支持,美国财政部也通过问题资产救助计划(Troubled Asset Relief Program, TARP)对这两家投资银行提供资金援助。“在这种市场环境下,美联储的角色不再是市场长期以来的安定剂,而是在咆哮林火中的紧急救火队,而且这片金融土地上充斥着靠故意纵火来获利的行为。”[⑩]随便一个旁观者都可能认为,美国的政府就像是 20 世纪 90 年代的新兴市场政府——利用公共资源来保护一小撮与其有强大政治关系的大型银行。无论这是属于政治战利品,还是属于公正的经济决策,结果是一样的:在经历金融危机之后,华尔街变得更为强大了。[⑪]

前车之鉴,后事之师。2008 年 10 月,由于担忧雷曼兄弟此类系统重要性

---

⑧ 对 Too big to fail 的翻译,我国学者颇有争议。张檽认为,Too big to fail 中的“fail”,即“败倒、垮、失灵”等,本身就含有否定的意义,翻译时不需要在动词前面加“不”,可译成“大而会倒”或“大而不当”,完全符合英文原义。如译为“大而不倒”,就是“成功”“完好”——否定之否定变成肯定,这与英文原义完全相反,是不确切、错误的。一字之差,是“倒”还是“不倒”,差之毫厘,谬以千里,微言大义,不可小觑。参见张檽:《“大而会倒”而非“大而不倒”》,载《中国社会科学报》2011 年 8 月 4 日第 005 版。黄忠廉认为张檽观点鲜明,却是非颠倒,语言上有误、经济学上理亏。参见黄忠廉:《“太大而不能倒”而非“大而会倒”》,载《中国社会科学报》2011 年 10 月 13 日第 005 版。周仲飞认为,“大而不倒”并非是一个准确的术语,更确切的表述应当是“大而不清算”。参见周仲飞主编:《银行监管案例精编》,上海财经大学出版社 2004 年版,第 127 页。本文从惯习,译为“大而不倒”。当然,too big to fail 译为“坐大不倒”,较之惯常的“太大不能倒”“大而不倒”,都胜任“信”“达”二字,但前者比后者更“雅”——大俗则大雅。

⑨ 源自莎士比亚的戏剧《哈姆雷特》中一句经典台词,原文是“To be, or not to be: that is the question.”。

⑩ 参见〔美〕廖子光:《中国出路:全球债务危机与中国应对策略》,林小芳等译,中央编译出版社 2010 年版,第 129 页。

⑪ 参见〔美〕西蒙·约翰逊、郭庾信:《13 个银行家:下一次金融危机的真实图景》,丁莹译,中信出版社 2010 年版,第 161 页。

金融机构倒闭所引发的“蝴蝶效应”(butterfly effect)[⑫]所形成“雷曼时刻”[⑬],G7及欧洲首脑发布了《拒绝雷曼重演宣言》。伴随这一“宣战公告”,世界各国一反此前受传统政治意识形态所影响的“任意参与”“无成本”的“市场主义”对策[⑭],普遍卷入以资本注入和债务担保为支柱的“救市”(bailout)[⑮]浪潮中,紧急贷款、税收等财政政策工具和存款准备金率、利率、公开市场操作等货币政策工具的使用应接不暇。与此同时,对“救市”的批评之声也不绝于耳。斯蒂格利茨尖锐地称这是比“国有化”(nationalization)更糟糕的“伪资本主义”(ersatz capitalism),导致“收益私人化”和“损失社会化”。[⑯] 在华尔街五大投资银行风流云散的一年后,哈佛大学历史学和金融学教授尼尔·弗格森讽刺道,“金融体系本质上没有改变,除了一点,活下来的银行胸前多了一

---

⑫ 金融业作为高风险的行业,一家银行的倒闭往往会引起“多米诺骨牌效应”(Domino effect),产生第二波及效应和一连串银行倒闭的“第三者效应”。参见潘金生等:《比较银行法》,中国金融出版社1991年版,第172页。对此,气象学家洛伦兹(Lorenz)1963年提出的蝴蝶效应(The Butterfly Effect),堪称最好诠释:“南美洲亚马逊河流域热带雨林中的一只蝴蝶,偶尔扇动几下翅膀,可能两周后在美国得克萨斯州引起一场龙卷风。”See Edward N. Lorenz, “Deterministic Non-periodic Flow”, *Journal of the Atmospheric Sciences*, Vol. 20, 1963, pp. 130—141. 蝴蝶翅膀的运动,导致其身边的空气系统发生变化,并引起微弱气流的产生,而微弱气流的产生又会引起它四周空气或其他系统产生相应的变化,由此引起连锁反应,最终导致其他系统的极大变化。但理查德·波斯纳(Richard A. Posner)认为,多米诺骨牌效应并非用以描述金融网络坍塌的非常恰当的比喻。对于一张多米诺骨牌来说,你要么让它自己站着,要么轻推它一下,然后其他的牌随之倒下。长期资本管理公司以及2008年秋天其他一大批金融中介机构所遭遇的事情,属于混沌理论(chaos theory)的范畴,可用欧文·费雪(Irving Fisher)的翻船例子(在“混沌理论”产生之前)加以说明。把费雪的例子稍加变通,设想坐在独木舟里,并且把身子向一边倾斜,船开始只是斜歪了,但如果你继续倾斜,独木舟突然之间就会倾覆。在那一刻——很难事先估测——到来之前,独木舟看起来是稳定的;可实际上哪怕再轻轻使一点劲儿它已无法承受。金融系统的道理是一样的,只不过人们不可能计算出足以触发崩溃的精确条件,这一不确定性使人们不可能对崩溃作出精确预测。因此,风险管理有其局限性。参见〔美〕理查德·A.波斯纳:《资本主义的失败:〇八危机与经济萧条的降临》,沈明译,北京大学出版社2009年版,第95页。笔者课堂教学时曾提及“等公共汽车效应”,即金融机构倒闭就像等公共汽车:几小时都等不到一辆,而后却有一个车队一起到站。

⑬ 所谓雷曼时刻,就是金融体系的心脏衰竭,系统停摆,地狱在脚下打开,要从悬崖掉下去那一刻。

⑭ 其中有代表性的是美国2007年12月出台的利率冻结方案“Hope Now”,现在被戏称为“Hope? No”。2008年9月29日被美国众议院否决的《紧急经济稳定法案》也由于多数议员坚持“市场主义”“无成本”而无法推进。参见〔日〕高田创、柴崎健、石原哲夫:《金融社会主义》,程茜译,东方出版社2012年版,第76—77页。

⑮ Bailout,又译作“救市”。对此概念一个耐人寻味的简单梳理,参见〔美〕罗伯特·希勒:《终结次贷危机》,何正云译,中信出版社2008年版,第63—65页。

⑯ See Joseph E. Stiglitz, Obama's Ersatz Capitalism, http://www.nytimes.com/2009/04/01/opinion/01stiglitz.html? pagewanted=all,访问时间:2010-04-18。

行刺青：太大不能倒。"[17]这些系统重要性金融机构本应对危机负责，反倒成为优先救助对象，金融市场中"优胜劣汰，适者生存"的"丛林法则"在这些机构面前显得无能为力。可见，系统重要性金融机构在金融危机爆发时成为众矢之的，就在于它是金融系统的风险节点。"大型机构扮演的角色显然存在问题：它们既充当赌场，又是赌桌上最大的赌徒，还担任其他赌徒的代理人，而且就算一切都出现问题，它们也可作为有限责任及政府隐/显性纾困的受益人。这就必然导致灾难反复发生。在金本位体系下，纾困规模受到限制。在法定货币体系下，则没有此类限制——直到该货币急剧贬值那一刻。"[18]

后危机时代，我们应当对系统重要性金融机构及其风险加以反思，还需进一步思考：是否所有的大型金融机构都会"大而不倒"？是否所有的大型机构都具有系统重要性，都会产生系统性风险？如何立足本土资源并借鉴国际经验，穿越"大而不倒"的围城，对系统重要性金融机构进行监管？一旦经营失败，如何妥善处置？

二、系统重要性金融机构与"大而不倒"问题

（一）系统重要性金融机构的界定

按照G20金融稳定理事会（Financial Stability Board，FSB）的定义，系统重要性金融机构（systemically important financial institutions，SIFIs）指的是那些由于规模（size）、复杂性（complexity）和系统关联性（inter-connectedness），其无序倒闭将对更广范围内的金融体系与经济活动造成严重干扰的金融机构。[19]具体而言，全球系统重要性金融机构（G-SIFIs）指的是那些具有一定规模、市场重要性和全球关联性，一旦陷入困境或破产将会对全球金融体系造成严重紊乱并对全球经济产生不利后果的金融机构。相应的，国内系统重要性金融机构（D-SIFIs）的影响一般限于一国国内金融体系和经济活动。金融稳定理

---

⑰ 转引自吴晓鹏：《华尔街的变与不变》，载《21世纪经济报道》2009年9月18日第004版。

⑱ 参见〔英〕马丁·沃尔夫：《审慎的金融改革是不够的》，君悦译，http://www.ftchinese.com/story/001032461，访问时间：2010-06-01。

⑲ See Financial Stability Board, "Reducing the Moral Hazard Posed by Systemically ImportantFinancial Institutions", FSB Recommendations and Time Lines, 20 October, 2010, p. 1.

事会(FSB)还指出,随着监管经验的积累,还将扩展监管框架以覆盖更广范围的系统重要性金融机构,包括金融市场基础设施、保险公司和其他非银行金融机构等。

除前述全球系统重要性金融机构(G-SIFIs)与国内系统重要性金融机构(D-SIFIs)的分类外, Markus Brunnermeier, Charles Goodhart 和 Hyun Shin (2009)曾采用目标风险溢出测量法(Objective Risk-Spillover Measures)来捕获某个金融机构对其他金融机构的风险溢出效应,进而将金融机构划分以下四类:具有独立系统重要性(Individually Systemic)的金融机构、部分系统重要性(Systemic As Part of A Herd)的金融机构、非系统性(Non-Systemic Large)的大型金融机构和微小(Tinies)金融机构。Markus Brunnermeier 等人认为,具备第一类和第二类特征的金融机构具有很强的风险溢出效应,并在金融体系中具有系统重要性,应加强宏观审慎监管。[20] 美国波士顿联储主席埃里克·罗森格伦(Eric S. Posengren)曾将系统重要性金融机构分为两类:一是大型高度杠杆化机构,其资本损失对经济产生放大影响;二是拥有大量的对其他金融机构和金融市场交易对手风险的金融机构,其倒闭会对国内和国际交易对手产生极大的"多米诺骨牌效应"。[21] 这些研究成果对系统重要性金融机构(SIFIs)的宏观审慎监管提供了客观依据。

在系统重要性金融机构(SIFIs)的概念被提出之前,与之相关的概念是"大型综合性金融机构"(large and complex financial institution, LCFI),它是由金融稳定论坛(financial stability forum, FSF)下属的一个任务组(task force)于2000年提出的,该任务组将"大型综合性金融机构"(LCFI)定义为"在许多法域和金融业各个领域从事经营活动的机构,这些机构广泛参与了清算、支付、结算等系统"。另一个意指"大型综合性金融机构"(LCFI)的术语是"金融集团"(Financial Conglomerate)。金融集团的跨部门性,对于金融系统稳定及消费者(存款人、保单持有人、投资者)保护带来了巨大挑战,在国际层面

---

⑳ See Markus Brunnermeier, Andrew Crockett, Charles Goodhart, Avinash D. Persaud and Hyun Shin, The Fundamental Principles of Financial Regulation, Geneva Report on the World Economy 11, January 6, 2009. 目标风险溢出测量法主要基于两个标准:一是能够给其他金融机构造成财务困难的金融机构;二是以与其他金融机构的财务困难密切相关的金融机构。如果某个金融机构具有上述标准之一,可以认为该机构的风险溢出效应较高。

㉑ 参见张显球:《宏观审慎监管:理论含义及政策选择》,中国金融出版社 2012 年版,第129页。

上引起了广泛关注。1992 年国际证监会组织(IOSCO)发布的《金融集团监管原则》(Principles for the Supervision of Financial Conglomerates)、1998 年金融集团联合论坛(Joint Forum on Financial Conglomerate)发布的《金融集团监管》文件(Supervision of Financial Conglomerates)和 2002 年 12 月欧盟通过的《关于对金融集团中的信贷机构、保险企业和投资公司进行补充监管的指令》(下称《欧盟金融集团指令》)㉒,体现了各国应对金融集团发展的共同努力。《金融集团监管原则》将金融集团定义为“共同所有权下的任何公司群体,该群体中的一个或多个公司从事相当规模的证券业务、银行业务、保险业务以及其他金融业务”。㉓《金融集团监管》文件则将之定义为“主要业务为金融业务,且其中的受监管实体在重大程度上(to a significant extent)从事银行、保险和证券业务中至少两种业务的企业集团”。㉔ 作为首份全面界定金融集团的正式法律文件,2005 年 1 月起正式实施的《欧盟金融集团指令》没有直接给出一个概括性的定义,而是以描述和限定的方式提供了一个说明性的定义。根据《欧盟金融集团指令》㉕,金融集团是指符合下列全部条件的集团:(1) 集团总公司或者集团中至少一个子公司是欧盟内的受监管实体(regulated entity)㉖,简称欧盟监管实体;(2) 如果集团总公司为欧盟监管实

㉒ See Directive 2002/87/EC of the European Parliament and of the Council of 16 December 2002 on the supplementary supervision of credit institutions, insurance undertakings and investment firms in a financial conglomerate and amending Council Directives 73/239/EEC, 79/267/EEC, 92/49/EEC, 92/96/EEC, 93/6/EEC and 93/22/EEC, and Directives 98/78/EC and 2000/12/EC of the European Parliament and of the Council(hereinafter “Financial Conglomerates Directive”).

㉓ See IOSCO, Principles for the Supervision of Financial Conglomerates, 1992. 转引自杨勇:《金融集团法律问题研究》,北京大学出版社 2004 年版,第 5 页。

㉔ See Joint Forum, Supervision of Financial Conglomerates, 1998, at 64.

㉕ Art. 2(14), Financial Conglomerates Directive.

㉖ 受监管实体是指符合欧盟银行、保险、投资相关指令之定义的信贷机构(银行)、保险企业和投资公司(证券公司)。See Art. 2(1)—(4), Financial Conglomerates Directive. 如果金融集团内有资产管理公司(asset management company),那么资产管理公司也属于监管实体。See Art. 30, FinancialConglomerates Directive. . 受监管实体有欧盟内(由欧盟监管)和欧盟外(不由欧盟监管)之分。

体,那么该总公司需要拥有金融机构子公司[27],或者在金融机构中参股(participation)[28],或者是与金融机构通过非股权方式实现统一管理[29];(3)如果集团总公司不是欧盟监管实体,那么集团的主要业务应为金融业务;(4)集团中至少有一个机构从事保险业务,并且至少有一个机构从事银行或投资服务业务;(5)集团中保险机构的业务总量及银行与投资服务机构的业务总量都应当是重大的(significant)。在美国,1999年《金融服务现代化法》(Financial Service Modernization Act, or Gramm-Leach-Bliley Act, GLBA)对包括金融控股公司(Financial Holding Company, FHC)在内的“大型综合性银行业组织”(large complex banking organizations, LCBOs)也进行了全面与深入的规制。促进和规范金融集团的发展,是GLBA的主要立法目的之一。GLBA允许符合条件的银行控股公司(Bank Holding Company, BHC)通过申请转变为金融控股公司(Financial Holding Company, FHC)从而得以全面从事银行、证券、保险等金融活动;其他金融机构或其控股公司也可以通过并购存款机构成为金融控股公司。换言之,成为GLBA下的“金融控股公司”的前提是必须拥有存款机构。不难发现,彼时,对于大型金融机构的界定仍然拘囿于这些金融机构的规模和经营业务的综合性,尚未认识到大型金融机构所具有的系统关联性,及其对整个金融体系和实体经济造成的系统性风险。

系统重要性金融机构(SIFIs)监管与系统性风险相伴相生。一般认为,系统性风险可分为两类:一是系统性金融风险(systemic financial risk),是指

---

[27] 下列情形均构成母子公司关系:(1)一公司拥有另一公司股东会或管理、监督机构的多数表决权;(2)一公司有权任命或撤换另一公司管理、监督机构的多数成员,与此同时又是该另一公司的股东或机构成员;(3)一公司是另一公司的股东或机构成员,并且根据合同或者该另一公司的章程,有权对后者施加支配性影响(dominant influence);(4)一公司是另一公司的股东或机构成员,并且该另一公司的管理、监督机构多数成员的任命完全是其行使投票权的结果,或者该公司依据其同该另一公司其他股东或机构成员的协议,单独拥有后者股东会或管理、监督机构的多数表决权;(5)一公司对另一公司参股,并对后者有权施加或实际施加支配性影响,或者对二者进行统一管理。See Art. 2(9) &(10), Financial Conglomerates Directive, referring to Art. 1(1)&(2), Seventh Council Directive 83/349/EEC of13 June 1983 based on the Article 54(3)(g) of the Treaty on consolidated accounts.

[28] “参股”是指:(1)一公司直接或间接拥有另一公司20%或以上的资本或投票权;或者(2)一公司对另一公司的资本享有权利(无论是否有权利凭证),该权利在公司间形成持久联系,旨在促进前者的经营。See Art. 2(11), Financial Conglomerates Directive; First sentence of Art. 17, Fourth Council Directive 78/660/EEC of 25 July 1978 based on Article 54(3)(g) of the Treaty on the annual accounts of certain types of companies.

[29] 具体是指二者通过合同、章程达成统一管理,或者二者的管理、监督机构的多数成员相同。SeeArt. 2(14)(b), Financial Conglomerates Directive, referring to Art. 12(1), Directive 83/349/EEC.

一个冲击将导致经济价值与信心的损失，以及整个金融体系不确定性的风险；二是系统性实体风险（systemic real risk），是指一个冲击将导致实体经济部门严重受损的风险。[30] 笔者将系统性风险定义为：整个金融体系崩溃和功能丧失的可能性，即金融稳定性受到冲击，并深刻影响实体经济，使经济增长大幅下挫。相应的，如果一个机构能够产生系统性风险，那它就具有系统重要性。正如美联储主席伯南克在解释救助美国国际集团（AIG）的行动时所说的，"大型、复杂的金融机构趋向于同其他公司和市场间建立高度的关联性，美国国际集团（AIG）则是关联性最高的金融机构"，"放任美国国际集团（AIG）的倒闭不仅将其客户和债权人，而且是将全球金融体系和经济置于巨大的风险之下"，"拯救美国国际集团（AIG）是所有可行的糟糕选项中最好的一个了，虽然这付出了高昂的代价，包括给纳税人带来的金融风险。"[31]

金融危机表明，系统性风险是整个金融体系崩溃的风险或可能[32]，而某些系统重要性金融机构（SIFIs）又是足以引发系统性风险的内生诱因。金融危机后，一系列评估和识别系统重要性金融机构（SIFIs）的标准相继出台（见表 4-1）。2011 年 11 月 4 日，G20 金融稳定理事会（FSB）公布了包括美国的纽约梅隆银行（Bank of New York Mellon）、花旗银行（Citibank）、高盛集团（Goldman Sachs）、摩根大通（JP Morgan Chase）、摩根士丹利（Morgan Stanley）、道富银行（State Street）和富国银行（Wells Fargo）；英国的苏格兰皇家银行集团（Royal Bank of Scotland）、劳埃德银行集团（Lloyds Bank）、巴克莱银行（Barclays Bank）和汇丰控股（HSBC）；法国的巴黎银行（BNP Paribas）、农业信贷银行（Credit Agricole）、人民银行（Banque Populaire 和兴业银行（Societe Generale）；德国的德意志银行（Deutsche Bank）和德国商业银行（Commerz bank）；意大利的裕信银主（UniCredit）；瑞士的瑞士银行（UBS）和瑞士信贷集团（Credit Suisse）；比利时的德夏银行（Dexia）；荷兰的荷兰国际集团（ING）；西班牙的西班牙国家银行（Banco Santander）；瑞典的北欧联合银行（Nordea）；日本的三菱 UFJ 金融集团（Mitsubishi UFJ）、瑞穗金融集团

---

[30] See De Niolo, G. and M. Lucchetta, Systemic Risk and the Macro-economy, IMF Wp/10/29, February, 2010.

[31] See Ben S. Bernanke, Four Questions about the Financial Crisis, speech at the Morehouse College, Atlanta, Georgia, April 14, 2009. 载 http://www. federalreserve. gov/newsevents/speech/bernanke20090414a. htm，访问时间：2012-02-14。次贷危机中，美国处理"大而不倒"问题而举步维艰的历史进程，详见〔美〕索尔金：《大而不倒》，巴曙松等译，中国人民大学出版社 2010 年版。

[32] See Kaufman, G. and E. S. Kenneth, What Is Systemic Risk, and Do Bank Regulaors Retard or Contribute to It?, the Independent Review, Vol., No. 3, 2003.

(Mizuho Financial)和三井住友金融集团(Sumitomo Mitsui);中国的中国银行(Bank of China)等首批29家全球系统重要性金融机构(G-SIFIs)名单,并将在每年11月对名单进行审查和更新。中国银行(Bank of China)成为中国乃至新兴经济体国家和地区唯一入选银行。

表4-1 系统重要性金融机构(SIFIs)的评估方法

发布机构	报告	系统重要性评估方法
英国金融服务管理局(FSA)	2009年10月,《全球银行业危机的监管对策:系统重要性银行及其影响评估》	规模;关联度,如银行业同盟、同业拆借、交叉持股、同一支付系统成员、关键市场的交易对手;金融机构群(herd),单个金融机构不具有系统重要性,但相似金融机构组成的"群"可能具有系统重要性
美国金融稳定监督委员会(FSOC)	2011年10月,《规则制定和解释性指南的提案》	规模、杠杆率、关联度、可替代性、流动性风险和期限错配、监管现状等六类评估框架
巴塞尔银行业监管委员会(BCBS)	2011年7月,《全球系统重要性银行:评估方法和附加损失吸收能力要求》	全球活跃程度、规模、关联度、可替代性、复杂性,赋予每一项指标20%的权重,赋予各指标下的子指标内容以6.67%—10%—20%不等的权重,并允许各国监管当局根据实际情况调整
国际货币基金组织、国际清算银行、金融稳定理事会(IMF-BIS-FSB)	2009年10月,《金融机构、市场和工具系统重要性的评估指引》	对单个金融机构系统重要性的评估应同时考虑直接影响和间接影响,其中直接影响取决于规模和可替代性,间接影响取决于关联性
德意志银行(Deutsche Bank)	2011年8月,《识别系统重要性金融机构》	(1) 基于市场的评估方法,包括边际预期差额法(MES)、沙普利值法(shapley value)、在险值协方差法(CoVaR)等;(2) 基于指标的评估方法,包括规模、关联度、复杂性、可替代性等

(二)"大而不倒"的由来:以美国为例

系统重要性金融机构(SIFIs)对金融体系和经济活动造成系统性风险的

根源主要在于这些金融机构"大而不倒"的道德风险。"大而不倒"指的是一些大型金融机构的倒闭会引发系统性风险，因此当这些金融机构陷入困境时，政府会予以救助而不是放任其倒闭。"大而不倒"原则最初源于美国，并与最后贷款人制度和存款保险制度联系在一起。

1971 年波士顿 Unity 银行救助案，标志着"大而不倒"政策的正式使用。美国联邦存款保险公司（FDIC）前主席 Sprague 指出，救助 Unity 银行是在所谓"实质性"（Esstential）框架下的首次救援。依 1950 年的美国《联邦存款保险法案》（FDICA）第 13 款规定，如果可以判定一家商业银行的破产将会对社区的银行服务产生实质性冲击，美国联邦存款保险公司（FDIC）可以进行救援。由于"实质性"定义宽泛、不明确，当局倾向于避免广泛启用该条款。事实上，制定该条款主要是担心在美国的农村地区如果只有一家商业银行提供服务，那么其破产将对该地区产生冲击，甚至引发混乱。据称，美国联邦存款保险公司（FDIC）有一位委员反对救援波士顿 Unity 银行，认为救援是一种不好的公共政策，将导致其他救援的发生，甚至一发不可收拾。但是，大部分委员认为，Unity 银行破产极有可能引发连锁反应和混乱，因此应该"特事特办"。随后，美国联邦存款保险公司（FDIC）又救援了底特律的 Commonwealth 银行。[33]

1984 年大陆伊利诺伊州银行（Continental Illinois）救助案[34]，标志着美国建立起商业银行破产的特别应对机制，"大而不倒"问题的处置机制化。位于芝加哥的大陆伊利诺伊州银行是当时美国第七大商业银行，资产有 400 多亿美元，拥有全国 2000 多家代理行（尤其是芝加哥附近的美国中西部地区银行）的存款账户，其中有 179 家银行在该行的存款占其自有资本的比例超过 50%，有 66 家银行的这一比例超过 100%。1984 年 5 月 9 日，美国商品新闻服务公司曾报道的一则"传言"日本银行可能会收购大陆伊利诺伊州银行的

---

[33] See Hetzel, Robert L., Too Big to Fail: Origins, Consequences, and Outlook, Economic Review, Federal Reserve Bank of Richmond, November/December, 1991. 有学者认为，1975 年，美国《商业周刊》最早使用"大而不倒"来描述美国政府对铁路公司、克莱斯勒公司等大型非银行企业实施的救助政策。参见伏军：《论银行"太大不能倒"原则——兼评美国〈2010 华尔街改革与消费者保护法案〉》，载《中外法学》2011 年第 1 期。

[34] 参见〔美〕威廉·格雷德：《美联储》，耿丹译，中国友谊出版公司 2013 年版，第 591—598 页；美国联邦存款保险公司编著：《美国 20 世纪 80 年代至 90 年代初银行危机研究：历史与教训》，朱崇实，刘志云等译，厦门大学出版社 2010 年版，第 243—269 页；美国联邦存款保险公司编著：《危机管理：1980—1994 年联邦存款保险公司和处置信托公司的经验》，刘士余等译，中国金融出版社 2004 年版，第 386—401 页；史纪良主编：《银行监管比较研究》，中国金融出版社 2005 年版，第 311—329 页；周仲飞主编：《银行监管案例精编》，上海财经大学出版社 2004 年版，第 106—132 页；等等。

简短新闻,经日本新闻机构报道时,“传言”被翻译成“据可靠消息透露”,大陆伊利诺伊州银行由此被挤兑。[35] 如果大陆伊利诺伊州银行倒闭的话,估计会有50—200家银行会陷入困境或倒闭[36],包括第一芝加哥银行、达拉斯第一国际银行、休斯敦第一国民银行、旧金山克罗克国家银行、密歇根国民银行、匹斯堡伊奎银行等等。政府被迫对其实施救助。大陆伊利诺伊州银行濒临破产时,只有10%的储户受存款保险担保,美国联邦存款保险公司(FDIC)宣布将对所有债权人的利益负责。美国联邦存款保险公司(FDIC)从大陆伊利诺伊州银行控股股东手中购买了价值10亿美元的优先股;同时允许大陆伊利诺伊州银行继续运营,而且其资本金水平可以暂时低于监管的标准。芝加哥联储则为其开放贴现窗口,总共提供76亿美元贷款。[37] 听闻监管机构对大陆伊利诺伊州银行实施救助的消息后,总审计长C·托德·康诺弗(C. Todol Conover)声称联邦监管机构不会让11家最大的“货币中心的银行”倒闭。这是一种新的监管原则,不久它就有了一个朗朗上口的名字。康涅狄格州议员斯图尔特·麦金尼(Stewart Mickinney)回应说:“我们有了一种新的银行。它被称为‘大而不倒’(too big to fail)银行——TBTF——这是一种绝妙的银行模式。”

尽管美国政府对大型商业银行屡屡施以援手,例如1988年第一城市银行救助案、1988年第一共和银行救助案,而且联邦存款保险公司(FDIC)已不再像他们在大陆伊利诺伊州银行案中那样“关心银行所有者和银行股票持有者的利益了”,而是将救助资金直接注入了银行子机构而非控股公司,曾经是全国第五大投资银行的德崇证券(Drexel Burnham Lambert)1990年仍然倒闭了。官司缠身加上垃圾债券投资组合损失的打击,使借款人在商业票据和回购市场上对德崇证券避之不及,迫使这家投资银行迅速滑入万劫不复的深渊,成为证券行业发展史上最大的破产案。尽管债权人(包括其他投资银行)都承受了巨大损失,美国政府放任德崇证券的倒闭,也并未引发危机。就此看来,在金融企业中,只有商业银行才被认为是“大而不倒”的。

1991年,美国国会通过了旨在控制用纳税人的钱去营救面临倒闭的储蓄机构的《联邦存款保险公司促进法》(FDICIA),试图限制这个“大而不倒”原则。

---

[35] 金融机构信息的大范围传播会放大其社会效应,所带来的影响是不确定的。如中国人民银行广州分行的辖区内就曾相继发生数起因新闻宣传不当和社会传闻引发的金融风波。参见马经:《金融监管的新课题:外生性金融风险》,《中国金融》2002年第4期,第67页。

[36] 参见〔美〕马丁·迈耶:《大银行家》,何自云译,海南出版社2000年版,第258页。

[37] See Goldstein, Morris and Nicolas Verson, Too Big to Fail: The Transatlantic Debate, Paper for Conference on Transatlantic Relationships in an Era of Growing Economic Multipolarity, Peterson Institute for International Economics, October, 2010.

FDICIA 规定,联邦监管机构必须在银行和储蓄机构陷入困境之前就出手干预。此外,如果一家公司确实只能破产,那么联邦存款保险公司须以相对于储蓄保险基金最少的成本解决破产机构的问题。但是,这项法案存在两个重大漏洞。漏洞之一是,在财政部和美联储认为这家机构的倒闭对市场造成了"系统性风险"时,联邦存款保险公司可以不受最低成本这一条款的限制。漏洞之二是,这引发了一些华尔街投资银行的担忧,尤其是高盛:在之前的市场崩溃之时,联邦监管当局不愿意救助证券公司,例如上述德崇证券的破产。随之,华尔街的投资银行成功游说了国会对 FDICIA 进行修正,授权美联储通过延长以投资银行的证券作为抵押的贷款的期限,充当投资银行的最后贷款人。至此,"大而不倒"已成为金融市场中一项重要的监管法则㊳,"大而不倒"问题的救援机制化。

1998 年 8 月,俄罗斯的部分国债违约,对市场造成了恐慌。俄罗斯政府宣布将重组债务,并延迟对一些债务的支付。㊴ 受危机余波影响,仅仅一个月之后,美国长期资本管理公司(Long-Term Capital Management,LTCM)像"泰坦尼克号"横遭灭顶之灾:损失了 40 多亿元——超过它总资产(不到 50 亿美元)的 80%,债务达到了 120 亿美元。1998 年 9 月 23 日,在美联储的催促下,15 家金融公司同意组建一个财团,向长期资本管理公司(LTCM)注资 36.5 亿美元,换取它 90% 的股票。尽管贝尔斯登拒绝出资,但是其他公司都出资,出资额从 1 亿美元到 3 亿美元不等。美联储也开放紧急贴现窗口,为这 15 家机构提供低息贷款。之后,对长期资本管理公司(LTCM)证券和衍生合约的清算开始有序进行。由于长期资本管理公司(LTCM)关联着众多大型的抵押贷款金融机构,其持有的 1200 亿美元的抵押贷款的发行人有美林、JP 摩根、瑞士银行、兴业银行等国际大型金融机构;长期资本管理公司(LTCM)利用 1200 亿美元抵押贷款进行再贷款,以此持有 6 万份金融期货合约,交易规模为 1.25 万亿美元㊵,如纽约联邦储备银行主席事后解释:"如果长期资本管理公司(LTCM)突然间拖欠债务,它的伙伴就会迅速地关闭(减价抛售)他们的仓位,若许多企业在交易中突然间一起减价抛售数以千亿的资产,那么就会有一种可能——贷款和利率市场可能会经历极端的价格变动并很有

㊳ 参见美国金融危机调查委员会:《美国金融危机调查报告》,俞利军等译,中信出版社 2012 年版,第 41—42 页。

㊴ 参见〔美〕乔治·索罗斯:《开放社会:改革全球资本主义》,王宇译,商务印书馆 2002 年版,第 262—274 页。

㊵ See Edwards, Franklin R., Hedge Funds and the Collapse of Long-Term Capital Management, Journal of Economic Perspectives, 13, 1999, pp. 189—210.

可能在一段时间内丧失其功能(一天或更多天或更长时期)。”美联储主席艾伦·格林斯潘向国会证明,如果长期资本管理公司(LTCM)管理失败,可能会引发市场失灵,威胁到美国和许多其他国家的经济。[41] 美联储对长期资本管理公司(LTCM)的救助是否表明,对于任何一家金融机构,只要其倒闭会危及资本市场,美联储都会出手相救,以保护它的债权人?至此,美国政府救

---

[41] 参见〔英〕安德鲁·格林:《放纵的资本主义》,孙杰等译,东方出版社2009年版,第68—69页。美国长期资本管理公司(Long-Term Capital Management, LTCM)以明星姿态创始,旗下拥有诺贝尔经济学奖获得者斯科尔斯、默顿等一大批一大批天才交易员和出类拔萃的“火箭专家”(指那些能够使用复杂的数学模型,在金融市场上发现盈利机会的博士们),被誉为华尔街“梦之队”。人算不如天算。这群曾将不确定的世界视为冷血赌局的投机天才,因为利用衍生品进行了有史以来最大的最具杠杆效应的投机行为,最终输得一败涂地,成为风险管理的经典案例。长期资本管理公司(LTCM)像“泰坦尼克号”横遭灭顶之灾的历史及其原因分析,可参见周仲飞主编:《银行监管案例精编》,上海财经大学出版社2004年版,第106—170页;周大庆等:《风险管理前沿》,中国人民大学出版社2004年版,第231—234页;〔德〕托马斯·路德:《投资陷阱:金融史上30个灾难性丑闻》,戴雪松译,上海人民出版社2005年版,第98—106页;[加]费利穆·鲍意尔,费德利·鲍意尔:《金融衍生品——改变现代金融的利器》,加拿大中国金融协会译,中国金融出版社2006年版,第124—132页;〔美〕珀森德主编:《流动性黑洞:理解、量化与管理金融流动性风险》,姜建清译,中国金融出版社2007年版,第109—123页;〔美〕理查德·布克斯塔伯:《我们自己制造的魔鬼:市场、对冲基金以及金融创新的危险性》,黄芳译,中信出版社2008年版,第83—108页;〔美〕戴维·德罗萨:《金融危机真相》,朱剑锋等译,中信出版社2008年版,第117—135页;〔美〕斯蒂格利茨:《全球化及其不满》,李杨等译,机械工业出版社2010年版,第115—142页;〔美〕马丁森:《风险管理案例集:金融衍生产品应用的正反实例》(第2版),钱泳、王宏译,东北财经大学出版社2011年版,第242—283页;〔英〕戴维·史密斯:《动荡年代:金融危机怎样改变未来经济》,张静等译,电子工业出版社2011年版,第29—38页;〔美〕海尔·史科特:《二〇〇八年全球金融危机》,刘俊译,法律出版社2012年版,第14—19页;等等。Roger Lowenstein 2000年所著 When Genius Failed: The Rise and Fall of Long-Term Capital Management 有三个书名不同、译者相同的中译本:①〔美〕罗杰·洛文斯坦:《营救华尔街》,孟立慧译,上海远东出版社2003年版;②〔美〕罗格.洛温斯坦:《赌金者:长期资本管理公司(LTCM)的升腾与陨落》,孟立慧译,上海远东出版社2006年版;③〔美〕罗杰·洛温斯坦:《拯救华尔街》,孟立慧译,广东经济出版社2009年版。

吊诡的是,对长期资本管理公司(LTCM)的救援,竟然是美联储要求华尔街同行拯救一个竞争对手,而拯救的办法就是出钱帮着这个竞争对手。他们竭尽全力地“给跑道铺上泡沫塑料”,居然是缓冲长期资本管理公司(LTCM)的坠落,从而拯救自己。在金融市场哀鸿遍野时,“个别公司的利益什么时候应该让位于众多公司的需要?这是一个经典的集体行为问题。如果各公司被迫联合起来支持一家失败的公司,那么当下一个公司陷入麻烦,它们是否还要再一次为援助行动买单?什么时候算是个尽头?这对人们判断金融行业真实状况的能力又会有什么样的影响?潜在的投资者们在分析任何一家银行的资产负债表时,除了考虑资产和负债,还不得不考虑这家银行是否已经充分反映了它对其他某个竞争对手的救援义务中所蕴含的风险。在这样的情况下,市场又怎能准确地衡量任何一家金融机构的状况?”参见〔美〕保尔森:《峭壁边缘:拯救世界金融之路》,乔江涛等译,中信出版社2010年版,第176页。而且,虽然长期资本管理公司(LTCM)避免了破产噩运,但部分相关的金融要构损失不小,比如瑞士银行和兴业银行分别损失10亿和6.5亿美元。See Dowd, Kevin, Too Big to Fail? Long-Term Capital Management and the Federal Reserve, Cato Institute Brief Paper, No. 52, 1999.

助金融机构的关注点从大型机构向具有系统重要性的机构进行倾斜，即并非小机构就不会引发系统性风险，也并非所有大型金融机构都会导致系统性风险。有时，人们误把历史当做传统，不加辨择地想象某种精神共鸣。难怪在2008年雷曼兄弟倒闭时，担任破产顾问的哈维·米勒（Harvey Miller）告诉金融危机调查委员会："基于美联储对长期资本管理公司（LTCM）的救助，那些对冲基金也指望美联储救助雷曼，因为那是历史的经验。"[42]宾夕法尼亚尼大学法学院戴维·斯基尔（David Skeel）强调，"雷曼兄弟产生的问题实际上正是监管层诱导的结果。在早先对贝尔斯登进行救助后，监管层强烈地表达出他们要对具有系统重要性的金融机构的救助意愿。但是监管层却在最后时刻改变他们的态度，破坏了雷曼兄弟和它的潜在购买者的计划。"[43]我们需要牢记的是，在一个后传统社会（post-traditional society）中，权威无法再通过传统的象征性符号或者通过声称"情况向来如此"而获得合法性。[44]

与此同时，从1950年的美国《联邦存款保险法案》（FDICA）到1991年的《联邦存款保险公司促进法》（FDICIA），以及1999年《金融服务现代化法》（Gramm-Leach-Bliley Act of 1999），一步步为"大而不倒"原则扫除了法律的障碍。美国国会1999年11月4日通过的《金融服务现代化法》，迫使对金融业进行严格分业管制的《格拉斯—斯蒂格尔法》退出历史舞台。这加剧了美国金融机构的兼并和重组，使商业银行与投资银行业务相互渗透、交叉重叠加剧，出现了花旗集团、美国银行与摩根大通这样的"金融超市"，美国金融机构进一步走向集中和垄断，"大而不倒"变得更加可能。

一般认为，"大而不倒"理念的法律规范性表述是"系统性风险例外"（Systemic Risk Exception）原则，规定在FDICA第13条c款4项G中，它赋予联邦存款保险公司（FDIC）在大型问题银行破产可能导致严重的系统性风险的情况下进行营业银行救助（Open Bank Assistance，OBA）的自由裁量的权力，该权力的行使有严格的程序要求。FDICA第13条c款4项G规定该例外的适用必须由联邦存款保险公司（FDIC）董事会或联邦储备委员会2/3以

[42] 参见美国金融危机调查委员会：《美国金融危机调查报告》，俞利军等译，中信出版社2012年版，第63—64页。

[43] 参见〔美〕戴维·斯基尔：《金融新政：解读〈多德—弗兰克法案〉及其影响》，丁志杰等译，中国金融出版社2012年版，第17页。

[44] 参见〔英〕安东尼·吉登斯：《第三条道路：社会民主主义的复兴》，郑戈译，北京大学出版社2000年版，第76页。

上成员提议。如果提议由联邦存款保险公司(FDIC)发出,则需征得联邦储备委员会的同意,反之亦然。此外,财政部长还必须确认适用系统风险例外是正当的。最后,联邦存款保险公司(FDIC)必须通过保险基金全体成员间的一种特别评估,来处理其因适用"系统性风险例外"而受到的损失。[45]

(三) 系统重要性金融机构的"大而不倒"问题

如前所述,"大而不倒"机构与系统重要性金融机构(SIFIs)具有内在联系性,同时又不是完全等同。美国应对"大而不倒"问题的初衷实际上并非针对大型金融机构,而是针对可能对金融服务造成"实质性"影响的机构的破产问题。一般来说,大型金融机构的破产都会产生较大的冲击,甚至是系统性冲击,政府为此进行救援的概率较大,即"大而不倒"机构一般都具有系统重要性。相对于"大而不倒"机构,系统重要性金融机构(SIFIs)的范围要更加宽泛。比如,长期资本管理公司(LTCM)可能算不上"大而不倒"机构,但是如果从系统重要性出发,它就是系统重要性金融机构(SIFIs)。我们需要进一步追问的是,系统重要性金融机构(SIFIs)难道铁定"大而不倒"?

一方面,"大而不倒"有其合理性,可以阻止系统重要性金融机构(SIFIs)倒闭的风险传导至整个金融系统,形成系统性风险。这种风险传导机制主要有两个渠道:一是市场渠道。系统重要性金融机构(SIFIs)不仅规模庞大,而且业务范围广、系统关联性高,尤其在金融全球化的背景下,跨境经营的大型金融机构间将在全球范围内建立金融网络,相互间的资产负债表紧密关联,任何一方的破产都会导致资金链条的断裂,进而引发系统性危机。Jayanti,Whyte 和 Do(1996)的研究证明,美国大陆伊利诺伊州银行的危机引起了英国、加拿大银行股价的负面变动,因为它们同样持有大量发展中国家的债务风险头寸。[46] 2008年金融危机期间,国际货币基金组织(IMF)采用险值协方差法(COVaR)测量的美国主要金融机构之间的风险关系度(如图 4-1)显示,美国主要投资银行和商业银行之间的风险联系紧密,包括雷曼兄弟在内的任何一个具有系统重

---

[45] 参见〔美〕哈威尔 · E. 杰克逊,小爱德华 · L. 西蒙斯:《金融监管》,吴志攀等译,中国政法大学出版社 2003 年版,第 348 页。

[46] See Jayanti S. V. , A. M. Whyte, and A. Q. Do, "Bank Failures and Contagion Effects: Evidence from Britainand Canada", *Journal of Economics and Business*, 1996, 48(2), pp103—116.

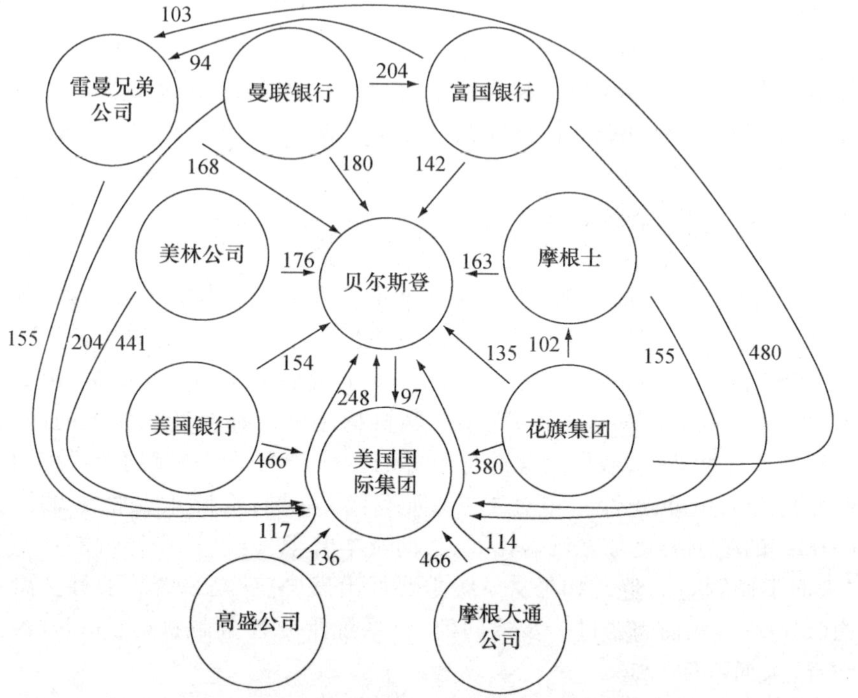

图 4-1 美国主要金融机构之间的风险关系度[47]

要性的大型金融机构的破产都会通过风险网络传递到其他金融机构，进而爆发金融危机。事实证明，“大而不倒”(too big to fail)其实就是“太复杂而不能倒”(too complex to fail)、“太关联而不能倒”(too interconnected to fail)、“太系统而不能倒”(too systemic to fail)、“太重要而不能倒”(too important to fail)。[48] 二是心理渠道。Swary(1986)研究了美国大陆伊利诺伊州银行 1983 年到 1984 年间的危机情况后发现，由于大陆伊利诺伊州银行贷款质量恶化的“坏消息”，美国 67 家银行股价出现了一场大变动。[49] 至于雷曼兄弟这样的大型金融机构的倒闭，无异于向金融市场中投掷了一枚重磅炸弹，使

---

[47] 参见国际货币基金组织：《全球金融稳定报告应对金融危机，测量系统性风险》(2009 年 4 月)，同生辉等译，中国金融出版社 2009 年版，第 77 页。

[48] 参见国际货币基金组织：《全球金融稳定报告：迎接稳定面临的新挑战打造一个更安全的体系》(2010 年 4 月)，杨冠一等译，中国金融出版社 2010 年版，第 39 页。

[49] See Swary, I., “Stock Market Reaction to Regulatory Action in the Continental Illinois Crises”, *Journal of Business*, 1986(59), pp451—473.

得金融市场的预期急转直下，恐慌迅速地在金融市场中传染（contagion）[50]，

---

[50] 金德尔伯格指出，为满足公众口味，他将金融危机的传播从以前版本的“繁殖”（propagation）改为第四版的“传染”（contagion）。这个用词的变化，强调了纯经济因素之外的心理因素与羊群行为（herd behavior），比如货币政策、资本流动、汇率及贸易等。参见〔美〕查尔斯·P.金德尔伯格：《疯狂、惊恐和崩溃——金融危机史》（第四版），朱隽等译，中国金融出版社2007年版，作者自序。金德尔伯格正是由此概念出发，从心理因素角度将金融周期分为疯狂（Manias）、惊恐（Panics）和崩溃（Crashes）三个阶段。经济发展引发投机过热，如果经济下滑，投资者为获取现金，竞相从长期或实际的金融资产中退出，将引发风云突变（Revulsion）和信用骤停（Discredit），从而出现市场恐慌，最终演变为崩溃。前高盛投资银行家约翰·塔伯特（John R. Talbott）认为contagion意为“瘟疫”，其定义有五：(1) 疾病通过直接或者直接接触进行的传播。(2) 因传染而得的疾病。(3) 传染性疾病得以传播的媒介。(4) 有害或者令人厌恶的接触以及影响。(5) 一种思潮或者情绪在人群之间的迅速传播或者扩散，例如，恐惧的瘟疫。这个词最早在1997年亚洲金融危机期间进入金融市场监管者的词典，成为流行用语，被用来形容能够波及其他市场的某个市场危机。参见〔美〕约翰·塔伯特：《大拯救：金融瘟疫席卷全球，如何自救？》（Contagion），喻海翔译，东方出版社2009年版，第1、7页。克鲁格曼说过，金融危机“那就像一种曾经引发致命瘟疫的病菌，在后来的很长时间里，人们认为它已被现代医学征服，但它又以另一种形式重现了，而且这一次它对所有常用抗生素都产生了抗体。”“迄今为止，真正被这种刚刚变得无法治闻的病菌感染的人，其实只是少数；但对于我们中间目前为止还算幸运的人而言，聪明的做法应当是不惜一切代价寻找新疗法、新预防方案，以免我们最终也沦为它的猎物。”参见〔美〕保罗·克鲁格曼：《萧条经济学的回归和2008年经济危机》，刘波译，中信出版社2009年版，第Ⅶ页。英国央行金融稳定事务执行董事安德鲁·霍尔丹（Andrew Haldane）也认为，国际金融体系是一个复杂的适应性网络，它的互联互通程度和复杂程度都在不断提高，使之具有既强健又脆弱的特点，即使不大的随机冲击也有可能给整个网络带来致命的影响。为了尽可能地保证国际金融网络的安全与稳定，应该汲取流行病学和其他非金融网络的经验与教训。参见〔英〕安德鲁·霍尔丹：《反思金融网络》，徐卫宇译，载吴敬琏主编：《比较》（总第42期），中信出版社2009年版，第5—23页。柯娇燕（Pamela Kyle Crossley）指出：“许多非常重要的全球史学家已经把关于传染（contagion）、感染（infestation）或流行病（epidemic）的观念，既看做是实实在在的问题，又看做是对变化中一种自我推进因素的比喻描述，这种因素常常快速传播并产生较大范围的影响。参见〔美〕柯娇燕：《什么是全球史》，刘文明译，北京大学出版社2009年版，第67页。从发生学的角度看，“传染”概念主要受到医学上疾病流行的启示，作为一种隐喻用于金融学领域。实际上，以隐喻的形式来描述危机“迁移”或“位移”现象的词语，既有机械类隐喻，常见的词语有“输入”“输出”“流通”“传播”“辐射”以及“强加”等，主要反映了工具主义的金融观；也有有机类隐喻，常用的词语有“转嫁”“感染”“刺激”“嫁接”以及“移植”等，主要反映了功能主义的金融观。运用哪种隐喻，不仅取决于研究者的个人偏好和表述习惯，而且取决于他们关注的对象和追求的目标。一个隐喻映射（metaphorical projection）一旦建立起来、为大多数语言使用者所接受，就会反过来将自身的结构强加于真实生活之上，从而以各种各样的方式被实现。参见吴恩锋：《经济认知域的隐喻思维》，浙江大学出版社2010年版，第17页。这种“双向建构”的过程，与我们常说的“格物致知”极为相似。鲍勃·斯蒂尔曾这样评价次贷危机，这就是金融版的疯牛病：或许只有一小部分牛肉被感染了，但这种病太过可怕，乃至于消费者们开始躲避所有的牛肉。转引自〔美〕保尔森：《峭壁边缘：拯救世界金融之路》，乔江涛等译，中信出版社2010年版，第65页。“救市行动的采用可与试图通过对病得最厉害的人以及离死亡最近的人全力进行救治，以控制疾病流行的行为相提并论。”参见〔美〕罗伯特·希勒：《终结次贷危机》，何正云译，中信出版社2008年版，第69页。笔者认为，金融危机的威胁缓慢而不可遏制地传染，如同中世纪欧洲下水道里携带着黑死病的老鼠，当人们发现它的时候，已经只能呼出胸中的最后一口空气。

并且在“麦克风效应”(microphone effect)[51]的作用下向全球金融体系和实体经济中蔓延，所有的金融机构都担心自己会成为“多米诺骨牌效应”(domino effect)中的下一个牺牲者，存款人和投资者则担心自己的资金难以回收，政府则在宽松和紧缩间挣扎，金融市场中的抛售、挤兑泛滥，推动了金融资产价格的螺旋下降和金融机构的破产浪潮，市场机制和心理预期二者相互强化、相互推动，从而引发全球金融危机。在2008年金融危机中，雷曼兄弟破产之后，高盛、美林、美国银行等系统重要性金融机构(SIFIs)的资本充足率和流动性都是相对较好的，但是他们坚决“窖藏”(Hoard)[52]流动性，使得危机不断

熊彼特将危机称为“清理的不正常过程”(abnormal process of liquidation)，它类同于黑死病之于中世纪欧洲人口的非正常消减、疯牛病之于现代欧洲牛肉消费的非正常锐减。参见〔美〕熊彼特:《经济发展理论》，叶华译，九州出版社2007年版，第520、521页。这种危机魅影或镜像的可怕再现，是任何人都最不想看到的惊悚一幕。如果是基督徒，我们也许需要引用《提摩太后书》第2章第1:7小节的话——“上帝赐予我们的不是恐惧的精神，而是力量、爱和健康思想的精神。”

[51] 信息时代，人人都是一部麦克风、都是一条链接无限的互联网。“会议室中的麦克风总有回音，麦克风发出的声音会被扬声器放大，这个声音又会进入麦克风，如此反馈循环。如果会议室的回声不大，扬声器放大出来的声音也不大，这个反馈就会逐渐‘缩小’，不会出现什么问题。但是，如果将麦克风的音量放到最大，这个过程就会‘爆炸’:麦克风会将任何细微的声音放大，这个声音又会进入麦克风，再次被放大，于是会突然变成那种令耳朵难以忍受的噪声。这里的关键在于，不是反馈的质量改变了，而是它的数量增加了，让人们耳朵难受的原因是麦克风的音量被调得太高了。”参见〔美〕保罗·克鲁格曼:《萧条经济学的回归和2008年经济危机》，刘波译，中信出版社2009年版，第80页。

2008年诺贝尔经济学奖授予了对经济危机具有独特判断力的普林斯顿大学经济学教授克鲁格曼。乔治·索罗斯(George Soros)所说的“自我强化”(Reflexivity)理论有力地证明了这一点:特殊条件下，投资者的偏见会发展和传播到整个投资领域，投机者动用资产杠杆和跟随趋势会进一步使事态从一个极端走向另一个极端。房市泡沫初期，放债人开始将更多的钱贷给更多的人购房，更多的人买房推高了房屋的价格(因为相对更多的钱追逐同样数量的住房)，放债人增加了放债，支撑放债的房产又随房屋价格的上升而增值，他们进一步增加放债因为他们的资产负债表变得更好了。房价与放债螺旋上升，贷款条件进一步放宽，最终静态的不平衡演化成动态的失衡。等到所有该买房和很多不该买房的人都买了房，市场上就只剩下卖房的了。一有风吹草动，大势便随之逆转，影响所及连评级较好的房贷金融产品也一起跌价，争先恐后的动态使事态走向万劫不复。参见〔美〕乔治·索罗斯:《金融炼金术》，孙忠等译，海南出版社1999年版;〔美〕乔治·索罗斯:《索罗斯模式:世纪危机启示录》，刘丽娜等译，机械工业出版社2010年版。

[52] 宾斯维杰(1999)提出的“金融窖藏”(Financial Hoarding)理论指出，大量脱离实体经济而滞留在虚拟经济领域的“金融窖藏”是加速资产价格上涨、促使泡沫形成的原动力。详见［瑞士］宾斯维杰:《股票市场、投机泡沫与经济增长》，张建森译，上海三联书店2003年版。现代社会，金融部门日趋扩张。一旦实体经济中找不到太多的投资机会，部分资金便开始滞留在金融部门内部，形成了独立于实体经济的货币循环流，即“金融窖藏”。一般情况下，滞留在金融部门内部的“金融窖藏”，并非简单沉淀于金融体系内，而是流向容易滋生泡沫的地方获取超额收益(参见图4-2 金融窖藏与投机泡沫)。于是，当金融资产提供的收益率比实物资本投资的收益率

升级,金融机构个体的理性最后导致整个金融体系的无序。因此,对系统重要性金融机构(SIFIs)的拯救在一定程度上可以稳定市场信心、阻止个体风险向系统性风险的转化。在德国,2009 年 3 月,因房地产金融公司 Hypo Real Estate Holding AG 出现财务危机,德国制定了《金融市场稳定补充法案》,规定德国政府和银行业、保险业同意给予其 500 亿欧元(680 亿美元)的援助。德国政府和中央银行都明确表示其“太大而不能倒”。但是,“大而不倒”原则一旦被滥用,监管当局不仅不能在危机中力挽狂澜,反而会助长道德风险。金融因风险而产生,也因风险而发展;金融在管理风险的同时,也制造了新的风险;金融与风险相互构成对方,并会再构成对方。“大而不倒”的金融机构恰恰就是危机爆发的最大推手。

另一方面,“大而不倒”在金融市场中创造了一种鼓励冒险的激励机制,侵蚀了市场纪律,导致了金融机构的短视行为和过度的风险承担,引发道德风险。[53] 金融的核心功能是风险管理,金融市场所起的作用就是在这些市场参与者之间进行风险配置,使更能承受风险的人承担更大的风险,而不太能承受风险的人则承担更小的风险,并且收益与承担的风险互相匹配(亦即机会与危险互相匹配)。金融机构的经营成败应取决于其风险管理的能力,即在风险与收益间寻找最优的安排。然而,“大而不倒”打破了风险和收益间

更高的时候,“金融窖藏”的增长就会抑制实物资本的投资,从而造成实体经济的萎缩和金融部门的扩张。

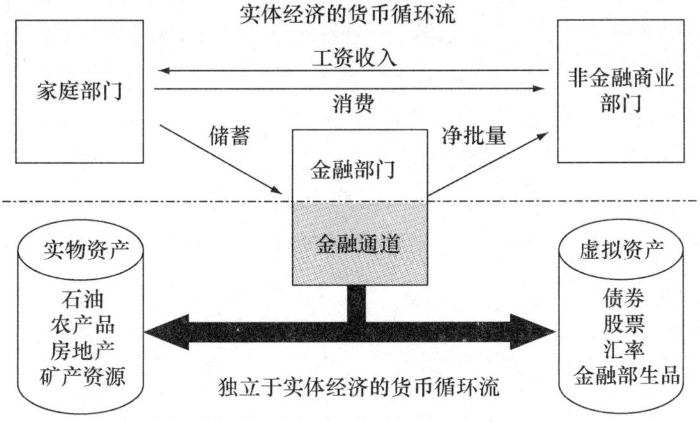

图 4-2 金融窖藏与投机泡沫

[53] See Stern, Gary, and Ron Feldman, *Too Big to Fail: The Hazards of Bank Bailouts*, Brookings Institution Press, Washington D. C. ,2004.

的对应关系,金融机构的收益不再依赖于风险管理的能力,而是取决于冒险的勇气和规模扩张的速度,金融市场中"质"的竞争被"量"的竞争取代。"大的是美好的"。[54] "大而不倒"使一些金融机构相信,只要它的规模足够大、业务范围足够广、对金融系统足够重要,就可以获得政府的隐性担保,进而可以有恃无恐地经营高风险的业务:赌赢了,可获得高额收益;即便输了,也会有纳税人"买单"。于是,一些金融机构有恃无恐甚至变本加厉地不断扩大规模,用别人的钱(other people's money,OPM)[55]来赚自己的钱(my own money, MOM),风险一旦触发则靠社会和国家来兜底。事实上,纳税人确实也成了2008 年金融危机的最后买单者,承担了本不属于他们的金融风险。讽刺的是,接受政府紧急援助的美国国际集团(AIG)却拿着纳税人的钱发放了 1.65 亿美元红利。可见,"大而不倒"在滋生道德风险的同时,也加重了政府财政负担,根本上是风险和损失向纳税人的转移,造成了"风险社会化"(socialization of risks)和"损失社会化"(socialization of losses)。欧债危机正是"银行危机—政府注资—财政负担加重—财政紧缩—经济下滑——银行危机加深—政府重新注资"恶性循环的表现。政府不是解决了问题,而是变成了问题的一部分:政府通过注资制造了问题,再浪费纳税人更多的钱去寻找问题的根源,而问题更加恶化。

美国学者芳汀说过,"你站在哪儿取决于你坐在哪儿"。中国人说得更为形象:"屁股决定脑袋"。的确,"一个决策者'坐'的地方指的不仅是他或她的利益,而且是这些利益怎样有系统地被制度以及他或她在结构中所处的位置所影响。制度的行动者倾向从一个特殊的有利的视角来看待世界,可影响这个视角的不是原子化的利益,而是部分源自机构位置和网络现行社会关系的利益模式。"[56]"大而不倒"加剧了金融市场中的不公平竞争。不难发现,大型金融机构较其他金融机构更具竞争优势,来自于自身的垄断力量,以及政府的隐性担保所带来的扭曲结果。根据评级机构穆迪公司(Moody's)的研究,美国资产超过 1000 亿美元的银行,其融资成本比其他中小银行平均低 70 个基点[57];而 Haldane 的研究发现,大型银行更容易且能更多地获得政府的

---

[54] 此语脱自"小的是美好的"(Small is beautiful)。参见〔英〕E. F. 舒马赫:《小的是美好的》,李华夏译,译林出版社 2007 年版。

[55] "别人的钱"(other people's money, OPM)语出〔美〕路易斯 · D. 布兰代斯的经典著作《别人的钱:投资银行家的贪婪真相》(胡凌斌译,法律出版社 2009 年版)。

[56] 参见〔美〕简 · E. 芳汀:《构建虚拟政府——信息技术与制度创新》,邵国松译,中国人民大学出版社 2010 年版,第 76 页。

[57] See BIS, Annual Report 2009, June, 2010.

救援:全球 145 家资产超过 1000 亿美元的银行在本轮金融危机爆发以来,获得了政府救援资产的 90% 以上。[58] 迪恩 · 贝克与特拉维斯 · 麦克阿瑟计算得出,2009 年 18 家大型银行的隐性补贴数额总达 340 亿美元,约占它们利润的一半。[59] 大型金融机构攻城略地、竞争自由节节败退乃必然趋势。难怪 2011 年 6 月,评级机构穆迪公司(Moody's)在一篇研究报告中指出,它之所以"破格"上调美国银行的信用评级,就是出于"对政府支持的假设",这家大型金融机构在危难时获得救助的概率"非常高"。[60] 那些规模较小、审慎经营的金融机构享受不到政府的这种偏爱,由于缺乏"大而不倒"的隐性担保而在竞争中处于不利地位,不仅难以获得市场份额,而且会承受更大的破产风险,或是为了苟且从政生而不得不被大型金融机构收购。这进而引发了"逆向选择",导致小型金融机构的生存空间愈发狭窄。事实上,仅 2009 年第三季度,美国就有 140 多家银行破产、倒闭或者被兼并了,除了极少数之外,所有这些银行几乎都是小型的或者地区性银行,它们的主要客户是当地的商人、房产所有者和其他中产阶级和工人阶级成员。[61] 毫无疑问,小型金融机构的破产、倒闭以及大型金融机构的兼并会进一步提升金融机构的集中程度,从而加剧金融市场的垄断和"大而不倒"的问题。存在即合理。但生存下来的金融机构只是最适合的,并非最优的。只要贪欲不断增长,掠夺者最终一定会杀死自己的猎物,如此也杀死了其赖以存活的方式。

此外,金融政策的意义从来都不局限于金融领域,也关系到与金融民主化密切相连的政治民主化。特别是,监管者可能基于"对个人太重要而不能倒"(too personally important to fail),公器私用,救助一些大型金融机构以使其免于倒闭,或形成裙带关系(clientelism),或从中谋取个人利益,使得"大而不倒"沦为权力寻租的工具。更进一步,当系统重要性金融机构(SIFIs)真的大到了一定程度,甚至会出现"太大而不能救"(too big to rescue)[62]的情况,尤其是对于冰岛这样经济高度金融化的小国,在金融危机中的债务远远超出了

---

[58] See Haldane, Andrew, The MYM100 Billion Question, Speech to Institute of Regulation and Risk, Hong Kong, March, 2010.

[59] 转引自〔美〕西蒙 · 约翰逊,郭庚信:《13 个银行家:下一次金融危机的真实图景》,丁莹译,中信出版社 2010 年版,第 215 页。

[60] 转引自〔美〕彼得 D. 希夫:《国家为什么会崩溃》,刘寅龙译,中信出版社 2013 年版,第 106-107 页。

[61] 数据来源于美国联邦保险公司官方网站(http://www2.fdic.gov/idasp/KeyStatistics.asp?tdate=10/8/2009&pDate=10/7/2009),访问时间:2009-10-08。

[62] See FSA, A Regulatory Response to the Global Banking Crisis: Systemically Important Banks and Assessing the Cumulative Impact, Turner Review Conference Discussion Paper, October, 2009.

其 GDP,从而面临“国家破产”的尴尬境地。[63] 或许,这也正意味着这些金融机构实际上是“太大而难以继续存在”(too big to live)。[64]

如前所述,现代金融法应当成为风险管理法,并以风险管理为核心进行制度建构,在金融创新与金融监管、金融效率和金融安全之间寻求适度平衡。为此,加强系统重要性金融机构(SIFIs)的监管,以缓解共振效应和降低破产概率,既是次贷危机后全球金融监管改革的重点[65],也是中国金融监管改革的必然趋势。

三、系统重要性金融机构监管改革的国际经验

(一) 监管改革的报告和法规

2008 年 4 月 1 日,“末日博士”亨利 · 考夫曼——也许是健在的最优秀的经济学家之一——在接受电视采访时说:“如果有些银行太大了以至于不能倒闭,那么就需要对它们进行非常严格的监管。”他建议,有 25—30 家美国银行和其他金融机构是规模太大而不能倒闭的,因此需要有一个特别的监管机构严密监管它们,以确保金融体系的稳定性。同样的原则也适用于欧洲、亚洲、太平洋盆地和美洲的大银行。[66] 加强对系统重要性金融机构(SIFIs)的监管,已箭在弦上,不得不发。

2009 年 9 月,G20 匹兹堡峰会要求金融稳定理事会(FSB)尽快制定出系

---

[63] 格里特利尔银行(Glitnir)、冰岛国民银行(Landsbanki)和克伊普辛银行(Kaupthing)这最大的三家冰岛银行,任何一家的损失都令这个国家无力承担。这些银行总共欠外国投资者和储蓄者 430 亿欧元,占冰岛国内生产总值的 850%(一说接近 900%)。2008 年底,冰岛政府宣布其中一家银行的金融债券的资金无法偿还,以此间接宣布了国家的破产。参见〔美〕迈克尔 · 刘易斯:《自食恶果:欧洲即将沦为第三世界》,司徒爱勤译,中信出版社 2012 年版,第 5 页;〔德〕雅纳 · 约尔格 · 基普、罗尔夫 · 莫里恩:《即将来临的国家破产》,钱敏汝等译,东方出版社 2011 年版,第 65 页。

[64] See Joseph E. Stiglitz, Too Big To Live, 载 http://www.project-syndicate.org/commentary/stiglitz119/English,访问时间:2012-02-16。详见〔美〕约瑟夫 · E. 斯蒂格利茨:《自由市场的坠落》,李俊青等译,机械工业出版社 2011 年版,第 145—149 页。

[65] 通说认为,美国 2010 年《多德—弗兰克法案》有两个目标,其中第一个目标是控制当代金融的风险——通常被评论家称为影子银行体系;第二个目标是减轻大型金融机构倒闭所带来的危害。参见〔美〕戴维 · 斯基尔:《金融新政:解读〈多德—弗兰克法案〉及其影响》,丁志杰等译,中国金融出版社 2012 年版,第 7 页。

[66] 参见〔美〕迪米特里斯 · 肖拉法:《金融兴衰:2007—2009 年全球金融危机启示录》,应惟伟译,中国财政经济出版社 2010 年版,前言、第 40 页。

统重要性金融机构(SIFIs)监管改革的政策建议。与此同时,巴塞尔银行业监管委员会(BCBS)也在《巴塞尔协议 III》中提出对系统重要性银行施加额外的最低资本充足率和杠杆比率要求。另外,美国、英国、欧盟等也都针对系统重要性金融机构(SIFIs)出台了专门或相关的报告、法规。(见表 4-2)

表 4-2 全球加强系统重要性金融机构(SIFIs)监管的主要报告和法规

发布者	报告或法规名称	主要相关内容
金融稳定理事会(FSB)	2010 年 10 月,《降低系统重要性金融机构(SIFIs)道德风险——建议与时限》	建立系统重要性金融机构(SIFIs)的危机处置机制,提高其损失吸收能力,实施更严格的监管,强化核心金融市场基础设施,加强跨境监管合作
	2011 年 7 月,《系统重要性金融机构(SIFIs)的有效处置机制》	系统重要性金融机构(SIFIs)的处置权力和工具,特定机构的跨境合作协议,危机处置计划,消除源于公司治理结构和经营业务的处置障碍
巴塞尔银行业监管委员会(BCBS)	2010 年 12 月 16 日,《巴塞尔 III:提高银行和银行体系抗防御能力的全球规制框架》	对系统重要性银行要求更高的损失吸收能力,额外的资本和流动性要求以及"自救安排"(bail-in)措施
	2011 年 7 月,《全球系统重要性银行:评估方法和附加损失吸收能力要求》	将全球系统重要性银行分为五组,分别适用 1%—1.5%—2%—2.5%—3.5%的附加资本要求
美国财政部(United States Department of the Treasury)	2009 年 6 月,《金融监管改革:新基础》	设立金融服务监督委员会,对大型、关联的金融机构实施更高的资本标准和其他审慎标准
美国(USA)	2010 年 7 月,《多德—弗兰克法案》	成立金融稳定监督委员会(FSOC),由美联储对银行和系统重要性非银行控股公司进行监管,引入"沃尔克规则"(Volcker's Rule),实施更高的审慎标准

（续表）

发布者	报告或法规名称	主要相关内容
英国金融服务管理局(FSA)	2009 年 3 月,《全球银行业危机的监管对策》	对系统重要性金融机构(SIFIs)施加更高的资本和流动性要求,更严格的杠杆率要求,限制其经营活动的范围和高风险业务,限制金融机构的规模
	2009 年 10 月,《全球银行业危机的监管对策:系统重要性银行及其影响评估》	对系统重要性金融机构实施额外的资本要求,恢复和处置计划("生前遗嘱",living wills),各国对跨境银行资本和流动性要求的自主性,限制零售银行(retail banks)从事自营业务的能力
英国议会(The Parliament of the United Kingdom of Great Britain and Northern Ireland)	2009 年 2 月,《2009 年银行法案》	英格兰银行下成立金融稳定委员会(FSC),针对问题银行建立特别处置机制(special resolution regime,SRR)
英国财政部(HM Treasury)	2009 年 7 月,《改革金融市场》	建立金融稳定理事会(CFS),强化市场纪律,特别从资本要求和规模两方面加强对系统重要性金融机构(SIFIs)的审慎监管,改善金融市场基础设施,要求金融机构制定危机应对计划
欧盟(European Union,EU)	2010 年 9 月,《欧洲议会和欧盟理事会监管法案 No1092/2010》	建立欧洲金融监管体系(ESFS),包括欧洲系统性风险管理委员会(ESRB)、欧洲银行业监管局、欧洲保险和雇员养老金监管局、欧洲证券和市场监管局

2012 年 6 月 25 日,巴塞尔银行业监管委员会(BCBS)又发布了《国内系统重要性银行的处理框架》的征求意见稿,其原理和内容与《全球系统重要性银行:评估方法和附加损失吸收能力要求》大体相同,主要区别在于增加了各国或地区监管部门的自主权和在衡量维度上少了"全球业务"。

(二) 监管改革的目标和措施

国际社会在研究制定针对系统重要性金融机构(SIFIs)的监管政策时,

都提出了各自的监管目标,巴塞尔银行业监管委员会(BCBS)认为,这些政策措施的目标主要有两个:一是通过提高全球系统重要性银行的损失吸收能力以降低其倒闭的可能性;二是通过改善恢复和处置机制以降低其倒闭造成的外部冲击。[67] 金融稳定理事会(FSB)提出了三个目标:一是保持系统重要性金融机构(SIFIs)向金融体系和更广泛的实体经济通过服务的功能;二是避免不必要的金融资产损失和对金融体系其他部分造成直接或间接的恐慌;三是确保损失的风险由股东和无担保债权人承担,而不是纳税人承担。[68] 英国金融服务管理局(FSA)认为,针对系统重要性金融机构(SIFIs)的监管对策应着眼于:(1) 通过控制金融机构的规模和关联度以降低其系统重要性;(2) 将系统重要性金融机构(SIFIs)的破产概率尽可能控制在最低值;(3) 系统重要性金融机构(SIFIs)面临困境时,提高其在特定条件下有序破产的可能性。[69] 综合来看,对系统重要性金融机构(SIFIs)监管的目标主要在于风险预防和危机处置,围绕这两个目标国际社会从监管机构、监管范围、风险预防机制、危机处置机制等方面构筑了系统重要性金融机构(SIFIs)的监管框架。

1. 建立系统重要性金融机构的监管机构

专门的监管机构是建立系统重要性金融机构(SIFIs)监管体制的首要环节,金融稳定理事会(FSB)在其提交给 G20 的建议稿中首先就要求设立监管机构,并且有足够的专家、资源、权力和独立性对系统重要性金融机构(SIFIs)实施监管,其依法行使监管职责的行为应获得法律的豁免保护,相应的权力和合作机制应当明晰或者有领导机构予以协调。对此,各国在针对系统重要性金融机构(SIFIs)的监管改革中都设立了专门的监管机构,明确了监管权限。

美国 2010 年《多德—弗兰克法案》第 121 条授权美联储在确认某一系统重要性金融机构(SIFIs)对美国金融稳定构成"严重威胁"(grave threat)时,美联储在获得金融稳定监督委员会(Financial Stability Oversight Council, FSOC)2/3 多数批准后,可获得"先发制人"的监管授权,对系统重要性金融机构(SIFIs)强制分拆重组或资产剥离,增加了成为"大而不倒"机构的成本,

---

[67] See BCBS, Global Systemically Important Banks: Assessment Methodology and the Additional Loss Absorbency Requirement, July, 2011.

[68] See FSB, Effective Resolution of Systemically Important Financial Institutions: Recommendations and Timelines, 19 July, 2011.

[69] See FSA, A Regulatory Response to the Global Banking Crisis: Systemically Important Banks and Assessing the Cumulative Impact, Turner Review Conference Discussion Paper, October, 2009.

防范可能的系统性风险。同时，扩大美联储的监管权力，负责对所有大型复杂金融机构，包括本来不受严格监管的大型非银行金融机构实行并表监管，并对这些机构制定更严格的审慎监管标准，防止过度冒险。英国2009年《银行法》明确了英格兰银行在维护金融稳定中的核心地位，并在英格兰银行理事会下成立金融稳定委员会，负责系统性风险的监测和分析，发布风险预警并提出政策建议。欧盟在2010年9月通过的《欧洲议会和欧盟理事会监管法案No1092/2010》中建立欧洲系统性风险管理委员会专门对欧洲金融市场中的系统性风险实施监管。瑞士也在金融市场监管局（FINMA）下设立专门的监管部门对瑞银集团（UBS）和瑞士信贷集团（Credit Suisse）两大巨头实施监管。

值得提出的是，监管机构是否应赋予拆分大型银行的权力，在西方金融界存在争议。早在1914年，美国最高法院法官布兰代斯（Louis Brandeis）抨击所谓的“大公司魔咒”（the curse of bigness），并警告说规模过大的银行利用“别人的钱”形成的“货币托拉斯”，犹如一头怪兽，掌控着货币供给的开关，其势力极有可能凌驾于这个国家的政治经济生活之上，提倡拆分大型银行。[70] 2008年金融危机后，英格兰银行（Bank of England）金融稳定事务理事Andrew Haldane通过对近70年来的金融史研究后指出：虽然大型银行为经济增长作出了不可磨灭的贡献，但大型银行却无力偿还其在银行危机期间给经济造成的损失；政府向大型银行提供隐性补贴的规模每年高达600亿美元，而这些实际成本都由纳税人所承担，提高大型银行的资本要求（实际上是对银行课税的一种形式）并不能使这笔成本得以抵消。所以，他认为应赋予监管机构拆分大型银行的权力。[71] 美联储前主席格林斯潘指出，将一个庞大复杂机构拆分可能让单一机构变得更有价值，更加稳健。[72] 美国外交关系委员会（Council on Foreign Relations）高级研究员塞巴斯蒂安·马拉贝也认为，关于监管的讨论一般假定，“合理的”改革必须让银行完好无损。分拆“大到

---

[70] 参见〔美〕路易斯·D. 布兰代斯：《别人的钱：投资银行家的贪婪真相》，胡凌斌译，法律出版社2009年版，第92页以下。戴维·斯基尔将这种“提倡拆分大型银行”的观点称之为“布兰代斯主义”。参见〔美〕戴维·斯基尔：《金融新政：解读〈多德—弗兰克法案〉及其影响》，丁志杰等译，中国金融出版社2012年版，第12页。

[71] 参见〔英〕Andrew Haldane：《该不该分拆大银行》，载http://cn.wsj.com/big5/20100401/hrd112711.asp，访问时间：2010-04-01。

[72] See Greenspan, Greenspan Calls to Break Up Banks “Too big to Fail”, New York Times, October 15, 2009. 亦可参见〔美〕西蒙·约翰逊，郭庚信：《13个银行家：下一次金融危机的真实图景》，丁莹译，中信出版社2010年版，第220—221页。

不能倒"的银行会损害私营部门;相比之下,要求银行提高资本金是一种对市场有利、避免纳税人掏钱纾困的方法。但市场真正的看法与这一假设相反。在股票投资者眼中,分拆银行巨擘的做法越来越被视为理想之举;相比之下,提高银行资本金令人嫌恶。如果监管者希望制定一项"合理的"、为股市所接受、与市场偏好相符的改革政策,相对于迫使银行持有它们绝对不想持有的资本金,他们应分拆大银行。[73] 我们需要建立一个这样的金融体系,在这个金融体系中,有更多的金融机构简单可控;业务专注,不存在利益冲突;而且小而可以倒。[74] 不过,并非所有人都支持这一观点。克鲁格曼根据大萧条中银行普遍破产的历史事实强调,将大型金融机构拆分对于缓解金融危机的冲击可能达不到预期的效果,金融危机完全有可能通过小型银行的大范围破产对经济造成巨大的冲击。[75]

2. 扩大系统重要性金融机构的监管范围

国际社会已经针对系统重要性金融机构(SIFIs)的识别从规模(size)、可替代性(sub-stitubility)、关联性(inter-connectedness)、复杂性(complexity)等指标制定了相关的标准。例如,国际货币基金组织(IMF)、国际清算银行(BIS)和金融稳定理事会(FSB)共同提出了评估系统重要性金融机构(SIFIs)的三项指标:规模(size)、可替代性(sub-stitubility)和关联度(inter-connectedness)。具体而言,规模指标是指金融机构提供的服务量越多,则通常其在金融体系中的重要性就越高;可替代性指标是指金融机构提供的服务由其他金融机构替代的难度越大,则该金融机构的系统重要性就越高;关联性指标是指金融机构与其他市场主体交易联系越多,则该金融机构的危机就越容易引发系统性风险。[76] 值得警惕的是,监管者客观上有倾向主要从规模角度判断系统重要性金融机构(SIFIs)而忽视对可替代性和关联性的衡量。例如,巴塞尔银行业监管委员会(BCBS)下属的宏观审慎监管工作组(MPG)曾于2010年3月发布的《系统重要性金融机构的评估方法》,其对金融机构可替代性、关联性的判断与对金融机构的规模判断几乎完全一致,规模成为

---

[73] 参见〔美〕塞巴斯蒂安·马拉贝:《分拆大银行》,梁艳裳译,载 http://www.ftchinese.com/story/001045613,访问时间:2012-07-23。

[74] 参见〔美〕塞巴斯蒂安·马拉贝:《必须分拆银行巨擘》,倪卫国译,载 http://www.ftchinese.com/story/001045418,访问时间:2012-07-10。

[75] See Paul Krugman, Financial Reform Endgame, New York Times, January 28, 2010.

[76] See International Monetary Fund & Bank For International Settlements and Financial Stability Board, Guidance to Assess the Systemic Importance of Financial Institutions, Markets and Instruments: Initial Considerations, November, 2009, p. 2.

实际衡量金融机构系统重要性的唯一指标。这种过于关注规模指标而忽视可替代性和关联性指标的规定,将导致在界定系统重要性金融机构(SIFIs)时过于关注商业银行,而忽视对其他系统重要性金融机构的界定。有研究指出,如果大型金融机构的经营结构单一,透明度很高,那么其破产就有可能不会产生极大的冲击,对于监管机构而言就更可能允许其破产。为此,判断一个机构是否"大",是否具有系统重要性应该更加关注其在特定市场的集中度,以及该机构破产是否导致其他系统重要性机构的破产,即关联性。[77]

系统重要性金融机构(SIFIs)并不等同于系统重要性银行。除商业银行外,投资银行、对冲基金、私募股权基金、结构化投资载体(SIV)、货币市场基金等金融机构、工具和产品构成的"影子银行体系"(the shadow banking system)也可能成为系统重要性金融机构(SIFIs)。这一方面是因为金融体系中直接融资比例的增加和金融业务多样化的发展,这些都使得非银行金融机构在金融体系中的地位不断提升;另一方面,金融创新的发展使得非银行金融机构与其他市场主体的业务关系也日益关联且复杂,而资本市场作为金融创新的主要场所,这又导致了其中业务可替代性的降低,非银行金融机构危机也极易传染至其他市场主体。而且,由于影子银行基本游离于中央银行与金融监管当局的监督之外,完全不受包括最后贷款人制度和存款保险制度在内的金融安全网的覆盖,因而潜藏着更大的风险,并最终成为次贷危机爆发的罪魁祸首之一。诚如英国金融服务管理局(FSA)主席罗德·特纳(Lord Turner)所说:"导致危机的最关键因素是大型金融机构及其金融策略——有时贴上银行或影子银行的标签——它们行使类似银行的功能,但却完全不需要像银行那样受到监管。"[78]

金融稳定理事会(FSB)已提出将系统重要性金融机构(SIFIs)的范围扩展至银行以外的金融市场基础设施、保险公司和其他非银行金融机构。美国2010年《多德—弗兰克法案》也赋予美联储(Federal Reserve)对具有系统重要性的投资银行、对冲基金、私募股权基金等非银行控股公司实施监管的权力。2013年6月3日,美国国际集团(AIG)、保德信金融集团(Prudential Financial)和通用电气金融集团(GE Capital)这三家非银行系统性重要金融机构(非银行 SIFI),以及包括交易结算机构和芝加哥商品交易所(Chicago

---

[77] See Rajan, Reghuram G. and Eric Gleacher, Too Systemic to Fail: Consequences Causes and Potential Remedies, the Senate Banking Committee Hearing, May 6, 2009.

[78] 参见〔英〕戴维·史密斯:《动荡年代:金融危机怎样改变未来经济》,张静等译,电子工业出版社2011年版,第85页。

Mercantile Exchange)在内的一些金融市场的“公用事业机构”,都被贴上“系统性重要”的标签。此外,为防止一些金融机构逃避监管,美国2010年《多德—弗兰克法案》第117条规定了著名的“加州旅馆条款”,即你可以随时结账,但你永远不能离开!根据该规定,2010年1月1日总资产为500亿美元或以上的银行控股公司如曾接受过TARP救助,这些机构即使在2010年1月1日后任何时候不再注册成为银行控股公司,仍将被当做根据第113条认定的系统重要性非银行金融机构由美联储继续监管。这些机构可以就此决定向金融稳定监督委员会(FSOC)上诉。如上诉被否决,金融稳定监督委员会(FSOC)将每年审查该决定。“加州旅馆条款”的主要目的是防止如高盛、摩根士丹利等在危机中通过转型为银行控股公司(或其他原本就是银行控股公司的机构)而获得美国政府救助的金融机构在危机过后通过“去银行化”(de-banking,即不再控股商业银行)来逃避监管。

3. 完善系统重要性金融机构的风险预防机制

“更好的监管方法应该是事先降低复杂性,而不是在事后试图控制。”[79]为提高系统重要性金融机构(SIFIs)的风险防范能力,降低其陷入破产困境的风险,国际社会主要从三个方面建立风险预防机制:

(1)施加更高标准的资本、流动性和杠杆率要求以提高损失吸收能力。提高资本要求是提高损失吸引能力最有效和最简单的办法。金融稳定理事会(FSB)和巴塞尔银行业监管委员会(BCBS)都提出了对系统重要性金融机构(SIFIs)的应急资本(contingent capital,也称或有资本)和自救债券(bai1-in debt)的要求。例如,巴塞尔银行业监管委员会(BCBS)在《全球系统重要性银行:评估方法和附加损失吸收能力要求》提到了两种可供考虑的附加资本办法,即低点(low-trigger)触发的应急资本和高点触发(high-trigger)的应急资本。低点触发的应急资本是指银行不能在私人资本市场筹资时启动的自救债券和资本工具(bai1-in debt and capital instruments),即银行就要倒闭时启动的资本市场工具。高点触发的应急资本又称持续经营状态启动的应急资本(going-concern contingent capital)或早期触发(highly trigger)的应急资本,是指银行仍然处于经营状态,但出现了财务状况的恶化并达到了相应的标准时而启动的资本工具。应急可转债(Contingent Convertible Bonds,Cocos)是上

[79] 参见〔美〕理查德·布克斯塔伯:《金融的魔鬼:为什么我们的创新带来的却是危机》,黄芳译,中信出版社2012年版,第141页。

述应急资本机制的核心内容，具有救助工具的职能，其作用在于当银行资本充足率低于某一最低值要求时，应急可转债可以被强制性地转换为普通股，增加银行可亏损的资本额，以提高损失吸收能力，减缓银行破产，有效平衡较高资本充足率要求与企业盈利发展之间的矛盾关系，避免在市况不佳时难以补充到资本；并且，由债权人承担损失，既减少了股东的利润索赔，又减轻了政府财政负担。与普通可转债不同的是，应急可转债的债权人没有选择权，转换的时候往往是公司面临困境的时候；而普通可转债的债权人可以有选择权，而转换为股权时往往是公司前景看好之时。应急可转债具有逆周期性，不仅能够增强银行的社会责任感，而且为债权人承担一定的损失提供了可能性。[80]德意志银行(Deutsche Bank)2013 年 7 月宣布，一旦德国银行业监管机构澄清，哪种工具将在新的全球银行业资本体系得到承认，将至少发行 60 亿欧元可转换债券等混合型权益资本(能够转换成股票的债务工具)。[81] 在此之前，美国 1999 年《金融服务现代化法》108 条规定，"利用附属债务[82]保护金融系统和存款基金，避免'太大而不破产'的机构的影响。"依据该条规定，联邦储备理事会和财政部长应着手研究：① 参加存款保险的大型的存款机构和存款机构控股公司一旦破产，将对经济状况或金融稳定产生严重的负面影响；针对此类大型机构和控股公司制定规则，要求其以附属债务的形式保有其部分资本，使市场力量和市场法则应用于这些机构和公司的经营和发展能力的评估，从而减少经济运行、金融稳定以及任何存款保险基金的风险。规定这种法定条件，是否可行和适当，应作研究。② 如果上述法定条件是可行和适当的，则应进一步研究在何种程度上核定附属债务的适当金额或占资本百分比的比率，方能与上述法律目标相符合；以及③ 研究如何将上述法定条

---

[80] 不过，应急资本可能会降低金融体系的稳定性，因为达到转换的触发点时很有可能会引发银行挤兑。正如英国《金融时报》的吉莲 · 邰蒂所指出的，这些手段在日本被称为"恶性循环债券"。转引自〔美〕西蒙 · 约翰逊，郭庚信：《13 个银行家：下一次金融危机的真实图景》，丁莹译，中信出版社 2010 年版，第 216 页。

[81] 参见丹尼尔 · 谢弗：《德意志银行拟大幅"瘦身"》，倪卫国译，载 http://www.ftchinese.com/story/001051545#utm_campaign = 1D130202&utm_source = marketing&utm_medium = campaign，访问时间：2013 年 7 月 22 日。

[82] 依美国 1999 年《金融服务现代化法》108 条(C)定义，附属债务指无担保债务，这些债务是：(A)最初的加权平均期限不少于 5 年；(B)附属于向该银行的所有其他债务进行的本金和利息的支付，包括存款；(C)未经任何形式的信用增强支持，包括担保或备用信用证；以及(D)不是全部或部分地由参加存款保险的存款机构或银行控股公司的联营者或机构联营者所持有。

件编入现行的资本标准，以及适用该法定要求所涉及的转换问题。[83] Oliver Hart 和 Luigi Zingales（2009）采用二阶段的博弈模型为“大而不倒”（TBTF）的大型金融机构（Large Financial Institutions，LFIs）设置了一套新的并具可操作性的资本需求机构，该机制模仿了证券交易中的保证金账户的运行机制。为确保大型金融机构不拖欠任何存款或金融衍生品合约，该机制不但要求大型金融机构保有足够多的股本作垫（Equity Cushion）以使其信用违约掉期（CDS）价格低于阀值水平，同时还要求大型金融机构持有足够多的长期保收债券（A Cushion Of Long Term Bonds），以确保即使在股本损失殆尽时，具有系统性的相关债务或契约也是安全的。在该机制中，如果信用违约掉期（CDS）价格高于门限值，则监管者要求大型金融机构发放股本，直至信用违约掉期（CDS）价格降回原位。如果在预期的时间内信用违约掉期（CDS）价格没有降回原位，则监管者开始干预。从其运行模式看，该机制能够确保大型金融机构在保存债务自律效应的同时具备清偿能力。[84]

银行的倒闭往往源于流动性不够，这对系统重要性银行更是如此。巴塞尔银行业监管委员会（BCBS）在《巴塞尔协议 III》中要求对系统重要性银行施加 1% 的附加资本充足率要求，并在之后的《全球系统重要性银行：评估方法和附加损失吸收能力要求》的报告中提出将系统重要性银行分为五组，并分别适用 1%—3.5% 的额外损失吸收能力要求。[85] 巴塞尔银行业监管委员会（BCBS）在 2010 年 4 月公布的《流动性风险测量的国际框架、标准和监测》中，引入流动性覆盖比率（liquidity coverage ratio，LCR）和净稳定融资比率（Net Stable Funding Ratio，NSFR，即业内所称的“北岩银行比率”）两个国际上统一的、独立的、互补的定量监管指标。流动性覆盖比率是指高流动性资产储备与未来 30 天的资金净流出量之比。净稳定融资比率是银行可用的稳

---

[83] 参见《美国金融服务现代化法》，黄毅等译，中国金融出版社 2000 年版，第 42—43 页。

[84] See Oliver Hart and Luigi Zingales, A New Capital Regulation For Large Financial Institutions, Working Paper of Harvard University, September 2009. 股本作垫（Equity Cushion）是对于资产净值的一个补充描述，主要强调股票波动背后的价值所在。

[85] See BCBS, Global Systemically Important Banks: Assessment Methodology and the Additional Loss Absorbency Requirement, July, 2011.

定资金来源与银行业务所需的稳定资金之间的比率，这个比率也需要大于100%。[86] 美国2010年《多德—弗兰克法案》也对系统重要性金融机构(SIFIs)规定了风险资本、应急资本、流动性要求和杠杆比例限制，其中对于杠杆比例的限制为负债与权益的比重不得超过15:1。[87]

(2) 采用结构性限制措施，对系统重要性金融机构(SIFIs)的业务范围、经营活动范围、规模等进行限制，以降低其系统重要性。这有助于增强"横向缓冲"，从而防止危机蔓延，也有助于在系统重要性金融机构(SIFIs)陷入危机时对其进行有序清算。结构性措施的典型就是美国2010年《多德—弗兰克法案》中引入的"沃尔克规则"(Volcker rule)。[88]《多德—弗兰克法案》第619条(a)规定："① 除非本条另有规定，银行实体不应(A)从事自营交易(proprietary trading)；或者，(B)获得或者保有对冲基金或者私募股权基金任何股权、合伙关系，或者其他所有者权益。② 由联邦储备理事会监管的非银行金融公司从事自营交易、持有或保有对冲基金或私募股权基金任何股权、合伙关系或其他所有者权益的，应当接受额外的资本要求和数量规模的限制。"另外，由于规模经济与机构的资产总量和业务单元数目并非是直线关系，当资产规模和多元化达到一定程度，继续扩大反而不利于规模效应和范

---

[86] 美国学者达雷尔·达菲认为，100%的流动性覆盖比率标准不能反映交易商银行的状况，因为交易商银行的负债严重地依赖货币市场和货币市场基金、对冲基金及其他金融同业，一旦市场出现风吹草动，交易商银行就会面临巨大的流动性压力。换言之，流动性覆盖比率并未考虑到交易商银行对来自客户资产与衍生品交易对手资产的短期融资机会的依赖。大型交易商银行必须有更高的流动性标准，流动性覆盖比率100%的监管标准显然不够。参见〔美〕达雷尔·达菲:《论大银行的倒掉》，欧明刚译，格致出版社、上海人民出版社2012年版，第66—67页。欧明刚认为，达雷尔·达菲建议将更高的流动性标准作为重要的监管改革措施，而他没有提及的净稳定融资比率也许能够弥补前述指标的不足。(译者序第8页)

[87] 有学者认为，"杠杆和全球金融的紧密结合意味着灾难性的'正常意外'随时随地可能发生。雷曼兄弟的破产就像是'挑战者'号失效的'O形环'，只不过是问题的冰山一角。"参见〔美〕米格尔·森特诺，约瑟夫·科恩:《全球资本主义》，郑方等译，中国青年出版社2013年版，第79—80页。

[88] See Paul Volcker, How to Reform Our Financial System, New York Times, January 31, 2010. 英国财相奥斯本与日本财相安住淳认为，所有国家都必须警惕金融改革可能造成的意外后果，"沃克尔规则"是最好的例子。该规则旨在减少银行内部的冒险行为。然而，对美国国债交易却网开一面(而其他国家国债则不可以)，因此这可能会减少非美国国债市场的流动性，加大其他国家发行和销售债券的难度、成本和风险。对于处于这样一个脆弱时期的国债市场来说，"沃克尔规则"可能是个错误的药方。该规则还可能妨碍外国企业与美国企业进行交易，由此减少市场流动性，并可能增加有关外汇互换等金融交易的价格波动性。参见〔英〕乔治·奥斯本，〔日〕安住淳:《沃克尔规则当慎行》，何黎译，http://www.ftchinese.com/story/001043330，访问时间:2012-02-24。

围经济,还有可能导致风险的跨墙传递。[89] 该法还规定大型金融机构在市场并购中,并购公司交易后的并表负债总额不得超过所有金融公司前一年度并表负债总额的10%,以此来限制大型金融机构的规模和集中度。[90] 应注意的是,“沃尔克规则”被称为“新格拉斯—斯蒂格尔法案”、“淡化的格拉斯—斯蒂格尔法案”(Watered-down Glass-Steagall)或“格拉斯—斯蒂格尔精简版”(Glass-Steagall-Lite)[91],但二者之间存在本质的区别:沃尔克规则是以“行为”(activity)为基础的规制方法,即商业银行可以或不可以做什么(can or cannot do);《格拉斯—斯蒂格尔法案》则是以“结构”(structure)为基础的规制方法,即商业银行可以或不可以拥有什么(can or cannot own)。[92]

“沃尔克规则”之所以成为《多德—弗兰克法案》的一部分,得益于广泛的学术和政策支持。2009年1月,国际30人小组发布了一份报告,该报告的作者团队由保罗·沃尔克领衔。在这份报告中,沃尔克等人呼吁对商业银行业务与投资银行业务进行分离。“末日博士”鲁比尼强调应该将传统商业银行与投资银行分离,重新启用修订后的《格拉斯—斯蒂格尔法》,防范系统性危机。[93] 美联储副主席 Alan Blinder 指出,沃尔克的目标是限制冒险行为,尤

[89] See Goldstein, Morris and Nicolas Verson, Too Big to Fail: The Transatlantic Debate, Paper for Conference on Transatlantic Relationships in an Era of Growing Economic Multipolarity, Peterson Institute for International Economics, October, 2010.

[90] 对该观点,以达拉斯联邦储备银行行长理查德·费舍尔为代表的反对者认为,“要吸收改革带来的监管成本,就必须达到一定的经营规模,因此,《多德—弗兰克法案》可能起到一种加剧银行兼并的趋势,并最终导致行业的集中度更高,而大型机构对行业的主宰能力也必将到达一个更高的水平。”转引自〔美〕彼得·D. 希夫:《国家为什么会崩溃》,刘寅龙译,中信出版社2013年版,第108页。它佐证了《多德—弗兰克法案》将政府与大型金融机构的合作关系制度化的“统合主义”取向,便于政府通过大型金融机构这一渠道实施其政治政策。参见〔美〕戴维·斯基尔:《金融新政:解读〈多德—弗兰克法案〉及其影响》,丁志杰等译,中国金融出版社2012年版,第11、13、83页。值得注意的是,我国学者聂辉华通过煤矿、房地产和环境保护等行业的案例研究和计量分析,揭示了政企合谋的“统合主义”是“高增长”和“多事故”并存的“中国模式”的内在驱动力。参见聂辉华:《政企合谋与经济增长:反思“中国模式”》,中国人民大学出版社2013年版。

[91] 参见〔英〕霍华德·戴维斯:《黑名单:谁是金融危机的元凶》,王萌等译,格致出版社、上海人民出版社2011年版,第84页。

[92] See R. Rex Chatterjee, “Dictionaries Fail: The Volcker Rule's Reliance on Definitions Renders It Ineffective and a New Solution is Needed to Adequately Regulate Proprietary Trading”, *International Law and Management Review*, Vol. 8(2011), p. 41.

[93] 参见〔美〕努里埃尔·鲁比尼、斯蒂芬·米姆:《末日博士鲁比尼的金融预言》,巴曙松等译,万卷出版公司2010年版,第223—225页。大萧条后的《格拉斯—斯蒂格尔法》强迫储蓄银行必须拆分投资银行业务,导致许多大型金融机构被拆分,其中1935年摩根士丹利从JP摩根拆分出来。参见〔美〕恩格尔曼等:《剑桥美国经济史》(第三卷),高德步等译,中国人民大学出版社2008年版,第116页。

其是限制金融机构的个体冒险行为,以防止潜在的巨大损失。乔治·索罗斯(George Soros)认为,"'太大而不能失败'的银行必须降低杠杆率,并且接受对储蓄者的存款如何使用的限制。存款不应被用来做自营交易。监管者还需要走得更远,必须监管这些自营交易者的补偿方案,以确保风险与回报相匹配。这也许会将自营交易者推出银行而进入对冲基金,但那是他们本来应去的地方。"[94]当然,并非所有人都支持"沃尔克规则"。对金融机构发展规模设限乍看上去颇有吸引力,但上限的设定很武断[95]。此外,毕竟,大型企业需要的金融服务一般只有大型银行才能够提供;在经济民族主义的视野下,民族国家的企业全球竞争力需要本国的银行至少与他国的银行一样大。我们绝不希望在整个金融体系中占据半壁江山以上的大型金融机构以零增长的模式运转! Reenen 认为,限制业务范围和规模并非是解决问题的核心,自营业务不是唯一的风险来源,主要风险来自于银行的结构性产品投资。[96] 所以,2010 年《多德—弗兰克法案》中规定的沃尔克规则是明显弱化的版本,也是不同利益集团间妥协的产物。"在危机和社会变革时期,不同的利益集团都会要求法律承认他们的主张,而且这种时期中的法律只有通过表现出相当程度的灵活性和适应性才能使自己免于崩溃。"[97]沃尔克规则没有如预期的完全禁止商业银行从事自营交易以及与对冲基金或私募股权基金建立特定关系,而是规定了大量的豁免条款,允许商业银行从事政府债券交易、做市、承销、对冲、客户交易等许可行为,在特定条件下可以组织和发起对冲基金或私募股权基金,以及对对冲基金或私募股权基金进行不超过基金所有者权益的 3% 以及银行自身一级资本的 3% 的最低投资。保罗·沃尔克本人对此评

---

[94] 参见〔美〕乔治·索罗斯:《超越金融:索罗斯的哲学》,宋嘉译,中信出版社 2010 年版,第 32 页。

[95] 无论是规定金融机构控制或拥有的所有者权益资产不能超过美国国内生产总值的固定百分比,还是设定金融资产总额的百分比,都必须足够低,银行破产时才不至于对金融体系造成严重威胁。然而,一旦出现泡沫经济,金融资产总额就会大幅上升;随着金融的不断发展,金融资产会逐渐与国内生产总值挂钩,也逐渐与政府预算挂钩。参见〔美〕西蒙·约翰逊,郭庚信:《13 个银行家:下一次金融危机的真实图景》,丁莹译,中信出版社 2010 年版,第 224 页。至于该由哪个机构来设定限制,作者认为不能让监管机构来设定,因为它们不会"吃一堑,长一智",一旦他们在危机远去恢复对自由市场的信心,就会提高限制的上限。应当由国会来设定限制,因为国会有足够的专家提供专业意见,然后再由监管机构来执行这些限制。(同上书,页 226)。

[96] See John Van Reenen, Response to BIS Consultation on Financing the Private Sector Recovery, September 2010, 载 http://cep. lse. ac. uk/pubs/download/responses/JVR-Response-BIS-Financing-the-Private-Sector-Recovery. pdf,访问时间:2013-02-02。

[97] 参见〔美〕E. 博登海默:《法理学:法律哲学与法律方法》,邓正来译,中国政法大学出版社 2004 年版,第 374 页。

价道:“沃尔克规则由最好的版本(what is best)演变成了可以通过的版本(what could be passed)。”[98]除了豁免条款外,沃尔克规则还赋予银行宽松的过渡期。根据法案的规定,沃尔克规则最迟应在颁布后的2年(即2012年7月21日)实施,并且银行实体应在沃尔克规则颁布后的2年内剥离其自营交易业务或投资,美联储可以按照规则对该2年期限进行延展,每次不超过1年,美联储需要作出判断并确保该延期与沃尔克规则的目标相一致且不会损害公共利益,但美联储所决定的延期总计不得超过3年。另外,美联储可以根据银行实体的申请延展必要的期限,使其可以履行已于2010年5月1日生效的对对冲基金或私募股权基金的合同义务,获得或保有对冲基金或私募股权基金的股权、合伙关系或其他所有者权益,或者为对冲基金或私募股权基金基金提供额外资本,美联储可以授权延期一次,但不得超过5年。2012年4月19日,在沃尔克规则即将生效之际,美联储会同其他4家监管机构(CFTC、FDIC、OCC和SEC)发表联合声明,将在沃尔克规则生效后给予受规制的银行实体2年时间(至2014年7月21日)使其投资和交易行为满足沃尔克规则的要求,除非美联储再次延展期限。[99] 但沃尔克规则的豁免条款实际上就为金融机构的规避提供了法律漏洞,一些自营交易以改头换面的形式继续进行,高盛等大型金融机构的自营部门纷纷自立门户,创办独立的对冲基金,悄然避开了沃尔克规则的限制,以更隐秘的方式维系着高额衍生品投资头寸。一方面,交易员发起的新对冲基金仍需要银行的资产管理部门募集资金;另一方面,给予过往的工作和信任关系,经纪部门会提供其更高的杠杆融资额度作投资,必要时还将提供短期贷款资金进行援助。高盛还将大量自营交易业务和员工转移到资产管理部门,从而将头衔由“自营交易”变成“客户交易”以绕开沃尔克规则的限制。[100] 从这个意义上讲,“只有提出一个关于‘自营交易’的非常广义的定义,并将所有的投资银行全部排除在那种业务之外,沃尔克规则才会对投行产生非常大的影响。”[101]

除了沃尔克规则之外,其他一些限制商业银行从事高风险业务的改革建议包括“圈护”(Ring-fencing)、“狭义银行”(Narrow Banking)和“有限目的的银

---

[98] See Louis Uchitelle, Volcker Pushes for Reform, Regretting Past Silence, July 10, 2010.

[99] See FRB, CFTC, FDIC, OCC, SEC, Volcker Rule Conformance Period Clarified, April 19, 2012.

[100] See Courtney Comstock, Gasparino: Goldman Plans To Circumvent The Volcker Rule By Changing The Name From “Prop Trading” To “Client Trading”, July 27, 2010.

[101] 参见〔英〕霍华德·戴维斯:《黑名单:谁是金融危机的元凶》,王萌等译,格致出版社、上海人民出版社2011年版,第86页。

行”(Limited Purpose Banking)等。“圈护”由约翰·维克斯爵士(Sir John Vickers)领导的英国银行业独立委员会(Independent Commission on Banking, ICB)在 2011 年《英国银行业改革的中期报告》中提出并在最终报告中得以完善,指的是将全能银行中的零售银行业务和投资银行业务分离,并对零售银行业务进行圈护。被圈护的银行(ring-fenced banks)可以从事对个人、家庭和小企业吸收存款和发放贷款等监管机构授权的零售银行服务,但不得从事批发或投资银行业务,不得为金融公司或欧洲经济区(EEA)以外的消费者提供服务,并且在法律上和运营过程中保持与全能银行中其他部分的独立性。此外,被圈护银行应当满足额外的损失吸收能力要求,风险加权资产占英国 GDP3% 以上的大型被圈护银行的核心资本充足率不得低于 10%,风险加权资产占 GDP1%—3% 的被圈护银行的核心资本充足率应在 7%—10% 之间。[102] 2011 年 12 月英国财政部对英国银行业独立委员会(ICB)最终报告的回复,以及 2012 年 6 月 14 日公布的银行业改革白皮书都采纳了“圈护”零售银行业务的建议。[103] 约翰·凯(John Kay)认为,“只有当传统的零售银行业务得到‘圈护’,纳税人的担保范围才能限定在个人和企业储户,政府向银行体系投入的资金才会用于满足创造就业推动增长的企业的需求。这正是维克斯委员会提出的建议中无可辩驳的论点。”[104]“狭义银行”的核心思想在于:既然银行业的负债结构具有特殊的脆弱性,那为何不强制它们持有安全资产以确保安全?贯彻此观点的典型立法例有 1864 年《美国国民银行法》,它要求发钞银行每发行 100 美元的货币必须持有 111.11 美元的政府债券;该制度一直延续到 20 世纪 30 年代。但从金融史的角度讲,如果狭义银行持有安全资产,但其他金融中介机构为高风险项目融资,后者将支付更高的利率,必然吸引更多的存款人,最终亏损并游说政府对它进行保护。如果狭义银行的形成没有导致资产大规模转移到非银行中介机构,那么高效率投资的资源配置可能受到严重阻碍。所以,“狭义银行业可能将洗澡水(危机)和婴儿(金

[102] See ICB, ICB Interim Report on UK Banking Reform, April 29, 2011; ICB, Final Report, September, 2011.

[103] See HM Treasury, The Government response to the Independent Commission on Banking, December, 2011; HM Treasury, Banking reform: delivering stability and supporting a sustainable economy, June, 2012.

[104] 参见约翰·凯:《应该“圈护”零售银行业务》,王柯伦译,载 http://www.ftchinese.com/story/001040773,访问时间:2011 年 9 月 20 日。

融中介)一起倒掉”。[105] 次贷危机后,约翰·凯建议将银行分拆为公用事业(Utility)和赌场(Casino),即需要政府支持的吸收存款的银行,以及不需要政府支持的自由参与自营交易的投行;狭义银行主要专注于支付系统以及从个人和中小企业吸收存款两个传统银行职能,狭义银行的零售存款将得到安全的流动资产的保护。[106] 无独有偶,英格兰银行行长默文·金(Mervyn King)2009 年 10 月在爱丁堡发表的演讲中呼吁建立“公用事业银行机制”(utility banking):将银行分为公用事业和赌场,前者将是安全的,后者将在市场中自生自灭。这种机制将限制银行只能把资金用于金融中介和支付便捷等合法用途上,而不能用纳税人的资金进行赌博。[107] 英国财政大臣达林(Alistair Darling)和首相布朗(Gordon Brown)对此反驳称,这种拆分策略不会奏效:公用事业型的抵押贷款机构北岩银行(Northern Rock)经营失败了,而雷曼兄弟(Lehman Brothers)(显然是一家赌场)破产导致了迄今最为昂贵的金融纾困。他们辩称,这种疗法是受到误导的:公用事业与赌场之间的界限要么无法划清,要么即使能划清,也未必就与必须安全与不必安全的资产之间的界限重合。但反对者(如马丁·沃尔夫(Martin Wolf))也承认,这种界限吸引人的理由很明显,如果我们把金融体系中的公用事业部分,狭义定义为支付系统的管理,其运行方式则可以像时钟一样可靠。[108] “有限目的银行”则是由劳伦斯·克特里考夫(Laurence Kotlikoff)提出,在这种模式下所有的金融公司(包括保险公司和对冲基金)将被转变为共同基金,有限目的银行不持有金融资产,除了为共同基金融资外也不能借款进行投资,其法律目的被限定为“金融中介”。因此,有限目的银行不会经营失败,也不承担风险,风险由购买共同基金的人承担。[109]

(3) 鼓励系统重要性金融机构(SIFIs)提高内部评级能力,减少对外部评级的依赖。国际金融组织鼓励系统重要性金融机构(SIFIs)提高内部评级能力,对信用风险作出独立判断,而不是光将风险评估职能外包给评级机构。

---

[105] 参见世界银行报告小组:《金融与增长:动荡条件下的政策选择》,经济科学出版社 2001 年版,第 99—101 页。

[106] See John Kay, Narrow Banking: The Reform of Banking Regulation, CSFI, 2009.

[107] See Mervyn King, Speech to Scottish business organizations, Edinburgh, 20 October, 2009.

[108] 参见〔英〕马丁·沃尔夫:《让金融业安全不易》,君悦译,载 http://www.ftchinese.com/story/001029419,访问时间:2010 年 6 月 1 日。马丁·沃尔夫认为,“至少在这次危机中,银行投资与对冲基金、私募基金,甚至自营交易根本就不是问题的核心所在。”

[109] See Laurence Kotlikoff, Jimmy Stewart Is Dead: Ending the World's Ongoing Financial Plague with Limited Purpose Banking, John Wiley & Sons, 2010.

评级不过是以历史经验为基础得出的违约概率的指标，它永远不能成为未来的保证。国际金融组织建议系统重要性金融机构（SIFIs）外部评级的依赖度和使用率不超过业务量的 50%；在必须使用外部评级时，还要进行内部独立判断并以此作为外部评级的补充。此外，“对风险进行数学建模有助于作出合理决策，但绝不能完全替代决策”[110]，这一观念在次贷危机后的金融业界获得认同。

值得注意的是，在既得利益集团的强力反对下，美国 2010 年《多德—弗兰克法案》未能建立基于风险的、对系统重要性金融机构（SIFIs）的事先收费制度。显然，事先收取与风险匹配的费用有利于这些机构内化其系统外部性。[111]

4. 健全系统重要性金融机构的危机处置机制

建立和完善系统重要性金融机构（SIFIs）的危机处置机制，可以在其陷入困境时能够得以恢复或者有序的退出市场而不至于对金融体系造成系统性风险。目前来看，对系统重要性金融机构（SIFIs）的危机处置机制主要有以下四个方面：

（1）明确监管机构的处置权力和处置方式。包括对问题金融机构的可处置性（resolvability）进行评估、解散董事会和高管、终止或履行合同、转移或出售资产、清理债权债务、临时性接管等。英国 2009 年《银行法》中规定的问题银行特别处置机制即包括三种：一是私人部门并购，将问题银行的全部或部分业务转让给私人企业；二是由英格兰银行设立“过桥银行”（bridge bank）接收问题银行的全部或部分业务；三是由财政部指定的或全资拥有的公司接收问题银行的业务，实行暂时性国有化。

（2）确定责任承担机制，即系统重要性金融机构（SIFIs）的损失由股东、

---

[110] 利用概率进行预测当然要比凭空猜测好。一个针对不完全熟悉的环境建立的模型必须考虑到以下两种风险：一种是模型内部固有的风险，另一种是模型本身失败的风险。当人们真的利用概率预测时，他们便已经——有意或无意地——使用了存在问题的模型。他们所使用的模型考虑了模型涵盖的风险，但忽略了模型未计入的风险。因此，他们的预测过于自信，无论是你，还是他们自己都不清楚他们过于自信到何种程度。参见〔英〕约翰·凯：《风险能用数学模型吗》，朱冠华译，载 http://www.ftchinese.com/story/001007313，访问时间：2006-10-16。从这个意义上讲，“概率论只适用于有限类别的问题——这些问题大多是人为设定的，如抛硬币和轮盘赌。但现实世界存在更多可能性，结果的性质乃至产生结果的过程，通常都存在根本的不确定性。”参见〔英〕约翰·凯：《直觉比概率论更有用?》，张征译，载 http://www.ftchinese.com/story/001006913，访问时间：2006-09-20。

[111] 参见刘士余主编：《美国金融监管改革概论——〈多德—弗兰克华尔街改革与消费者保护法案〉导读》，中国金融出版社 2011 年版，第 209 页。

无担保的债权人和不受存款保险制度保护的债权人依顺序承担，避免由纳税人买单。美国2010年《多德—弗兰克法案》为系统重要性金融机构（包括经纪商—自营商和银行控股公司）设立专门的有序清算机制，以解决雷曼兄弟破产时美国政府无有效手段应对的问题。该有序清算机制将适用于银行的FDIC行政破产机制与传统的司法破产机制相结合，对进入有序清算程序的系统重要性金融机构（SIFIs）进行强制清算，并赋予了包括FDIC在内的行政机构在决定受偿顺序和是否取消衍生品合约上很大的自由裁量权；系统重要性金融机构（SIFIs）处置成本将由这些机构自己承担，无须纳税人埋单。笔者建议尽可能采取集体保险（Collective Insurance）措施。金融机构这种相互式、集体式的建立缓冲的形式不是直接使用纳税人的钱，不用通过立法程序即可实现。事实上，存款保险制度就是一种集体保险机制，它能促使金融机构利用自身资源建立缓冲以防止系统性问题。当然，无论采取何种保险形式，均是直接或间接地使用"公共资金"，会扩大存款人和借款人的成本。

（3）系统重要性金融机构（SIFIs）向监管机构提交恢复和处置计划（recovery and resolution plans，RRPs）。恢复计划旨在通过业务剥离、出售资产、筹集新资本、改善治理结构等方式恢复其资本、流动性和经营状况，以阻止破产的风险；处置计划则是为了建立有序的市场退出机制，防范系统性风险，减轻纳税人的负担。

引发学术界热议的是金融机构的"生前遗嘱"（living wills）制度。在医学领域，生前遗嘱是指人们事先（在健康或意识清楚时）签署的，说明在不可治愈的伤病末期或临终时要或不要哪种医疗护理的指示文件。在民法学领域中，生前遗嘱是指人在生前或临终时用口头或书面形式嘱咐身后各事应如何处理。金融机构的生前遗嘱制度是指金融机构以自身面临倒闭为前提事先提交"生前遗嘱"，处置当局以此为基础制定并在必要时实施处置计划，以促使机构恢复日常经营能力，或者实现部分业务功能分拆或机构整体有序关闭的制度安排。一般认为，让这些"大而不倒"的系统重要性金融机构立下"生前遗嘱"，一旦它们无可救药，就立刻生效。就像一个医生完成垂死病人的遗愿，政府可以介入并逐步实施法律条款，从而让企业的死亡不那么有破坏力、不那么痛苦，并且最大限度地减少成本。这样一来，企业的死亡就不会像雷曼兄弟一样，以无序的、破坏性的方式发生，而是死得很有尊严。[112]

---

[112] 参见〔美〕努里埃尔·鲁比尼，斯蒂芬·米姆：《末日博士鲁比尼的金融预言》，巴曙松等译，万卷出版公司2010年版，第217页。

2009 年英国 FSA 在其银行体系改革草案中首次提出要求银行必须加快立下“生前遗嘱”，在没有纳税人救助的情况下挺过危机。2010 年 5 月 11 日，美国联邦储蓄保险公司（FDIC）针对美国国会正在审议的金融监管改革方案提出建议，要求约 40 家美国最大的银行提交各自的“生前遗嘱”，说明万一在最严重的危机时刻无力偿债，将怎样处理（分拆、清算还是出售）业务。2010 年 5 月 24 日，G20 伦敦金融峰会要求所有系统重要性银行在年底之前应制订生前遗嘱。2010 年 7 月 21 日，美国《多德—弗兰克法案》第 165 节规定大型、复杂的金融公司需要定期提交快速有序的处置计划，如果未能提交可接受的计划，美联储和联邦存款保险公司（FDIC）将对其采取包括提高资本要求、限制杠杆比例和限制业务增长等措施在内的一系列早期风险纠正机制。2012 年 7 月，美联储与美国联邦存款保险公司（FDIC）公布了高盛、摩根大通、摩根士丹利、美国银行、德意志银行、瑞银、瑞信、花旗、巴克莱九大银行的部分遗嘱内容。2013 年 1 月，欧洲银行管理局（European Banking Authority，EBA）宣布，欧盟 39 家大银行被要求在 2013 年年底以前务必立下“生前遗嘱”，其中 15 家已根据 G20 金融稳定委员会（FSB）指示开始起草这类遗嘱，计划应提交各自主管部门，在监管机构内部对此进行讨论。当然，金融市场的不确定性使得金融机构发生经营困难继而破产的情况具有更大的不确定性，所以难以事先有所预见并安排“遗嘱”。与此同时，金融机构是基于风险化运作的机构，其面临近破产时往往没有多少资产但有大量负债，所以“生前遗嘱”和处置安排是否还有有效成分可供处置存在争议。

（4）建立有效的跨境监管合作机制

在金融全球化背景下，大型金融机构常常进行跨境交易或直接建立跨境的分支机构，这使得其金融风险在全球范围内蔓延，单个国家的监管机构难以对其实施有效的监管，而有赖于跨境监管合作。

2008 年 11 月，G20 在华盛顿峰会上明确提出建立监管团（supervisory colleges）制度。所谓监管团，通常是指有关监管当局为提高对跨境经营金融机构并表监管的有效性这一共同目标而组建的多边工作小组。基于防范系统性风险的考虑，监管团的建立是为加强对系统重要性金融机构（SIFIs）有效规制与监管提供程序制度保障。较之以往的跨境监管双边合作机制，监管团最大优势特征就是其多边性，这有利于提高对跨境经营金融机构的全面信息分享与合作，同时也便于提高监管措施统一性和有效性。当然，监管团的建立并非是替代已有的双边或多边领域的监管合作，更不是阻碍已有双边或多边协议的实施，其更主要的是对现有跨境监管制度的一种补充和完善。

2010年3月,巴塞尔委员会(BCBS)发布了《跨境银行处理组报告及建议》中指出,某些大机构在金融体系中起到中枢作用,类似于基础设施或公共事业设施,因此应急处理计划应该成为复杂的大型跨国机构监管进程的一部分。[113]

2010年5月,国际证监会组织(the International Organization of Securities Commissions, IOSCO)发布了《跨境监管合作原则》的报告,提出改进证券监管者间跨境监管的合作机制。

2010年10月,巴塞尔委员会(BCBS)发布了《关于监管团的良好实践原则》,提出了八项原则[114]:① 监管团的目标应是提高监管者之间的信息交换与合作,以对国际银行集团有效监管。② 监管团结构的构建应以提高对国际银行集团有效监督(oversight)的方式进行,并照顾及国际银行集团的规模、结构及复杂程度和监管者的一致需求。③ 监管团成员应根据银行集团的主要风险和风险管理实践尽最大努力来分享适当的信息。④ 监管团内的沟通渠道应确保信息交流效率、便捷使用、完整和保密。⑤ 监管团应促进成员之间的协调工作,以提高对国际银行集团监督的有效性。⑥ 监管团成员之间及与银行集团有互动应与单个监管者(包括母国和东道国监管者)已有的互动措施形成互补。⑦ 银行集团的监管团应充分作为危机管理计划的重要组成部分。⑧ 监管团应当为鉴定、宣传有关分析宏观审慎信息的程序提供协助便利。综合上述八项原则,并结合现有实践经验,监管团不应致力于成为决策主体,而应为提高对跨境金融机构的有效并表监管提供框架,进而在此基础上为决策提供信息。这与金融稳定委员会(FSB)的工作重点相一致,间接凸显了金融稳定委员会(FSB)在监管团制度建设中的地位与作用。在2010年10月发布的《降低系统重要性金融机构(SIFIs)道德风险——建议与时限》中,金融稳定委员会(FSB)提出了完善针对系统重要性金融机构(SIFIs)监管制度的体系框架,其中构建完善的监管团制度是一项重要基本制度。为加强监管方面的国际合作,金融稳定论坛(FSF)曾选定了30家大型国际性金融机构,并为它们分别成立了由其母国监管机构为主、主要东道国监管机构参加的监管团机制。

系统重要性金融机构(SIFIs)的跨境监管合作有赖于各国通过立法消除

---

[113] See BCBS, Report and Recommendations of the Cross-border Bank Resolution Group, September, 2009.

[114] See Basel Committee on Banking Supervision, Good Practice Principles on Supervisory Colleges, Bank for International Settlements, Basel, October, 2010.

监管合作和信息共享的障碍，也可通过跨国金融机构的母国和东道国监管机构间签署跨境监管合作协议的方式来实现。

四、我国系统重要性金融机构监管的顶层政策设计和制度创新

（一）我国现有系统重要性金融机构监管框架综述

"系统重要性金融机构（SIFIs）"的提出，是国际社会对 2008 年金融危机的反思结果，同时也是防范系统性风险策略的重大发展。在 2011 年 11 月 4 日，金融稳定理事会（FSB）公布的首批全球系统重要性金融机构（G-SIFIs）的名单中，我国的中国银行位列其中。除此之外，包括工商银行、农业银行、建设银行、国家开发银行等在内的大型银行构成了我国系统重要性金融机构（D-SIFIs）的主体。这些"国字号"的大型金融机构在我国金融市场中所占比重极大，对金融体系和实体经济都具有极强的外部性，因而也获得了"大而不倒"的政府隐性担保。同样的，我国系统重要性金融机构（D-SIFIs）在发展过程中也潜藏着对系统稳定性的威胁。

在全球反思金融危机和重建金融监管体系的浪潮中，我国已开始构建系统重要性金融机构（SIFIs）的监管框架：

1. 2011 年 3 月 6 日发布的《中华人民共和国国民经济和社会发展第十二个五年规划纲要》要求："构建逆周期的金融宏观审慎管理制度框架，建立健全系统性金融风险防范预警体系、评估体系和处置机制。""制定跨行业、跨市场金融监管规则，强化对系统重要性金融机构的监管。"

2. 2011 年 4 月 27 日发布的《中国银监会关于中国银行业实施工新监管标准的指导意见》（银监发【2011】44 号）要求根据国内大型银行经营模式以及监管实践，从明确系统重要性银行的定义、改进事前准入监管、提高审慎监管要求、强化持续监管和加强监管合作等五个方面，加强系统重要性银行监管。

3. 2012 年 6 月 7 日发布的《商业银行资本管理办法（试行）规定》（银监发【2012】1 号）全面引入《巴塞尔协议Ⅲ》所确立的资本质量标准及资本监管最新要求，涵盖了最低资本要求、储备资本要求和逆周期资本要求、系统重要性银行附加资本要求等多层次监管要求，促进银行资本充分覆盖银行面临的系统性风险和个体风险。该规定被称为中国版的《巴塞尔协议Ⅲ》。

（二）我国强化系统重要性金融机构监管的若干建议

在经济全球化的大背景下，中国经济和金融与国际经济和金融联结的广度和深度都是过去不曾有过的，讨论中国的金融政策和制度也离不开国际经济金融的大环境。当中国经济、金融还只是一条小河时，我们可以采取"摸着石头过河"策略[115]；但是当这条小河已变成大河，与外面的大海相连，甚至自身已成为大海的一部分时，就不能仅靠"摸石头过河"了，而是需要学习造桥、造船技术，只有通过搭桥、驾船才能过河跨海了。由于当今的金融市场已经全球化，并且信息传递也达到了即时化，所以在制定规则时面临的真正挑战就是如何保证其具备全球性视野。[116] 笔者相信，"深水区"改革的时代，"摸着石头过河"难度大了。重点环节的各种改革，无不牵一发而动全身。每项改革也都如同下棋，一步不慎，步步被动，"悔棋"代价往往更大。从争鸣中"摸规律"，用共鸣增合力，已成提升政府能力和治理智慧的基本要求。立足我国系统重要性金融机构（D-SIFIs）发展的实际情况，充分借鉴国际监管改革的经验进行顶层政策设计和制度创新，才是我国系统重要性金融机构（SIFIs）治理变被动为主动的最好选择。

1. 明确系统重要性金融机构的评估标准和范围

孔子曰"名不正，则言不顺"。"事出有因、师出有名"的"因"和"名"，必须要受到法律的积极评价才能取得法律上的"名分"，从而具有法律上的正面价值。就"事出有因"而言，法治社会中不是任何行为都是具有法律效力的。建议立法引入"系统重要性金融机构（SIFIs）"概念，并确立对其予以特别监管的理念和目标。同时，在借鉴国际社会关于系统重要性金融机构（SIFIs）评估标准的基础上，制定我国国内系统重要性金融机构（D-SIFIs）的评估标准。在2011年《中国银监会关于中国银行业实施新监管标准的指导意见》中，提出国内系统重要性银行的评估主要考虑规模、关联性、复杂性和可替代性四个因素。

---

[115] "摸论"（摸着石头过河）、"猫论"（不管白猫黑猫，逮到老鼠的就是好猫）、"不争论"和"不折腾"，是中国推进改革开放的四大经典话语。曾被认为是"经验主义"的"摸着石头过河"是陈云在1980年12月16日的中央工作会议上首次提及。参见陈云：《经济形势与经验教训》，载《陈云文选（一九五六—一九八五年）》，人民出版社1986年版，第251页。曾被认为是"实用主义"的"猫论"和"不争论"由邓小平提出，"不折腾"（或直译为Don't Zheteng，或意译为Don't do much ado about nothing）是胡锦涛在纪念中共十一届三中全会召开30周年大会上的讲话中提到的。

[116] 参见〔美〕罗伯特·希勒：《金融与好的社会》，束宇译，中信出版社2012年版，第13页。

笔者认为,应尽快制定出详细的评估标准和方法以确定我国系统重要性金融机构(D-SIFIs)的名单,并定期重新评估和更新。由于中国属于超大型经济体,建议对每个大型金融机构设定一个连续的系数,即采取连续系数法而非分组法来判断每个金融机构的系统重要性,从而避免“悬崖效应”。[117] 另外,我国现行金融体系仍然是银行主导型,西方银行业中的“大而不倒”问题在中国也存在,大型国有商业银行“大到无法管理”,是系统重要性金融机构(SIFIs)的主体部分,但我国不能忽视银行外的非银行金融机构、金融市场、金融基础设施和金融产品等对金融体系的系统重要性。特别是目前处于监管盲区的影子银行体系,其中一些已有了相当规模,也应将其中符合条件的纳入系统重要性金融机构(SIFIs)的监管范畴。

2. 确立中国人民银行对系统重要性金融机构的监管权

从当前国际监管实践看,包括英美等国都赋予了中央银行更大的监管权和财政部门特定的救助权,并确立了中央银行在监管系统重要性金融机构(SIFIs)上的核心地位。“这位系统性监管者的功能应该包括:收集、分析和报告有关各金融机构重大相互影响和风险的信息;设计和执行具有系统敏感性的监管政策,包括资本金要求;配合财政部门和其他政府部门处理系统性的危机。”[118]2003 年 12 月修订后的《中国人民银行法》第 2 条删除了有关中国人民银行“对金融业实施监督管理”的规定,但同时在第 2 条增加了有关中国人民银行“防范和化解金融风险,维护金融稳定”的规定。这意味着中国人民银行不再承担微观审慎监管职能,却为中国人民银行的宏观审慎监管提供了法律依据。在 2008 年 7 月国务院批准的《中国人民银行主要职责内设机构和人员编制规定》第一项“职责调整”中规定了中国人民银行“加强与金融监管部门的统筹协调,防范和化解金融风险,维护国家金融安全”;并在“主要职责”中进一步规定了中国人民银行“负责防范、化解系统性金融风险,维护国家金融稳定与安全”。实践中,中国人民银行 2003 年设金融稳定局,2005 年起每年发布《中国金融稳定报告》,提出维护金融稳定需要关注的问题及政策建议。由此可见,对系统重要性金融机构(SIFIs)进行监管,并作为

---

[117] 参见周小川:《关于全球系统重要性金融机构监管的若干问题》,载周小川:《国际金融危机:观察、分析与应对》,中国金融出版社 2012 年版,第 428 页。所谓“悬崖效应”(Cliff Effect),是指事物在量变到质变过程中,在临界点(线)阶段或范围所发生的变化特征和结果,即由量变突破度引起质变。就如一个人站在悬崖边缘,一步不跨出,仍在悬崖上,跨出一步就跌落悬崖。

[118] 参见〔美〕斯夸姆湖小组:《门朝哪开:重塑全球金融系统》,乔江涛译,中信出版社 2013 年版,第 32 页。

对系统性金融风险实施宏观审慎监管的重要内容,已成为中国人民银行的一项重要的法定职责。不仅如此,中国人民银行的货币政策调控、金融业的统计、调查、分析和预测以及最后贷款人等职能也都为其监管系统重要性金融机构(SIFIs)提供了天然优势。

柏拉图曾将城邦比喻为"国家之船"(ship of state),"智慧的哲学王"是充当船长的最好人选[119]。事实上,现代国家是由部、委、局、办公室等组成的高度分散的结构,其复杂性远远超过了城邦而更像是由部、委、局、办公室等组成的国家船队。如果不同部门之间各行其是,以自己的方式应对风浪,这支国家船队就是一个由在不同方向航行的船只组成的船队;如果不同部门之间能够协调良好,这支国家船队将可能成为一支无敌国家船队。强大的中国国家船队只可能孕育和产生于更契合现代政府职能要求、更可能满足社会合理期待的"整体政府"(holistic government)理念。建基于复杂调适系统(complexity adaptive system)理论[120]的整体政府理念就是"智慧的哲学王"。笔者认为,如果我们要克服金融市场的周期性动荡,中国人民银行必须强化与财政部、国家发展和改革委员会(National Development and Reform Commission National Development and Reform Commission,简称"发改委")的合作关系,形成"一行三会一部一委"的共同协调机制,依靠系统重要性金融机构(SIFIs)采取更多逆周期性措施。我们注意到,德国《坏账银行法》(2009)规定德国银行可将所持有的各种不良证券资产转移到一个由政府担保的特殊机构,银行方面可获得政府担保的贷款,但必须承担每年的政府担保费用和可能出现的亏损。政府对银行不良资产担保的最长期限为20年。[121] 政府设立常规性的金融稳定基金或应急性的金融危机救援基金,性质上都属于投资性的财政支出。[122] 我国曾于1999年大规模剥离中国建设银行、中国农业银行、中国银行、中国工商银行等四大国有商业银行和国家开发银行长期累积的14万亿人民币的巨额不良资产,并由财政部各拨注册资本金100亿元人民币分别设立信达、长城、东方、华融四家国有资产管理公司,分别负责收购、管理和处置

---

[119] 参见〔古希腊〕柏拉图:《理想国》,郭斌和等译,商务印书馆2009年版,第215页。

[120] 详见〔美〕约翰·H. 霍兰:《隐秩序:适应性适就复杂性》,周晓牧等译,上海科技教育出版社2011年版。

[121] 参见刘华新:《德为银行"消毒",猛药能否治标》,载《人民日报》2009年5月18日。

[122] 之所以强调属于"投资性的财政支出",是因为政府使用金融稳定基金时可以适当考量某一救助决定获益的可能性:如果某一问题金融机构在度过暂时流动性危机之后仍然无法实现盈利,其根本不具备被救助的合理性。换言之,收益虽然不是政府考虑是否施以财政援手的理由,事实上却很可能成为支持政府救助某一问题金融机构或问题资产的正当性的依据。

对应商业银行剥离的不良资产,较为妥善地化解了当时最大的金融风险;财政部于2004年分别动用225亿、225亿和500亿美元的外汇储备,向中国银行、中国建设银行和中国工商银行注入等值注册资本,提升了这三大银行的资本充足率;财政部于2009年向中国农业银行注资2000亿元人民币,以支持中国农业银行为准备上市而进行的资产重组。我们还注意到,2008年金融危机爆发后,为对宏观经济和金融形势的动态能够作出较好的判断,发改委、中国人民银行和财政部建立了定期会商制度。当然,扩大中国人民银行的监管权力,赋予其对我国系统重要性金融机构(SIFIs)的监管职权,最为重要。具体而言,中国人民银行的监管范围不仅包括系统重要性银行,还应包括具有系统重要性的非银行金融机构、金融基础设施、金融产品等,以保证监管权的统一性,避免监管重叠和监管空白。中国人民银行应在风险预防和危机处置等全过程对系统重要性金融机构(SIFIs)实施持续、全面的监管。同时,银监会、证监会和保监会应为中国人民银行监管权的行使提供协助,包括对各自领域的金融机构实施微观审慎监管和信息共享机制,以实现中国人民银行的宏观审慎监管和"三会"的微观审慎监管相结合。另外,可考虑成立专门的系统性风险监管委员会,负责对我国金融体系中的系统性风险因子实施监控,并向中国人民银行进行报告,提出监管建议。鉴于我国"工农中建"四大行近乎垄断的地位以及政府的干预,它们没有多少动力从事谨慎的冒险和坚持以商业利益为目标,建议赋予中国人民银行在适当时机将四大行中的每一家都分拆为三家地区银行,最终形成了数量合理、效率更高但仍保持国有的若干家商业银行,以提升(而非削弱)国有银行的业绩。

在金融危机的非常时期,中央银行和财政部门必须迅速行动,采取非常措施。在现代西方社会,赋予中央银行和财政部稳定市场的特殊授权往往需要经历较长的政治过程,因而常常错过最佳行动时机。自次贷危机爆发以来,我们不难发现:即使采取了强有力的正确措施,但应对不及时或延误的行动滞后于事态的发展,将会降低措施的效果。我们建议各国政府和立法机关事先授权中央银行和财政部在特定的、定义清晰的危机情形下采取非常措施以控制系统性风险,从而使其迅速采取大胆行动,而无须经历冗长甚至艰难的批准过程。这种系统性的事先批准的职责将使中央银行和财政部门的专业技能在金融市场最需要时发挥最大作用。[123]

---

[123] 参见周小川:《关于改变宏观和微观顺周期性的进一步探讨》,载周小川:《国际金融危机:观察、分析与应对》,中国金融出版社2012年版,第45页。

3. 制定我国系统重要性金融机构的审慎监管标准

巴塞尔委员会(BCBS)和金融稳定理事会(FSB)等已经对系统重要性银行提出了更高的审慎标准,包括从附加资本要求、应急资本、自救债券、流动性要求和杠杆比率限制等方面增强资本质量,提高其损失吸收能力;强化对国内系统重要性金融机构(D-SIFIs)资本总额的要求,包括核心一级资本、其他一级资本、总资本和资本缓冲等不同级别的资本。就我国而言,银监会2011年的《指导意见》中提出对系统重要性银行增加暂定为1%的附加资本要求,并且新标准实施后正常条件下系统重要性银行和非系统重要性银行的资本充足率分别不低于11.5%和10.5%;引入杠杆率监管标准,即一级资本占调整后表内外资产余额的比例不低于4%;规定不低于2.5%的贷款拨备率(贷款损失准备占贷款的比例)和不低于150%的拨备覆盖率(贷款损失准备占不良贷款的比例);系统重要性银行和非系统重要性银行应分别于2013年底和2016年底前达到新的资本监管标准。可见,我国已对系统重要性银行实施了更严格的监管标准,并且高于巴塞尔委员会的最低监管标准要求。但除此之外,我国还有必要对系统重要性金融机构(SIFIs)的应急资本和自救债券等方面作出规定。同时,应对系统重要性金融机构(SIFIs)的风险内控制度作出规定,发挥金融机构自律机制在风险管理中的作用。并且要规定相应的结构性限制措施,既要对大型金融机构盲目的规模扩张作出限制,又要对"银信合作"等业务表外化经营活动进行监管,建立风险隔离机制,防止风险的相互传染。

有证据表明,部分发达国家的一些系统重要性金融机构(SIFIs)的董事会已沦为"绅士俱乐部",其职能就是通过由董事会主席或首席执行官主导的管理层作为重大决策。在很多情况下,独立非执行董事并不具备足够的专长,无法为公司的运营制定战略方向,有效地指导或支持公司的风险管理或内部控制。在这些系统重要性金融机构(SIFIs)中,风险管理人员受制于人,使得机构缺乏有效的制衡机制,放纵冒险行为,过度追逐短期回报。管理层为季度业绩和年末奖金等短期指标所驱动,过分关注季报和短期行为。这些机构的薪酬结构具有顺周期性,对短期业绩给予丰厚回报,却无法约束过度冒险行为。此外,主席或首席执行官的选拔和任命有时并不是以候选人的资质和贤能为基础,而是根据一些与股东利益和公司长远发展利益相左的因素作出的。我们建议对系统重要性金融机构(SIFIs)制定更高的治理标准。至少,这些机构的独立非执行董事应该多数都具备金融知识,有能力为管理层提供实质性指导,在公司的市场战略定位、平衡业务扩张与发展质量之间的关系、金融创新以及高层选拔程序等方面为管理层提供意见。这些机构的年报应对独立非执行董事是否以及如何积极行使职责的信息进行披露,使投资者能够了解董事会行使其受托责任方面的情况。在美国,有一人兼任董事会主席和首席执行官的惯例,这一做法亟须改革。从导致次贷危机的种种问题来看,系统重要性金融机构(SIFIs)中的这两个职务应当由不同的人来担任。[124]

4. 加强我国的金融市场基础设施建设

防范系统重要性金融机构(SIFIs)对金融体系和经济活动的系统性风险,除了微观层面的金融机构监管和宏观层面的金融体系监管外,还应关注中观层面的金融市场基础设施建设。2011 年 3 月,支付清算体系委员会(CPSS)和国际证监会组织(the International Organization of Securities Commissions,IOSCO)发布的《金融市场基础设施原则》报告中指出,金融市场基础设施(financial market infrastructures,FMIs)指的是在参与金融市场的金融机构间用于支付、清算、存管、证券交易、衍生品交易和其他金融交易的多边体系,具体包括支付体系、中央证券存管体系、证券交易和结算体系、中央交易对手以及交易数据库等。[125]

美国 2010 年《多德—弗兰克法案》第 803 条规定,金融市场基础设施是指为在金融机构之间或金融机构和金融市场基础设施之间进行支付、证券或其他金融交易的转接、清算或结算的多边系统的管理者或运营者。与此同时,下列机构不属于金融市场基础设施:(1) 在《1936 年商品交易法》下注册的指定合约市场、注册期货协会、掉期资料库和掉期执行设施;在《1934 年证券交易法》下注册的全国性证券交易所、全国性证券协会、替代性交易系统、证券掉期资料库和掉期执行设施,仅仅因为它们为在这些交易所或交易所控制或运营的电子系统进行的证券或期货交易的结算提供了数据比较的设施。(2) 任何经纪商、自营商、过户代理人、投资公司、期货佣金商、介绍经纪、商

---

[124] 参见周小川:《对改革国际金融监管体系的几点认识》,载周小川:《国际金融危机:观察、分析与应对》,中国金融出版社 2012 年版,第 54—55 页。

[125] See CPSS,IOSCO,Principles for Financial Market Infrastructures,Consultative Report,March,2011. 在此之前,世界银行将其界定为"包括规则和体制在内的一个基本框架,居民和企业在此框架内进行规划、谈判和实施金融交易。因此,它包括法律和监管机构(包括规则与合同的履行机制)、监管资源及其操作、信息结构(例如,会计与审计规则及其实践、信贷管理、评级机构、公共登记机构等)、流动性便利、支付和证券清算系统,以及交易系统(例如,证券交易和挂牌上市服务、交易规则、通讯和信息平台)等。"参见世界银行报告小组:《金融与增长:动荡条件下的政策选择》,经济科学出版社 2001 年版,第 79 页。

品交易顾问或商品集合运营商，仅仅因为这些机构在从事各自业务时履行的职能，或仅仅因为为金融市场基础设施或其参与方在运行中提供了某些服务（但不包括关键的风险管理或处理职责）。

金融市场基础实施是金融市场的基础，健全的基础实施可以为金融市场的参与者提供服务，提高其金融活动的效率和风险管理的有效性，增加金融交易的透明度，帮助中央银行更好的执行货币政策，降低金融市场中的系统性风险，维护金融市场稳定。但是，金融市场基础设施的薄弱环节，既可能产生可替代性难题（比如，在做市商主导的流动性支持体系中，做市商就具有系统重要性，其可替代程度较低），也可能助长高度关联的系统重要性金融机构（SIFIs）的风险扩散，从而加剧金融市场的系统性风险。因此，我国要加强对包括交易平台和支付清算平台等在内的金融市场基础设施的建设，以构筑系统重要性金融机构（SIFIs）风险传播的“防火墙”，增强金融系统的风险抵御能力：一是防止个别机构成为特定市场的流动性的唯一供给方，做市商制度安排需要考虑市场极端紧急情况，作出可替代的流动性提供安排；二是加强日常的监督管理，确保金融体系中的基础设施，比如交易平台、清算支付安排和保证金保管等的运行机制没有技术障碍，保证金融交易和合约履行的平稳有序；三是完善制度和基础设施的审慎动态调整机制，防止出现制度性风险，引发系统性风险。例如，我国金融市场中，律师和会计师事务所等中介机构大多存在激烈竞争，为争夺业务惟企业的命令是从，难以保证这些中介的独立性。我们有必要对这些市场中介机构实施行业准入制度，限制行业的无序竞争，培养中介机构形成良好的职业操守和自律，树立行业公信力。

5. 建立我国系统重要性金融机构的特别处置机制

国际清算银行总经理杰米·卡鲁亚纳（Jaime Caruana）认为，一个良好的处置制度需具备以下关键因素：(1) 被授权当局启动关闭问题金融机构的权限应当清晰明了；(2) 应当成立国内、国际机构间信息共享和行动协调机制；(3) 不论是对临时的危机处理还是对金融机构的长期关闭处理，都应有相应的预案；(4) 应有足够可用的融资来源，支持法律上破产但仍可经营的机构，以及支持那些尚能继续经营的业务向其他金融机构转移；(5) 应有保护存款者及其他客户资产的机制。[126] 我国的《银行业监督管理法》《商业银行法》《保险法》《期货交易管理条例》等金融立法中都规定了对问题金融机构的接

---

[126] 转引自〔美〕达雷尔·达菲：《论大银行的倒掉》，欧明刚译，格致出版社、上海人民出版社 2012 年版，“译者序”之第 11 页。

管、托管、重组和终止等处置制度,但是针对系统重要性金融机构(SIFIs)应当制定特别的处置机制。包括借鉴国外的"生前遗嘱"计划,要求我国系统重要性金融机构(SIFIs)定期向中国人民银行提交可行的恢复和处置计划,以保障系统重要性金融机构(SIFIs)危机处置的有序性,降低监管成本和政府财政负担。还可以引入"过桥银行"制度,即由中国人民银行设立的"过桥银行"接管问题金融机构的业务。

对于遏制冒险行为而言,市场约束是一项必不可少的工具。无论如何,都必须把让银行破产成为一个现实的特别处置选项。苹果公司的史蒂夫·保罗·乔布斯(Steve Paul Jobs)曾说过,死亡是生命中最好的一个发明,它将旧的清除以便给新的让路。银行破产亦是如此。某种程度上说,银行破产是一次"创造性毁灭"(creative destruction)的过程,这一过程在破坏旧的金融结构的同时,也必定会创造新的金融结构。例如,全美最大的存贷机构华盛顿互惠银行(Washington Mutual)在2008年9月接受清算,JP摩根大通(JP Morgan Chase)购买了它的部分良性资产,它的生命力犹存。[127] 我们应当完善全球系统重要性金融机构(G-SIFIs)的清算机制,确保一些难以存续的大型金融机构有序的退出金融市场而不会对金融体系造成系统性冲击,并建立股东和债权人之间的责任分担机制,保障金融消费者和纳税人的利益,降低"大而不倒"的道德风险。从社会稳定、保护金融客户的利益的角度出发,应当让存款保险公司、证券投资者保护基金、保险保障基金这三大保护措施发挥更大、更好的作用,因为这些措施既能避免中央银行增加货币供应量,又能防止向纳税人转嫁成本。

另外,由美国学者提出的"补贴储备计划"(Subsidy Reserve Plan)方案,依赖于市场约束而不是政府干预,值得我国的制度设计者重视。此方案要求每家银行在其资产负债表中建立一个"补贴储备"科目,每年银行将少付出的融资成本的估值作为收到的纳税人补贴计在该科目之下。这一估值可以由美国审计总署或新成立的金融研究办公室(Office for Financial Research)来测算。出于监管的目的,这一储备不应视作银行资本的一部分,不过在银行倒闭时,这一储备可以用来保护债权人和美国联邦存款保险公司(FDIC)。这一储备会逐年不断增长,但是只有在银行因资产出售、剥离或者分拆导致自身规模缩减时,才能根据缩减程度按比例分给股东。这部分储备不能用于

[127] 参见〔美〕托马斯·伍兹:《大清算:揭开谎言经济的惊天秘密》,马慧译,中华工商联合出版社2011年版,第54页。

分红、回购股票或者发放奖金。如果银行规模缩减到不再被视为“大到不能倒”的程度,就可以终止这一补贴储备制度。随着时间的推移,当补贴储备增加到一定规模,股东(不是监管机构,也不是政客)就会要求银行缩减规模。这就是纯粹的市场约束。[128]

最后,针对全球系统重要性金融机构(G-SIFIs),还应加强监管机构间跨境监管合作,完善信息共享机制,建立跨境危机处置安排,防范风险的跨境传递和跨境监管套利。由于全球各个经济体的经济周期各不相同,使全球系统重要性金融机构达到《巴塞尔协议 III》等国际金融软法所制定的标准、使用资本缓冲和应急可转债的时间也难以一致,全球系统重要性金融机构之间(以及全球系统重要性金融机构与其他金融机构之间)的公平竞争极难达致。解决全球系统重要性金融机构之间的公平竞争问题,在单个经济体中易于解决,但在全球层面如何协调仍需进一步探讨。在世界金融市场进入“云时代”[129]的大背景下,世界经济论坛在《2007 全球风险——全球风险网络报告》中明确提出设立国家风险官(Country Risk Officer),负责协调不同利益组织,评定风险级别,保证政府开展事前的风险控制。[130]“实践中的进步既依赖于创新,又有赖于合作。尽管成功的创新可能本身就要求有团队合作,但是它总是威胁着要去推翻现有实践所依赖的习惯和预期。为实现经济增长而进行的制度设计的中心问题就是要建构出一种最有可能迎接并经受周期性考验的创新格局,因为这一格局把合作与竞争混合起来,既要认可投身到这项共同努力中的所有人的利益,又要在变迁中确保个体的基本安全。”[131]按照这个最重要且最具实践性的标准,我们需要处理好“自主”与“从众”的关系:学会善于合作,但绝不能迷失自我;做到“合作”而不失“自主”,“自主”而不刚愎自用。

---

[128] 参见〔美〕威廉·艾萨克、科尔内留斯·赫尔利:《为“大到不能倒”开药方》,简易译,载 http://www.ftchinese.com/story/001048698? full = y,访问时间:2013-01-28。

[129] 云计算是一个产生于 IT 领域的概念,是指 IT 基础设施的交付和使用模式,指通过网络以按需、易扩展的方式获得所需资源和服务。这种服务可以是和 IT 软件、互联网相关,也可以是其他服务。云是对网络、互联网的一种比喻说法。

[130] See World Economic Forum, Global Risks 2007-A Global Risk Network Report, January, 2007,载 http://www.weforum.org/pdf/CSI/Global-risks-2007.pdf.,访问时间:2012-02-18。

[131] 参见〔美〕昂格尔:《法律分析应当为何?》,李诚予译,中国政法大学出版社 2007 年版,第 20 页。

五、结　　语

与以往金融危机存在实质性差别的是,大型复杂的金融机构在次贷危机中扮演了主角,是金融风险和金融危机的制造者、传递者和受害者。伯南克在2010年9月2日向金融危机调查委员会作证时强调:"如果这场危机只有一个教训,那就是必须解决大型金融机构所带来的'大而不倒'的问题。"[132]诚哉斯言!"大而不倒"问题的关键所在,是金融机构在金融系统中的实质影响力,即系统重要性,而非仅仅关注金融机构的规模大小。系统重要性金融机构因其规模、关联性和复杂性等因素所产生的系统重要性而"大而不倒",据此伴生道德风险,违背了审慎经营的市场准则,破坏了市场纪律。为此,在厘清"大而不倒"问题的偏见与不见的基础上,认真对待系统重要性金融机构,既有赖于附加资本要求、流动性要求、杠杆率限制、规模限制、业务限制等手段降低其经营失败的风险;又要建立针对系统重要性金融机构的特别处置机制,以减轻其经营失败对金融体系和实体经济造成的冲击。

金融市场并不是一架抽象机器,可以简约为一些等式或者定理,而是一种混沌的秩序,充满了彼时彼地中各种冲突的力量、因素、参与者、语言、制度、生活与理解的方式。我国系统重要性金融机构之大,并非金融自由化和金融创新的结果,而是金融垄断背景下粗放式扩张的产物,"大银行"与"大政府"紧密相连。由于混沌现象的存在,初始条件的微小变化会引起系统演化的巨大变化。处于北京香山的一只蛾子求偶时翩翩起舞可能影响世界天气的时代,全球金融市场波谲云诡,英美国家的金融改革实践至少会成为我国考虑采取变革的起点。[133] 完善我国系统重要性金融机构的治理、破解"大而不倒"的困局,亟须我国金融法在规范其"量"的扩张,更需要引导其实现"质"的增长。海纳百川,有容乃大。中国的金融发展和制度变迁不是闭门造车、与世隔绝的修炼,而是兼容并包、博采众长的实践。在这个过程中,中国需要更多对西方世界客观的观察者、理性的思考者和开放的分享者,认真

---

[132] See Ben S. Bernanke. Causes of the Recent Financial and Economic Crisis, Before the Financial Crisis Inquiry Commission, Washington, D. C. September 2, 2010. 载 http://www.federalreserve.gov/newsevents/testimony/bernanke20100902a.htm,访问时间:2012-02-18。

[133] 应警惕的是,"我们经常看到,将更加发达经济体(通常是美国)的法律规则依葫芦画瓢地引进过来,反而对经济活动产生了暧昧不清的、期待之外的或者是阻滞发展的后果。"参见〔美〕柯提斯·J.米尔霍普、〔德〕卡塔琳娜·皮斯托:《法律与资本主义:全球公司危机揭示的法律制度与经济发展的关系》,罗培新译,北京大学出版社2010年版,第217页。

对待系统重要性金融机构治理中的情理与法理、治权与民意。不要有桥不走,硬要下河摸石头。当然,正如系统重要性金融机构的形成是一个复杂性系统一样,对系统重要性金融机构的治理也是一个复杂性系统,有赖于政府、金融机构、金融消费者和投资者等多元主体的共同参与,建立一个市场和非市场、私法和公法、软法(soft law)和硬法(hard law)相互支持的结构,从政治、经济、社会、文化和法律等多个维度探寻治理之道。

风和光国有化的合法性与合理性

陈建霖*　崔炯哲**

黑龙江省于2012年6月14日颁布《黑龙江省气候资源探测和保护条例》(以下简称《条例》),这是我国首个规范气候资源利用的地方法规。该《条例》第3条规定,本《条例》所称的气候资源,是指能为人类活动所利用的风力风能、太阳能、降水和大气成分等构成气候环境的自然资源。第7条规定,气候资源为国家所有。从事气候资源探测活动,应当经省气象主管机构批准。黑龙江省气象局应急与减灾处处长马旭清指出,黑龙江省正处于新能源大发展阶段,气候资源探测方面比较混乱,企业跑马圈地,自主进行探测的现象严重。①《条例》明确规范气候资源的归属权,建立了气候资源探测审批制度,可有效规范企业的探测行为。②

然而,《条例》一出即招致一片质疑。有法学家指出,将风和光列为国有资产有违宪之嫌。③ 因为《宪法》第9条并未列举风和光为国有财产。④ 因此,从立法解释上看,风和光不能归国家所有。同时《物权法》第45条也并未将风和光规定为国家所有的财产。⑤ 也有物权法专家质疑风和光能否构成物权法上的物,因为风和光都属于可再生资源,取之不尽、用之不竭,不适合

---

* 陈建霖,香港大学法学院助理教授。

** 崔炯哲,香港城市大学法律博士。

① 严凯:《"风光"国有追溯》,载《经济观察报》2012年7月2日,第27版。

② 王培莲:《黑龙江新〈条例〉:风能和太阳能归国家所有——规范新能源建设还是气象部门扩权》,载《中国青年报》2012年6月21日,第5版。

③ 《"风能太阳能国有"的法律分析》,http://www.china5e.com/show.php?contentid=229899#31

④ 《宪法》第9条规定,矿藏、水流、森林、山林、草原、荒地等自然资源归国家所有。

⑤ 《物权法》第45条规定,法律规定属于国家所有的财产,属于国家所有即全民所有。矿藏、水流、海域、城市的土地、森林、山岭、草原、荒地、滩涂等自然资源、无线电频谱资源、国防资产以及法律规定属于国家所有的野生动植物资源属于国家所有。

作为法律上所定义的财产。[6]

然而,在大多数人看来,《条例》最严重的问题就是将平时能随意获取的风和光列为国有资产,担心往后再也不能免费享受吹风晒太阳的权利。有人揶揄道,以后吹吹风晒晒太阳都要交税,如果不交税就有可能侵犯国有资产。[7] 也有人担心,为风和光的探测行为设立行政审批,有扩大行政权力的嫌疑,会助长寻租空间,滋生腐败。[8] 虽然黑龙江省气象局反复强调,《条例》并未设立任何使用权,也未规定任何行政收费,所以谈不上扩权、寻租、收费[9],但是这一解释仍未消除公众对权力寻租[10]以及隐性收费[11]的担忧。

诚然,公众对《条例》的强烈抵触,一部分来自于公众对政府机构的不信任。这一信任危机源自于中国当下出现的大量官员以行政许可寻租腐败的案件。[12] 然而,这些反对声音也揭示出,普通民众,甚至是一部分专家学者对"公共财产"这一概念的误读。其中一个误解在于认为公共财产与国有资产不同,公共财产是全民享有的财产,而国有资产是政府享有的财产。另一个误解在于认为公共财产即意味着公众享有免费使用权,任何公共财产都不应该收费。本文作者将针对这两个误区展开论述。作者认为,国有资产在我国不仅是公共财产的主要表现形式,而且应当是公共财产的最佳存在方式。并且,免费使用不是公共财产的必然属性,而仅仅是分配公共财产的方式之一。

---

⑥ 民商法专家、中国人民大学法学教授刘俊海表示,根据《物权法》,虽然一些无形的自然力(如电力、热能、光线等)可以成为物权的客体,但前提条件是这些自然力必须能为人所控制,风和光由于人类无法控制,不能视为民法上的物。他认为,从国外经验来看,风和光即便是财产,也只能是私产,应该根据谁开发谁拥有谁获利的原则,来确定其权属。参见《归属权界定荒谬》,http://guangfu. bjx. com. cn/news/20120820/381364-3. shtml。学者张璐也有同样观点,参见张璐:《气候资源国家所有之辩》,载《法学》2012 年第 7 期,第 12 页。

⑦ 丁望:《风和阳光收归国有》,载《信报》2012 年 10 月 10 日,第 A18 版;沈彬:《要防止气候资源被部门利益化》,载《东方早报》2012 年 8 月 21 日,第 A22 版;刘武俊:《"风光立法"凸显部门利益法制化倾向》,载《人民法院报》2012 年 6 月 30 日,第 2 版。

⑧ 汪庆华:《今天风能国有明天呼吸上税》http://star. news. sohu. com/s2012/fengneng,最后访问日期:2013 年 4 月 4 日;张吕好:《自然资源谨防"国家所有"异化为"权力垄断"》,载《民主与法制》,2012 年第 25 期,卷首语;邓聿文:《从阳光国有看自然资源的产权安排》,载《成都商报》2012 年 6 月 26 日,第 8 版。

⑨ 严凯:《"风光"国有追溯》,载《经济观察报》2012 年 7 月 2 日,第 27 版。

⑩ 《气象局转身"风光"生意人》,载《中电新闻》2012 年 8 月 29 日。

⑪ 刘武俊:《"风光立法"凸现部门利益法制化倾向》,载《人民法院报》2012 年 6 月 30 日,第 2 版。

⑫ 同上注。

一、公共财产 VS 国有财产

（一）比较法视野中的公共财产界定标准

大陆法系国家中“公共财产”的概念是以罗马法为源头逐步演化而成。以法国法、德国法和日本法为典型的大陆法系国家按照用途标准来区分财产是否具有公共属性。例如，在法国法上，对行政主体所拥有的财产区分为国家公产和国家私产。是否属于公产的判定标准有两个：一个是公众直接使用的财产；另一个是公务使用的财产，但该财产的自然状态或经过人为的加工以后的状态必须是专门的或主要的适应于公务所要达到的目的。[13]“公众直接使用”与“公务使用”直接表明了公共性是公产的基本属性。

在德国法上，理论界将公共财产的概念分类成最广义的公共财产、广义的公共财产与狭义的公共财产三大类。最广义的公共财产包括财政财产、行政财产和公共用财产三类。财政财产即国家私产。广义的公共财产，包括行政财产和公用财产。狭义的公共财产仅包括行政机关执行行政任务所使用的财产，即不包括直接供一般人民通常利用或特别利用之公用财产。这种公共财产的区分也是以是否直接供行政之用为标准。[14]

在日本法上，具有公法性质的《国有财产法》将国有财产分为行政财产和普通财产。普通财产属于私物，行政财产属于公物。而公物又分为供一般民众使用的公共用物（如道路、河流）和供行政主体活动使用的公用物（如市政府办公场所）。[15]《日本民法典》虽没有规定国家所有权，但学术界普遍认可国家所有权的概念。他们认为国家所有是指政府所有，即政府的支配权所

---

⑬　王名扬：《法国行政法》，北京大学出版社 2007 年版，第 240 页。转引自张建：《论公共财产的界定标准——评宽明诉九江市城乡建设局遗赠抚养协议纠纷案》，载《中国青年政治学院学报》2012 年第 2 期，第 116 页。

⑭　翁岳生：《行政法》（上册），中国法制出版社 2002 年版，第 462—463 页。转引自张建文：《论公共财产的界定标准——评宽明诉九江市城乡建设局遗赠抚养协议纠纷案》，载《中国青年政治学院学报》2012 年第 2 期，第 116 页。

⑮　〔日〕大桥洋一：《行政法学的结构性变革》，吕艳滨译，中国人民大学出版社 2008 年版，第 195 页。转引自张建文，《论公共财产的界定标准——评宽明诉九江市城乡建设局遗赠抚养协议纠纷案》，载《中国青年政治学院学报》2012 年第 2 期，第 116 页。

涉及的财产就是国有财产。[16]

总体而言，在法、德、日等传统大陆法系国家中，对公共财产的界定主要根据财产的用途，而非所有权人的身份。而中国对公共财产的界定主要依照所有权人加以分类，将国家和集体所有的财产归类为公共财产。这一对公共财产界定方式的不同，对于理解我国风和光的所有权归属及探讨国家所有权之利弊具有重要的影响。

（二）公共财产在中国法下的特定内涵

在我国，通常将公共财产理解为国家和集体所拥有的财产。这一点受到苏联法的强烈影响。[17] “在计划经济时期，社会主义财产是公共财产的同义语，国家财产，即国家垄断和占有一切生产资料并分配所有产品，是全民的财富，被视为社会主义所有制的主导形式。此外，还有集体（农村）所有的财产，共同构成统一类型的社会主义公有制。”[18]“尽管在市场经济条件下，对所有制类型的强调不如计划经济时代那么强烈，但是毫无疑问，这种以所有权人的身份决定财产的类型的观念一直到现在仍然是根深蒂固的。”[19]我国《物权法》第五章对所有权的分类和规定就是最好的证据。[20]

我国《宪法》第 12 条规定，社会主义的公共财产神圣不可侵犯。国家保护社会主义的公共财产。禁止任何组织或者个人用任何手段侵占或者破坏国家的和集体的财产。《宪法》第 9 条规定，矿藏、水流、森林、山岭、草原、荒地、滩涂等自然资源，都属于国家所有，即全民所有；由法律规定属于集体所有的森林和山岭、草原、荒地、滩涂除外。从这两个条文的逻辑含义中可以看出，宪法所指的公共财产只包括两种，国有财产和集体财产，不存在第三种公共财产的形式。再看我国的《刑法》。《刑法》第 91 条规定，本法所称公共财产，是指下列财产：（一）国有财产；（二）劳动群众集体所有的财产；（三）用于扶贫和其他公益事业的社会捐助或者专项基金的财产。

绝大多数反对《条例》的人都认可，风和光属于公共财产，但不认同风和

---

⑯ 参见〔日〕盐野宏：《行政组织法》，杨建顺译，北京大学出版社 2008 年版，第 257 页。转引自马俊驹：《国家所有权的基本理论和立法结构探讨》，载《中国法学》2011 年第 4 期，第 97—98 页。

⑰ 周刚志：《自然资源“国有”需正确了解》，载《国土资源导刊》2012 年第 8 期，第 18 页。

⑱ 张建文：《论公共财产的界定标准——评宽明诉九江市城乡建设局遗赠抚养协议纠纷案》，载《中国青年政治学院学报》2012 年第 2 期，第 116 页。

⑲ 同上，第 117 页。

⑳ 《物权法》第五章将物权所有权分为国家所有权和集体所有权、私人所有权三类。

光应当属于国有财产[21]，这一观点在法律上很难成立。因为按照上述两部法律的定义，如果认定风和光为公共财产，它们显然不可能是集体财产，更不可能是专项基金，只可能是公共财产中的国有财产，也即全民所有的财产。由全国人大常委会法制工作委员会民法室编写的《物权法》条文说明在诠释《物权法》第48条的立法理由说明时也表明“自然资源包括土地资源、水资源、矿产资源、生物资源、气候资源、海洋资源等”，并解释“我国绝大多数自然资源都属于国家所有，这是我国不同于资本主义国家经济制度的基本特征之一”。[22]

正如上文所提到的，我国公共财产的界定标准与大陆法系国家的不同。在大陆法系国家，公共财产的判定是以用途标准来分类的，也因此有大陆法系国家所熟悉的国家财产的（国家公产与国家私产）二元化结构。在这种结构下，风和光若能因其资源的日渐稀缺性被认定为财产，也将只会被归类为国家公产中的公共财产——即政府虽是代表全民行使所有权的主体，但必须把其财产开放给民众使用，而不能像国家私产般对风和光自由支配。而在我国，公共财产的界定主要依赖归属标准，不存在国有财产和集体财产之外的第三种公共财产类型，这一点在《宪法》和《物权法》中可以印证。因此，在法律上风和光作为公共财产，其属于国有财产性质应当没有争议。而政府以《条例》的行政许可方式来分配其国有财产自然也是无可非议。

二、公共财产“国有化”的优势

诚然，我国法律制度对公共财产仅以归属权来界定反映了其历史背景和政治因素。在当今社会和学界对我国法治的改革反思当中，便有学者提倡引入大陆法系国家以公共使用为属性的公共财产概念，借以限制政府对某些应属全民使用的财产的支配。[23]本文将阐释，把风和光纳入公共财产中的国有财产范畴，不仅在法理上说得通，在实践中也有其优势。

---

[21] 丁望：《风和阳光收归国有》，载《信报》2012年10月10日，第A18版；沈彬：《要防止气候资源被部门利益化》，载《东方早报》2012年8月21日，第A22版；刘武俊：《“风光立法”凸显部门利益法制化倾向》，载《人民法院报》2012年6月30日，第2版。

[22] 全国人大常委会法制工作委员会民法室：《〈物权法〉条文说明，立法理由及相关规定》，北京大学出版社2007年版，第74—75页。

[23] 肖泽晟：《社会公共财产与国家私产的分野》，载《浙江学刊》2007年第6期，第38页。

（一）政府成为公共财产的管理主体

产权清晰是完善财产法律制度的必备条件。这其中，财产的名义归属与实际支配与管理应当相匹配。财产需要有明确的个体支配控制方能有效地发挥其经济效益。这通常不是个问题，法律普遍把财产的管理权赋予其财产所有权人，合理地预期财产的所有者会充分利用其财产管理权来实现财产的经济效益。但当管理权与所有权脱钩时，则会衍生许多需由法律来规范协调的利益冲突问题。上市公司和国有企业普遍遇到的公司治理问题便是管理权（董事等经营者）与所有权（股东）分离阻碍财产有效使用的典型例子。[24]

管理权与所有权的分歧在公共财产领域特别显著。我国《宪法》规定，公共财产的所有权属于全体人民。但“全体人民”不可能直接对公共财产进行支配和管理。管理者的缺位将导致权益分配失去原有的意义，造成少数人得益，大众买单的不公平现象。例如，国家对一片国有林场如果不实施管理，将导致生活在林场周边的居民可以随意砍伐树林并出售木材获利。原本设计为全民享有权益的林场就这样被少数近水楼台者侵占，分配秩序被打破。同时，由于侵占者并无占有的成本，因此容易浪费公共资源，造成公共财产的进一步损失。

因此，公共财产的管理权唯有通过其合法代表，即政府，方能得以行使。而把风和光等自然资源国有化的重要法律意义便是赋予国家合法身份使其成为资源的管理主体。这避免了这些本应全民拥有享用的公共财产被一小部人无效率的滥用和不公平的分配。这也是《物权法》第 45 条特别对代表国家行使国有财产所有权的主体进行规范的立法理由。[25]

诚然，政府对公共财产的决策行为与处理方式常常引起争议。不同政府机构之间，例如地方政府与中央政府[26]，或者不同政府部门之间[27]都可能存在着对公共财产管辖权的冲突。其他争议包括对公共财产的分配决策的程序要求，如是否可仅经过行政程序的认可或需经过民主机制的表决。这些管辖

---

[24] 杨文：《国有资产的法经济分析》，知识产权出版社 2006 年版，第 410—438 页。

[25] 全国人大常委会法制工作委员会民法室：《〈物权法〉条文说明，立法理由及相关规定》，北京大学出版社 2007 年版，第 66—67 页。

[26] *E. g.*, Michael H. Schill, “Intergovernmental Takings and Just Compensation: A Question of Federalism”, 137 *U. PA. L. REV.* 829, 880—888(1989).

[27] *E. g.*, Scott R. Christensen & Akin Rabibhadana, “Exit, Voice, and the Depletion of Open Access Resources: the Political Bases of Property Rights in Thailand”, 28 *LAW & SOC' Y REV.* 639, 643—654(1994).

权归属与执行的问题都会影响公共财产分配使用的效率与公平。这一类政府管治与机构设计的问题超出了本文研究的范围。我们也不否定一些学者质疑黑龙江省人大常委会在《条例》的制定上已超越职权,不当规范应属全国人大及其常委会管辖的基本经济制度问题。㉘ 我们所提议的公共财产框架仅强调,只要有某一组织(或一些组织)代表大众管理公共财产,它们就能够并且应当主动安排分配这些公共财产。而在中国,国家的各级人民政府对其管辖权内的公共财产进行管理和分配不仅符合中国的宪政和法律,也是实现公共财产有效使用与保护的必然途径。

(二) 无偿使用是公共财产的分配方式而非属性

明确管理权归属对公共财产的重要性后,便能体会无偿使用只是代表全体人民行使管理权的政府所可以选择的诸多财产分配方式之一。

对“公共财产”中“公共”的重新定义,应将重点放在公共所有权而非公众准入或公众使用上。目前,公共财产的概念往往将公共使用或公共准入作为其特点之一。这种理解的危险性在于它混淆了所有权和分配这两个独立的问题,这两个问题涉及的考量因素各不相同。这也因此导致人们忽略了寻求适合不同公共财产的分配模式。规定资源应供公众使用仅仅是分配决策的一种选择——它是可以改变的,并且应根据当时的社会经济条件和可应用技术进行改变。㉙ 公共使用作为资源分配的一种手段,其主要优势是可降低执行成本,并且开发风险低,对其他使用者负面影响也小,同时能保持高效率。然而,这些优势并非一成不变,早期通过公共使用得到有效分配的资源可能在未来需要采用其他的分配方式。技术进步可以减少其他分配机制的成本,而增加使用密度(例如,通过人口增长)可能会导致过度开采或负面的外部效应。例如,国家公园就是一种典型的公共财产㉚,随着人口增长导致需求增加引起的过度拥挤会造成游客的体验度的下降以及造成自然环境的

㉘ 董立新:《风能、太阳能属于国有的违宪分析》,载《宜春学院学报》2012 年第 34 卷第 7 期,第 27 页;马宇:《气候资源国有的荒谬与危害》,载《中国经营报》2012 年 7 月 2 日,第 B13 版。

㉙ Bruce Yandle & Andrew P. Morriss, “The Technologies of Property Rights: Choice Among Alternative Solutions to Tragedies of Commons”, 28 *ECOLOGY L. Q.* 123, 167—168(2001).

㉚ Bruce Yandle & Andrew P. Morriss, “The Technologies of Property Rights: Choice Among Alternative Solutions to Tragedies of Commons”, 28 *ECOLOGY L. Q.* 123, 129(2001); Michael I. Jeffery, “Public Lands Reform: A Reluctant Leap into the Abyss”, 16 *VA. ENVTL. L. J.* 79, 97—103 (1996).

破坏[31],因此就有必要实施公园许可配额限制[32]或增加收费[33]以保护其自然价值。

将公共准入从"公共财产"概念中分离明确了公共财产与其他财产分配形式的关系。公共财产与私人财产、共同财产或其他类型财产一样[34],是一种简单的财产分配形式,或者作为以私人财产为终点的演化进程的起点。[35]但这两者皆非正确的关系。如同公共准入仅仅是一种分配机制一样,其他的财产安排方式也都是分配机制,即私人财产的分配机制强调个人所有权[36],行政财产的分配机制包含大量的政府干预[37],其他不同的混合财产的分配机制涉及私人、共同和公共元素的不同组合。[38] 因此,在我们提议的公共财产框架中,私人财产仅仅是公共财产通过独立(并且经常是可转让)的私人权利的方式分配的资源。相对的,中国的农村土地是一种村民委员会享有对农村土地一定程度自治权和所有权的集体财产[39],也是另一种在法律框架下有别于私人财产的分配公有财产的方式。

总而言之,"公共财产"中"公共"的特征应该是指"公共所有权"而非"公共准入"或"公共使用"。这点符合我国对"公共财产"采用归属进行分类的原则。事实上,公共所有权受公共使用支配,这仅仅说明了公共使用是一种公众(通过其管理机构)已经选择了的特定财产的分配机制。作为一种分配机制,公共利益因素例如再分配因素在考虑公共使用时,也应当规范公共

㉛ Michael I. Jeffery, "Public Lands Reform: A Reluctant Leap into the Abyss", 16 *VA. ENVTL. L. J.* 79, 100—101(1996).

㉜ Catherine M. Pickering & Ralf C. Buckley, "Swarming the Summit: Managing Tourists at Mt Kosciuszko, Australia", 23(3) *MOUNTAIN RESEARCH AND DEVELOPMENT* 230, 232—233(2003).

㉝ Michael I. Jeffery, "Public Lands Reform: A Reluctant Leap into the Abyss", 16 *VA. ENVTL. L. J.* 79, 132—133(1996).

㉞ *E. g.*, Bruce Yandle & Andrew P. Morriss, "The Technologies of Property Rights: Choice Among Alternative Solutions to Tragedies of Commons", 28 *ECOLOGY L. Q.* 123, 129(2001); Amnon Lehavi, "The Property Puzzle", 96 *GEO. L. J.* 1987, 2004(2008).

㉟ *E. g.*, Harold Demsetz, "Toward a Theory of Property Rights", 57 *AM. ECON. REV.* 347(1967); Katrina Miriam Wyman, "From Fur to Fish: Reconsidering the Evolution of Private Property", 80 *N. Y. U. L. REV.* 117, 124—125(2005).

㊱ Thomas W. Merrill, "The Property Strategy", 160 *U. PA. L. REV.* 2061, 2065(2012).

㊲ Bruce Yandle & Andrew P. Morriss, "The Technologies of Property Rights: Choice Among Alternative Solutions to Tragedies of Commons", 28 *ECOLOGY L. Q.* 123, 133(2001).

㊳ Ammon Lehavi, "Mixing Property", 38 *SETON HALL L. REV.* 137(2008).

㊴ Frank Xianfeng Huang, "*The Path to* Clarity: Development of Property Rights in China", 17 *COLUM. J. ASIAN L.* 191, 211—216(2004).

使用。公共使用有时可能是资源在经济层面最有效的分配机制。然而,通过适当的管理机构,公众应当有自由地改变分配机制的机会以适应公共利益考量的改变或技术和应用模式的革新。

(三) 无偿使用不等于公平的财富分配

风和光国有争议中的一个主要反对观点认为,政府通过行政许可对风和光等原先无偿自由使用的公共财产进行管理是与民争利,剥夺了人民对其公共财产享用的权利。这一观点根本上的误区是把一小部分使用公共财产的私人个体与全体人民混为一谈。

公众反对利用市场机制分配行政许可和公共使用的公共财产,理由是,反对公共使用而实行货币收费对穷人是不利的。国内一些评论员抨击有关单位对中国的自然、文化和历史景点门票费用定价过高,认为对像国家纪念碑这样的"公共财产"进行市场分配造成了社会的不公平。[40]

但作者认为,这些关于不公平的论调是错误的。首先,公共财产不等于公共使用,对使用公共财产行为收费并不妨碍政府通过再分配机制将所得用于帮助贫困人群。我们提议的公共财产框架仅仅要求政府应当明确表达再分配的目的。同时,政府依然可以在财富分配的政策目标下向特定目标群体如低收入人士、残障人士或老年人直接分配现金或其他原属公共所有的财产(如把耕作土地分配给无地少地的农民)。

其次,即使公共财产的分配采用市场分配机制,对贫困人口的再分配目标未必会差过采用非市场导向的分配机制。以市场为导向的分配机制的替代选择不是有针对性的再分配机制,而往往是"自由使用"或免费分配。免费并不一定对贫困人口有利。以中国的汽车牌照分配为例,北京施行车牌摇号制度,幸运的人免费获得车牌,但没有证据表明他们理应获得车牌中可观的经济价值。基于排队或撞大运这种分配机制分配财产只是将意外之财授予那些排队迅速的人或幸运儿。同样,允许公共财产通过"公共使用"的分配机制分配,很可能造成一部分早有准备的群体占用、滥用资源的现象。以渔业为例,受益者可能只包括资金雄厚和拥有专职捕鱼雇员的大型企业及本土渔民。[41]

---

[40] 肖泽晟:《社会公共财产与国家私产的分野》,载《浙江学刊》2007年第6期,第38页。

[41] Fikret Berkes, "Native Subsistence Fisheries: A Synthesis of Harvest Studies in Canada," 43(1) *ARCTIC* 35, 40—41(1990); O. Hertz & F. O. Kapel, "Commercial and Subsistence Hunting of Marine Mammals", 15(3) *AMBIO* 144, 146(1986).

如果需要优先考虑再分配机制,那么征收市场价格的费用并再分配这些募集到的资金将为财富的再分配提供一个更有效的方式。上海的做法是用拍卖车牌的收益补贴公共交通,如公交换乘优惠,长者乘车免费和补贴长途公共交通路线等[42],这比北京抽签分配机制对社会中的弱势群体提供了更大的帮助。同时,从出售公共资源或资产所获得的收益不会有传统税收压抑生产的效率问题。[43]

(四)风和光国有化之辩

反对风和光国有化的人普遍认为,风和光一直为所有人免费使用,因此免费是天经地义的。中南大学周刚志教授强调,自然资源的使用事关社会公众所享的公共利益,政府不得通过“国有化”为相关部门收取使用费铺路。[44]同样的,中国政法大学副教授庄敬华虽然认为气候资源为国家所有并无不妥,但也表示国家需同时承担容忍公众免费使用气候资源的义务。[45] 这一观点表明了人们对所有权和所有权分配机制的常见混淆。在古罗马时期,风和光仅具有最基本最原始的吹晒功能。因此,罗马法中将风和光列为一切人共有的物,任何人均可自由使用而无须付出代价。然而随着科技的进步,风和光已经可以逐步为人所利用,转化成风能和太阳能,进而转化成电能为人类的生产和生活提供动力。因此,虽然风和光是可再生能源,但其已经具有经济上的开发价值。而且,可利用的风和光有地域限制的特点,并非所有的风和光都可以为人类有效利用并转化成电能。因此,在圈地开发风和光的过程中,实际上是对一部分具有经济开发价值的风和光的排他性占有。事实上,增加气候资源的开发已引起了人们对潜在的资源稀缺性的关注。[46]

另一种反对观点认为,风和光是属于全体人民的资源,而不是仅仅属于国家。自然资源法学研究者代杰认为气候资源属于全体公民所共有,因此所

---

[42] 汽车限购风暴将至,财经国家周刊,2012年8月20日。

[43] Thomas W. Hazlett, Roberto E. Muňoz& Diego B. Avanzini, “What Really Matters in Spectrum Allocation Design”, 10 *NW. J. TECH. &INTELL. PROP.* 93, ¶ 26—27(2012); Thomas W. Hazlett, David Porter & Vernon Smith, “Radio Spectrum and the Disruptive Clarity of Ronald Coase”, 54 *J. L. & ECON.* S125, 140(2011).

[44] 周刚志:《自然资源“国有”需正确了解》,载《国土资源导刊》2012年第8期,第18页。

[45] 庄敬华:《气候资源国家所有权非我国独创》,载《中国政法大学学报》2012年第6期,第33页。

[46] 李永强:《勿借行政许可增加企业负担》,载《中国能源报》2012年6月25日,第1版。

有权主体是公民,而不是与全民所有相区别的国家所有。[47] 这一观点获得民众的普遍认可,同时也道出了资源在再分配过程中需要考虑的因素。但这种观点本身是错误的。资源被所有人共有的事实只表明这种资源供公众利用和享有。财产仍需有明确的权利行使主体方能被有效使用。作为公众的集体法定代表和管理组织,政府有资格和权力代表公众享有和管理这些资源。实际上,代杰提倡的公民所有制也仅局限于以生存为目的的使用。他也认同政府应代表全体所有权人对商业性开发收取费用。[48] 但根据本文的公共财产观点,个人的无限制使用和商业性的许可收费皆是政府以代表公众所选择的资源分配方式。将公民所有与国家所有相区别只会导致政府缺乏足够权力在面临资源短缺时规范对这类资源的分配和使用。例如,在一般情况下,个人可以随意利用降水灌溉农地,但当大旱来临之际,政府应当有权力限制个人的使用,让位于整体救灾工作。

此外,通过风力涡轮机产生的风能还可能对周边土地造成外部影响,如噪音污染、灯光污染、安全隐患和财产贬值等。[49] 更重要的是,在气候资源的使用中,风力涡轮机引起的涡轮尾迹湍流会干扰到处于顺风位的风力涡轮机,从而影响其发电量。[50] 华东政法大学张璐副教授通过说明气候资源会产生外部性来论证对气候资源设立所有权的局限。他指出所有权的基本前提是所有权人对物享有的收益应该与权利人对物的支配行为完全对应。[51] 但这反而加强了风与光应当国有化的合理性。在国家管辖权内的利益和损害皆由国家直接或间接地概括承受,并无外部性问题。因此,公共资源在私人个体之间的排他性占用理应受国家的调控和管理。

诚然,在我国存在着有些官员依靠行政许可寻租腐败且欠缺法治的政治社会环境中[52],依靠政府正确地以公众利益行使公权力似乎有些困难。政府的贪污腐败和与民争利的滥权行为确实会导致国有财产被不公平、无效率地

---

[47] 代杰:《气候资源立法要点与规则整合》,载《山东工商学院学报》2012 年第 26 卷第 6 期,第 112 页。

[48] 同上注。

[49] Troy A. Rule, "Renewable Energy and the Neighbors", 2010 *UTAH L. REV.* 1223, 1238 (2010); Matthew K. McCasland, "Windy City Heat: How Wind Energy Can Help Power Illinois Into the Future", 2012 *U. ILL. J. L. TECH. &POL'Y.* 167, 182—185(2012).

[50] Alan J. Alexander, "The Texas Wind Estate: Wind as a Natural Resource and a Severable Property Interest", 44 *U. MICH. J. L. REFORM* 429, 438(2011).

[51] 张璐:《气候资源国家所有之辩》,载《法学》2012 年第 7 期,第 12 页。

[52] 刘武俊:《"风光立法"凸现部门利益法制化倾向》,载《人民法院报》2012 年 6 月 30 日,第 2 版。

分配使用。然而,正如前文提到的,无限制的免费使用并不能确保公众拥有享受资源的平等权利,而只会依资源属性分配给对资源使用占有优势的特定团体。而在气候资源的使用上,国家所有权的缺席实际是把气候资源依照土地使用权和投资资本的方式分配。中国各大太阳能和风能企业一致声称他们早已对这些气候资源进行了投资,因此这些气候资源应为自己所用。[53] 在我国市场经济尚未健全,市场深受垄断等不公平竞争因素的干扰下,放任自然资源的开发使用反而更容易造成分配不公。鉴于利用这些资源所产生的负面外部效果,公共免费使用的分配机制事实上仅仅有益于某些特定私营企业对资源的使用,而将使用的成本分摊给了公众。因此,政府治理的缺失会对国有财产分配有着无可否认的负面影响。然而问题的核心是,是否存在其他更优的选择呢? 面对气候资源的日渐稀缺和其固有的外部性问题,答案是否定的。

三、总　　结

将风和光等公共财产国有化(即将非集体财产的公共财产都归为国有财产)不仅符合我国有关公共财产的阐述和原则,也利于国家统一公共财产的所有权和管理权。这一点对于国家协调资源的总体利用是极为重要的。公共财产的公共性不是免费的代名词。正如公园和博物馆可以为控制人流而收取适当费用一样,国家有权根据某些公共财产的稀缺程度及对其公平合理地使用而采取适当的经济手段加以调控。这不仅不违背公共财产的公共性,反而体现了公共性:国家向少数公共财产的主要消耗者和得益者征收费用作为公共财政,再将其用于惠及大众的公共项目上。政府在公共财产分配的寻租腐败问题固然重要,但那是由于体制设计的缺陷导致,应当独立去规范和避免,而不能将其归咎为为清晰法律上的所有权而产生的必然后果,否则公有制所背负的冤枉可就大了。

---

[53] 严凯:《"风光"国有追溯》,载《经济观察报》2012 年 7 月 2 日,第 27 版。

社会保险基金投资监管法律问题研究
——以被保险人收益权保护为核心

张春丽*

一、社会保险基金投资法律关系的性质——独立监管框架的必要性

（一）社会保险基金投资法律关系的内涵——基于社会保险基金投资功能的分析

社会保险基金投资的功能在于降低基金贬值风险、增加基金支付能力。我国《社会保险法》《社会保险基金筹集管理办法》《关于印发社会保险基金监督检查证管理规程的通知》和《人力资源社会保障部关于开展社会保险基金社会监督试点的意见》等规定，为我国目前的社会保险基金投资提供了原则性规范。

我国社会保险基金实行现收现付制与部分累积制的结合，以向完全累积制转移为长期目标。但是，从筹资与支付比例来看，由于我国人口基数以 1/2 的比例逐渐缩小，因而在筹资水平不做双倍以上增长的情况下，养老保险基金亏空风险始终存在。同时医疗保险个人账户短期余额过高又会引发贬值风险。即使提高筹资比例，社会保险基金筹资是国家强制储蓄的一种形式，是被保险人当前个人可支配收入向将来个人收入的让渡。但是在该“储蓄”期间内，利息率、通货膨胀率、市场投资率等货币价格指数始终呈现上涨趋势，货币价格净增长在短期或长期内均为必然。因而，社会保险基金需要保值增值。尽管银行储蓄和国债投资可以在一定程度上减弱社会保险基金贬

* 张春丽，北京大学法学院经济法专业博士生，研究方向为经济法与社会法理论。

值的风险,但是利率和国债收益率低于市场投资率和通货膨胀率。所以,要解决社会保险基金"折旧"的问题,还需放宽投资渠道。

因而,将社会保险基金账户部分结余,委托合格发起人和管理人,设立投资基金进行市场化投资,具有必要性。我国金融市场建设和海外投资平台也说明拓宽投资渠道具有可能性。我国社会保障基金和国家主权基金,近年来投资的实践也为社会保险基金投资提供了参照。

通常,社会保险账户内部分资金在与社会保险统筹账户和个人账户内资金隔离后,才可进行投资。从统筹账户和个人账户中分离,投入到投资基金池内的基金,即社会保险投资基金,就成为社会保险投资法律关系的客体。投资基金的设立和管理也需要通过独立的发起机构或管理机构来完成,二者通常须将投资代理权授予其他投资人,而直接参与投资运营的几率则较小。因而,独立的发起机构和管理机构即为基金发起人和管理人;发起人和管理人授予投资代理权限的主体即为投资人。

保险基金投资的功能是抵御通货膨胀等因素造成的基金贬值,实现基金保值增值。因而,基金发起人、管理人和投资人,设立、管理和投资运营社会保险投资基金的目的,也是实现基金保值增值。要实现该目标,社会保险基金投资法律制度,一方面要规范基金发起人、管理人和投资人管理市场风险的行为;另一方面要约束上述代理人侵蚀基金的风险。这也说明,社会保险基金法律制度需要将基金保值增值的政策性目标法律化。换言之,只有找到法律制度设计的着力点即本法的核心目标,才能通过完善的制度实现社会保险基金的保值和增值。

法的目的是法所欲达成的社会功能,来源于法的价值体系,该价值体系是解决与法律关系对应的社会关系内部矛盾的基准。② 在社会保险基金投资关系中,基金的市场风险与收益是一对内部矛盾;基金代理人代理成本与受益人权利保护是另一对内部矛盾。对于后者,受益人权利保护无疑是解决该矛盾的基准;对于前者,被保险人收益权的实现才是解决矛盾的基准。因而需要考察被保险人与受益人之间的关系,从而确定社会保险法核心目标是单一目标还是复合目标。

在社会保险基金投资与受益关系中,由于《社会保险法》对政府和被保险人究竟谁是社会保险基金投资受益人界定不明确。因而要判断哪一个基

② 参见〔奥〕尤根·埃利希:《法律社会学基本原理》(第三卷),叶名怡、袁震译,九州出版社 2009 年版,第 883 页。

准是社会保险法的核心目标,就要先考察社会保险基金投资法律关系的性质,从中找到占据优势地位的权利范式,从而确立社会保险基金投资法律制度的核心目标,围绕该目标建立社会保险基金投资监管制度的框架。

(二)社会保险基金投资法律关系性质——兼论基金受益人权利范式

社会保险基金投资法律关系由多层次法律关系组成,在投资代理层面由合同关系和信托关系构成;在基金发起、管理和投资收益分配层面,由社会保险法律关系和劳动法律关系构成。由于基金投资法律关系形成于基金发起人、管理人和受益人对投资代理人的授权,因而基金发起与管理层面的社会保险法律关系和劳动法律关系,就成为投资层面的合同关系和信托关系的基础性法律关系。这就决定了社会保险基金投资法律关系的性质首先须依据社会保险法的价值来进行判断。

社会保险法价值对社会保险基金投资监管法目标的定性,以社会保险被保险人保护目标为纽带,如我国《社会保险法》第 1 条的规定,"维护公民参加社会保险和享受社会保险待遇的合法权益",就明确了社会保险被保险人保护目标。

被保险人对社会保险基金的权利,来源于其《劳动法》权利在《社会保险法》中的转化。被保险人的工资性收入被国家强制储蓄在社会保险账户中之后,成为其不可支配收入的一部分,因而被保险人对社会保险收益分配的权利仍以其对工资性收入的权利为基础。当被保险人的收益权,随社会保险基金投资法律关系而被转化为基金受益人权利之后,就形成了"基金受益人权利——社会保险收益分配权利——劳动工资权"范式。

该范式实际上是一种三层次的权利递进。作为基础性权利的劳动工资权产生于公法关系,具有强制性;其延伸到社会保险中之后,塑造了社会保险收益分配权的形成权性质;劳动工资权和社会保险收益分配权再递进到基金投资法律关系中之后,就设定了社会保险基金投资受益权的来源。因此,从权利递延的角度,社会保险基金受益人与社会保险收益人为同一主体,国家财政权对社会保险收益人权利的实现起到辅助作用。同时,尽管劳动工资权和社会保险收益分配权递进到基金投资法律关系中之后,社会保险基金投资受益权不能再被认定为形成权,但是其权利来源上的强制性不会因投资关系而发生变化。因而社会保险基金投资法律制度中,不论是为基金发起人、管理人和投资人设定的监管框架,还是上述主体的责任设定,以及受益人即被保险人权利救济,都比一般投资法律关系更为严格和充分。

社会保险基金投资法律制度须以基金受益人权利实现为目标,而基金受益人权利来源于社会保险收益分配权和劳动工资权的递进。因而社会保险基金投资的每重法律关系和事实关系,都以基金受益人受益权亦即被保险人收益权实现为目标,该目标也成为社会保险基金投资的核心目标。

基金受益人权利实现目标,随社会保险关系、合同关系、信托关系或多重代理关系在社会保险投资基金发起、管理和投资法律关系中延伸,社会保险收益给付义务随投资基金的发起和管理关系,递延到了投资基金的发起人和管理人,也决定了这两个主体须履行最低收益保障的义务。由于社会保险基金投资的本质是利用、控制和管理金融市场风险③,因而,发起人和管理人最低收益保障义务的履行,以其履行保证最低收益的监管框架为前提。通常,商业银行和保险机构为保证对客户或被保险人的最低收益的给付,以“资本充足率”和“清偿能力”为基本的监管框架。

同时,基金受益人权利实现目标,在社会保险投资基金发起、管理和投资法律关系中的延伸,也在原本为合同相对方或受托人的基金发起人、管理人和投资人的合同义务与信托义务中增加了强制性。该强制性在社会保险基金投资法律制度的责任体系方面有明显的体现。基金投资法律制度的责任体系,较一般投资法律制度更为庞大和完善,基金受益人即被保险人权利救济手段也更加多样化。

二、社会保险基金投资监管框架——以被监管者义务为核心的考察

社会保险基金投资法律关系揭示了基金受益人权利保护在基金投资监管框架中的核心地位,该权利内涵被保险人收益权和劳动工资权,既要求社会保险基金监管框架实现社会保险法价值,保障被保险人最低收益;也要求监管框架符合金融市场风险监管规则,在利用金融风险的同时,降低、管理和控制金融风险。

③ 参见兹维·博迪和罗伯特·莫顿:《金融学》,欧阳颖等译,中国人民大学出版社 2000 年版,第 24—30 页。

（一）社会保险基金投资的风险监管框架

1. 资本充足率和清偿能力监管

资本充足率是社会保险投资基金合格发起人的首要义务，这主要是一种将巴塞尔对银行等金融机构的资本充足性、责任认定以及金融机构商业监管规则结合起来，并应用在投资基金监管框架中。资本充足率监管是确保投资基金发起人向被保险人履行最低收益保障责任的前提，也是风险监管的重要内容。

资本充足率通常为三个层次：第一层次是对资本的要求，主要包括会计标准、风险披露和财务报告等。第二层次是对责任的界定（defines responsibility），责任界定主要是通过设定监管原则来实现的，主要包括通过董事会委员会责任制实行的风险管理如最低风险管理标准和风险评级，内控管理，向监管机构报告，风险资本和其他金融资产市场评价等内容。第三层次是市场监管原则的应用，强调商业透明度和利益相关者参与，强调监管责任和商业谨慎性目标，强调市场管制和消费者保护目标。④

风险监管的优势在于通过监管机构、金融机构、监管环境和信息披露规则，更加有效和全面地进行风险管理，提高风险管理透明度，保护市场参与主体。资本充足率作为发起人获得和保持合格发起人资质的一项制度，是法律强制发起人符合最低程度的风险控制、管理能力以及最低限度清偿能力的保证。

清偿能力监管也是风险监管的重要组成部分。欧盟颁布的 Solvency II 规则，从三个方面规范保险公司的清偿能力：第一、清偿资本标准，即最低资本充足率；第二、监管审查程序标准；第三、清偿能力披露要求。具体包括对基金风险面、基金运行机构、运行风险的评价。考察基金风险面的目的是建立一种结构性的评价和控制基金发起和运行风险的体系，主要考察因素包括基金发起组织、政府管制、基金成本收益率、运行策略、市场环境、信息披露和管理体系的有效性。对基金运行机构的考察主要集中在再保险和外包两个方面。⑤ 对运行风险的考察，主要包括交易风险、交易程序风险和相关风险的考察。交易风险主要包括客户、相对方和决策风险；交易程序风险包括投

---

④ Basel Committee, A New Capital Adequacy Framework. Consultative paper. Basel Committee on Banking Supervision(BCBS), Basel, Switzerland.

⑤ Articles 128 to 131 of Directive 2009/138/EC of the European Parliament and of the Council of 25 November 2009.

资对象、外包、年金权利的转移、支付以及清算;其他相关风险主要包括信息风险、法律风险、综合性和技术性风险、市场风险以及信用风险。⑥

荷兰、丹麦、澳大利亚和墨西哥等国家建立的年金监管体系,体现了Solvency II 清偿能力规则。其中荷兰年金投资风险监管是世界上最发达的年金投资监管体系之一。荷兰采用的风险监管工具,主要是金融机构风险分析方法(Financial Institution Risk Analysis Method,FIRM),该方法以清偿风险框架为主体(Risk Based Solvency Framework)。

在最低清偿能力标准上,荷兰对被保险人缴费额度和年金收益率的计算,采用过两种计算方法,第一种是按照基金资产固定折旧率的4%来计算;第二种是根据证券回报率、工资率、通货膨胀率和其他金融资产的市场投资率来计算,该方法也是证券市场计算投资者回报常用的市价定价或逐日盯市法(mark to market)。

在风险敏感度上,荷兰清偿风险框架还采用了缓冲区间规则(buffer)。缓冲区间是衡量基金风险敏感度的区间,基金资产越达到缓冲区间上限,其风险敏感度越低,反之越高。荷兰对基金缓冲区间的规定,分为一年期和四年期;期间越长,则缓冲区内的资本需要吸收的投资风险就应当越多。一年期缓冲区间,至少需要吸收被投资资产组合价格浮动10%时的基金收益风险;四年期缓冲区间,至少需要吸收被投资资产组合价格浮动40%时的基金收益风险。⑦

荷兰也将清偿能力规则扩展适用于对被保险人的支付,即交通灯规则。该规则不仅是荷兰在年金投资和收益环节的主要风险控制手段,同时也是荷兰对基金分配环节偿付风险计算的重要方法。交通灯规则吸收了最低资本充足率规则和清偿能力缓冲区间规则。当年金发起人的清偿能力在缓冲区间以下时,发起人就需要向监管部门提交年金补偿计划书,该计划书主要内容包括:发起人补缴资本的额度和年限,按照三年内符合最低资本充足率、15年内符合缓冲区资本要求为基准。

荷兰作为传统欧洲福利国家,建立与欧盟 Solvency II 清偿能力标准相符合的风险监管体系,与其过于庞大的固定收益年金体系给政府财政带来极大负担、亟须市场化改革,但又必须保证年金安全和投资盈利有很大关联。同

---

⑥ Articles 132 to 135 of Directive 2009/ 138/ EC of the European Parliament and of the Council of 25 November 2009.

⑦ Kales, Jan, and Dirk Broeders, editors, The sustainabiliyt of the Durth Pension System, Occasional studies, vol. 4, no. 6, De Nederlandsche Bank, 2006.

时，宏观监管层面的清偿能力标准和微观监管层面的审慎监管规则并用，是澳大利亚超级年金监管体系的重要特征。墨西哥在从政府保险向社会保险转型时，开始了相对保守和稳妥的基金投资，其将清偿能力标准作为完善社会保险基金投资监管的主要内容，也说明清偿能力标准并非仅仅适用于金融市场及法治均相对发达的国家。

2. 基金组织结构与投资限制

基金发起人资质通常采用许可制度。基金发起人采用现代公司治理结构，实行董事会负责制，董事会构成要符合基金投资风险管理职能的要求，因此通常采用风险管理委员会、具有专业风险管理经验的独立董事、执行高管(CEO)和风险执行高管(Chief Risk Officer, CRO)制度。在基金风险控制上，董事会发挥总领作用，董事会须向监管部门提交风险管理标准；执行高管和风险执行高管需向董事会履行报告义务。

董事会风险管理委员会在基金风险控制方面发挥着核心作用。该委员会具有独立和集中管理基金风险的功能，荷兰和墨西哥都规定风险管理委员会须与其他部门保持独立性；墨西哥在该委员会下又设置基金运行风险委员会和金融风险委员会，负责为风险管理委员会提供定期报告。风险管理委员会主要发挥风险评价、管理和控制职能。荷兰规定，该委员会是长期投资风险的责任主体，应负责评价和控制风险水平，监督基金投资相对方履约情况。墨西哥还规定该委员会有信息披露，完善发起人会计和审计规则，建立基金投资定价工具和定价方法的义务。

社会保险基金的投资组合应当符合分散短期风险与长期风险的原则，因而需要：长期投资和短期投资并存；低风险和较高收益并重；证券投资与金融衍生品投资，固定资产投资与流动资产投资均衡；国内投资与国外投资平衡；保持对冲基金(hedge funds)的适当投资比例；鼓励基金再保险。例如，荷兰在职业年金的投资上，坚持低风险投资组合，投资于股票或其他替代性金融工具的比例约为 40%；投资于固定收入工具的比例约为 50%；投资于房地产的比例约为 10%；投资于国外资产的比例约为 85%；投资于外汇的比例占约 15%。

(二) 社会保险基金投资的审慎监管——以对 ERISA 的考察为例

雇员退休收入保障计划(Employee Retirement Income Security Program，以下简称 ERISA)是美国规范社会保障基金(OASDI)、私人养老保险金(pension funds)和私人健康保险金(health insurance funds)代理人投资行为的规则,主要来源于法院对私人保险和社会保障基金投资的判例。因而,ERISA 规则的覆盖范围非常广泛,信义义务规则、责任体系和衡平救济对基金受益人权利保护发挥了重要作用。

1. 被监管者信义义务

保险基金投资人为信义义务主体,须为受益人利益而行为,主要包括:第一,向保险参与者和受益人分配收益;第二,对保险基金的投资以忠诚义务和注意义务进行管理,并将管理支出限定在合理范围内。⑧

ERISA 来自于司法判例,其对保险基金投资受托人信义义务的认定是在一系列案件中完成的。在判断基金投资人和发起人是否应向受益人分配收益方面,McGann v. H & H Music Co. 案⑨,以及和 Doe v. kohm, nast & Graf 案是美国早期在健康保险基金领域比较具有代表性的案例。⑩ McGann 是一家企业的雇员、Doe 是一家律师事务所的律师,McGann 的雇主及其所委托的年金投资人,在得知其雇员患有难以治愈的疾病之后,为了降低保险费用,将雇员的健康保险收益从 1 百万美元降低到 5000 刀;Doe 供职的律师事务所,在得知 Doe 隐瞒健康状况之后,也与保险人一起削减 Doe 的健康保险收益。尽管这两个被告均以原告未履行告知义务为由,认为被告削减原告收益的行为是有依据的。但是法庭对两个被告的主张均未予支持。法庭认为,被告降低原告收益的做法似乎不是完全没有道理,可以被视为是对保险合同的嗣后调整。但是在原告无欺诈行为的情况下,被告降低原告收益的做法,损害了原告对保险基金受益权的合理信赖,因而违反了信义义务。

John Hancock Mut. Life Ins. Co. v. Harris Trust & Sav. Bank 案,是判断基金投资人对基金受益人忠诚义务的重要方面。John Hancock 互投人寿保险公司是 A 公司雇员的年金保险投资人,John Hancock 人寿保险公司在收益支付到期日,并未向 A 公司雇员给付收益,而是将年金投资收益划入其自有资产。年金计划的委托人遂对 John Hancock 互投人寿保险公司提起诉讼,诉由为该保险公司违反了其对受益人和受托人的信义义务。但是 John Hancock 互投保险公司辩称,其划转投资收益的行为并非侵吞受益人资产,而是根据合同中委托投资条款的规定,将委托人资产投资于该保险公司,同时委托合同也

---

⑧ See e. g. Sec. 404 of ERISA.

⑨ McGann v. H & H Music Co, U. S. District Court, S. D. Texas, Houston Division, Fed Suppl. 1990 Jun 28;742:392—4.

⑩ Doe v. Kohn Nast & Graf, P. C., 866 F. Supp. 190, 196. (E. D. Pa. 1994).

允许此类投资行为,因而这是正常投资,并未违反信义义务。但是法院未支持 John Hancock 互投人寿保险公司的抗辩,理由是该公司的投资行为具有非常明显的自利性和产生利益冲突的可能,已经违反了信义义务。[11] 该案中确定的"投资人是否具有非常明显的自利性和产生利益冲突的可能",也为后来 ERISA 规则所吸收,并成为投资人信义义务标准的主要内容。

2. 利益冲突原则的确立

在 Trustee v. the John Hancock Mutual Life Insurance 案中,法院已经开始关注利益冲突行为,并将其作为受托人违反信义义务的一项事实判断标准。但利益冲突原则成为 ERISA 信义义务的一项重要原则,是在 Firestone Tire & Rubber Co. v. Bruch 案中完成的,同时该原则也将信义义务的覆盖范围扩展到任何受托人。[12]

在 Firestone 案中,ERISA 确认的受托人信义义务,在很大程度上超越了合同法和信托法,将事实上的信义关系引入到"受托人"的信义义务中。保险人是基金投资计划的供应商,但如果按照合同法和信托法规定,保险人对保险基金投资是否负有信义义务则很难确定。因为保险人与受益人在投资分类制度中,不存在直接的委托代理关系。但是,从信义关系的角度来解释,任何处于信义关系中的主体都需要为了受益人的利益而行为,履行忠诚义务和勤勉义务,因而雇主和保险人作为保险计划的管理者,就需要根据管理行为对受益人利益产生的实质性影响承担信义义务。

这对保险基金发起人、托管人、投资人和再授权投资主体也同样适用。法庭主要考察的因素包括:第一,基金收益的责任是否发生了转移;第二,该转移是否是由于信义关系的建立;第三,是否对被保险人收益造成了损害,即被保险人收益的总额是否下降;第四,在管理、托管、投资和授权决策过程中,是否存在明显的利益冲突。如果符合上述两种情形,甚至在无须认定发起人或管理者身份的情况下,都可以认定受托人违反了信义义务。[13]

Firestone 案件之后,受托人的信义义务标准也变得更为严格,不仅需要考察上述主体所做的决定是否具有合理性;同时,还需要考察是否有证据表明,决策过程中存在利益冲突。如果存在利益冲突,就可以认定被保险人的收益有被损害的可能,因此也认定受托人违反了信义义务。

---

⑪ John Hancock Mut. Life Ins. Co. v. Harris Trust & Sav. Bank, 114 S. Ct. 517, 524(1993).

⑫ Firestone Tire & Rubber Co. v. Bruch-489 U. S. 101(1989).

⑬ 29 U. S. C. SEC. 1002(21)(A).

3. 禁止的交易类型

ERISA 禁止的交易类型主要包括:第一,关联方交易,是指受托人明知对委托人资产的处置是与关联方的交易,但仍进行或继续该交易的行为;第二,向雇主有所有权的资产或雇主经营的事业投资。由于 ERISA 适用于健康保险和年金基金等私人保险基金的投资,雇主与保险人之间存在委托代理关系,因而向雇主的事业投资,一般会降低委托人的受益,同时雇主还能获得佣金。第三,出现信义义务冲突,这是指不论受托人是否明知,保险人或投资人进行了以满足利益相关人利益为目的的投资,而侵害了雇员的利益。⑭ 最后一类被禁止的交易类型,范围非常广泛,基金投资标的中存在受托人自有资产或者存在自利行为,都可能被归入存在信义义务冲突的交易。

这也说明,ERISA 对禁止的交易类型的认定,要比信托法中更为严格,在信托法中,如果受托人能证明其投资行为符合被保险人利益、符合善意标准,则上述三类行为均被允许。但是在 ERISA 规则中,如果受托人有上述行为,则属被禁止的交易行为。

结合前文分析,可以发现社会保险基金投资行为规范具有结构性,即合同法、信托法或侵权法中有相应规定,则直接适用该规定;上述法律中无相应规定,则根据 ERISA 对信义义务的规定规范受托人行为;ERISA 信义义务规则中也无相应规定时,则根据司法判决或已经被 ERISA 吸收的信义关系相关规定,判断被告是否在信义关系中有利益冲突行为,被保险人是否由于利益冲突行为而受损害,因而这是一种通过嗣后救济来规范受托人行为的方式。

三、社会保险基金投资法律责任分析——被监管者责任体系的结构

(一) 从监管框架到责任体系

从监管框架到责任体系的递进,以被监管者即发起人、管理人和投资人义务为依据,这对风险监管和审慎监管同样适用。风险监管框架的资本充足率三层次、清偿能力标准三支柱、以委员会制度为核心的治理结构以及投资组合限制,都可以发展出相关的法律责任体系。审慎监管框架内雇主、基金

---

⑭ Sec. 1106 of ERISA.

管理人和投资人义务与其责任相对应，因而形成了被监管者的双重责任体系。但是，实际上监管规则和行为规则本身具有关联性；风险监管和审慎监管尽管内容上差异较大，但结构上具有相似性。因而，被监管者的双重责任体系也往往具有趋同性。

在风险监管框架中，资本充足率的第一层次是以会计标准计算基金风险和资本要求，清偿能力标准第一支柱是以精算方法计算基金风险，就责任而言，二者都较为依赖会计和精算职业团体自身的判断。

资本充足率第二层次对风险管理、内控管理和董事会委员会制度的规定，以及清偿能力标准第二支柱对基金运行机构的监管审查程序，将第一层次和第一支柱的会计方法与精算方法，转化为基金的风险、资本充足率和缓冲区间等实质性信息形成过程中、相关主体的责任，因而将第一层次的会计、精算职业团体责任、第二层次基金管理层责任关联起来，并且在基金发起人和管理人依据现代公司治理规则建立的内控结构中，这种关联表现为一种结构严密的“科层负责制”。科层负责制的首脑是董事长，核心组织是董事会专门委员会，通常包括风险管理委员会、精算委员会、投资委员会和监督委员会，各委员会对董事会和董事长负责，这就将各委员会委员及其负责人对基金实质性信息形成过程中的采集和报告义务，与董事会负责制联系起来。由于基金监管制度对董事会责任通常有严格的规定，因而资本充足率和清偿能力标准的第一、第二层次和支柱，都成为基金组织结构和内控责任的组成部分。

资本充足率第三层次和清偿能力标准第三支柱，均是对市场监管原则的应用，包括信息披露义务和对外部精算、审计和评级机构的应用，因而将资本充足率和清偿能力标准的第一、第二层次和支柱内的责任，转化为对基金受益人和监管机构的公共责任。

所以，资本充足率三层次、清偿能力标准三支柱以及基金组织结构三项风险监管标准，可以发展出基金发起人和管理人与其义务体系相对应的责任体系，即法律责任与公共责任的结合，但是实际上，在该体系中基金董事会还需对基金受益人承担信义义务，因而风险监管框架的责任体系为法律责任、信义义务和公共责任的结合。

在审慎监管框架中，发起人、管理人和投资人须对基金受益人即被保险人承担责任，ERISA 作为审慎监管框架的代表，在从司法实践发展而来的过程中，将法律责任、信义义务和公共责任有机结合。其结构相比起其风险监管框架更为明了。在法律对投资人等代理主体的义务如对基金项目的解释说明义务有规定的情况下，则投资人等主体须对受益人承担法律责任；如果投资人等主体与受益人之间有代理关系，但是法律责任无相关规定，通常依据信义义务来判断投资人等受托人的责任；同时上述责任会随着投资人等主体履行信息披露义务，以及向监管机构履行报告义务，而转化为公共责任。[15]

（二）被监管者责任体系的结构

1. 法律责任与公共责任

在资本充足和清偿能力保证方面，发起人和管理人违反资本充足率和清偿能力标准时，需要承担补足的责任，制订相应的补足计划，设定补足资本充足率和缓冲区间的年限。这也是发起人和管理人承担最低收益保证责任的前提。在发起人和管理人的组织结构和内控程序方面，发起人和管理人的精算人员、董事会成员、独立董事及董事会下设各委员会成员和负责人，对发起人和管理人的风险、发起人资本充足率和清偿能力等信息的形成，依据其在内控管理程序中的职责而承担法律责任。

发起人、管理人在资本充足性和清偿能力方面违反信息披露义务，或者投资人对所投资资产组合及其风险、投资相对人、投资行为中是否存在利益冲突等问题作虚假陈述、误导性陈述或者隐瞒，都被视为违反信息披露义务。在这两种情况下，发起人、管理人和投资人，应当就其欺诈行为，向受益人承担赔偿责任，同时接受市场监管主体的处罚。

2. 违反信义义务的责任承担

在发起人和管理人的组织结构和内控程序方面，发起人和管理人的精算人员、董事会成员、独立董事及董事会下设各委员会成员和负责人，在风险、发起人资本充足率和清偿能力等信息的形成方面，即使在法律规定尚未完善的情况下，其也须对受益人承担信义义务。

投资人和投资人代理人未按照受益人最大利益投资、有利益冲突交易或关联交易时，应对受益人承担信义义务。在 ERISA 的规定和司法判决中，对信义义务的认定以及应用，都占了很大比例，这也说明其能够在年金基金投资和社会保障信托基金投资的复杂法律关系中，将受益人权利与不同层次的代理人义务和责任联系起来的重要作用。也因此，ERISA 的立法，对信义义务进行了宽泛认定，并不局限于《信托法》的规定。按照《信托法》规定，一项委托关系的形成，须以明确的授权为条件；但是在 ERISA 的认定中，信义义

---

⑮ See e. g. , sec. 1109, sec. 1021, sec. 1451 and sec. 1452 of ERISA.

务可能产生于下列情形:第一,在基金投资关系中,自愿管理或控制受益人资产;第二,在基金投资关系中,接受受益人支付的费用,运行或管理受益人资产,或者其他会对受益人资产产生实质影响的情形;第三,影响受益人决策的行为。事实上,由于信义义务本身是法律义务的补充,ERISA 的界定采用了列举和概括相结合的方式,但是由于不同类型的信义义务之间有细微差别,列举不能穷尽所有情形,因而该信义义务的定义并不算是十分清晰。

但是,该定义提供了信义义务的大致轮廓。在信义义务来源上,ERISA 确定的信义义务并非是根据一个正式的信托,而是由于存在一项信托的财产(res)。综上,发起人、管理人和投资人等主体须履行受托人职能,这一判断也被称为事实上的信义义务(de facto)。⑯ 判断是否存在信义义务的具体标准也就分为财产标准和功能标准,就财产标准而言,如果受益人的资产在发起人、管理人和投资人管理与控制的范围内,就认为上述主体需要对受益人承担信义义务;就功能标准而言,如果受益人或投资人的投资决策行为,受到上述主体的影响,那么施加影响的主体也需对受益人承担信义义务。ETISA 对信义义务的认定,与信托法重述也相符。⑰

在年金基金投资和社会保障基金投资领域,信义义务界定本身,更类似于理清了信义关系,即按照前述定义,一种实质上的财产控制或决策影响的关系;而如何防止这种关系被滥用,以及如何为受益人提供救济,才是这些立法的重点。年金基金投资和社会保障基金投资领域的立法,通过赋予受益人或受益人代理人以提起诉讼、主张救济的权利,也让信义义务具有强制性,这也被认为是年金或社保基金投资法律制度与传统信义义务之间的差异。

(三) 对受益人的金钱救济

由于法律责任、公共责任和信义义务及其救济,仍不能穷尽对受益人的保护,因而受益人还有主张金钱救济的权利,但是仅适用于法律责任、信义义务及相关救济机制不明确、而受益人有损害或者金钱损失的情形。例如,法院于 1993 年在 Mertens v. Hewitt Associates 案中确定了金钱救济的适用范围。⑱ 该案中,Hewitt Associates 保险公司为 Kaiser 公司的雇员提供年金保险(投资)计划。计划未到期之前,Kaiser 公司财务状况不佳、开始不缴纳保险费。年金收益保证公司(PBGC)关闭了 Kaiser 公司在 Hewitt Associates 保险

⑯ Firestone Tire & Rubber Co. v. Bruch-489 U. S. 101(1989).

⑰ Sec. 74 of Restatement(Second) of Trusts.

⑱ Mertens v. Hewitt Associates, 508 U. S. 248(1993).

公司的年金账户。但是 Kaiser 公司的很多雇员都申请提前退休,因而向该公司及其基金计划发起人和投资人 Hewitt Associates 保险公司请求返还受益。但是 Hewitt Associates 保险公司以 Kaiser 公司违约未缴纳保险费且账户已被关闭为由,拒绝向受益人支付年金收益。受益人遂以 Kaiser 公司违反信义义务——对基金投入不足、提前终止计划为由起诉并主张返还年金基金的收益;同时将 Hewitt Associates 保险公司列为共同被告。根据 ERISA Sec. 502(a)(2)的规定,Hewitt Associates 保险公司仅与 Kaiser 公司形成委托代理关系,而与受益人并无直接的合同关系和信托关系,受益人无法对 Hewitt Associates 保险公司提出收益返还请求权。但是如果从信义关系和信义义务的角度来看,Hewitt Associates 保险公司是受益人未来收益的直接控制主体,二者处于实际上的信义义务关系中;Hewitt Associates 保险公司提前结束年金计划的行为也造成受益人损失,因而须对受益人承担赔偿义务。该案对受益人的金钱救济,也成为 ERISA 规则的重要内容。[19]

四、构建我国社会保险基金投资法律制度框架的思路

2010 年《社会保险法》规定:“社会保险基金在保证安全的前提下,可以按照国务院规定投资运营实现保值增值。”在投资方向上,根据《社会保险费征缴暂行条例》(2005)等法规和规则,规定社会保险基金只能购买国债或存入银行。这种投资方式的初衷是通过稳健、保守的投资,提高社会保险基金的安全性。

在监督管理上,社会保险经办机构应当定期向社会公布参加社会保险情况以及社会保险基金的收入、支出、结余和收益情况。同时,根据《关于印发社会保险基金监督检查证管理规程的通知》(2010)第 6 条的规定,社会保险基金监督持证人员,在履行监督检查职责时,须查阅、记录、复制与社会保险基金收支、管理和投资运营相关的资料,对可能被转移、隐匿或灭失的资料予以封存。与之形成对比的是,社会保障基金在政府监管层面相对健全,全国社会保障基金定期向社会公布收支、管理和投资运营的情况。

在投资监管法律层级上,《社会保险法》尚未作出具体规定。我国社会保险基金投资监管的主要法律规范为前述《社会保险费征缴暂行条例》等“暂行规定”“决定”“试行办法”,这些规定或者为国务院政府行政规范,或者

---

⑲ Sec. 502(a)(3) of ERISA.

为劳动和社会保障部、财政部门的规范和规章。立法层级低、随意性明显，缺乏社会保险基金监管应有的体系性、完整性、强制性和约束性。

上述规范的有效性也受到质疑。这些规范对被保险人地位问题、基金受益者收益权保护问题讳莫如深；监管框架空白，风险分散制度不健全、责任体系不完善、救济机制缺失。尽管目前社会保险基金的投资闸门尚未完全打开，但是基金投资法律关系、被保险人权利、投资人、发起人和管理人义务与责任是社会保险基金投资法律规范最基本的制度安排；进一步而言，风险监管和审慎监管是保障基金收益最基本的监管框架。由于我国金融市场已步入市场化和集合化阶段，即使目前我国社会保险基金投资仅限于银行储蓄和国债投资，也处于金融市场的系统性风险中。何况我国《国债法》尚未出台，社会保险基金投资对象本身就存在法律控制上的瑕疵。

相比而言，尽管美国社会保障基金(OASDI)的投资也相对保守，但是ERISA规则对社会保障基金投资仍旧适用。[20] 同时，相比起我国社会保险基金投资监管制度在受益人主体确定、权利构成、监管框架和投资人等主体的义务与责任，我国银行监管制度引入了巴塞尔II的相关规定；保险监管制度引入了欧盟solvency II的部分规定；证券法和投资理财等私人投资领域，建立了投资(代理)行为规则。这一方面说明我国社会保险基金投资法律制度中设置监管框架和投资行为规范的必要性；另一方面也说明可供参照的制度实践的来源。

我国社会保险基金投资相关法律制度的建立也只是时间问题。因而，理清我社会保险基金投资法律关系具有必要性；构建我国风险监管与审慎监管相结合的投资监管框架具有紧迫性；完善被监管者法律责任和被保险人权利救济机制也具有必然性。

(一) 我国社会保险基金投资法律关系的界定

尽管我国《社会保险法》确认了《社会保险费征缴暂行条例》等相关规定，对养老保险和医疗保险等社会保险基金，以保值增值为目标、在保证基金安全的前提下进行银行储蓄或国债投资；但是原《社会保险费征缴暂行条例》等规范的遗留问题——社会保险基金投资法律关系定性不清——在《社会保险法》中也仍未获得解决。

---

[20] 例如ERISA第1025(a)和1025(c)关于解释说明义务的规定，对社会保障法第2章也同样适用。See sections1025(a) and 1025(c); also see 42 U. S. C. 401 et seq. [title II of the Social Security Act].

这是由于《社会保险法》和原社会保险具体险种的相关规范未明确社会保险基金投资受益权。该问题在不同险种中的表现有所不同。在养老保险中,《社会保险法》规定,被保险人个人账户内的余额可以由其继承人领取。该规定被认为已经明确了被保险人个人对个人账户的所有权。在医疗保险中,《社会保险法》对医疗保险个人账户内资金余额的所有权归属问题未做规定。统筹账户内资金应为全体被保险人共同所有,还是属于国家财政权的组成部分,目前尚不清晰。如何通过法律予以界定,也成为影响社会保险基金投资收益权归属的因素。

根据前文分析,在"受益权人社会保险基金受益权——被保险人社会保险收益权——劳动者工资收入权"范式中,社会保险基金受益权人与社会保险收益权人即被保险人应为同一主体。因而,社会保险基金投资法律关系也以社会保险基金受益权人即社会保险收益权人为中心展开,因而形成发起人和管理人与被保险人之间委托设立和管理社会保险基金的法律关系,该法律关系引导发起人和管理人最低收益保障义务,因而社会保险基金投资监管制度应当建立资本充足率和清偿能力标准;同时也形成投资人与被保险人之间的委托投资代理法律关系,该法律关系引导投资人审慎投资义务和信义义务。

目前我国金融市场处于培育阶段,基金发起、管理法律制度对筹建和运行社会保险投资基金具有非常重要的意义,构建我国基金投资监管法律框架时,可以重点参考制度较为发达的巴塞尔协议、欧盟 solvency II 和审慎监管规则,以形成体系性监管框架。

(二) 投资监管框架与被监管者责任——以风险监管与审慎监管为核心

目前我国社会保险基金的投资,风险分散制度不健全、投资渠道狭窄,无法真正起到规避通货膨胀、市场利率和市场投资率等货币价格上涨给社会保险基金造成的贬值压力。同时,风险监管制度缺失,社会保险基金预算制度不健全,投资基金与社会保险统筹资金之间的隔离带未建立、存在制度空缺。《国债法》尚未建立,《银行法》资本充足率、保险法清偿能力标准、证券法投资监管制度,直接适用于社会保险基金投资,缺乏相应制度安排;而且金融三法与社会保险法性质上的差异,在社会保险基金投资法律关系性质的分析中已经可见一斑,直接套用金融三法的监管制度,不适应性也会非常明显。

因而,如何结合目前我国《社会保险法》的规定、银行法资本充足率标准、保险法清偿能力标准、证券法投资行为监管相关制度,同时从社会保险基金投资(如墨西哥)、社会保障基金投资(如美国)和年金投资(如荷兰、美国和澳大利亚等国家)较为发达的监管制度中获得启示,以建立我国社会保险基金投资监管框架和被监管者责任制度,就具有非常重要的意义。

1. 风险监管框架及被监管者责任

风险监管框架的主要标准即资本充足率标准和清偿能力标准,虽然分别侧重于基金资本的风险面和流动性,因而监管侧重点不同;但是被监管者组织结构,确保最低资本、缓冲区间和长期内符合资本充足要求的义务,信息披露义务,以及基于这些义务而形成的责任体系,均具有趋同性。荷兰和丹麦等国家已经将资本充足率标准与清偿能力标准结合,建立起较为发达的投资风险监管体系;墨西哥也初步建立起社会保险基金投资监管的资本充足率标准与清偿能力标准。

我国银监会《关于中国银行业实施新监管标准的指导意见》对我国商业银行资本充足率的规定主要集中在资本充足率计算方法、资本充足率监管要求和杠杆率监管标准等方面。我国新修订的《保险法》在保险公司清偿能力标准方面,也吸收了欧盟 Solvency II 的部分经验,在我国自 2000 左右开始快速发展的保险公司清偿能力规则基础上,建立了我国保险公司清偿能力标准的雏形。同时,《保险公司最低偿付能力及监管指标管理规定》也初步建立起三支柱标准。

因而,我国社会保险基金投资的风险监管框架,可以引入资本充足率三层次和清偿能力三支柱标准,侧重于建立由通用精算和会计规则构成、由专业精算和会计人员测算基金风险面、资本充足性和清偿能力的第一层次;建立以商业规则为内核、以法律程序为框架、由基金发起人和管理人董事会、董事会各委员会如风险管理委员会、监督委员会、精算委员会,以及独立董事和高管等科层负责人和主要责任人负责的第二层次;建立起以法律规则为主体的第三层次,要求基金发起人和管理人将产生于第一层次,并将责任传递和固定于第二层次的信息,公开披露给社会保险基金受益人和证券市场参与者,同时报告给基金投资监管机构。也如前文所分析,巴塞尔资本充足率标准和欧盟清偿能力标准(II)本身也内涵或可以发展出责任体系与法律规则,因而我国社会保险基金投资监管规则对这两个监管框架的借鉴,也符合这两个框架本身的性质与结构。

吸收这两个规则建立的社会保险基金投资监管规则的一项重要内容是风险预警制度,这也是社会保险基金市场化投资本身就是在利用风险,因而需要管理和控制风险的必然要求。具体制度上,可以参考缓冲区间的规定,通过缓冲区间、最低资本充足率和资本充足率三个层次的预警系统、相应补偿标准与补偿期间的规定,建立起风险预警系统。如果基金资本已经低于最低资本充足率,则风险预警级别较高,基金发起人和管理人,应向监管部门提交在较短期间如3年内补足资本的报告;如果基金资本已经低于缓冲区间,则风险预警级别次之,基金发起人和管理人,应向监管部门提交在相对长的期间如8年内补足资本的报告。

缓冲区间实际上是基金抵御市场风险、降低基金对市场风险敏感度的区间,分为抵御短期风险的资本准备和抵御长期风险的资本准备。对于短期风险,要求缓冲区间对较低额度的证券市场价格波动有抵御能力;对于长期风险,则要求缓冲区间对较大幅度的证券市场价格波动也有抵御能力。但是考虑到我国证券市场短期和长期内市场价格波动幅度可都较大,因而抵御短期风险的缓冲区间的资本标准也可以设置的较高。

2. 审慎监管框架及被监管者责任

在审慎监管方面,我国社会保险基金投资受益人和投资主体均不明确、发起人和管理人制度也尚未建立,相关法律制度几乎处于空白状态。

由于社会保险基金投资关系由多层次代理关系组成,受"基金受益人受益权——被保险人收益权——劳动者工资收入权"的权利结构约束,因而,社会保险基金投资审慎监管的标准应当界定为:一方面,社会保险基金发起人、管理人和投资人等受托人资本注入、资产管理和投资行为均应在法律约束范围内;不同层次代理人最终都应当对受益人受益权的实现承担责任。所以,我国社会保险基金投资审慎监管基本框架应当为:围绕资产实际控制和管理权是否发生转移,以及受益人决策是否发生变化,首先依据法律规定判断受托人(即发起人、管理人和投资人)与受益人之间是否存在权利义务关系;其次依据信义义务规则判断受托人与受益人之间是否存在实质上的信赖关系,而且还可以依据衡平规则判断受托人与受益人之间是否存在赔偿关系。

我国社会保险基金投资关系中,投资人与受益人之间也存在资产实际管理、投资与所有权之间的分离(受益人决策是否发生变化,主要是个人账户投资面临的问题),因而可以适用前述监管框架。同时也应考虑如何适用信义义务和衡平救济理念,这是由社会保险基金投资法律关系的特殊性所决定的。由于社会保险基金投资收益权处于"基金受益人受益权——被保险人收益权——劳动者工资收入权"的权利结构中,因而一种理想的义务结构须超越合同义务的相对性、信托义务的要式性、保证受益人收益权可获得救济。

信义义务和衡平救济理念，符合这两项要求，同时，在法律规定——信义义务——衡平规则体系中，尽管法律约束范围逐步扩大，但是通过责任设置，该体系的强制力并不减弱的特点，也是普通法责任完备性的体现。因而对前述社会保险基金投资审慎监管基本框架的引入也有助于相对完备的责任体系和救济机制的建立。对社会保险基金受益人而言，法律的救济功能可能比行为规制更符合受益人的切身利益。

我国社会保险基金投资相关法律制度在建立过程中，应当将投资人、发起人和管理人的义务规定为：向保险参与者和受益人分配收益，并尽忠诚义务和注意义务管理基金；在管理、托管、投资和再授权等行为中，禁止利益冲突行为；禁止关联方交易、明显出于自利动机和产生利益冲突的投资行为。在受益人的相对人是否应被确认为受托人的问题上，以是否存在实质上的财产管理和控制关系为标准；在该标准无法对受益人收益权予以救济的情况下，引入衡平救济理念，依据受益人损害，直接通过法律规定，赋予其获得赔偿的“权利”，该权利可以被视为是一项为救济受益人受益权而由法律创设的衡平权利，社会保险基金受益人可以依据该权利对造成损害的行对人主张赔偿。

结　论

目前我国社会保险基金可以通过储蓄和购买国债进行投资，但是社会保险基金投资监管法律制度却处于相对空白的状态。然而，投资是社会保险基金应对贬值和老龄化风险的必要途径，因而以“社会保险基金受益人受益权——社会保险基金被保险人收益权——劳动者劳动收入权”的权利范式为逻辑框架，以被保险人收益权保护为核心，理清社会保险基金投资法律关系，在社会保险基金发起、管理和投资运营监管框架中，一方面引入能够保障被保险人最低收益的资本充足率和清偿能力标准，另一方面引入审慎监管规则来规范上述主体管理和投资运营社会保险基金的行为，从而完善我国社会保险基金投资监管法律制度，实现社会保险基金的保值增值。

市场规制法

自由融资权与刑罚权的冲突及解决*

钟志勇**

近年来,我国非法集资案频发。一方面,执法机关不断强化打击,如最高人民检察院在其2011年工作报告中就表示,将继续加大打击非法集资的力度。另一方面,在中小企业和农民融资困难的背景下,类似孙大午非法吸收公众存款罪的案件受到律师、学者和媒体的质疑。自由融资权与刑罚权有无冲突?如有冲突,该如何解决?本文试图就以上问题作出回答。

一、自由融资权与刑罚权冲突的法律分析

自由融资权指自然人和法人有合理的融资需求时可以采取法律不禁止的方式从他人处获得资金的权利。自由融资权按当事人可分为自由融入权和自由融出权,按融资方式可分为自由借贷权和非公开方式下的自由发行证券权,即证券私募权。政府动用刑罚权严厉打击"非法集资"可能是自由融资的最大威胁。非法集资涉及七个罪名,其中集资诈骗罪、合同诈骗罪的本质是诈骗,组织、领导传销活动罪中的传销本质也是一种诈骗行为,任何法治社会均不会允许诈骗自由,本文不讨论这三个罪名。《刑法》第225条打击未经批准非法经营证券、期货、保险、支付结算,这些中介业务涉及巨额资金但不涉及正当融资,本文也不讨论非法经营罪。擅自发行股票、公司、企业债券罪要求集资工具必须表现为股票或债券,因此非法集资活动多以非法吸收公众存款罪追究刑事责任。①

---

* 感谢颜运秋教授、宁立志教授的评议,亦感谢王飞跃副教授、罗树志副教授的指点。

** 钟志勇,法学博士,南昌航空大学文法学院教授,主要研究方向为金融法。

① 笔者调研时获得了一些集资信息,个中情况值得思考。例如,一民营企业因银行贷款不够而集资1000万余元。老板说员工及社会人员愿意将钱"存"在他处,并采用记账形式,按月给息,可随时取款。笔者表示,这不是非法吸收公众存款吗?老板告诉我,他是政协委员,而企业又是当地利税大户,不用担心。

（一）自由借贷权与非法吸收公众存款罪的冲突

非法或变相吸收公众存款，扰乱金融秩序是《刑法》176 条规定应给予刑事处罚的行为，但问题在于立法并未界定“非法”“公众”“存款”“吸收存款”等关键概念，导致打击扩大化和该罪口袋化，与自由借贷权产生严重冲突。

1. 自由借贷的合法与非法

何谓“非法”？自然人为生产或生活融资，能否合法地向其他自然人或法人借贷？应该可以，这属于自由借贷权的范畴。自然人能否合法地向“众多”当事人借贷而不受任何限制？恐怕不可以。自然人之间的借贷主要基于人身信任关系，一般来说人数不可能很多，但超过一定范围仍可能带来社会问题，因此有必要给予适当限制。法人为生产经营融资，能否合法地向自然人或其他法人借贷？理论上应该可以，因为法人从事“一对多”借贷属于行使其自由融入权，而自然人或其他法人愿意借出属于行使其自由融出权，即自由投资权（含自由放贷权）。只要双方意思表示真实，并无欺诈或胁迫等情形发生，应属于合法的民间借贷。值得注意的是，2010 年浙江省高级人民法院《关于为中小企业创业创新发展提供司法保障的指导意见》规定，企业之间自有资金的临时调剂行为，可不作无效借款合同处理。但是，中国人民银行于 1996 年发布的《贷款通则》第 61 条禁止企业之间相互借贷，而最高人民法院《关于如何确认公民与企业之间借贷行为效力问题的批复》认定企业以借贷名义向职工或社会集资非法。然而，行政规章中的禁止性规范和最高人民法院针对民事纠纷所作批复是否合理，不无疑问。即使非法，何种情形构成犯罪仍值得研究。显然，立法在合法与非法、罪与非罪之间并未划出合理、清晰的界线。

最高人民法院《关于审理非法集资刑事案件具体应用法律若干问题的解释》（法释〔2010〕18 号，下文引用时使用该文号）第 1 条规定，非法吸收公众存款罪应同时满足四个条件，其中之一便是“未经有关部门依法批准或者借用合法经营的形式吸收资金”。借用合法经营形式吸收资金的实质是以合法形式掩盖其非法集资性质，违法性比较明显且可能不具有正当的融资需求，但是否属于此种情形仍需结合个案才能确定。未经批准的所有集资均属“非法”吗？恐怕不是。自然人可以自由借款，无需批准，而法人原则上亦可以，但如果因借款对象太多而产生社会问题，法律才有介入的必要。法释〔2010〕18 号第 3 条规定，个人或单位非法或者变相吸收公众存款对象 30 人或 150 人以上的，应依法追究刑事责任。这是罪与非罪的标准之一。据此，可否理解为自然人向 30 人以上借贷就构成犯罪？恐怕也不完全能这样理解。此外，如果这 30 人或 150 人中有所谓非公众是否应剔除？应该，但这又涉及如何界定公众与非公众的问题。

2. 借贷对象的特定与不特定

何谓“公众”？国务院《非法金融机构和非法金融业务活动取缔办法》（以下简称“《取缔办法》”）第 4 条第 2 款将其解释为“不特定对象”。但何谓不特定对象，该行政法规并未进一步解释。法释〔2010〕18 号第 1 条将其列为区别罪与非罪的条件之一，但除明确包括单位和个人外，对公众一词并无解释。一位法官指出，所谓向社会不特定对象吸收资金是指非法集资行为并非具有明确的针对性，无论从何处筹集资金都符合集资人的意愿，而不在于吸纳资金对象人数的多寡。② 该意见具有参考价值，但这只是一个学理解释，不足以为借贷对象的特定与不特定提供泾渭分明的法律界线。

有学者认为，不特定对象首先是个数量概念，且是多数，不是少数。③ 但该学者并未给出多少数量以上构成非法吸收公众存款，而多少数量以下构成自由借贷，更未给出多少数量以上构成犯罪。其实，人群范围的特定或不特定，只是相对而言。例如，全体 18 岁以上的中国男性公民是属于特定还是不特定对象？形式上看属于特定对象，但因人数太多，实质上属于不特定对象。所以，即使采用行政解释，亦未能解决何谓“公众”这一问题。美国 1863 年《国民银行法》就只界定了“吸收存款”而未界定“吸收公众存款”，因为不能认为吸收非公众存款就无需获得特许。或许，“公众”并非是界定吸收存款的一个重要因素。

3. 借贷的公开性或非公开性

法释〔2010〕18 号第 1 条将通过媒体、推介会、传单、手机短信等途径向社会公开宣传列为罪与非罪的条件之一。然而，通过上述方式向社会公开只不过是行为人采取的集资手段，目标指向不特定对象，难以独立构成一个条件。有法官就指出，只要是通过向社会散布信息的方式，就可以认定行为人具有向不特定对象吸收资金的故意，而如果对象多数为亲友以外的人员，则已从熟人圈子扩大到社会，可以认定为向不特定对象吸收资金。④

浙江省高级人民法院于 2008 年发布的《关于当前办理集资类刑事案件适用法律若干问题的会议纪要》（浙高法[2008]352 号，下文引用时使用该文

---

② 李微：《非法集资案件法律适用研究》，载《求索》2009 年第 2 期。

③ 李晶：《非法集资的刑事规则不足与完善》，载《金融法苑》2010 年第 80 期。

④ 李微：《非法集资案件法律适用研究》，载《求索》2009 年第 2 期。

号)第2条规定,为生产经营所需,以承诺还本分红或付息的方法,向相对固定的人员(一定范围内的人员如职工、亲友等)筹集资金,主要用于合法的生产经营活动,因经营亏损或资金周转困难而未能及时兑付本息引发纠纷的,应当作为民间借贷纠纷处理。法释〔2010〕18号第1条第2款亦规定,未向社会公开宣传,在亲友或单位内部针对特定对象吸收资金的,不属于非法或变相吸收公众存款。不公开的内部集资就绝对自由吗?也未必。如果海尔公司面向所有员工集资,是否合法?从形式上看,这属于企业内部集资,不具有公开性,但因人数太多,实质上具有公开性,应属非法。因此,行政法甚至刑法仍可能有干预内部集资的必要。

4. 自由借贷抑或吸收存款

何谓"存款"?法释〔2010〕18号第1条将承诺在一定期限内以货币、实物、股权等方式还本付息或给付回报列为罪与非罪的条件之一。但债券及一切债权凭证如借据均要还本付息,显然这不足以区分存款与借款或债券。何谓"吸收存款"?英国1987年《银行法》规定,如在营业过程中吸收的资金被贷给了他人或者其他活动的资金是从存款中获得,就是吸收存款,但如不是每日而只是在特定场合才吸收资金,不管是否涉及证券发行,都不是吸收存款。由此可见,英国立法强调存款须与贷款等业务相连,并且应每日吸收。

1995年5月,人大常委会通过《商业银行法》。同年6月,《关于惩治破坏金融秩序犯罪的决定》获得通过并首次规定非法吸收公众存款罪。有关立法史说明,本罪来自于《商业银行法》第81条,是针对未经批准,非法或变相吸收公众存款而规定的刑事责任。该罪打击的是未经批准从事吸收存款这类商业银行业务的行为,并非打击所有吸收资金的行为。而商业银行是从事货币经营的企业,其吸收存款是用于放贷等业务。因此,非法吸收公众存款罪中的"存款"应与贷款等业务相连。如果自然人或法人吸收资金的目的是为了自身生产经营需要,应属于自由借贷范畴而不属于吸收公众存款。

其实,很早就有学者指出,行为人应将吸收的存款用于信贷目的,否则不成立本罪。⑤ 但主流观点对此持否定态度,这导致将用于自身生产经营的正当融资认定为犯罪,例如孙大午非法吸收公众存款案。可喜的是,浙高法[2008]352号第4条规定,为生产经营所需,以承诺还本分红或付息的方法,向社会不特定对象筹集资金,主要用于合法的生产经营活动,因经营亏损或资金周转困难而未能兑付本息引发纠纷的,一般可不作为非法吸收公众存款

⑤ 张明楷:《刑法学》(下),法律出版社1997年版。

犯罪案件处理。这是地方司法机关在金融危机的背景下,为了舒缓民营企业融资困难,承认民间融资合法并作非罪化处理的首次尝试,其实质是承认自由借贷权。法释〔2010〕18 号第 3 条第 4 款规定,主要用于正常的生产经营活动,能够及时清退所吸收资金,可以免予刑事处罚。相比之下,最高人民法院保守得多,免予刑事处罚仅限能够及时清退的案件。

5 追诉标准的是与非

根据最高人民检察院和公安部于 2010 年联合发布的《关于公安机关管辖的刑事案件立案追诉标准的规定(二)》(以下简称“《追诉标准》”)第 28 条,只要满足五个选择性标准之一即可追诉。依据数额标准,个人或单位只要非法吸收公众存款金额在 20 万或 150 万元以上,哪怕存款对象少于 30 人或 150 人,都应当追诉,可谓法网恢恢,疏而不漏!如果非法集资案成立,但仅有一人参与,而金额又恰好在 20 万或 150 万元以上,依据该标准应追诉,显然不合情理。根据数量标准,吸收公众存款对象在 30 人或 150 人以上的即应追诉。这一数量标准定得太低且未明确将特定对象排除在外。依据损失标准,给存款人造成直接经济损失数额在 10 万或 50 万元以上的应追诉。问题是,根据《取缔办法》第 18 条,非法集资损失应由参与者自行承担。既然如此,追诉采用损失标准的正当性何在?此外,最后两个标准均为弹性标准,即造成恶劣社会影响的或者其他扰乱金融秩序情节严重的情形。这种兜底条款可以应对花样翻新的集资方式,但容易导致滥用自由裁量权,违背刑法谦抑原则和罪刑法定原则。

(二)证券私募权与擅自发行股票、公司、企业债券罪的冲突

《刑法》第 179 条规定,未经国家有关主管部门批准,擅自发行股票或公司、企业债券,数额巨大、后果严重或者有其他严重情节的构成犯罪。新追诉标准于 2010 年通过,但第 34 条仍以批准作为犯罪构成要件,与 2005 年修订的《证券法》产生了冲突,因为该法第 10 条规定,向不超过 200 人的特定对象发行证券属于非公开发行,合法且无需核准。

追诉标准规定,只要满足四个选择性标准之一便应追诉,明显体现了重刑主义。追诉标准之一是,发行数额在 50 万元以上,这是刑法“数额巨大”的具体化,但该标准可能不具有正当性。追诉标准之二是,30 人以上的投资者购买了擅自发行的股票或债券,该数量标准太低且违反了证券法关于向 200 人以下的特定对象发行证券可以自由进行的规定。追诉标准之三是,不能及时清偿或清退,但采用该标准可能也不具有正当性,因为即使非法发行,损失

应由投资者自行承担,这是投资自由的应有涵义。追诉标准之四是,其他后果严重或者有其他严重情节的情形,这与刑法条文规定一致,但又属于典型的兜底条款。即使只将上述标准适用于未经核准向不特定对象发行股票或债券,追诉标准中的问题依然存在。

法释〔2010〕18号第6条仅规定了两种情形构成犯罪,其中之一是未经批准,向社会不特定对象发行、以转让股权等方式变相发行股票或债券。问题是,不特定对象未予界定,加之特定与不特定具有相对性,这容易导致打击扩大化。第二种情形是,向特定对象发行、变相发行股票或债券累计超过200人的构成犯罪。但200人以下为合法,200人以上为犯罪,这中间明显缺少一个应由行政法处理的层次。200人标准似应理解为合法与非法的分界线,并非罪与非罪的分界线。只有行政法无法有效处理,才能发动作为最后手段的刑法。虽然司法解释未采用追诉标准中的数额标准、不能清偿或清退标准和兜底条款,但因无法公开获得有关案例,不清楚法院在判决未经核准向不特定对象发行股票或债券的案件时是否会采用追诉标准。

二、刑罚权限制自由融资权的正当性及其限度

自由融资权不是绝对的,超过了一定限度会带来社会问题,因此有必要动用刑罚权来限制。同时,刑罚权具有天然的滥用倾向,因而需要明确其限度。

(一) 刑罚权限制自由融资权的正当性分析

非法吸收公众存款罪来源于商业银行法,立法目的在于打击未经批准吸收存款,破坏金融管理秩序的行为。由于存款与贷款等业务相连,行为人在吸收存款后又发放贷款构成设立实质意义上的商业银行,因为存贷业务是商业银行的核心业务。此时,应以擅自设立金融机构罪论,所以非法吸收公众存款罪其实无存在的必要。当然,这样处理要求我国司法机关采用重实质而非重形式的审判思路,或直接在刑法第174条增加一款,规定“未经许可,吸收存款并发放贷款者以擅自设立金融机构论”。此外,还要求我国在打击形形色色的非法集资行为时有合适的可用罪名。令人遗憾的是,现行刑法除了集资诈骗罪可以适用外,其他罪名只能拾遗补缺,因此非法吸收公众存款罪就成了使用得最多的罪名。

用非法吸收公众存款罪来打击非法集资活动是否具有正当性？有学者

指出,这既不符合法律解释的逻辑,错误扩大了其适用范围,也不利于构建对非法集资活动的有效规制体系,未能为民间金融的合法化预留空间。[⑥] 从《刑法》第 176 条条文来看,该罪打击的是扰乱金融秩序的非法吸收公众存款行为。何谓"金融秩序"? 据笔者理解,金融秩序就是借债还钱的秩序。民间融资的低呆坏账率和高效运作是国有银行无法比拟的,因此并不能认为此类行为"危害了金融秩序"。很明显,《刑法》第 176 条中的金融秩序不能作这种解释,应理解为"金融管理秩序",因为该罪为破坏金融管理秩序罪之下的具体罪名。

何谓"扰乱金融管理秩序"? 归纳学者和法官的论述,扰乱金融管理秩序主要表现在以下四个方面:首先表现在非法吸收公众存款使大量资金游离于国家金融渠道和政策监管之外。[⑦] 所谓国家金融渠道是指国有银行体系,通过该体系向国有企业输送资金,这是改革开放前国家直接控制银行以集中有限资金进行工业化建设的政策延续。这种政策建立了一种不允许民间与国家争抢资金的管理秩序,而非法吸收公众存款构成对这种秩序的挑战。然而,在建设市场经济的当代中国,政府应不"与民争利"并优先保护自然人和法人的自由融资权。其次表现在非法吸收公众存款造成大量社会资金失控,不利于国家进行必要的宏观调控。[⑧] 事实上,政府宏观调控应转型,即从直接调控转向间接调控,并学会在民间掌握大量资金的情况下进行宏观调控。再次表现在吸收公众存款上的不正当竞争,破坏利率的统一。[⑨] 但是,民间借贷与国有银行竞争资金并不构成不正当竞争,而利率本应市场化即自由化,也谈不上破坏利率的统一。最后表现在行为人与银行争夺公众资金,严重侵害着银行吸收公众存款这条生命线。将刑罚权的正当性理解为维护银行获取存款资金的垄断地位,引发质疑。虽然我国投资尚未完全实现自由化,但除银行存款之外,合法渠道还包括借贷给他人、投资入股、购买债券等,显然不能说这些渠道都在与银行争夺公众资金。

有学者指出,对金融秩序的破坏,不仅是侵害了国家所有权,而且还是对国家管理权威的蔑视,而为了保护国家所有权和维护国家管理权威,刑法最后的严厉性必然成为保障转型时期国家对金融市场管理有序化的最后武

⑥ 彭冰:《非法集资活动的刑法规制》,载《清华法学》2009 年第 3 期。
⑦ 李微:《非法集资案件法律适用研究》,载《求索》2009 年第 2 期。
⑧ 刘宪权:《金融犯罪刑法理论与实践》,北京大学出版社 2008 年版。
⑨ 王强:《非法吸收公众存款罪刍议》,载《行政与法》2006 年第 3 期。

器。[10] 很明显,国家利益为本时,金融秩序或金融管理秩序容易成为优先保护国家利益的代名词。民间集资遭到严打自不待言,但并不能证明发动刑罚权打压自由融资权就具有正当性。有位检察官强调,非法吸收公众存款罪中的存款人不该作为被害人,理由是该罪只侵害国家的金融监管秩序,不包括存款人的财产权。[11] 事实上,如果集资人具有非法占有目的并使用诈骗方法则构成集资诈骗罪,而不具有非法占有目的但使用诈骗方法只能构成民事欺诈,由民法解决即可。集资诈骗罪侵害的是财产权,但该罪置于破坏金融管理秩序罪之下似不符合逻辑,容易引起混乱。当然,即使不具有非法占有目的但使用诈骗方法的集资行为还可能面临行政处罚。

以刑罚权限制自由融资权的正当性到底何在?有学者认为,打击非法集资维护金融秩序的目的在于防范金融风险以保护投资者。[12] 但非法集资引发的金融风险实际上局限于支付风险且不具有传染性,因此影响比较有限,不是发动刑罚权的主要理由。有学者指出,集资行为的危害性主要在于行为人掌握巨额资金,而投资者在作出投资决策时没有透明通畅的信息渠道,无法了解资金的去向或用途,所以集资行为刑事管制的核心内容在于风险防范——促进信息披露、培育市场信用。[13] 防范风险,促进信息披露只可能构成发动刑罚权要达成的目的而非正当理由。还有学者认为,非法吸收公众存款极有可能给众多"储户"带来巨大风险,造成社会公众财产严重损失,甚至引发局部的社会动荡,影响社会稳定。[14] 实际上,政府最害怕的是因非法集资而引发社会不稳定,如群体性事件。

因此,以刑罚权限制自由融资权的正当性在于防范社会风险,而维护金融管理秩序仅仅是一种表象。浙高法[2008]352 号第 4 条将为生产经营所需而向社会不特定对象筹集资金的行为原则上作了非罪化处理,但同时对于其中后果严重,严重影响社会稳定的仍作犯罪处理,其正当性亦建立在影响社会稳定之上。然而,该会议纪要对于何谓"后果严重,严重影响社会稳定"并未作出更具体的规定。

---

⑩ 吴玉梅:《中德金融诈骗罪比较研究》,载《法学》2006 年第 3 期。

⑪ 张珩:《非法吸收公众存款罪的难点问题研究》,载《中国刑事法》2010 年第 12 期。

⑫ 彭冰:《非法集资活动的刑法规制》,载《清华法学》2009 年第 3 期。

⑬ 毛玲玲:《集资行为的刑事管制》,载《政治与法律》2009 年第 9 期。

⑭ 刘宪权:《金融犯罪刑法理论与实践》,北京大学出版社 2008 年版。

（二）刑罚权限制自由融资权的限度

由于面向公众集资蕴含巨大社会风险，我国刑事司法一直持积极介入态度。从以上分析来看，刑罚权过度限制了自由融资权，明显体现了一种重刑化政策。有学者认为，金融犯罪作为经济发展中的一种伴生现象，当经济政策高效、合理时，其发生的空间自然萎缩。[15] 为何非法集资越演越烈，即使在加大打击力度的情况下也无法有效遏制？是不是经济政策出了问题？事实上，我国其他经济领域市场化改革步伐比较快，但金融市场化比较慢，这是问题出现的经济根源。在从计划经济向市场经济转型的过程中，正规融资渠道较多偏向国有企业，忽略民营经济的融资需要，这是非法集资活动频繁发生的宏观背景。经济上，尚未承认金融自由；而法律上，行政法和刑法过度介入金融活动。因此，我国需要调整金融政策，承认融资自由。

我国刑事立法上出现了对金融活动领域的一些无序、失范行为，在没有取得规律性认识，没有动用民商法和行政法手段予以有效调整的情况下，就匆忙地予以犯罪化，使刑罚不适当地伸入到经济活动的某些领域。从历史上看，中国统治者采取"明儒暗法"政策。这个法主要是刑法，而且是严刑峻法。所以，文化传统中就有严刑峻法的因素，普通民众亦难免有严打心理。这也时刻警示我们，一定要用理性和科学的态度对待刑法。在承认并保护自由融资权的基础上，对于问题，应先运用民商法规范加以引导或限制。如果还不能解决，可以考虑运用行政法限制性或禁止性规范。只有万不得已时，才能发动刑罚权加以规制。

即使发动刑罚权，也应考虑平衡刑罚的自由价值和秩序价值，坚持刑法公正、谦抑、人道和效益原则，并要求刑罚符合以下四个标准：行为社会危害的严重性；不可替代性（最后手段或不可避免性）；可操作性；有效性。[16] 刑法介入社会生活的真正目的，在于保障和扩大自由，所以发动刑罚权时，要时刻注意以下问题：当干预广度和深度不正确时，刑法对社会成员自由或其他权利就会保护不足或过度干预，这都会导致社会成员金融活动的范围、能力（积极性和创造性）受到限制甚至剥夺，金融资源得不到有效配置，从而妨碍合理金融秩序的建构。[17] 由于对金融领域内的一些违法、犯罪问题尚未取得规律性认识，更因为我国经济特别是金融尚未完全转型，因而动用刑法需慎之

---

⑮ 姜涛：《我国金融刑法中的重刑化立法政策之隐忧》，载《中国刑事法》2010 年第 6 期。

⑯ 曾粤兴、张勇：《刑罚权发动的合理性》，载《中国人民公安大学学报》2005 年第期。

⑰ 陈正云：《刑法的经济分析与论理价值》，载《法学研究》1999 年第 6 期。

又慎。

总之,面对集资问题政府应首先调整金融政策并承认自由融资权;其次运用民商法、行政法来规范;最后慎用刑罚,这就是刑罚权的限度。

三、刑罚权限制自由融资权的立法完善与司法实践

以刑罚权来限制自由融资权必须具有正当性,并注意其限度,这需要完善相关立法并在司法实践中保持克制。

(一) 刑罚权限制自由融资权的立法完善

在我国,未见"非法集资"只言片语的非法吸收公众存款罪充当了限制自由融资权的主要罪名,导致名实不符。有学者建议,对于存在合理需求的非法集资活动应以"疏导"代替"堵塞",以直接融资手段进行处理,在扩大证券的定义后以"擅自公开发行证券罪"代替非法吸收公众存款罪。⑱ 但问题在于,采用弹性很大的证券定义,需要司法人员具有很高的素质与水平,我国司法人员还达不到。而且,《证券法》修改后,200 人以下的非公开发行合法且无需核准,此时不存在擅自发行问题,更不存在犯罪问题。

有学者建议,在行为人完全披露信息并进行风险提示的情况下,如果被害人仍然将资金投入而蒙受损失,则视为投资风险,而未完全披露信息并提示风险且根据吸收资金时行为人的具体状况,不具有归还能力,逻辑上必然崩溃的集资行为应该作为犯罪论处。⑲ 但民间融资既依赖信息披露,又依靠人身信任,甚至主要依赖后者。对公开发行证券中的信息披露进行监管都面临很大的困难与成本,对一定范围的自由借贷和私募证券进行信息披露监管基本上不具有可操作性,也无必要。而且,未完全披露信息并提示风险,可能构成民事欺诈,最多构成行政违法。最后,凭司法人员事后判断是否会"崩溃"显然无法事先为参与融资的当事人提供一个明确的合法与非法、罪与非罪的法律界线。

有学者建议,分解非法吸收公众存款罪,设非法集资罪针对违反国家有关融资的监管规定,直接向社会公众募集资金,情节严重的行为,并将原非法吸收公众存款罪界定为违反国家金融管理制度,向社会公众吸收资金或变相

---

⑱ 彭冰:《非法集资活动的刑法规制》,载《清华法学》2009 年第 3 期。

⑲ 毛玲玲:《集资行为的刑事管制》,载《政治与法律》2009 年第 9 期。

吸收资金，用于放贷等货币经营业务，扰乱金融秩序的行为。[20] 还有人建议，增设非法集资罪以应对变相吸收公众存款[21]，但非法吸收存款并发放贷款构成擅自设立金融机构罪，而违反规定进行公募可能构成擅自发行股票、公司、企业债券罪。公募是指通过公开发行证券而募集资金的行为，对于那些没有采用股票或债券名称的筹资凭证，如果具有有价证券的性质，亦应认定为擅自发行股票或债券。

《证券法》第 10 条规定的公开发行方式有三种，即向不特定对象发行证券、向特定对象发行证券累计超过 200 人和法律、行政法规规定的其他发行行为，而非公开发行证券不得采用广告、公开劝诱和变相公开方式。《证券法》的界定较为宽泛，这表现在将后两种情形纳入公开发行，但证券法未界定何谓"特定对象"，法律和行政法规也尚未规定其他发行方式为公开发行。此外，法释〔2010〕18 号第 6 条规定，以转让股权等方式属于变相公开发行。这是最高人民法院首次对变相公开发行作出司法解释。

国外一般通过界定特定对象来定义是否公开，向特定对象发行为非公开，即私募。特定对象与一般投资者的区别在于前者具有自我保护能力，无需证券法的保护，因此是合格的投资者。所谓合格投资者，是指符合下列条件之一的人：机构投资者；与发行人存在关联关系的人；收入或资产达到一定规模并能识别、判断和承担相应风险的人。以上主要从"投资经验""与发行人关系"和"资产数量"三个方面进行考察。在美国，除具备相当财经专业知识及投资经验的专业投资人不得超过 35 人外，其他特定对象无数量限制。在我国台湾，除具有一定规模的企业与产业投资基金和富裕的自然人之和不得超过 35 人外，其他特定对象亦无数量限制。[22] 而且，美国还通过一系列判例与证券交易委员会的解释明确了区分"公开"与"非公开"的标准为是否已存在"实质联系"。

国外在界定公开发行时与我国的思路存在明显差异，只界定私募，私募之外均属公募。界定的重点是特定对象并明确其认定标准，原则上无数量限制，采用的是实质认定方法。而我国界定公开发行，对非公开发行也采用数量限制，超过 200 人亦为公开发行。相比之下，我国的界定比国外严格且不允许例外，采用的是形式认定方法。虽然数量标准比国外高得多，但我国不

---

[20] 袁爱华：《民间融资合法化趋势下的非法吸收公众存款罪的立法完善》，载《云南大学学报》（法学版）第 2010 年第 1 期。

[21] 李晓强：《论集资犯罪的刑事立法及其完善》，载《江西社会科学》2011 年第 5 期。

[22] 孔翔：《我国需要什么样的证券非公开发行制度》，载《证券市场导报》2006 年第 2 期。

允许将任何人排除在外。

国外立法更为合理,因此建议未来修订证券法时只界定私募,并将特定对象界定为合格投资者,包括以下三类:第一,机构投资者。第二,发行人的控股股东、实际控制人、高管及发行人的控股股东、实际控制人的高管等与发行人有关联关系的人。第三,能够识别、判断和承担相应的风险,并且符合下列条件之一者:(1) 在一次发行中认购金额不低于 100 万元的自然人或法人;(2) 个人或家庭金融资产总计在其认购时超过 100 万元且能提供证明的自然人;(3) 个人或夫妻在最近三年内每年收入超过 20 万或 30 万元且能提供证明的自然人。而且,如果发行人与受要约人事先有联系,这种关系的存在能确保受要约人具有私募发行购买人的资格,则不构成"公开劝诱"或"变相公开",否则构成。[23] 此外,将第三类投资者限制在 50 人以下,其他特定对象则无数量限制。

证券法作了以上修改后,建议将 200 人定为罪与非罪标准,并且允许将第一类和第二类投资者排除在外。相应地,废除"擅自发行股票、公司、企业债券罪",改设"非法集资罪"。向上述三类投资者之外的其他人,即不特定对象发行证券构成非法,超过 50 人构成犯罪,而向特定投资者发行证券人数超过 50 人构成非法,超过 200 人亦构成犯罪,但允许排除第一类和第二类投资者。这样可以在原则性与灵活性之间保持平衡,在投资者保护和便利企业融资之间保持平衡,更好地适用自由融资的需要,也更能符合实质正义。有必要说明的是,不设立"非法发行证券罪"的原因在于非法发行证券属于非法集资的表现形式之一,在刑事处罚上亦无需区别对待,而且还可以减少一个罪名。

自然人享有自由借贷权,但如果人数太多则可能带来社会不稳定的风险,行政法和刑法就有干预的必要。浙高法〔2008〕352 号和法释〔2010〕18 号都将亲友借贷作了非罪化处理,这是基于其属于特定对象借贷,可以自由进行。除亲友之外,特定对象还应包括自然人直接投资的企业等关联关系人和有业务往来的企业。自然人应有权向这两类对象借贷,但如果向上述特定对象之外的其他自然人或法人即向不特定对象借贷应构成行政违法,超过 50 人则构成犯罪。自然人向上述三类特定对象借贷就绝对自由吗? 也不是。自然人向关联关系人借贷可以不受限制,但向业务往来企业借贷应受数量限制。自然人向亲友借贷原则上不受限制,但问题在于能否从法律上清楚

---

[23] 李赛敏:《论对私募基金的法律规制》,载《法律科学》2008 年第 5 期。

地界定"亲友"一词？亲友，即亲属和朋友，属于非法律概念。亲属可以通过近亲属或亲等等法律概念加以界定，然而能否及如何界定"朋友"这一非法律概念则存在很大分歧。有些学者认为根本无法用客观标准来界定朋友，有些学者则尝试采用各种学说来界定，但均遭到其他学者质疑。[24] 由于朋友难以从法律上界定，建议运用数量限制，而亲属在三等直系和旁系亲属以内不受限制，超过此范围亦受数量限制。建议将自然人向特定对象借贷超过50人规定为非法，超过200人规定为犯罪，但三等直系和旁系亲属以及关联关系人不计算在内。

法人亦享有自由借贷权，可以无需批准向其他自然人或法人借贷，但也应受到必要限制。浙高法〔2008〕352号和法释〔2010〕18号都将内部集资作了非罪化处理，这是基于内部职工属于特定对象，向其借贷的危害性不大，一般不需要运用刑罚权来限制。但内部职工亦可能众多，因而以一个独立法人所聘用的员工为限。即使在一个法人内部集资，如果因人数太多而严重影响社会稳定亦有必要动用刑法。因此，建议立法规定内部集资超过200人构成非法，超过500人构成犯罪。除内部职工外，法人还可以向哪些特定对象借贷？还可以向关联关系人及有业务往来的企业借贷。向关联关系人可以不受数量限制，但向有业务往来的企业借贷亦应受到数量限制。建议将法人向特定对象借贷超过50人的规定为非法，超过200人的规定为犯罪，但关联关系人不计算在内。至于法人向上述特定对象之外的其他企业或自然人即不特定对象借贷应规定为非法，超过50人则应规定为犯罪。

综上，建议采用非法集资罪和上述有关特定对象的界定并试拟下述刑法条文：

"有下列情形之一，非法集资的，处3年以下有期徒刑或者拘役，并处或者单处2万元以上20万元以下罚金；情节严重的，处3年以上10年以下有期徒刑，并处5万元以上50万元以下罚金：

（一）向不特定对象借贷或发行证券超过50人；

（二）向特定对象借贷或发行证券超过200人，但自然人向三等直系与旁系亲属和关联关系人借贷、法人向关联关系人借贷、法人向第一、二类特定对象借贷或发行证券不计算在内；

（三）法人向内部职工借贷超过500人；

借贷中的关联关系依公司法确定，证券发行中的特定对象及第一、二类

---

[24] 吴平：《为亲友非法牟利罪中"亲友"如何界定》，载《人民检察》2006年第5期。

特定对象依证券法确定。”

（二）刑罚权限制自由融资权的司法实践

截至2011年5月底，北大法意收集了101个非法吸收公众存款案，其中精品案例15个，精选案例68个，普通案例18个。除去重复、无用案例，实有86个，其中有2个被判无罪，其他均被判有罪。但如果按本文建议，民间借贷或行政违法案19个，占23%左右，非法集资案29个，擅自设立金融机构案11个，集资诈骗案8个，同时构成上述一罪或二罪的案例有8个，挪用资金案1个，无法准确判断构成何罪的案例有4个，无法准确判决罪与非罪的案例有4个。即使在非法集资案中，因为缺乏区分特定与不特定对象的事实，也还有少量案例可能不构成犯罪。至于擅自发行股票、公司、企业债券案，北大法意未收集。

法院判决无罪的案例仅有2个。法院在一个案件中认为借款对象为少数个人和单位，与集资人具有相对特定的关系且集资用于公司生产经营，不构成犯罪。然而，该案经朋友介绍，集资人向两家公司、一名个人借款，这应属于向不特定对象借贷，但因人数有限，法院判其无罪。在另一个案件中，法院认为村委会向23周岁以上男性村民438人收取宅基地街道设施费的行为因对象特定而不构成犯罪。这可能类似于单位内部集资，因不超过500人而无罪，但此案可能构成行政违法。事实上，本案也全部清退了集资款。

法院判决有罪但按本文建议为民间借贷或行政违法的案例有19个。由于很多案件需要更具体的事实才能准确判决是民间借贷还是行政违法，此处仅涉及罪与非罪。在15个精品案例中，有2个应不构成犯罪。法院在一个案件中认定，吸收41名村民资金用于经营和偿还债务构成犯罪。在另一个案件中，法院认定吸收村民9人3万余元构成犯罪。法院的逻辑是，不论采取什么样的手段，吸收存款的人数之众，吸收存款的数额之多，均不影响犯罪构成，这明显是重刑主义的逻辑。可喜的是，根据2001年的追诉标准已不构成犯罪。

在61个精选案例中，有16个应不构成犯罪。有的行为人高利揽储，吸收2人634万存入农村信用社被法院判有罪。此案中的行为人仅为中间人，只是违法行为，不构成犯罪。有的集资人因实际向4人借款而被判有罪；有的因面向社会吸收17人资金用于经营而被判有罪；还有的因以出具借条等方式吸收11人资金用于做生意而被判有罪。有一位集资人因身为副理事长，又在公开场合宣传基金会而被判有罪，但由于作用较小、情节轻微而免于刑事处罚。此案经过四次公诉,其中一次撤案、一次撤诉、一次补充侦查后重新起诉,区法院三次判决,中院两次裁定,一次发回重审、一次维持原判,经申诉后,中院决定再审并发回重审,最终被免于刑事处罚。虽然国务院247号令为1998年7月下发,而本案中的基金会此后仍吸收资金,但所在地政府于1999年底才组织清理整顿。有的集资人因向21人借款用于经营而被判有罪;有的因出具存款凭条吸收27户资金做生意而被判有罪;有的因向17人招揽资金做生意而被判有罪;有两兄弟因向10余名公众吸收资金而被判有罪;有的因向不特定的32人借款而被判有罪;有的因扩建酒店等原因吸收20名不特定对象资金而被判有罪;有的因以合作养殖獭兔为由收取10人投资款而被判有罪;有的因以投资养虾等原因向17人借款而被判有罪;还有的因向6人高息借款而被判有罪。有一位所长因以储蓄所名义高息吸收32户资金而被判有罪。有法官就指出,作为合法金融机构,高息揽储构成行政违法,不构成犯罪。[25] 有的集资人因高息揽存38户资金而被判有罪。实际上,此案为信托公司行为,构成行政违法,不构成犯罪。

在8个普通案例中,有1个不构成犯罪,即以酒店名义向公众28户集资用于经营不构成犯罪。

以上案件根据判案时的法律依据均可能构成犯罪,而且所有案件均不构成集资诈骗罪。当然,由于公诉机关选择以非法吸收公众存款罪起诉,证明较易,有关事实可能尚未深入发掘,不排除还有部分案件亦有可能构成集资诈骗罪。实践中,法院对不特定对象或公众的认定分歧较大,而且是否应排除特定对象仅在个别案件中提出,但远未形成共识。有的法院认为近亲属也和公众具有同样性质,这似乎有点强词夺理。有的法院认为,公众内涵显然包括其所认识或熟识的亲朋好友同事在内;有的法院认为,上诉人亲友相对于公司而言,人数庞大,人员并非固定,属于不特定公众;还有的法院认为,信息已通过多种途径向公众散播,吸收存款对象也就是面对不特定的社会公众。此外,有法院将集资人女儿借款予以剔除,但未将弟弟、侄儿等亲戚的借款予以剔除,律师对此提出了质疑。还有法院将同一母公司下属子公司之间借款予以排除,理由是无证据证实属于拆借还是调拨资金,所以不能认定为非法吸收公众存款。

本文建议以非法集资罪取代非法吸收公众存款罪以保护国家金融管理秩序,而保护公民的财产权利不受侵犯应由集资诈骗罪或诈骗罪来完成。如

---

[25] 肖晚祥:《非法吸收公众存款罪的司法认定研究》,载《东方法学》2010年第5期。

果民众受到欺诈而遭受财产损失但又不构成集资诈骗罪,民法解决即可,执法机关亦可以采取行政打击措施但不应动用刑罚。刑罚权限制自由融资权的正当性在于维护社会稳定。无论集资金额大小或损失多少,如果集资参与人数少且属于特定对象则不会影响社会稳定,因而非法集资罪应针对向不特定对象或特定对象但人数多的集资行为。即使向不特定对象集资,如果人数有限,也无需运用刑罚,动用行政手段即可。有鉴于此,非法集资罪无需也不应当采用数额标准和损失标准,以免刑法过于严厉,并谨防过分限制自由融资权。当然,即使现行立法不变,司法实践也可以采取缓和措施。事实上,法释〔2010〕18号已将亲友借贷、单位内部集资作了非罪化处理,但做得还不够,有些问题亦需要进一步研究。本文也需要继续研究,特别是通过调研了解司法判决还存在哪些问题,社会效果如何,能否获得民众的认同。这取决于笔者以后的努力,也取决于理论界和实务界的共同努力。

国有企业视野下的主权财富基金法律规制*

缪因知**

根据国际货币基金组织主权财富基金工作组(International Working Group of Sovereign Wealth Funds)公布的“普遍接受的原则和做法”(Generally Accepted Principles and Practices，又称“Santiago Principles”即圣地亚哥原则)①中的定义,主权财富基金是广义政府拥有的特殊目的投资基金或安排,即政府出于宏观经济目的而创建,为实现财务目标而持有、经营或管理资产,并使用一套包括投资于外国金融资产在内的投资战略;成立资金通常来源于国际收支顺差、官方外汇业务、私有化收入、财政盈余和/或初级商品出口收入。近年来,随着其以越来越大的规模和活跃在世界经济中,主权财富基金引致了大量的关注。

本文将讨论主权财富基金的国有企业属性及其影响,结构如下:证明主权财富基金虽然是特殊的新事物,但本质上仍然是国有企业。故而一方面,投资对象国不必视之为洪水猛兽而心怀恐惧,现有法律规制体系足以制约之。但另一方面,主权财富基金不应过多游离于投资母国的公众视线之外。尤其是由于其把资本引向境外,投资效率问题特别值得关注。

以往的主权财富基金研究往往侧重于主权财富基金在投资对象国的活动,而缺乏一个总体框架将其在境内外的活动准则贯穿起来。本文的一点贡献可能在于:一方面把主权财富基金重新放置在了国有企业的传统讨论体系中,摒弃了那种过于强调主权财富基金应当“特事特办”的观念。另一方面,则是从公司治理—公共治理的角度整体考察了主权财富基金的应有的行为准则。特别是抓住了透明度这个关节点,强调主权财富基金的透明度应当更

---

* 基金项目:蒋大兴教授主持的国家社科基金重点项目“国有企业的法律调控模式研究”(10AFX013)的子课题成果。

** 缪因知,中央财经大学法学院讲师。

① Generally Accepted Principles and Practices,国际货币基金组织主权财富基金国际工作组网站 http://www.iwg-swf.org/pubs/eng/santiagoprinciples.pdf。

多对内而不是对外。

一、主权财富基金是国有企业吗

这看上去似乎本不应成为一个问题,因为最宽泛的理解国有企业的概念的话,主权财富基金显然是国有企业:其为国家所有,在市场中从事经营活动。但是,不少机构却不这么看。如"圣地亚哥原则"把"传统意义上的国有企业业务"排除出了主权财富基金的定义。②不少主权财富基金的经营者也似乎很重视和国有企业撇清关系。这可能一是由于国有企业在传统上名声不佳(无论是从低效、垄断的角度还是寻租的角度讲),二是由于主权财富基金一般从事境外投资,所以对淡化国有色彩颇有积极性。他们认为主权财富基金和国有企业不同的理由有不少。

第一种理由是强调二者形式不同。例如,中央汇金投资有限公司的谢平等人指出:国有企业是公司法下的普通公司;而主权财富基金可能会有三种形式:资产组合、特别公法下的法律实体或一般公司。③ 也有人直接把主权财富基金定义为资产组合,认为国有企业则是由政府控制的(无论是独有、持有多数股份或关键性少数股份)从事商业活动的独立实体。④

第二种理由是强调二者来源不同,这一理由通常和第一种理由放在一块。具言之,主权财富基金是中央政府的外汇储备和出口收入支持的,但国有企业由中央和地方企业持有,资金来源是政府拨款、利润、发债等。这种观点的持有者通常认为组织形式和资金来源的不同反映了政府性经济活动的功能性差别。⑤

第三种理由是二者宗旨不同。即主权财富基金有着更宽广的"国家目

② Generally Accepted Principles and Practices,国际货币基金组织主权财富基金国际工作组网站 http://www.iwg-swf.org/pubs/eng/santiagoprinciples.pdf。

③ Ping Xie & Chao Chen, *The Theoretical Logic of Sovereign Wealth Funds* 6(China Inv. Corp., Working Paper Series, 2009), http://ssrn.com/abstract=1420618.

④ Adrien Blundell-Wignall & Gert Wehinger, Open Capital Markets and Sovereign Wealth Funds, Pension Funds and State-Owned Enterprises, 25—26(2008), available at http://cama.anu.edu.au/Events/swf2008/swf2008_paper s/Blundell-Wignall_SWF_paper.pdf.

⑤ Ping Xie & Chao Chen, *The Theoretical Logic of Sovereign Wealth Funds*, p. 6. Adrien Blundell-Wignall & Gert Wehinger, Open Capital Markets and Sovereign Wealth Funds, Pension Funds and State-Owned Enterprises, 3.

标”,如保护国内经济免受商品价格波动等。[⑥] 德意志银行的一份报告认为主权财富基金的宗旨是充当稳定基金、为未来世代服务的储蓄基金、发展基金等。[⑦]

第四种理由是二者活动性质不同,认为主权财富基金通常从事投资,而国有企业从事的是买卖等商业活动。

第五种理由与第四种有些相关,认为主权财富基金一般不会对一个企业有控制性股份,而国有企业经常会试图获取一个企业的控制权。

平心而论,形式不同的理由颇为“形式”,因为大部分主权财富基金都是以公司形式组建的,如中国的汇金公司、中投公司。现代股份有限公司本质上就是一个资合组织。说任何公司都是资产组合,也不过分。

资金来源也不应当是本质区别,因为外汇储备和通常的财政拨款都是国家财政的一部分(如作为汇金公司资本金的外汇储备金是财政部拨付的),资金来源的不同不必然对资金使用的效果产生影响,即使资金使用者自己声称有所不同。实践中,主权财富基金和其他国有企业的资金来源也会有多样化的成分。

主权财富基金有着更特定的长远宗旨的理由也不够有力,因为这只是对主权财富基金盈利之后的资金使用目的的一种设想,不能反向在事前对其性质作出任何保证。

主权财富基金从事投资而非商业可谓是其与很多国有企业不同的一个重要方面,但也不是本质性的。因为这实际上只是一种分工。主权财富基金和传统国有企业诞生于不同的历史背景之下,前者之所以选择投资的运营方式,是诸多原因促成的,包括借助能源出口、贸易盈余积累了巨额外汇储备,经济全球化、信息通讯便利化降低了跨国投资障碍度,传统的贸易型国有企业已经有不少,再建的必要性不大,且用外汇储备来投资内企在货币问题上较为复杂。所以,主权财富基金的经营路径选择可以说是因缘际会的在追求最有经济效率的方式,而不是为了刻意走一条和传统国有企业不同的路子。

---

⑥ Blundell-Wignall & Wehinger, Open Capital Markets and Sovereign Wealth Funds, Pension Funds and State-Owned Enterprises, p. 3.

⑦ Deutsche Bank Research, *SWFs and Foreign Investment Policies-An Update*(2008), http://www.expeditiondeutschland.de/PROD/DBR_INTERN ET_EN-PROD/ PROD0000000000232851.pdf, 2.

事实上,“国有企业也能投资,主权财富基金也能收购运营实体”⑧。

不寻求控制权是基金的一个共性。⑨这可以有力的说明主权财富基金的确是一种基金,但不能表明其不是一种专门负责投资的国有企业。事实上,现在的一个趋势是不少发展中国家开始协调传统国有企业和主权财富基金的使用,以优化国家发展和其他政策目标。

总之,任意两个事物之间都会存在异同,重要的是区别抑或同是主要方面。总体而言,主权财富基金可以说是一种特殊的国有企业,但这也是有意对其作出如此的分类所致,这似乎只是一种“修辞”,而难以掩盖它和国有企业都是满足国家目的的一种工具之事实。这有点类似当初一度以“第四部门”形象出现的新型监管者(如金融监管者)和行政机构的区别。

确认了主权财富基金的国有企业属性的一个重要意义在于平实地检讨这一属性对主权财富基金的行为的可能影响。本文认为,一方面,对投资对象国而言,勿需对主权财富基金是国家投资工具这一性质谈虎色变,其并不比历史相对悠久的国有企业更为不堪,也并非良好公司治理的重大负面因素;另一方面,对投资母国来说,民众却应当更多地注意主权财富基金的存在对本国民众福祉的影响,以及对本国民众的公共责任,公共治理方面的问题不宜被忽视。主权财富基金不一定要在投资对象国做过多的信息披露,以免陷入商业不利的地位,但对内国的透明度却是应当被强调的。

二、作为国有企业的主权财富基金对投资对象国的影响:来势不凶无需虑

对主权财富基金的一种常见担心是其会受到政府的控制、操纵而作出决策,追求政府利益,而不是商业利益。⑩主权财富基金作为一种国有企业而不能独立于政府或许是实情。但实际上,投资对象国不必担心主权财富基金的这一属性会带来害处。比起历史相对悠久的传统国有企业,主权财富基金甚

---

⑧ Larry Cata Backe, Global Financial And Economic Crisis Symposium: Sovereign Investing in Times of Crisis: Global Regulation of Sovereign Wealth Funds, State-Owned Enterprises, and the Chinese Experience, 19 *Transnat'l L. & Contemp. Probs.* 3, Winter, 2010, p.66.

⑨ John C. Coffee, Jr., Liquidity versus Control: The Institutional Investor as Corporate Monitor, 91 *Colum. L. Rev.* 1277(1991).

⑩ Christopher Cox, "*The Rise of Sovereign Business*", Gauer Distinguished Lecture in Law and Policy at the American Enterprise Institute Legal Center for the Public Interest(Dec 5, 2007), http://sec.gov/news/speech/2007/spch120507cc.htm. 作者时任美国证券交易和委员会主席。

至是更为模范合规的境外投资者。首先,很少有非主权财富基金从事非商业利益最大化的投资策略,反而是非主权财富基金更多的有此类行为。其次,基于客观经济情势,主权财富基金进行非商业利益最大化行为的可能性不大。最后,即使主权财富基金作出此类行为,也能够在现行法律框架下得到遏制。

(一)很少有非主权财富基金从事非商业利益最大化的投资策略

实践表明,总体上主权财富基金都是长期稳健的非杠杆化投资者,而非兴风作浪的投机者。⑪ 虽然少数西方国家,如挪威的政府养老基金⑫比较关注人权等问题⑬,但作为主流的非西方的主权财富基金一般低调行事,极少有非商业行为。跟一些内国投资者如美国加利福尼亚州公共雇员退休基金(CalPERS)对投资对象积极施加影响的作为差别鲜明。⑭

⑪ Acting Undersecretary for International Affairs Clay Lowery on Sovereign Wealth Funds and the International Financial System (June 21, 2007), online at http://www. treas. gov/press/releases/hp471. htm, Cornelia Hammer, Peter Kunzel, and Iva Petrova, Sovereign Wealth Funds: Current Institutional and Operational Practices 16, 国际货币基金组织网站 http://www. imf. org/external/pubs/ft/wp/2008/wp08254. pdf.

⑫ 圣地亚哥原则把政府雇员养老基金明确排除出了主权财富基金,但该基金的主要收入来源是挪威的石油业务,而非民众缴纳的养老金,只不过设立目的是应对老龄化社会的养老问题,见该基金的管理者 Norges Bank Investment Management 的网站 http://www. nbim. no/en/About-us/Government-Pension-Fund-Global。

⑬ Simon Chesterman, The Turn to Ethics: Disinvestment from Multinational Corporations for Human Rights Violations: The Case of Norway's Sovereign Wealth Fund, 23 *Am. U. Intl L Rev* 577, 588-93(2008). 该基金比较强调不能投资于会有严重的反人道、反人权、腐败、环境破坏等行为的领域,Guidelines for Observation and Exclusion from the Government Pension Fund Global's Investment Universe, Adopted by the Ministry of Finance on 1 March 2010, 挪威财政部网站 http://www. regjeringen. no /en/dep/fin/Selected-topics/the-government-pension-fund/responsible-investments/guidelines-for-observation-and-exclusion. html? id = 594254.

⑭ 参见 Editorial, California's Stern Rebuke, *Wall St. J*, A16 (Apr 21, 2008), Stephen Lerner, SEIU Seeks Ethics, Good Returns, Wall St J A8 (Apr 26, 2008). Benn Steil, California's Sovereign Wealth Fund, *Wall St. J* A14(Mar 7, 2008). 关于一般性的寻求公司治理中的非商业利益最大化的公共基金活跃主义者(activist public funds),可见 Roberta Romano, Public Pension Fund Activism in Corporate Governance Reconsidered, 93 Colum L Rev 795(May 1993),这些研究表明,虽然内国基金在影响公司的政治社会取向方面不无成效,但的确存在着投资收益下降的问题。

(二) 主权财富基金进行非商业利益最大化行为的经济可能性不大

这种现象的产生并非偶然。因为虽然就个体而言,主权财富基金一般都颇为庞大,但它并不能真正操纵市场。主权财富基金只拥有两三万亿美元的资金,而私人机构投资者控制的资产有六十多万亿美元。⑮ 加之各自为战,主权财富基金难以真正的扭曲市场,例如,如果其高价竞购,那也只不过令卖方受益罢了。美国这样的资本市场的深度足以吸收这些波动。⑯ 在一家公司内部,主权财富基金也往往不占有控制性的股份,因为投资对象国通常对公司控制者施加了诸多义务,这是主权财富基金不愿意承担的。如持有一个在美国活动的金融机构 10% 以上的股份的话,就会受到《银行控股公司法》《银行控制变动法》等关于检查、报告、资本要求等义务的规制。⑰美国《证券法》《证券交易法》模糊的把"控制"界定为"直接或间接拥有决定或促成决定管理和政策方向"。2008 年修订的美国财政部《外国人合并、收购和接管规章》(下称《规章》,Regulations Pertaining to Mergers, Acquisitions and Takeovers by Foreign Persons)第 203 条规定"控制"指通过多数股份或占支配地位的少数股份、在董事会中占有席位、代理投票、特殊股份、合同安排、正式或非正式的协同行动安排或其他方式而拥有的直接或间接决定有关公司重要事项的权力,无论该权力为直接或间接行使,或是否被行使。《规章》对属于公司重要事项的内容也进行了非穷尽性的列举。对于多个外国有企业业在同一个企业拥有权益的情形下,判断是否存在控制则看这几个外国有企业业之间是否存在联系,或通过正式或非正式的安排进行联合行动,抑或为同一外国政府下属机构或为其所控制。所以主权财富基金往往力求通过不占有控制或实质性股份来减少被审查、关注的可能。既然其只是一个小股东,凭持股地位损害投资对象的可能性自然也不高。

虽然从理论上说,主权财富基金背后的国家可以通过利诱(如税收优惠)、胁迫(如进口限制)等方式来影响外国有企业、扭曲市场,如要求投资对

---

⑮ Richard A. Epstein & Amanda M. Rose, The Going-private Phenomenon: The Regulation of Sovereign Wealth Funds: The Virtues of Going Slow, 76 U. Chi. L. Rev. 111, Winter, 2009, 123.

⑯ Id, 124.

⑰ 中央汇金公司成为在美国有分行的中国银行的控制人时,也触发了此类义务,但后获得豁免。详参郭雳:《中投:主权财富基金的控股公司路径》,载《中外法学》2009 年第 4 期。

象国的企业来设厂等,但这是在没有主权财富基金存在的情况下也可以实施的。[18]事实上,在主权财富基金投资后,资金来源国损害投资对象国有企业和市场的行为反而可能更少。[19]

另外,固然主权财富基金存在着缺乏透明度的问题,但内部决策程序、总资产、投资组合分配未尝不能被视为是值得保护的商业秘密[20],诸多私人基金也不见得透明度更高,单独针对主权财富基金也不见得公平,也不一定能提高主权财富基金的经营效率。[21] 有鉴于此,一些金融中心如伦敦金融城放弃了强迫主权财富基金透明的做法,采用"以风险为基础"的监管制度,通过与企业之间进行"持续的对话",提醒主权财富基金可能面临和形成的风险。[22]

故而,主权财富基金除了有一些不算太多的钱,别无所长,无法形成对境外投资对象和对象国的压迫[23],反而必须遵守所投资市场的法律,是该市场的"俘虏(captive)",而且身为异类,树大招风,基于对象国社会政治心理方面的压力不得不做到行为规范[24],如雇用外部专业、独立的资产管理人,以宣示投资不被基金母国控制或影响[25],如新加坡政府投资公司(Government of Singapore Investment Corp. 简称 GIC)将部分资产的管理外包给职业基金经

---

[18] Richard A. Epstein & Amanda M. Rose, Symposium: The Going-private Phenomenon: The Regulation of Sovereign Wealth Funds: The Virtues of Going Slow, 126.

[19] 如有学者认为,如果中国投资公司在一家主要的媒体公司中有较多投资,可能中国政府会更有激励去保护知识产权。Paul Rose, Sovereigns s Shareholders, 87 *NC L. Rev* 101, 111 (2008).

[20] Richard A. Epstein & Amanda M. Rose, The Going-private Phenomenon: The Regulation of Sovereign Wealth Funds: The Virtues of Going Slow, 128. 事实上,披露较多的挪威政府养老基金的收益率远低于披露较少的新加坡淡马锡公司,郭雳、张涛:《中投境外投资并购的监管环境与模式选择》,载《清华法学》2010 年第 5 期,第 44 页。

[21] Manda Shemirani,"Sovereign Wealth Funds: The False Promise of Transparency",5 Infinity Journal 1(2009), pp. 9—10.

[22] 前引 20,郭雳、张涛文,第 42 页。

[23] 相比之下,俄国的 Gazprom 公司是因为其和俄国政府对天然气管道的控制才形成了对西欧的所谓影响。Ian Traynor, Sovereign Wealth Funds Likened to Gazprom As Brussels Calls for Rules: Commission Asks SWFs for Greater Openness: Fears of Growing Wealth Wielded for Political Aims, Guardian(London) 28(Feb 28, 2008). Edward Lucas, *The New Cold War: Putin's Russia and the Threat to the West*, ch 7(Palgrave 2008).

[24] 尽管有美国著名学者认为,只要动机合法,主权财富基金也有权和内国基金一样选择非商业利益最大化行为,Richard A. Epstein & Amanda M. Rose, Symposium: The Going-private Phenomenon: The Regulation of Sovereign Wealth Funds: The Virtues of Going Slow, 125—126.

[25] Keller A. D., Sovereign Wealth Funds: Trustworthy Investors or Vehicles of Strategic Ambition? *Georgetown Journal of Law& Public Policy*, vol. 7, No. 1(2008).

理。这实际上已经是一种趋势。[26] 甚至具有讽刺意味的是，由于主权财富基金对被投资企业内部治理的消极，这还可能增加了企业的代理成本问题，即主权财富基金会成为被投资企业管理者的无条件支持者，任由其所作所为。[27]

（三）投资对象国现行法律框架可有效规制主权财富基金

进一步地说，即使主权财富基金有心以身试法，其也很难实现目的。因为其不仅会受到其他股东的制衡，投资对象的董事、经理也会由于法定的忠实义务的存在也不愿轻易配合之。

很多国家还有相应的反垄断、反不正当竞争和专门的基于国家安全的外国投资审批制度。总体上看，进入 21 世纪后，作为主权财富基金主要投资对象的发达国家对外国投资的审查趋严。出现了不少新法律和新设审查机构，诸多原有法律和机构的功能也得到了增强。除了国防外，基础设施、能源、技术等领域的投资也成了审查热点。

这是一个普遍现象[28]，下面仅以美国为例作具体分析。美国 2007 年《外国投资和国家安全法》(Foreign Investment and National Security Act, FINSA) 扩大了国家安全审查的产业范围，规定外国政府控制的交易必须通过国家安全审查。2008 年《外国人合并、收购和接管规章》是该法的实施细则。《规章》第 214 条规定是指任何可能导致一家美国国有企业被外国政府或由外国政府控制或支配的自然人所控制的交易。第 216 条规定外国人包括：(a) 外国国民、外国政府和外国实体，以及 (b) 任何受外国国民、外国政府、外国实体控制或支配的实体。这种标准实际上几乎无所不包。在第 402 条的自愿通报模式下，当事人须申明交易中的外国人是否受到外国政府的控制或支配而行事，无论这种控制是通过代理或者代表或类似方式所进行，自然人甚至还需申报其在外国政府工作或军队服役的时间和工作性质。第 503(b) 条规定“受外国政府控制的交易”除须接受 30 天的外国在美投资委员会

---

[26] 前引 20，郭雳、张涛文，第 46 页。

[27] Paul Rose, “ARTICLE: Sovereign Wealth Funds: Active or Passive Investors?” 118 *Yale L. J. Pocket Part* 104, Nov. 2008, 108.

[28] 10 个主要国家对境外直接投资的规制，可见美国政府责任办公室(GAO)2008 年提交给国会的一项报告“Laws and Policies Regulating Foreign Investment in 10 Countries”, http://www.gao.gov/new.items/d08320.pdf. 对美国、法国、加拿大、澳大利亚的分析可见周晓虹：《是否存在一个公平的竞技场：论主权财富基金的投资待遇》，载《当代法学》2011 年第 6 期，第 121—122 页。

(Committee on Foreign Investment in the United States)审查外,还必须进入45天的调查程序。[29]

在实践操作中,外国投资审批制度也带有政治弹性,并无一定的标准,例如有外国有企业企图获得或行使对美国公司的控制时,外国在美投资委员会可以随时进行"国家安全调查",以中止或解除任何具有政治意图的交易行为。国家安全的概念一向富有弹性,该委员会还将"控制"宽泛地界定为"确定、命令或决定事项以影响某一实体"的能力。其享有的随时调查权不仅可以有效地控制主权财富基金的政治性行为,甚至有涵盖过宽、阻碍外国投资之虞。[30] 此外,对于有"前科"的主权财富基金及其母国的其他投资基金可能会有株连效应,最终令进行过有害的非商业行为的主权财富基金得不偿失。

总之,无论是考察主要投资对象国(一般为发达国家)的法律制度,还是其具体的实践,都可以发现主权财富基金的国有企业属性、国家控制属性基本上在海外得到了最大程度的淡化,而不会对市场竞争环境造成扭曲。相反,过度的管制主权财富基金,反而会令这支国际投资的生力军陷入尴尬境地,减损其经济效能,进而破坏全球资本市场的效率最大化。

三、作为国有企业的主权财富基金对投资母国的影响:去向不明当关注

虽然主权财富基金的对外投资主要是商业性的,不会对国外市场造成扭曲,但这并未彻底的解决了关于主权财富基金的所有困扰。事实上更值得检讨的是这些基金的存在对内国即资本来源国或曰投资母国的影响。即我们应当从公司法人治理的角度上升到国家公共治理的角度来讨论对主权财富基金的法律规制。

如前所述,庞大的主权财富基金是一种巨型国有企业,运营资金动辄上亿,而且由于其主要活动对外,容易避开国内民众的日常关注,所以强调其对民众的公共责任更有必要。

---

[29] 更多讨论见漆彤:《论主权财富基金之若干法律纷争》,载《武大国际法学评论》第十一卷(2011年)。杨鸿:《美国国家安全审查对主权财富基金的监管及其启示》,载《河北法学》2009年第6期。

[30] 易在成:《主权财富基金:界定、争议及对策探讨》,载《比较法研究》2012年第1期,第114页。

对中国这样的非自然资源出售型国家而言，主权财富基金的形成的主要原因在于强制性结汇制度所形成的巨额外汇储备需要寻找保值增值的出路。但随着中国经济的多年增长和人民币在一定区域内被接受程度的提高，实际外汇储备规模不仅已经远超过为防范流动性风险所需，还导致过多投放基础货币、造成通胀压力、影响利率政策独立性。[31]允许民众和企业持有更多的外汇，未尝不是一个可以选择的道路。传统国有企业的存在意义可能还包括了有的行业在政治或经济上不适宜通过私人资本投入来确保发展，而主权财富基金更像是一个替民理财的思路，“根本上还是行政性而非市场化配置外汇资源，因此，不应完全取代私人部门的对外投资，放弃资本账户尤其对外资本输出的开放”[32]。

从其运行看，主权财富基金不乏结构性的弊端如管理链条过长导致代理成本过高、国有企业普适性地不适合从事高度市场化的风险运作。中投公司的境外投资已然受到了不少批评[33]，“以往境外投资的业绩，证明他们并非精明的投资者”[34]。而其对几大国有银行的注资则又引发了对银行流动性和货币政策的重大负面影响。[35] 故重新审视在一国给定的公共和公司治理水平下，主权财富基金应当在规模、活动内容上受到何种限制，恰是投资母国人应当审慎考虑的问题。

即使认为主权财富基金的活动专业程度较高，投资效率更高，则强调其开放和透明，特别是对内的开放和透明，仍然是大有必要的。主权财富基金在投资战略、活动报告、接受审计等方面透明度较低是一个普遍性的全球问题[36]，中国的主权财富基金更是信息披露水平较低，目前均未达到国际上权

---

[31] 参见由婷婷：《论亚洲国家主权财富基金的发展及其影响》，吉林大学2010年学位论文，第14—15页。

[32] 管涛：《主权财富基金之辩》，载《21世纪经济报道》2008年6月30日论坛版。

[33] 对中投公司前四笔投资的具体批评，可见张光红等：《中国投资有限责任公司海外投资案例分析》，载《改革和战略》2009年第1期，第82—85页。

[34] 叶檀：《中投投资歌鸟：又一笔愚蠢生意?》，载财华网 http://caihuanet.com/zhuanlan/geren/yetan/200909/t20090902_984076.shtml。

[35] 汪洋：《主权财富基金：外汇储备管理与货币政策有效性》，载《当代财经》2009年第8期。

[36] Edwin M. Truman, "A Blueprint for Sovereign Wealth Fund Best Practice", Policy Brief of Peterson Institute for International Economics, No. PB08—3, April 2008, pp. 6, 10, 17, 19—20. 吕明、叶眉：《主权财富基金信息透明度问题研究》，载《广东金融学院学报》2008年第5期。

威的 Linaburg-Maduell 指数最低透明度要求的 8 分。[37] 中国投资有限责任公司网站颇为“简洁”,“投资”栏目下只有总共不到千字的说明,“咨讯中心”只是用一句话披露了一些投资项目,如“2012 年 11 月 9 日:中投国际通过全资子公司购买 Wadge Holdings Ltd. 发行的可转换公司债券,该债券可转换成俄罗斯钾肥公司的普通股,如行使转换权持股比例最多不超过 12.5%。”[38]2012 年 9 月,据传中投向国内民营企业阿里巴巴公司的境外实体进行普通股股权投资,以帮助后者从美国雅虎公司处回购股权。主权财富基金如果大举涉足国内高风险、激烈竞争的互联网行业中的非国有资产,可谓投资进路上的一大转变,引发各界热议。但是在中投网站上却很难找到相关资讯,媒体试图了解时,“但被告知,中投对投资项目不予置评”[39]。这项中国主权财富基金和最耀眼的互联网明星企业之一间发生的至少价值数亿美元的交易不仅连具体数额无从查询[40],就连有没有发生过也成了一个谜。2013 年 7 月中投方面表示在与阿里巴巴接触,并暗示还不曾投资过。[41] 中投下属的中央汇金投资公司、外汇管理局旗下的中国华安投资有限公司(SAFE Investment Company Limited)则更是不透明。

圣地亚哥原则提出了不少主权财富基金应该履行的透明度措施,包括:法律框架应健全,应公开披露其法律基础和结构的主要特点,以及与其他国家机构之间的法律关系;在融资、提款及支出操作的一般方法方面,应具备明确以及公开披露的政策、规则、程序或安排;应及时向所有者报告与主权财富基金相关的统计数据,或按要求纳入适当的宏观经济数据组;其操作的问责制框架应在相关法律、章程或其他章程性文件或管理协议中明确定义;应及

---

[37] 主要主权财富基金 2008 年以来动态的年度透明度数据可见 Sovereign Wealth Fund Institute,“Linaburg-Maduell Transparency Index”, http://www.swfinstitute.org/statistics-research/linaburg-maduell-transparency-index. 该指标中,如做到下列一项,即得一分,共十分:说明成立原因、资金来源和政府持股结构;提供最新的独立审计年报;公布所有者持股比例以及地域分布;提供投资组合的市值、回报以及管理层薪酬;公布道德标准以及投资政策;明确说明投资策略和目标;公布子公司和联系方式;公布外部管理者;管理自己的独立网站;公布办公地址和详细联系方式如电话传真等。

[38] http://www.china-inv.cn/resources/news_20121109_442557.html,截止到 2013 年 10 月 11 日,这是中投公司网站资讯中心最新一条关于投资的信息。

[39] 胡群:《中投等入股阿里向“国家队”靠拢 再次淘金民企》,载《每日经济新闻》2012 年 9 月 20 日。

[40] 例如,2012 年 5 月有报道称中投入股 20 亿美元,9 月又有说是与多家机构共同出资 20 亿美元。见余丰慧:《中投该不该投资阿里巴巴》,载《国际金融报》2012 年 5 月 29 日。

[41] 曹华:《中投公司:正与阿里巴巴接触中》,人民网财经频道 http://finance.people.com.cn/n/2013/0726/c1004-22343926.html。

时准备有关操作及业绩的年报和所附财务报表，进行年度审计；应衡量其资产和投资业绩，并按明确定义的原则和标准向所有者报告等。国际上大多数主权财富基金也赞同透明度的价值首先源于它对国内合法性而非商业优势的积极影响，即和利益相关者的有效沟通。[42] 如挪威的政府全球养老基金认为："我们将透明度看作是在管理基金的过程中在国内和国际两个层面建立信任和信心的关键。它也是确保公众支持挪威的石油财富的完善的管理的前提条件，并因此直接关系到基金的目的"，"业绩与经营和透明度对管理具有约束效果。它为获得合理的金融回报提供了额外的压力，并将治理不善的风险缩减到最小"。[43]

"每一成员国透明度的程度首先是它们的国内法律要求。"[44]这也应当是中国主权财富基金的法律规制努力的方向。对于做非常之事的公共企业，应当要求有对公众的非常透明措施。首先，这能够有效地防止非经济性的政治干预对主权财富基金的影响。虽然主权财富基金的控制人是可以合理追求政治目的的国家，但主权财富基金一般都以财务目标为导向。如中国投资有限责任公司在网站首页醒目地提出"我们的经营宗旨是在可接受的风险范围内，努力实现股东利益最大化"。[45] 这几乎是标准的商事公司的经营宗旨论述话语。任何即使实际上有利于国家政治或总体利益、但有害于其经济目的的投资行为[46]都不符合主权财富基金的活动目的。

其次，这能有效弥补我国国有经营性资产监管体制还有待完善的若干环节。例如，当前我国国有经营性资产的所有者、运营者和监督者主要都由国资委承担，而国资委和财政部、国务院及其他部委在此事项的权限也没有划清。这些结构性问题并非朝夕可解，但透明度的提高可以降低其中的弊端与不当操作。主权财富基金大都投资期限长，中短期内的盈余压力低，不受严格的量化利润指标束缚，故相应的结构性的和事后的监督尤为重要。

具体来说，主权财富基金的投资决策、选择的方案、流程，都可以有更全

---

[42] IFSWF, "IFSWF Members' Experiences in the Application of the Santiago Principles", Note 6, p. 38，见主权财富基金论坛网站 http://www.ifswf.org/pst/stp070711.Pdf.

[43] Id.

[44] Id.

[45] http://www.china-inv.cn/

[46] 有研究者指出政府投资可以分为基础设施、社会、政治、经济、金融等五类投资，每种投资的回报率（ROI）是不同的。Templin, Benjamin A., The Government Shareholder: Regulating Public Ownership of Private Enterprise (July, 2010). *Administrative Law Review*, Vol. 62, No. 4, p. 1127, 2010.

面、更透明的披露。如为避免操盘风格、投资对象等商业机密泄露,可以设置一个有期限的3—20年的披露延后期。对于中国特色的治理机构如董事会和党委并存的格局下,如何有效界定各自职能与分工,减少决策扯皮、冲突与不确定性也至关重要。[47]如此既能确保主权财富基金对公众的负责,减少国内业界对主权财富基金做“愚蠢生意”的指责,减少民众对国有企业的不信任感,促进社会和谐;也能降低国际社会对中国这样具有特殊政治制度之国家的对外投资活动的疑虑。[48]如挪威养老基金虽然将投资与非经济目标挂钩,但由于其透明度极高,在很大程度上降低了投资对象国的疑虑。

四、小　　结

主权财富基金虽然是一种相对较新的事物,但其仍然属于国有企业的范畴。作为一种投资工具其固然具有特殊性,但通过有效的法律规制,其不会对投资对象国的公司治理环境产生不良影响。然而,在巨大的资金投掷海外之余,对投资母国来说,个中的公共治理问题却不应小觑。鉴于中国国资管理体系的现实不足,这尤其应当得到重视。换言之,不宜过度要求主权财富基金对投资对象国进行太多的信息披露,以免令其不公平地陷入过于不利的经济地位,但主权财富基金对内国的透明度却是应当被强调,并成为法律规制的重点,以提高投资效率和投资安全,构建一个更为负责的国有外汇储备资产管理使用体系。

---

[47] 张明:《主权财富基金与中投公司》,载《经济社会体制比较》2008年第2期,第99—100页。

[48] 类似关于内国透明度提高对对外投资之意义的论述,见曾文革等:《论中投公司法律监管的问题与对策》,载《云南大学学报》2009年第3期。

日本互联网广告行政规制的现状与启示

陈肖盈*

一、问题的提出

随着互联网技术的发展,互联网交易渐渐地走进人们的生活。与传统的交易方式相比,消费者通过互联网交易,在享受足不出户便可轻松购物、地方特产或临近商店没有的商品也可随意购得、笨重商品可送货上门而无须自己搬运、商品价格相对便宜等互联网交易带来的方便的同时,也承担着一定的风险,如无法拿在手上亲自确认产品尺寸和质量性能、购买与到货往往存在一段时间差、如果商品不满意或有瑕疵需要退换货时较为麻烦有时甚至还会发生其他邮递费用等。为促进互联网交易的顺利完成,作为消费者获得商品信息唯一来源的互联网广告在交易过程中,发挥着至关重要的作用。互联网广告受众多、传播范围广、互动性强、表现形式丰富、进入门槛低等特点①,推动着互联网交易不断增长的同时,由互联网广告的不当引发的消费者受损害问题也越来越频繁地发生。

在中国,国家工商总局 2012 年查处的互联网违法广告数量为 3725 件,与 2009 年相比,增长率高达 104%,而一些网站发布的医疗药品、医疗器械、保健食品广告的违法率甚至高达 90%。② 面对这样一个状况,2013 年 3 月,国家工商总局广告司副司长王树军向媒体指出,互联网广告的增长和广告形式的变化,给政府带来了新的难题③,互联网广告监管问题刻不容缓。就目前互联网广告行业发展过程中发现的问题,工商局也正紧锣密鼓在开展着互

* 陈肖盈,中国社会科学院法学研究所博士后研究人员。

① 吕蓉:《广告法规管理》,复旦大学出版社 2011 年版,第 162—163 页。

② 丹青:《去年查处互联网违法广告 3725 件》,载《人民邮电报》,2013 年 3 月 18 日。

③ 《工商局正拟定互联网广告监督管理办法》,新华网,2013 年 3 月 31 日。

联网广告监督管理办法的拟定工作。而在邻国日本,2011 年 12 月 2 日东京都生活文化局消费生活部交易指导课在发布的《互联网广告的问题点》中也强调了目前互联网广告的突出问题,指出日本互联网广告的监管面临着夸大广告、同一虚假广告在不同经营者的网页中蔓延等问题。④ 如何对这一迅速发展的广告形式进行监管,成为了当下中国和日本对广告监管问题中的一个共同的重要课题。

中日两国,对于广告监管的规定和实践,相对来说比较接近。而中日两国都属于的世界贸易组织的成员国,中日两国对互联网广告监管的法律和法规,都需要在结合本国国情的基础上按照 WTO 规则的要求制定和执行。因此,日本的相关法律规定和实践经验,对于中国具有较大的参考价值。

而基于互联网广告受众多、传播性广的特点,违法广告一旦进入互联网,其监管难度就大大提高。因此,在对广告行为监管的诸多方式中,行政规制,作为互联网交易中将广告违法行为防患于未然的最为有效的事前规制,在互联网广告监管过程中发挥着尤为重要的作用。因此,本文将以行政规制⑤为中心,探讨日本以何种方式对互联网广告进行有效的行政监管,并归纳其特点,为中国相关立法的完善提出建议。

二、日本互联网广告行政规制现状及特点

(一) 日本互联网广告行政规制的现状

1. 互联网广告的定义

在我国,依据《北京市网络广告管理暂行办法》的规定,互联网广告(办法中称为“网络广告”)是指,互联网信息服务提供者通过互联网在网站或网页上以旗帜、按钮、文字连接、电子邮件等形式发布的广告。而在日本,虽然相关法律没有对互联网广告作出定义,但在日本互联网广告自律协会——日本互联网广告推进协议会(JIAA)2000 年制定的《互联网广告刊登标准指南》中,对互联网广告作了一个明确的规定。依据该规定,互联网广告是指,在广

④ 东京都生活文化局消费生活部交易指导课:《互联网广告的问题点》,2011 年 12 月 2 日。

⑤ 鉴于互联网广告行业协会在互联网广告监管中的重要作用,本文也将行业自律协会及其颁布的标准指南进行介绍。

告媒体运营的网页等⑥刊登的旗帜广告、文本链接广告、视频广告、在广告公司等发送的电子邮件⑦中插入的电子邮件广告等，广告主利用互联网向消费者等⑧发布的广告。这一定义，与中国存在着很大的相似性。

2. 日本互联网广告监管的现状

日本的互联网广告，主要依照不当赠品类以及不当表示防治法（1962年5月15日法律第134号、以下简称“赠品表示法”）和特定商品交易法相关法律（以下简称“特定商品交易法”、1976年6月4日法律57号）实施监管（下文详述）。与中国相比，日本互联网广告违法案件的数量可谓是凤毛麟角。如下表所示，2010年至2013年期间，消费者厅查处的违反赠品表示法的案件均不足25件，然而，违法互联网广告所占的比例却在40%左右。而在2007年至2012年查处的违反特定商品交易法的案件中，与广告相关的违法互联网交易，在无店铺销售中所占的比例平均也在10%左右，2009年甚至高达近35%。而另一方面，从违法互联网广告的数量推移上来看，尽管部分年份出现了大幅涨跌的情况，但违法数量几乎保持在一个相对平稳的状态。

表1 日本赠品表示法对违法互联网广告的查处情况

年度	措施命令（件数）		
	总数	互联网广告相关	所占比例
2013（上半年）	9	4	44.4%
2012	22	8	36.3%
2011	22	9	40.9%
2010	10	3	30%

数据来源：根据2010年至2013年7月消费者厅赠品表示法关联报道公布资料统计得出。

⑥ 除通过浏览器阅读的网页外，也包含利用游戏、专用应用软件等发布的内容。

⑦ 除广告媒体等发送的电子邮件杂志外，也包含利用免费服务提供的邮件的页脚部分、商场内店铺发送的邮件新闻（newsletter）等。

⑧ 因为也存在向消费者等民众征求意见的意见广告、各种启发性目的的广告以及以商业客户为对象的广告，所以并不只局限于消费者。

表2 日本特定商品交易法对违法互联网广告的查处情况

行政处罚 年度	停业命令			指示			总计		
	总数(件)	互联网广告相关(件)	所占比例	总数(件)	互联网广告相关(件)	所占比例	总数(件)	互联网广告相关(件)	所占比例
2012	31	3	9.70%	9	1	11.10%	40	4	10.00%
2011	24	1	4.20%	34	1	2.90%	58	2	3.45%
2010	28	0	0	25	3	12%	53	3	5.66%
2009	25	4	16%	23	8	34.80%	48	12	25.00%
2008	26	0	0	11	1	9.10%	37	1	2.70%
2007	34	5	14.70%	6	1	16.70%	40	6	15.00%

数据来源:根据2013年4月1日日本经济产业省《特定商品交易法违反处分案件数量推移》统计得出。以上为由消费者厅与经济产业省的合计处罚案件数目。

日本对互联网广告的监管,虽然依旧面临严峻形势,但从违法互联网广告数量的推移上来看,监管取得的成绩还是十分显著的。这与日本建立了对互联网广告监管较为完成体系、执法机关的专业性、广告主较高的法律意识和自觉性等息息相关。下文,将从日本互联为广告行政规制的主要特点,对其原因进行具体探究。

(二)日本互联网广告行政规制的特点

纵观日本互联网广告行政规制,可以大致归纳为以下几个特点,即(1)较为完善的监管体制;(2)一元化的执法机构;(3)对互联网广告具体内容标准的细化;(4)以广告主为主进行行政规制监管;(5)活跃的行业自律协会。

1. 较为完善的互联网广告行政规制体制

目前,日本并没有针对互联网广告颁布的专门法规,但如上文所述,主要依照赠品表示法和特定商品交易法对互联网广告实施监管。

《赠品表示法》是日本广告管理的基本法规,该法在1998年的修订中明确指出,将“通过利用信息处理设备(包含互联网、电脑通信等)进行的广告宣传”也纳入监管对象[9]，主要从优良误导广告[10]、有利误导广告[11]和公平交易委员会的其他特殊指定[12]进行监管。对违法上述规定的行为，执行措施命令的形式进行处罚。

《特定商品交易法》是日本对无店铺销售进行监管的专门法规，该法将“销售者或者服务提供者以邮政等省令规定的方式，通过接受产品销售合同或服务提供合同的申请，提供指定权利的商品或者服务的方式（不包含电话劝诱销售）”定义为“通信贩卖”（第 2 条第 2 款），而省令规定的销售方式中，则包含了以移动设备、电脑及其他器材等发布广告的方式，将互联网广告纳入通信贩卖广告范围内进行监管，对互联网夸大广告的禁止、具体内容的表示义务、垃圾邮件广告的明示义务等作出了具体的规定。对于违反上述规定发布虚假广告的当事人，可以处以 100 万日元以下的罚款。此外，该法还对包括互联网广告在内的通信贩卖设置了“两罚规定”，即，对发布虚假广告的当事人所在的法人单位，并处 100 万日元以下的罚金。

此外，针对不同的互联网交易方式，日本还颁布了不同的法规进行多方面的监管。例如，对食品广告进行监管的《食品卫生法》（1947 年 12 月 24 日法律第 233 号）和《关于农林物资的规格化以及品质表示的适当化的法律》（1950 年 5 月 11 日法律第 175 号，以下简称“JAS 法”）、对保健食品广告进行监管的《健康增进法》（2002 年 8 月 2 日法律第 103 号）和对医疗药品和医疗器械广告进行监管的《药事法》（1960 年 8 月 10 日法律第 145 号）等针对专项商品广告进行规制的法律；针对互联网交易的《分割销售法》（1961 年 7 月 1 日法律第 159 号）等；针对垃圾邮件的《特定电子邮件送信适当化法》（2002 年 4 月 17 日法律第 26 号）等；禁止个人信息目的外使用的《个人信息

⑨ 公平交易委员会：《独占禁止政策的历程（平成 9 年—19 年）——对经济社会变化的应对以及抑制力强化的 10 年——》，2007 年 6 月，135 页。

⑩ 优良误认广告是指，对商品或服务的品质、规格或其他内容，对一般消费者进行与实际商品相比显著优良的宣传，或是让一般消费者误认为所提供的商品或服务与同业竞争者相比更加优良的与事实相悖的宣传（赠品表示法第 4 条第 1 款第 1 号）。

⑪ 有利误认广告是指，对商品或服务的价格或其他交易条件，对一般消费者进行与实际商品相比显著有利的宣传，或是让一般消费者误认为所提供的商品或服务与同业竞争者相比更加优良的宣传（赠品表示法第 4 条第 1 款第 2 号）。其中，交易条件包含除去商品内容（性能、规格等）之外的价格、数量、赠品、各类服务、支付条件等。

⑫ 包含《关于无果汁清凉饮料水等的广告》（1973 年公平交易委员会告示第 4 号）、《关于商品原产国的不正当表示》（1973 年公平交易委员会告示第 34 号）、《关于房地产诱饵广告》（1980 年公平交易委员会告示第 14 号）、《关于诱饵广告》（1982 年公平交易委员会告示第 13 号）、《关于消费者信用的融资费用的不正当表示（1983 年公平交易委员会告示第 13 号）》、《关于有偿老人院的不正当表示》（2004 年公平交易委员会告示第 3 号）共计 6 个告示。

保护法》(2003年5月30日法律第57号)以及与广告相关的公平竞争规则[13]等[14]。

2. 对互联网广告具体内容标准的细化

(1) 互联网广告的记载义务

在日本,互联网广告除适用以规制传统广告形式为主的一般法律规定外,特定商品交易法中还对通过互联网方式发布的广告的具体内容制定了明确的标明义务,包含对商品或服务的销售价格、运费;货款的支付期限或支付方法;交货时间;关于取消订单或解约的相关事项;经营者的姓名、住址和电话号码(公司法人的情况,还需注明公司代表或业务责任人的姓名);除商品价格外消费者还需承担的费用内容及其金额;如商品存在瑕疵时经营者的责任内容;商品销售数量的限制及其他销售条件;如通过邮件发布广告的情况下其电子邮箱地址等。

(2) 合理依据原则

在互联网广告中,医疗药品和保健食品广告的违法现象尤为突出。而在违法医疗药品和保健食品广告中,大多数为对产品功能功效的夸大或虚假表示。我国广告法中,对含有不科学的表示功效的断言或者保证的药品广告明令禁止。此外,在食品营养标签管理规范、化妆品标签管理规范中,也分别对食品营养功效和化妆品功效的夸大或虚假表示予以禁止。然而,在监管过程中,执法机构如何在有限的期间内收集证据对产品的功能效果进行有效鉴定,一直是我国在广告监管过程中存在的一个难题。在类似问题的处理上,日本制定了一个名为"不实证广告规制"的机制,即要求广告主在规定的期限内提交对广告内容进行证明的合理的证据,若广告主无法在规定的期限内提交合理的证据,则被视为虚假广告。该类似机制在美国、欧盟、法国等国家也被广泛采用[15]。不实证广告规制中所指的"合理的根据",必须满足两个条件,即(1) 所提供的材料必须为被客观事实所证明的内容;(2) 广告中所示的功能效果必须与提交材料中所证明的内容相对应。[16] 而所提交的客观材料,必须为经过试验、调查得出的结果,或是由专家、专家团体或专家机构的

---

[13] 截至目前,公布的105个公平竞争规则中,与广告相关的竞争规则为67个。其中,最早颁布的是于1963年颁布的不动产表示规则。

[14] 此外,除行政规制外,还有针对互联网合同关系的《电子消费者合同法》、《消费者合同法》等;针对互联网服务商等的损害赔偿责任进行规定的《规范互联网服务商责任法》等。

[15] 美国在FTC法第5条a项、欧盟在2005不公平商业行为指令第6条、法国消费法典(L121—2条1款)中有相关规定。

[16] 不实证广告指南第3、1。

观点或学术文件。提出期限原则上为收到提交资料通知日开始起算的15天。[17] 通过这样的方式,对产品功能效果的举证责任就很好的转嫁到广告主身上,不但有利于减轻执法机构收集产品功效相关证据的负担、提高工作效率,还有利于提高对产品功效真伪性的辨识度,杜绝对产品功效进行虚假宣传的广告的蔓延。

(3) 对价格表示的规定

如上文所述,价格优惠,是互联网交易区别于传统交易方法的一个显著特点。但同时,经营者为突出自身的价格优势而对产品或服务的价格进行虚假表示,又是互联网广告存在的一个突出问题。尤其在团购网站[18]中,将"平时价格"与"团购价格"进行比较以突出团购价格的优惠,对商品进行宣传是该类型网站上普遍采用的一种宣传方式。日本将这一价格比较广告方式称为"双重价格表示",即,经营者将自身销售的价格与比该价格更高的价格(以下称为"比较对照价格")并列表示的价格表示方式[19]。如果双重价格表示是合理的,有利于帮助消费者作出适当的商品选择并促进同业间的价格竞争。然而,如果网页上标出的"平时价格"事实上为从未有过销售记录的价格或是与实际相异的暧昧价格时,该则广告就有可能构成虚假广告。对广告中的商品价格,我国主要是通过广告法、反不正当竞争法以及价格法进行管理,然而对于比较价格的违法性问题,却无作出明确的判断标准。而日本,针对双重价格表示问题,在2000年颁布价格表示指南中指出,该对比价格应当为"同一商品"在"最近一段时期内"的销售价格。"同一商品"对广告的对象商品的内容作出了限定,禁止了将不同商品的价格进行比较,其中,不同商品也包括因原材料、产地等因素造成的商品差异。如,如果将意大利产皮鞋的价格作为比较对照价格与中国产同款皮鞋的价格进行比较,就有可能构成虚假广告。而"最近一段时期"一般指折扣活动开始时起往前追溯8周的时间。也就是说,只有在折扣活动开始前实际销售业绩超过2个月的商品价格,才可以作为比较对照价格使用。

3. 一元化的执法机构

消费者厅是赠品表示法的执法机关。根据该法第9条第1款的规定,消费者厅拥有入室检查、报告罚款等权利,同时,对违反本法规定进行虚假宣传

[17] 不实证广告第4、2。

[18] 团购是指,通过团购网站集齐一定数量的客户,在一定期间内以价格打折、优惠券或其他优惠的方式对商品或服务进行销售的商业模式。这一互联网交易方式于2008年在日本出现。

[19] 《价格表示指南》第四、1。

的,拥有对当事人执行行政处分(即措施命令)的权限(第6条)。该措施命令,除适用于正在发生的违法行为外,也适用于已经不存在的违法行为,即,既往的违法行为。消费者厅设立之前,特定商品交易法由经济产业省,健康增进法、食品卫生法、JAS法等食品广告相关法规由厚生劳动省负责执行,对广告行为的监管,处于多头分管的状况。为了实现对广告的一体化监管,对迅速有效地采取对应措施,2009年9月设立了消费者厅,将特定商品交易法、健康增进法、食品卫生法、JAS法等法规相继转移给消费者厅,对广告实行统一监管。此外,日本消费者厅在2011年3月公布的《致力于互联网交易过程中消费者的安全、安心问题》中指出,互联网交易过程中的广告问题,由消费者厅对经营者进行监管和提示。这样,实现了对互联网广告的一元化管理。

4. 以广告主为主进行行政规制监管

互联网交易种类繁多,包含利用电子公告板⑳发布的广告、团购广告、成果型网络广告(Affiliate Program)㉑、利用免费增值(Freemium)模式㉒发布的广告以及转运配送广告(Drop Shipping)㉓等不同类型。电子公告板,也称为论坛,除了发布一些公告信息进行交换外,现如今,公告信息的发布者(以下称为“公告人”)通过发布一些旅游信息、美食信息、商品信息等,提供关于上述信息的交换服务的现象也十分普遍。此外,一些博主在其博客上提供的“推荐商品”信息也属于同一类型。上述公告人在公告板上发布的公告和博主在其博客中发布的“推荐商品”信息,实质上是对相关的商品或服务进行的介绍与宣传,也起到广告的作用。而在现实生活中,这些公告人或博主,往往通过与广告主签订合同,在其博客中对商品或服务,以及使用该商品或服务后的感想等进行介绍,并在其博客中附上销售该商品或服务的链接进行广

⑳ 每个用户都可以在上面书写,可发布信息或提出看法。它是一种交互性强,内容丰富而及时的Internet电子信息服务系统,用户在BBS站点上可以获得各种信息服务、发布信息、进行讨论、聊天等等。

㉑ 成果型网络广告是指,博主以及某网站的运营商在其博客或网站上,刊登该博主或运营商以外的人提供的商品或服务的旗帜广告,浏览该网站的人点击旗帜广告等,通过旗帜广告链接到广告主的网页购买广告主的商品或服务,这样,根据事先约定的条件,该运营商就可以从广告主那里取得报酬

㉒ Freemium商业模式指的是,用免费服务吸引用户,然后通过增值服务,将部分免费用户转化为收费用户,实现网站的收入。

㉓ 转运配送的交易方式中,电子交易网站的运营商无需库存或配送销售的商品,而由该商品的制造商或批发商持有库存,并进行配送。当转运配送商店收到客户订单时,转运配送商店就把订单信息发送给商品的制造商或是批发商,商品的制造商或是批发商街道订单后就想订货的消费者发货。

告宣传。如果公告板或博客上发布的广告内容为虚假宣传时，提供商品或服务的经营者无疑违反了赠品表示法的规定，会受到相应的处罚。然而，该虚假广告内容的公告人或提供“推荐商品”信息的博主该承担何种责任，却留下了很大的问题。根据赠品表示法对监管对象的规定，只有对自己提供的商品和服务进行虚假宣传的才可适用该法。因此，如果公告人、博主、甚至是网站运营商在公告板、博客或网站上刊登的旗帜广告中，对商品或服务的内容或交易条件的描述为虚假内容或引人误导的内容，但因为其广告的对象商品或服务不是公告人、博主或网站运营商自己提供是商品或服务，所以不符合赠品表示法中对适用对象的定义，不违反赠品表示法的规定。㉔ 而在特定商品交易法中，也将违法行为人局限于“销售商或服务提供商”。这一点，与中国广告法对广告主、广告经营者和广告发布者一并进行处理的规定呈现出了很大的不同。同样，在成果型网络广告和转运配送方式中，如果经营者对商品或服务的内容或交易条件的描述若为虚假内容或引人误导的内容，则有可能构成虚假广告。然而，如上文的分析中所述，根据日本赠品表示法的规定，因为成果型网络广告和转运配送广告的对象商品或服务不是博主以及网站运营商，所以，依法受到惩处的，是由提供商品或服务的经营者以及转运配送商，而博主以及网站运营商可以免受赠品表示法的处罚。

5. 活跃的行业自律协会

在互联网交易发展之初，日本就纷纷成立了互联网广告的相关协会，包括日本广告审查机构（JARO）、日本通信贩卖协会（JADAMA）和日本互联网广告推进协议会（JIAA）。

日本广告审查机构是在1974年成立的广告自律机关。目前，已有包含广告主、新闻社、出版社、广告经营商等广告关联企业约950家加盟，主要负责与广告相关的消费者投诉的受理和审查，以及推进问题广告主的改善活动等。

日本通信贩卖协会是在1983年成立的监管日本无店铺销售的行业协会，如今，会员数已达到704家。㉕ 日本通信贩卖协会在1999年制定了对以电子网络交易为中心的电子商品交易进行监督管理的自律条例《通信贩卖中

㉔ 但根据日本相关法律的规定，若由于广告内容的违法性十分明显、或广告发布者的重大过失或让人误以为该产品为广告发布者自身经营的产品等情况下，可以根据《规范互联网服务商责任法》或《商法》等相关规定对其追究民事责任。

㉕ 包含正式会员509家、赞助会员195家（截至2013年8月1日）。

电子商品交易指南》,对互联网交易的广告中与广告相关内容的记载义务[26]、对互联网广告中的特殊事项[27]与交易方法相关的标准[28]等内容作出了明确的规定。

日本互联网广告推进协议会是在1995年成立的监管互联网广告的专业行业自律协会。截至目前,已经有包括广告媒体、广告公司、调查公司、网络系统服务公司等在内共159家公司加盟。2000年,日本互联网广告推进协议会制定了《互联网广告伦理纲领》以及《互联网广告标准指南》,对互联网广告的定义、广告内容、责任人以及违法广告的排除等进行了详细的规定,同时对广告进行审查,对未达到广告刊登标准的广告予以禁止。

此外,国民生活中心、消费生活中心、日本消费者协会、日本信息保护协会等,都是与互联网广告相关的行业自律协会。

各行业自律协会除通过颁布一系列的行业自律条例或行业标准,在互联网广告进入市场前进行严格监管外,还通过实施行业内资格认证的方法,对互联网广告市场的准入环节进行严格把关。例如,日本商工会议所的"0nline认证",日本通信贩卖协会的"正式会员"资格认证,日本数据通信协会的"个人信息保护认证",日本信息处理开发协会的"个人隐私认证"等。

各互联网广告相关的行业协会积极活跃,成效显著。根据日本广告审查机构公布的相关数据[29],行业协会审查的不达行业标准的互联网广告件数,2010年为488件,2011年为454件,2012为565件,在关口上对虚假互联网广告进入市场进行了严格把关。这也为消费者厅查处的案件数目相对较少也做了一个侧面解释。

㉖ 如,销售主体方面,必须标明姓名、公司名称、营业地址、真实的联系方式、公司注册证明等;商品或交易条件方面,除赠品表示法和特定商品交易法等相关法规规定的内容外,还必须标明退货条件、附带费用、售后服务的有无及其内容。

㉗ 如,对优越性、最高级、双重表示、类似广告、数值表示、商品的认证规定等。

㉘ 包含免责规定的有效性、与交易相关的电子信息的处理、书面交易义务、对未基于订单而发货情况的处理、商品发货前取消订单的情形、破损或无损或发错货的情形、发货不及时的情形和个人信息保护等。

㉙ 根据日本广告审查机构《平成23年度事业报告》以及《平成24年度事业报告》推算得出

三、对我国的启示

（一）相关立法制度的完善和执法机构的统一

如上文所述，日本目前虽然还没有针对互联网广告的专门法规，但从 1999 年起，先后颁布了一系列法规，从多方面对互联网广告进行监管。除对虚假广告或夸大广告进行严格禁止外，还对互联网广告内容中具体事项的标明义务、个人信息的使用和保护、垃圾邮件广告等进行了明确的规定，建立了相对完善的互联网广告监管体制，并从整体上实现了以消费者厅监管为主，其他监管机关为辅的整合态势。

而我国，虽然一些地方颁布了关于互联网广告监管的地方条例（如，北京市工商局 2001 年发布的《北京市网络广告管理暂行办法》），但国家尚无互联网广告相关的法规，无法将互联网广告与传统广告方式进行区分监管。而针对垃圾邮件、个人信息保护问题，更是无法可依，无从监管。因此，参考日本等先进国家的执法经验，建立和完善互联网广告监管体制具有十分深刻的现实意义。此外，虽然依据《广告法》，工商行政管理机关行使对广告的监管职能，但是国家食品药品监督管理局、信息产业部等也颁布了互联网管理的相关法规，持续着多头管理的状态，这就容易造成权限划分不明确、部门间沟通协作不顺等问题的出现。因此，对互联网广告相关法规进行有效梳理，将互联网广告的监管机关进行整合，实现统一监管，有利于增强执法队伍的专业性和高效性，提高执法能力，对互联网广告进行全面而有效的监管。

（二）对广告内容标准的细化

我国目前虽已建立了对广告监管的大体框架，但对具体的广告内容还缺少明确的标准或指南，不但容易造成执法机构无标准可依模糊执法的后果，也可能使得部分广告主产生利用标准上的漏洞发布模糊广告的侥幸心理。而这一现象，在互联网广告中更为突出。因此，我国除完善互联网广告的相关立法外，还须进一步对具体的广告标准进行细化，参考日本对具体的义务事项、双重价格表示标准、合理依据原则等规定，颁布对具体广告问题的实施细则、标准或指南，从严规范互联网广告的发布及执法工作。

（三）提高经营者的法律意识和自觉性

在不断增长的互联网广告中，经营者作为广告主，通过本公司网站或其他媒体发布广告的形式占大多数。互联网广告中存在的虚假信息的主要来源又大致可分为,来自生产商的虚假信息和来自经营者的虚假信息。前者是生产商为出售自己生产的产品,美化商品信息,将产品推销给经营者或直接出售给消费者;后者是经营者为了出售商品,美化商品信息,将产品推销给消费者。而经营者往往将生产商提供的商品信息直接转载,未对商品信息的客观事实进行调查确认,这样,经营者在无意识和有意识间"帮助"了虚假广告的蔓延,但从另一方面看,经营者也成为抑制虚假广告传播的关键源头。然而,经营者们却存在着法律意识与自觉性并不高的问题。因此,经营者在从厂家获得商品信息的时候,务必要对其广告内容是否有来源于合理的事实依据(如试验结果、证明文件等)进行确认,认真学习并理解相关法规并予以严格遵守,提高法律意识与自觉性,对来自生产商的虚假广告信息予以拒绝,对通过发布虚假信息谋取不法利益的想法予以自制。

(四)加强行业自律

与传统媒体不同,互联网的虚拟性和互联网广告信息容量的无限性[30],使得互联网广告监管存在监管难度大、监管成本高的特点。因此,有效发挥互联网行业的自我约束能力显得尤其重要。如上文所述,日本在相关互联网行政规制中,仅对广告主的责任进行的规定,而未对发布虚假广告的广告发布者或广告经营商作出处罚规定。日本这一特殊做法,与赠品表示法制定之初遭到了倡导言论自由的广告界的强烈反对有很大关联。[31] 尽管如此,日本早在互联网交易的发展之初,就建立了由广告主、广告经营者和广告发布者组成的日本广告审查机构、日本通信贩卖协会和日本互联网广告推进协议会等多个互联网行业相关自律协会,同时,颁布了一系列自制规律和行业标准,并基于上述标准,对协会内成员的互联网广告进行严格监管,对互联网广告的市场进入进行了严格把关,通过几十年的成长与积累,取得了相当可喜的成效,有效地实现了对互联网广告的自我净化。而我国,虽然也已建立了广告自律协会——中国广告协会,却尚未建立对互联网广告进行行业监管的专门自律组织或是自律规范。因此,我国在完善互联网广告监管法规的同时,应加强互联网广告行业协会的建设和发展,制定互联网广告的行业规范,充分发挥互联网广告协会的自律作用并进行行业监管,势将对互联网广告环境

---

[30] 刘林清:《广告法规与管理》,高等教育出版社 2009 年版,第 184—185 页。

[31] 同前注⑨,第 724—725 页。

的净化和有序管理起到积极的促进作用。

四、结　　语

日本早于中国近三十年就颁布了广告监管的相关立法，并在互联网交易发展之初，就先后制定和实施了互联网广告的相关法规、条例和指南，在近四十年的执法过程中取得了一定的成效。与中国相比，日本在对互联网广告的行政规制上，更注重在整体上对监管体制的整合、在细节上对具体广告标准的细化，把握住了宏观，同时也严抓细处。而除了有效利用行政执法机关的执法力量外，积极推进互联网广告相关行业协会的发展也是日本对互联网广告监管的一个突出特色。通过鼓励广告主、广告经营者和广告发布者建立行业自律协会，制定协会标准或指南，让广告主、广告经营者和广告发布者自主实施对同业竞争者的监管，形成互相监督的机制，不仅有利于在协会内对违法广告进行自我清洁，在违法互联网广告流入市场前进行有效过滤，同时还有利于节约执法机关资源，提高对违法行为的查处效率。日本的上述经验，对我国都有积极的借鉴意义。

随着社会经济的快速发展，我国在面临迅速发展的互联网的冲击的同时，更应该及时有效地对互联网交易带来的一系列问题积极应对。尤其，在面对互联网交易的重要环节——互联网广告的监管时，更应当在结合中国的具体国情和实践的基础上，积极学习和参考日本等先进国家的经验，建设和完善有中国特色的互联网广告管理体系。

博士生论坛：财产理论

论康德财产权的理性根据

邬　蕾*

一、引　言

财产权作为一种机制,对它的辩护是政治哲学中的核心问题。财产权涉及政治哲学中两个最为基本的方面。首先,财产权与个体的自由直接相关。其次,它还间接地与社会正义相关。而在所有权理论史上对财产权的辩护都是基于经验原则,而康德从理性根据上对财产权的辩护是非常独特的。相比而言,康德的法哲学著作并未受到如其认知哲学和道德哲学同样的重视。① 然而,康德立足于实践理性从先天的概念出发系统地论证了法律和国家理论,由此康德成为在启蒙思想之后的集大成者,其法哲学的基本观念获得了最为系统的阐述。重回康德的法哲学的基本观念对清理财产权机制具有重要作用。康德以理性原则为基础对财产权作了详密的论证。他规定的实践理性的全部能力,实践理性不仅规定了人的内在自由而且涉及人的任性之共存的一致性的外在自由,由此形成了一个理性的法权概念。在法权概念之下,基于自由的个体的财产权在理性上获得辩护。

康德认为,财产权机制是一种先于国家而存在的法律机制。而国家则是基于对财产权的保护而形成的二级机制。只有在国家存在的前提下,财产权才能从一种临时的权利转变为稳固的权利。财产权不仅仅作为个体自由的基础,而且成为讨论国家存在理由的核心命题。而与霍布斯、洛克和卢梭等政治哲学家不同的是康德拒绝使用经验性范畴(人类学的、历史的)来论证财产权而直接诉诸人类之根本规定的理性概念。他在理性规定的财产权的

---

* 邬蕾,北京大学哲学系博士研究生。本文为北京大学研究生院才斋奖学金课题《财产理论和分配正义——经济法的视角》(CZ201210)的阶段性成果。

① 赫费:《康德:生平、著作和影响》,邓伊倩译,人民出版社 2007 年,第 190 页。

基础上再谈及财产权的经验部分。这就形成了一个独特的并一贯坚持的论证程序,即由分析回溯到根本原则再从原则综合地导向经验运用部分。本文也将采取同一种思路来讨论康德法哲学中的财产权机制。

二、在实践理性能力之下的财产权

康德的道德哲学和法哲学都是建立在对实践能力的详细考察之下的。在检讨了人类理性的认识能力之后,康德进而对人的理性的另外的一种能力,即实践理性能力加以考察。康德从自然赋予人类理性并非用来满足人类的嗜好而是让人类确立道德,从而"唯有一个理性存在者具有按照法则的表象亦即按照原则来行动的能力,或者说具有一个意志。既然为了从法则中引申出行为就需要理性,所以意志无非就是实践理性"。② 所谓实践理性在康德看来,就是人类的意志(Wille)。康德区分了意志(Wille),意愿(Wollen)和任意(Willkuer)。③ 这里的意志是人的欲求能力接受理性规定而形成的自我立法的能力,这就是纯粹的实践理性。它是所有的道德性的根据,其相同的意涵就是人的自由。而意愿是一个泛泛而论的词,它的意涵是凡我的想法、欲望和追求都可以称之为意愿。而任意则不同,任意含有经验性的成分,其本意相当于为所欲为,有专断的意思。显然,康德在处理财产权概念的时候是和人的任意结合在一起讨论的,因为财产权虽然有理性的根据,但是本质上财产是一个经验上的外在之物。也正是立足这一划分,康德在《道德形而上学》这部著作中,立足于人的任意之并存的先天立法条件来界定法权,而从理性对人的意愿加以自我立法来界定道德义务,故而将道德形而上学的讨论对象划分为法权的形而上学初始根据和德性的形而上学初始根据。但是,无论是法权还是德性的根据都奠定在实践理性的基础之上,而纯粹的实践理性就是自由,所以作为法权论之一部分的财产权也奠定在自由的基础之上。

在康德的哲学体系中,自由具有连接理论理性和实践理性的"拱顶石"的作用。④ 而自由概念在康德哲学中具有三个层次。⑤ 在《纯粹理性批判》

② 康德:《道德形而上学奠基》,载《康德全集》(第4卷),中国人民大学出版社2005年,第419页。

③ 邓晓芒:《康德〈道德形而上学奠基〉句读》,人民出版社2012年版,第75页。在李秋零编译的《康德全集》中将Willkuer翻译为"任性",本文为前后概念统一之故,一律译为"任意"而不采用"任性"的译法。

④ 邓晓芒:《康德哲学诸问题》,三联书店2006年版,第124页。

⑤ 同上书,第192页。

中,康德在认知上否定了自由是理论理性的对象,从而提出先验自由的概念(die transzendentale Freiheti)。先验自由的概念一方面否定了自由可以被认识但是从积极意义上确定了,第一,自由是对经验世界(包括感性冲动)的独立性;第二,它意味着自行开始一个因果系列的能力。康德基于后者为道德的存在留下了地盘。从而康德进入到实践哲学来讨论人的实践的自由。而实践的自由包含自由的两个意涵,即自由的任意(der freie Willkuer)和自由意志(der freie Wille)。而康德正是通过自由的任意从先验的自由过渡到人之实践自由,"在实践的理解中的自由就是任意性对于有感性冲动而来的强迫的独立性。因为任意就其(通过感性的动机而)被病理学地刺激起来而言,是感性的;如果它能够成为病理学上被迫的,它就叫做动物性(arbitrium brutum,动物的任意)。人的任性虽然是一种 arbitrium sensitivum(感性的任意),但是不是 brutum(动物的),而是 liberum(自由的),因为感性并不使它的行动成为必然的,相反人身上具有一种独立于感性冲动的强迫而自行规定自己的能力。"⑥所以,自由的任性已经包含了某种实践理性的能力,虽然并不是纯粹的实践理性。不过,正是人类理性具有的自由的任性使得人的行动能够向自由行动转化成为可能。自由意志和自由的任性并不是两个彼此对立的概念,它们共同属于人类的实践能力。区别在于"自由的任意"只是片面的使用理性,使理性为了自己某个目标或利益服务,所以它是受感性经验所影响的,从而并不是彻底意义上自由的;反之,意志自由则完全不受感性条件的制约,它单独直接受到理性的决定,前后一贯的在自己的行为中贯彻理性的诫命,甚至于理性自己就为自己颁布普遍的形式法则(道德法则)从而形成理性的自律。这样一种自我立法的最终成为道德的基石。而道德法则就是每个理性存在者所不能否认的事实,"它不是人任何经验性的事实,而是纯粹理性的唯一事实,纯粹理性借此宣布自己是原始立法的"。⑦

在对人的实践理性能力的两种不同的观察的基础上,康德依据自由的任性和自由意志分化出对人类欲求能力加以规定的两种立法形式。对人类的行为和动机进行立法而言,要么先天的通过纯然的理性,那么通过另一个人的任意来规定的。康德认为,"使一种行为成为义务,同时使这种义务成为动机的立法是伦理学的。而在法则中不连同包括后者,因而也准许另一个与义

---

⑥ 康德:《纯粹理性批判》,邓晓芒译,杨祖陶校,人民出版社 2004 年版,第 434 页。

⑦ 同上书,第 41 页。

务本身的理念不同的动机的立法是法学的”。[8] 从而基于对人之行为的动机之考虑和不考虑而言，就形成两种观察行为的视角点，考虑动机的是伦理学的，而不考虑动机只涉及行为是否符合义务的是法学的。而后者正是立足于人的任意。正是人类行动的特殊性为法学科学的存在提供了理论空间，而这种基于义务而不考虑动机的立法就具有了一种强制性的色彩。从而引申出法权的概念（Recht），“法权是一个人的任意能够在其下按照一个普遍的自由法则与另一方的任意保持一致的那些条件的总和”。[9] 康德的实践理性概念来理解法律的时候，我们获得了两种视角：第一，并不像道德学说中那样完全不涉及经验概念，法权学说涉及行为的外在经验但是也具有先天的理性根据；第二，法权概念并不关心行为主体的内在态度而只是关涉行为在共同生活中的外在自由。所以，康德的法权概念具有理性先天要素的规范性特征，另一个方面法权概念也是经验性的。

法权概念的出现就是基于康德对人之共存的外在条件的观察，也就是作为有理性行动能力的人格基于协同性而共存的概念。故而，财产权概念首先就获得了一个理性共同体协调存在的共同背景，也就是有责任能力的主体自由的协同性背景。故而在人格协同性的名义下，康德反对将法权划分为自然的法权和社会的法权，而必须将其划分为自然的法权和公民的法权，“因为与自然状态相对立的不是社会状态，而是公民状态”。[10] 毋宁说康德的自然状态已经具有了某种社会性质。因为社会状态和公民状态的区别在于，“在社会状态中虽然完全可能存在社会，但是惟独没有公民社会（通过公共法律保障‘我的’和‘你的’的社会），所以自然状态中的法权叫做私人法权”。[11] 故而，财产作为“我的”和“你的”作为临时占有只有在公民状态中才能基于普遍法律机制获得一种稳固的权利特征。而从自由概念出发，人们能够自由地支配他的身体以及财产，这样人就超越了简单的自然界限，并确立了对人与人之间自由的界限加以划定的可能性。

---

⑧ 康德：《道德形而上学》，载《康德全集》（第 6 卷），李秋零译，中国人民大学出版社 2007 年版，第 226 页。

⑨ 同上书，第 238 页。

⑩ 同上书，第 251 页。

⑪ 同上。

三、理性概念下的占有

财产意味着一种权力,一方面财产含有一种只有财产所有者的一种对于属于自己东西的支配权,另一方面还间接包含着一种对于不用有此物的主体的支配权。根据前面的检讨,康德的虽然划分了私法和公法两个法权领域,但是在私法领域中已经包含了一种从理性普遍性视角对自由的外在关系的界定。

基于理性主体在人格协同性的规定,康德将主体的法权支配对象划分为生而具有的"我的"和"你的",也就是内在的"我的"和"你的",而外在的"我的"和"你的"在任何时候都必须是获得的。[12] 而生而具有的法权只有一种,就是人的自由,"自由(对于另一个人的强制性的独立性),就它能够与另一人根据一个普遍法则的自由并存而言,就是这种唯一的、原始的、每个人凭借自己的人性应当具有的法权"。[13] 而基于生而具有的自由,即内在的"我的"和"你的"并不属于占有的领域,即我的肉体和生命是应该排除在财产占有之外的。而能够被划归占有领域的只有外在于我的物品。依据实践理性的基本概念,康德先后从三个方面证明了财产权的理性基础。第一,康德通过实践理性的公设证明了一般意义的财产权是如何可能的;第二,在占有方式上,区分感性的占有和理智的占有;第三,按照纯粹理性的基本范畴来划分财产权的对象。

(一) 实践理性的法权公设

康德对于一般财产权的证明是建立在理性的形式法则基础之上的,他认为一般财产权是合法的。对一般财产权是合法的证明,康德采取了两个步骤。首先,康德证明了一条实践理性的许可法则。其次,证明其反面,即论证了对财产的一般禁令的违法性。而这样的证明方式,前者利用了关于自由的原则;而后者则涉及权利原则。[14] 所谓"实践理性的许可法则",就是指"把我

---

⑫ 康德:《道德形而上学》,载《康德全集》(第6卷),李秋零译,中国人民大学出版社2007年,第246页。

⑬ 同上。

⑭ 张廷国:《康德对财产权和国家的证明》,载《南京社会科学》2002年第10期。

的任意的每一个对象都作为客观上可能的'我的'或'你的'来看待和对待。"[15]对于自由的任意而言,外在对象被任意所拥有是可能的,但是,康德同时指出,如果将这一准则作为法则的话就会导致一个矛盾,即任意的对象就会成为无主之物(res nullius),那么,此准则就是有悖于法权的。在康德的道德哲学中区分了主观的准则和客观的法则,"准则是意欲的主观原则;客观原则(也就是说,当理性对欲求能力有完全的支配力的时候,也会在主观上充当一切理性存在者的实践原则的东西)则是实践的法则"。[16] 如果任意对外在之物无法加以使用,也就同时意味着自由会剥夺在任意对于外在对象的使用,这样的话,在实践上就毁灭了这些对象,就使得这些对象成为无主之物。故而,从形式法则上,实践理性允许任意对于外在之物的运用。相反,如果考虑到外在之物的质料性质,那么,实践理性也不可能对此包含任何的禁令。所以,对于外在之物而言,人具有两种态度,作为实践理性的自我立法为使得外在之物的占有成为合法的;另一方面,任意的自由对于外在之物拥有使用的行动自由。但是,任意的自由以自由意志即纯粹实践理性为前提。就此,康德指出了证明财产权的两个方面的论据。第一个论据指出了对于一般财产权的禁令会导致一个矛盾。第二个论据指出,一种财产之所以是合法的,是因为财产权的存在是因为任意共存的条件是与普遍法则的自由时相容的,故而是与法权的普遍原则相容的。从这个意义上看,康德指出了法律上的占有有别于自然经验上的占有,法律上的占有不是一种对于外物的经验关系,而是一种先天的纯粹关系。故而康德就此引出了一种理智占有的概念。

(二)理智的占有

关于理智的占有和经验性占有是根据康德法权哲学的整体思路加以划分的。其目的在于指出财产权概念背后的理性根据。因为纯粹在物理意义上的据为己有并不意味着任意对外在之物享有一种权利。合法的占有并不能在现象意义上加以认定,因为我虽然并不是实际地在空间和时间条件下占据一种外物的,但是我依然能够宣称某物为我所有。要证明这一点其背后的占有关系一定不是通过经验加以简单确认就可以的。比如,虽然一只苹果并不在我的手中,甚至不在我的视线范围之内,但是我依然有权利主张我对此

---

[15] 康德:《道德形而上学》,载《康德全集》(第6卷),李秋零译,北京:中国人民大学出版社2007年,第253页。

[16] 康德:《道德形而上学奠基》,载《康德全集》(第4卷),李秋零译,北京:中国人民大学出版社2007年,第407页,注释①。

苹果拥有权利。康德认为,所谓一种理智的占有是一种无须持有的占有。[17]康德认为,理智的占有只能从理性存在者的实践理性法则中推导出来,虽然并不具有在时间和空间下经验占有关系,但是依然具有一种理性意义上的实在性。而正是实践理性与外物之间并不依赖时空限制条件的纯然法权关系,才能真正确定外物作为我的财产。

理智占有的概念源于实践理性,但是也只能证明财产的占有也只是一种可能性。不过这一点也获得了一个积极的概念规定,即法律上的所有权概念超越了实体性的经验占有概念而具有一个理性的先天前提。当然,我们同时也应该指出的是无论是经验上的据为己有还是超越时空限制的理智占有都具有一种临时性的特征。

(三)财产权的领域

康德在《纯粹理性批判》中对人的知性能力作出了详尽的演绎,在知识的构成上人通过知性概念和感性能力形成的表象构成知识。康德在实践理性中依然使用在认知理性的分析中所获得的知性概念来构成实践哲学的基本理论架构。财产权作为法权命题依然具有先天综合判断的性质。作为理智世界的自由本体和任意在外在中与外物的关系的现象世界的划分,康德认为作为所有权的也是一个先天综合命题。[18]"我是我的"是一个分析判断,因为属于我自己是可以通过分析我这个概念获得的。但是,当我对于一个外在于我的东西表示"所有"的时候,这种判断则具有一种经验性质,当我说"它是我的"就具有一种后天综合判断的性质。但是单纯经验上的具有并不构成具有的稳靠根据。那么,此处涉及的就是如何证明,我对外在之外宣称所有权的时候保证外在之物既能够扩张我的自由的同时保证这种据有关系是一种必然关系。依据前面所讨论的实践理性的公设,我的意志自由和任意的自由之间的前提关系。故而,对外部对象的占有是一种理性确定的理智关系。

从自由概念出发,康德在对外物和自由之间的关系同样适用了知性范畴。据此,康德根据关系范畴中的依存性与自存性(实体与偶性)、原因性与

---

⑰ 康德:《道德形而上学》,载《康德全集》(第6卷),李秋零译,中国人民大学出版社2007年版,第253页。

⑱ 叶秀山:《康德的法权哲学基础》,载《启蒙与自由:叶秀山论康德》,江苏人民出版社2011年版,第28页。

从属性（原因与结果）和协同性（主动与受动之间的交互作用）⑲将财产权划分为三个不同的领域。根据自由法则的实体性范畴，外在的“我的”和“你的”的对象是一个有形的物品；根据因果性，另一个人作出一个确定的行为的任意（praestatio[担保]）；根据协同性范畴，另一个人与我相关时的状态。⑳这就构成了所有权领域的三个方面，即实物、劳务和状态，并形成基本的法律关系，依次是实物法、合同法和婚姻法、父母权限和主人权限。康德对于孩子和妻子的也说出是占有关系遭到诟病。所以当这三种关系作为外在的我的没有征得我的同意而被另一个人使用的时候就伤害了我的合法的（在法律概念下的）行动自由，就构成了对我合法所有权的侵害。

在对财产这一机制做了论证之后，就涉及如何产生财产的问题。也就是如何从一种单纯的经验性占有中产生出理智的占有来，即法律关系。康德就财产的产生区分出三个契机，即经验性的获取占有、法律上的据为已有何在二者之间起中介作用的关系。对财产权最初的产生，康德认为是从原始的对土地和土地上的东西的共有出发的。但是与格老秀斯和洛克的不同在于，康德的原始占有具有一种思想性的结构。康德并不认为土地是无主之物，而是公共财产，“所有人都原始地（就是说，在任意的一切法权行为之前）处于对土地的合乎法权的占有之中，也就是说，他们有权处于自然或者偶然（无须他们的意志）把他们置于的地方”。㉑ 这就意味着，这种占有无非是说一切人对于有限的地球空间的共同占有。康德认为，无论具体的个人是被偶然地置于肥沃的土地还是贫瘠的土地都无损于一切人共同占有的性质。所以，所有权不是由生存意志造成的而是由权利共同构成的。

但是康德认为，原始财产所有关系仅仅具有临时性的性质，只有在国家建立之后，通过一种公民联合的先天普遍意志，任意对财产的关系才能最终获得法律的保证。

四、财产权与国家

虽然康德在自然状态之中确认了对财产的临时占有关系，但是如果这种占有要具有一种稳固的权利保证则需要建立在普遍意志的共同保证之下。

---

⑲ 康德：《纯粹理性批判》，邓晓芒译，杨祖陶校，人民出版社 2004 年版，第 72—73 页。

⑳ 康德：《道德形而上学》，载《康德全集》（第 6 卷），李秋零译，中国人民大学出版社 2007 年版，第 254 页。

㉑ 同上书，第 271 页。

从这一点上说，财产权归根到底是社会契约加以保证的产物。既然财产权是个体排他性的使用一个外在对象的权利，那么当他主张这样的权利的时候就同时向他者提出了一种尊重此权利的义务。所以财产权只有在一种权利/义务交互作用的关系下才能够具有效力。要保证财产从一种临时性的占有关系而上升为一种稳固的权利就需要集体的普遍意志通过它的权力加以保证。由此推论出财产与国家的一种基本关系，即作为普遍先天意志联合而形成的国家仅仅在于保证所有权，而不是产生和决定所有权。在此而言，财产是第一级的理性机制，而国家是作为二级机制为保证财产关系而设立的。因此，虽然临时的占有关系并不是绝对意义上的占有，但是在国家产生之前已经具备了规范性效力。因此为保卫财产权之故，人民有必要进入公民社会。康德通过这样的一种论述建立了财产权和国家的关系，即国家之存在是财产权存在的必要条件而非充分条件。

康德认为，"只有在公民宪政中，某物才能被永久获得，反之，在自然状态之下，某物虽然也能被获得，但只能是暂时的"。[22] 在财产权与国家的关系中，一方面，财产权受制于公民宪政状态实施的状况；另一方面，国家对于财产权拥有加以保证的义务。从前者看，个体对财产权的要求和主张推动国家走向公民宪政状态；从后者看，财产权概念确认了国家的义务和职能。由此康德将一种私法关系引入到国家的证立之中。

公民宪政状态从现实上看是主观偶然的，也即一个国家事实宪政状态的好坏条件具有历史偶然性。但是同时康德认为，推动这种状态的动力却是必然的。这就将康德的国家学说和一般的契约论者区别开来了。康德虽然也使用了自然状态的概念，但是与霍布斯不同的是自然状态是一种有理性概念背景的非法制状态而不是彻底意义上的"一切人对一切人的战争"的状态。康德将经验要素从国家建立的理由中剔除出去而立足于纯粹理性的实践原则，也就是自然法在康德这里获得了一个理性法则的意涵。所以按照康德理解，社会契约是一种独立于一切经验的先天纯粹实践理性的理念。契约作为理性的理念所确定的是国家存在的理由。而自然状态同样也是一个理性理念，与公民状态的差别在于，自然状态中是一种完全没有国家法律关系存在的共同生活的纯粹理性结构，也就是不存在统治关系的无政府状态。所以自然状态中并非恐怖的战争而是有理性的公正状态，只是这种公正并未受到法

[22] 康德：《道德形而上学》，载《康德全集》(第6卷)，李秋零译，中国人民大学出版社2007年版，第272页。

制关系的保证。所以这种状态中,个体与生俱来的权利(自由)以及通过外在获得的物的所有权缺乏安全感。根据康德界定,“法律是一个人的任意能够在其下按照一个普遍的自由法则与另一方面的任意报纸一致的那些条件的总和”。[23] 而自然状态却是一种缺乏法权的关系,也就是作为通过理性的先天联合所获得的强制权力的需要克服这种无法的状态是理性自己的必然要求。在此康德吸收了卢梭的公意而将其进一步理性化。从而一种法制状态通过普遍化原则的政治秩序的确立而形成了。按照理性原则国家被要求根据一切相关者的共同意志,即“按照一国人民以成熟的理性对自己所作规定”来建构国家的基本政治制度,这样“在这样的外部关系中自身就是义务,甚至是其余一切外在义务的至上形式条件(conditio sine qua non[必要条件])的目的,就是人民在公共的强制性法律之下的法权,这些法律能够为每个人规定‘他的’,并且保障它免受任何他人的侵犯”。[24]

正是康德临时性占有的财产概念推动自然状态通过社会契约的理性理念走向公民宪政状态。所以,财产权概念推动了国家的形成。虽然,这样的公民宪政状态的最终的实现是受到历史的经验条件的限制的。但是,财产概念作为理性推导出来的个人自由的条件,使得国家的存在成为理性上必然的。但是,另一方面,我们也可以通过国家建立的必要性条件,通过财产权反观国家的任务。在康德那里国家是二级的法律机制,它并没有自身的目的,而是要受到一级法律机制的约束。国家的建立是为了保卫在自然状态中形成的“我的”和“你的”这样暂时性的占有关系的永久化。这并不意味着公民状态赋予了自然状态以新的东西,而是无论在自然状态还是在公民状态中,它们都包含了理性概念所规定的内容。因此为国家配备的权力就在于保卫涉及外部的“我的”和“你的”。在国家的三种人格中,立法者在涉及所有权时是不容非议的;最高执政者的执行能力是不可违背的,最高法官的判决是不可变更的。[25] 康德认为国家的福祉就在于自由的法则自己塑造自己和维护自己,而不把国家的福祉理解为公民的安康和幸福。康德认为最好的政府并不是在其中可以生活的多么幸福,而是在其中公民的权利能够得到保证的

---

[23] 康德:《道德形而上学》,载《康德全集》(第 6 卷),李秋零译,中国人民大学出版社 2007 年版,第 238 页。

[24] 康德:《论俗谚:在理论上可能是正确的,但不适合于实践》,载《康德全集》(第 8 卷),李秋零译,中国人民大学出版社 2010 年,第 292 页。

[25] 康德:《道德形而上学》,载《康德全集》(第 6 卷),李秋零译,中国人民大学出版社 2007 年版,第 327 页。

形式。建立在幸福原则上的国家,就把它的公民当做有着不同幸福观的孩子和未成年人加以照看。这样势必导致,“主权者想按照自己的概念使人民幸福而成为独裁者;人民则想坚持人类对自己幸福的普遍要求而成为叛逆者”。[26] 国家建立的最高原理只能是保障每一个人的法权,公民自己的幸福既然是一个不确定的概念,那么,这样的概念就不能为法律给出任何普遍性的原理。康德认为,公共的正义无非就是在法权状态下按照一个普遍立法的意志的理念。按照正义和占有对象的关系,依据可能性、现实性和必然性,就拥有三种正义的形式即保护的正义、交换的正义和分配的正义。基于这种正义原则,康德讨论了国家的公共占有和私人占有之间的关系。康德认为,虽然国家对土地的占有是私人占有的前提条件,但是国家不能对任何一块土地拥有私人法权,这种私有权只能属于个别意义上的人民。所以作为集体意义上的最高统治权威他虽然占有一切东西,但是从私有关系上说,国家不占有任何东西,一切东西都个别地在分配意义上属于人民。

五、结　束　语

通过实践理性的概念,康德将人的自由划分为内在的自由也就是自由意志以及外在的自由即任意的自由。从而在实践理性的概念之下讨论所有权概念属于任意的外在领域。财产权在康德论述中,首先通过理性概念界定了自然状态中已经具备了理性的思想结构特征,从而从本体的自由的理智世界到感性的现象世界之间形成了财产权的作为法权命题依然可以被名之为先天综合命题。基于法权命题,康德分别讨论了财产权的占有形式即理智的占有和感性的占有。而真正使财产权得以确立的是理性概念。因为理性概念支撑了财产权存在的前提下条件,即任意的自由在一个普遍性法则秩序的共存,也就是法律的概念。基于财产权在自然状态下的临时特征,从而使得公民宪政状态成为可能。从这一个意义上说,康德将私法的概念引入到公法之中。相对于财产权,不论是内在“我的”和“你的”——生而具有的自由和生命,以及外在的“我的”和“你的”占有关系,国家都是一个二级法律机制。康德的财产权理论的特色之处在于他立足于纯粹理性概念而排除对财产权与国家的简单经验考察,为财产权的证立提供了一条形式化的理性思路。

---

[26] 康德:《论俗谚:理论上可能是正确的,但不适合于实践》,载《康德全集》(第8卷),李秋零译,中国人民大学出版社2010年版,第306页。

作为人类自由的机制的财产权，康德诉诸的不是经验性的、人类学的或者历史的根据，而是直接诉诸人类的理性。康德通过理性概念为财产权作辩护的同时，推进到国家法领域，从而在哲学上使得私法和公法关系得到一个整体的理解。财产权概念赖以产生的基础不是生存意志而是权利意志。

演进之物

——法学财产概念的西源流变

康　宁*

财产是以“物”为核心并不断演进的法学范畴,财产的概念贯穿整个西方法治的进程。古代希腊罗马时期,财产被初步地解释为感官之物所属于人之后的状态。随着社会生活的变迁以及近代法理论的发展,财产概念的解释获得了多样性,“神授说”“先占说”“劳动说”“自然权利说”“契约说”“法定说”等等不一而足;财产本身也远远超出了人类可感触的“田野、风车、牛马”等静态具体物,转而进入了思维拟制而成的动态抽象物,如债务、股份、专利和版权等。但是,变迁的财产和财产理论均未摆脱其作为“物”的属性和樊篱,财产的概念实际也从未改变以物的开放性为导向的认知基础——正是经历了“物的演进”,财产的概念才成为与现代社会相适应的、属于某主体所有的、具有价值的东西,亦即现代法所强调保障的法益。

一、基于物之物——财产概念之滥觞

古代希腊罗马时期,财产的概念尚未超出有体之物的感识范围。在拉丁语中,“财产”一词被直接表述为“res”,词性为“neuter”(中性词),词义为“物,或者财产”,体现出“财产 = 物”的本质和存在形态。正是这一时期,希腊先哲和罗马法学家围绕财产之物展开了思考和论证,对财产的概念进行了最初的辨析与应用。

希腊先哲开启了探索财产概念的理论先河。苏格拉底、柏拉图和亚里士多德都在事实层面认可有体物为内涵的财产概念,同时也在伦理层面对财产的概念进行了外延上的限定和思考。首先,他们都认为财产本质上是以动产

---

* 康宁,北京大学法学院法律史专业 2011 级博士生。

和不动产为主的有体物。柏拉图和亚里士多德在评价法勒亚“平均财产”制度的时候，对财产的概念有着近乎一致的阐释：“他（法勒亚）所均的仅以地产为限，但人间的资财还有奴隶、牛羊和金钱，以及其他种种所谓动产，人们尽可在这方面致于富饶”①。柏拉图甚至主张财产登记，以便法官对涉及财产的法律诉讼作出判断。与此同时，先哲们还从个体人与团体城邦关系的角度，对财产概念的外延进行了伦理学上的限定。他们几乎达成共识，认为财产应当有助于实现城邦的善。只是，苏格拉底、柏拉图主张以城邦财产限制并吸纳个体财产，以最大“划一”消灭冲突，进而更好地实现财产的价值，并认为公民有关财产的争论从根本上阻碍了财产的增长；亚里士多德则试图划出财产的“边际”，在承认个人财产的基础上促进城邦财产。亚氏一方面从个人财产的角度限制公有财产，认为在个体人组成的社会中，全“公”或全“私”都是有问题的，公产下只有共有财产，人们对共有财产并不关心，也缺乏创造共有财产的热情和动力，这就必然导致公产下的低效率和低生产力，公产下的财产必然是短缺的。另一方面，他又节制私有财产，划出了财产的“边际”：“比较清楚的叙述（界说）应该是‘以足够维持其素朴（节制）而宽裕（自由）的生活’为度。让这两个词联合起来，划出我们应用财富的边际——两者如果分开，宽裕（自由）将不期而流于奢侈，素朴（节制）又将不期而陷于寒酸。人们在处理财富上表现过弱（吝啬）或过强（纵滥）的精神都是不适宜的，这里唯有既素朴而又宽裕，才是合适的品性。”②对此，柏拉图在其晚期作品《法律篇》中也改变《理想国》禁止私产的想法。为了划定私产的界限，柏拉图甚至制定了贫富标准，收入低于贫困线者获得配给，高于贫困线者也不得超过太多。“（人们）超过限度的收入交给国家和国家的神，以此保持好名声，避免所有对他的起诉。”③希腊先哲的财产理论体现在了公元前 594 年雅典政治家梭伦改革的立法中，最终起到了维持社会的稳定的积极作用。

罗马法学家及罗马法的财产概念仍然出自可感识的有体物，但有关财产概念的抽象拟制已经产生并运用到具体制度的层面。就立法指导思想而言，罗马财产理论与职业法学家信奉的自然法观念不无关系。古希腊斯多噶学派的自然法思想经西塞罗传给罗马法学家，并为罗马法哲学及私法所吸收。西塞罗倡导的保护自由公民的权利、建立合乎自然精神的法律秩序等思想，

---

① 〔古希腊〕亚里士多德：《政治学》，吴寿彭译，商务印书馆 1983 年版，第 74 页。

② 前引亚里士多德书，第 63 页。

③ 〔古希腊〕柏拉图：《柏拉图全集》（第三卷），王晓朝译，人民出版社 2003 年版，第 503 页

奠定了抽象财产概念的理论基础。体现在罗马法中，财产仍然是有体物本身，只是作为财产的物获得了权利意义上的“归属”之后，“财产权”随之成立并同样作为法律保护的客体。在此基础上，法学家盖尤士(Gaius)在其《法学阶梯》中区分了有体物和无体物：有体物是以实体存在，并且可以凭人们感官触觉的物，如动产和不动产；无体物则仅指没有实体存在而为人认可的物，如债权、用益权、地役权等权利。④ 换言之，财产的概念已经以拟制的方式进行了扩充，不仅有体物本身是财产，权利也被定义为物并有条件成为财产。值得注意的是，由于财产存在的主要形式仍然是有体物，罗马法的财产概念实际局限于有体物的范畴之中，而受罗马法所保障的无体物财产，仅充当了有体物财产的“例外”——有体之物、感官之物仍是古罗马财产概念的核心。

西罗马帝国灭亡之后的欧洲中世纪时期，财产的概念一方面继受了罗马法，一方面受到基督教神学的影响，出现了“神学的解释”和“世俗的解释”两大分流。“神学的解释”即《旧约全书·诗篇》第115节所说：“天，是耶和华的天；地，他却给了世人。”⑤此时，财产或者被诠释为教会神学体系的一部分，是教徒修行的媒介之一，或者被解释为君权神授的理论依据，为封建权力体系保驾护航。17世纪，英国保皇派绅士罗伯特·菲尔麦的著作《父权制或国王的自然权利》，就对君权神授论作了极其充分的表述。在他看来，君主可以占有臣民的财产并驱使他们的身心，因为是上帝赋予君主绝对权力的，而臣民只能服从这种至高无上的政治权力。相比之下，同一时期的“世俗解释”，则不仅沿袭了罗马法上的财产概念，更接受了日耳曼法“团体财产”、“分层财产”等新理念的改造——某一财产可能基于血缘关系和人身依附的关系，次生若干互不矛盾的权利并同样成为抽象物之财产。日耳曼地产及其之上并存的各种占有权就是最好的例证。中世纪的多样性解释为近代财产概念的深化讨论奠定了根基。

二、基于权利之物——财产概念之推衍

近代古典自然法学者在“权利”体系之上推衍了财产概念。他们的表述各个不同，但总体逻辑十分明确，即如果物是财产，那么因物而生的“权利”也一定是财产。这样，古典自然法学发展了古代和中世纪世俗解释之下的有

④ 参见〔古罗马〕盖尤斯：《法学阶梯》，黄风译，中国政法大学出版社1996年版。

⑤ 《旧约全书·诗篇》，转引自易继明：《财产权及其哲学基础》，载《政法论坛》2000年第3期，第11页。

体物财产观,为财产的概念注入了权利的范畴。此时,财产之物已经突破了有形物和无形物的分界,“权利”本身的财产属性已是毋庸争辩的事实。正因如此,这一时期的财产概念成为反对封建神学世界观、促进近代国家理念形成的助推力。

早期自然法思想家胡果·格劳修斯和塞缪尔·普芬道夫的财产概念,标志着罗马法上的财产之物也开始了正式“权利化”的进程。为了驳斥了神学财产概念的“神授财产说”,格劳修斯和普芬道夫均提出了财产概念的“契约同意说”。他们几乎一致认为,财产是人类为了生存和自我保护而利用外物的结果。为此,他们还区分了私有财产和公有财产,认为自然状态的物就是公有财产,人们在公有财产的基础上通过明确的协议或者默示的同意进行分割,也就确立了私有财产。⑥ 普芬道夫认为,“(自然状态下)这些物品被认为是由上帝无差别地恩赐给人类中的每一个,它们并不特别地属于这个人而不是另一个人。”⑦为此,财产“是人们应该根据人类的条件以及为保持和平、安宁和好秩序的需要而对自然物品进行安排。”⑧亦即在人们能够区分“你的”与“我的”财产之前,首先必须订立契约以确立财产权利并到他人的认可。可见,早期自然法学者的财产概念已经在物的基础上吸纳了权利要素。

继早期自然法学家之后,约翰·洛克将“物上权利”学说系统运用于财产理论,近代财产概念的经典理论应运而生。洛克的财产概念体系明朗,既指个人拥有的“物之财产”(possessions),包括地产(estates)、财富(fortunes)和物品(goods),还包括广义上的“权利之财产”(property,又称所有权)。后者实际就是财产的扩大化解释,它以可感的“物”为基础,以人的对物“劳动”为纽带,是串联健康、生命、自由等权利的总和。洛克首先论证了财产来源,认为财产的本质是添加了人类劳动的自然物。一方面,他借助自然状态和契约理论肯定了财产之物的自然性和先天性,强调人与人的平等之下的自然物“共有”,以个体生命、自由和财产的不可侵犯性反驳了菲尔麦等人的“王位世袭”和“君权神授”观念。他说,“人们既然都是平等和独立的,任何人都不得分割他人的生命、健康、自由和财产。”⑨“土地上所有自然生产的果实和它

⑥ 王铁雄:《美国财产法的自然法基础》,辽宁大学出版社2007年版,第23页。又参见〔荷〕格劳修斯:《战争与和平法》,〔美〕坎贝尔英译,何勤华等汉译,上海人民出版社2013年版。

⑦ 〔德〕Pufendorf, *On the Duty of Man and Citizen*. ed. by James Tully. 中国政法大学出版社2003年影印版,第84页。

⑧ 前引Pufendorf书,第85页。

⑨ 〔英〕洛克:《政府论(下篇)》,叶启芳、瞿菊农译,商务印书馆1996年版,第6页。

所养活的兽类,既是自然自发地生产的,就都归人类所共有,而没有人对于这种处在自然状态的东西具有排斥其余人类的私人所有权。”⑩另一方面,洛克提出“劳动取得财产”反对普芬道夫的“同意说”,认为如果这样的“同意”是必要的话,那么,“人类早已饿死了”。“劳动”才是自然物脱离自然状态、排除他人权利的过程,也是私有财产产生的过程。正是“我的劳动使它们(自然物)脱离原来所处的共同状态,确定了我对于它们的财产权。”⑪“土地和一切低等动物为一切人所共有,但是每人对他自己的人身享有一种所有权,除他之外任何人都没有这种权利。他的身体所从事的劳动和他的双手所进行的工作,我们可以说,是正当地属于他的。所以,只要他使任何东西脱离自然所提供的和那个东西所处的状态,他就已经掺进他的劳动,在这上面参加他自己所有的某些东西,因而使它成为他的财产。”⑫在此基础上,洛克顺势提出了财产不被侵犯、国家和政府应服务于财产保护的基本宪政命题。既然健康、生命与自由等财产都是人所固有的,不依赖于社会或国家的承认和授予,那么承认这种财产权就意味着统治者的权力要从根本上受到限制。洛克甚至认为,是否承认和保护财产,是区别政治权力与专制权力的关键。这样,洛克以物为基础、以劳动为媒介的财产概念把一切物和权利化约为财产,使财产不仅成为个人权利的象征,而且成为个人权利与政府权力的界限。洛克的财产概念在倡扬权利和反对专制的过程中具有了积极的宪政意义。

在洛克财产理论的基础上,雅克·卢梭对财产概念的权利体系进行了深化。在逻辑起点上,卢梭以社会契约和公意修正了洛克的天赋财产观。卢梭认可洛克的“天赋权利说”和“劳动所得说”等财产理论,但他认为洛克的学说都还仅停留在事实状态的描述层面。卢梭悲观地认为,物的先天性和自然性实际为人不平等地占有财产创造了条件,劳动以及公民社会的出现不必然形成财产。法律制度也都不过是使不平等财产状况得以确定和保护的手段。⑬ 对此,卢梭以社会契约和公意充当财产成立的必要条件。他认为,唯以全体人民的共同意志为基础,财产本身才能将属于事实状态的“占有”合理的转化为“权利”,财产才能最终确立。⑭ 也正是公意的存在,才使原有的

---

⑩ 前引洛克书,第18页。

⑪ 前引洛克书,第20页。

⑫ 前引洛克书,第19页。

⑬ 〔法〕卢梭:《论人类社会不平等的根源》,李常山译,商务印书馆1997年版,第120—129页。

⑭ 〔法〕卢梭:《社会契约论》,何兆武译,商务印书馆2005年版,第30—40页。

财产占有被社会认可,从而具有了正当性。由此可见,卢梭的财产理论奠基于“社会契约”和“共同利益”之上,为财产的范围、种类和运行规则注入了“公意”的新内涵。

德国哲学家弗里德里希 · 黑格尔对自然法学家们的财产概念进行了精神意志的层面补充。黑格尔的财产概念并不拘泥于实体物,而更加着眼于人的自由意志本身。他认为,财产是自由的最初“定在”——人为了作为理念而存在,必须给它的自由以外部的领域,这一外部领域就是财产。“人有权把他的意志体现在任何物中,因而使该物成为我的东西;人具有这种权利作为他的实体性的目的,因为物在自身中不具有这种目的,而是从我意志中获得它的规定和灵魂的。这就是人对一切物据为己有的绝对权利。”⑮反之,人也只有在与外部的某件东西发生财产关系时才成为真正的自我。这样,黑格尔笔下的财产不仅是人类自由的最初载体,而且成为人自身实践的终极目标。从这个角度出发,财产具有了超脱于物质世界的永恒性与合理性。黑格尔财产概念的意志性和超然性实际上为 19 世纪以后的财产纯粹权利形态暗藏了伏笔。

近代思想家的财产概念直接体现为大陆法系和英美法系的具体财产制度。大陆法系颇为严格的遵照罗马法财产概念的基本架构,形成了一套具体物财产和抽象权利拟制规则,使得任何具体的物和权利均可纳入财产范畴的框架之内。1804 年《法国民法典》第 516 条规定:“财产或为动产,或为不动产。”第 529 条规定:“以请求偿还到期款项或动产之目的之债权及诉权,金融商业或产业公司的股份及持份……均依法律规定为动产。”与此同时,1900 年《德国民法典》第 90 条、1890 年《日本民法典》第 85 条都坚持了“物为有体物”的观点,1912 年《瑞士民法典》第 655 条明确规定某些权利也可以成为所有权的客体。类似的情况适用于在英国普通法形成时期,财产也被分为动产和不动产,并表现为诉讼程序上的差异。然而,社会进步不断撼动着物的边界,使得财产权利的取得方式及其分类不断松动,两大法系的“财产”一词也具有了越发宽泛的意义。尤其在普通法系正式形成之后,英美国家即给予了抽象物更多的关注,认为权利本身是实际利益的当然体现,在法律上理应独立成为财产并享受充分保护。然而,无论大陆法系的权利拟制还是英美法系的抽象物,实际都仍然坚持了“物”的基本出发点,进而为财产概念的推衍提供着不断广阔的制度空间。

---

⑮ 〔德〕黑格尔:《法哲学原理》,范扬、张企泰译,商务印书馆 1961 年版,第 59 页。

三、基于责任之物——财产概念之集成

19 世纪以来,西方经济社会的发展致使新型法律关系大量涌现,而数个世纪以来的物之演进历程,为现代财产的膨胀趋势提供了天然的传统支持。表面上看,“财产 = 物”的概念似乎已被封存,但财产之物的可拟制性和可抽象性仍在法律思维的层面操控着财产。因此,尽管财产本身早已超越了古典财产理论中的物和物上权利,尽管新型物、单一权利甚至“权利束”也被顺利吸纳成为财产——财产的概念仍然体现着物之演进的基本态势。⑯

正是物本身的认知开放性,带来了现代财产概念“气吞山河”的迅速膨胀趋势。现代社会实践中,不仅股票、债券等有价证券作为新型物大量出现并成为财产,以权利形态而存在的商业信誉、知识产权、就业机会、营业执照、政治特许等也都被划入财产范畴。⑰ 大陆法系、英美法系各国有关财产的立法虽各具特色,但都基本反映了这一发展趋势。对此,美国法学家霍费尔德的新型财产理论颇具代表性。他的私有财产概念是彻底非物质化的,常常不加区别地用来表示有货币价值的所有权客体,同时也指人们对物的权利。他反对把财产等同于物或者支配物的权利,认为这是旧的财产观念。他认为,不管有没有“有形物”作为权利的对象,财产都是存在的。拥有财产的所有者具有一系列的权利、特权、权力和豁免,而其他个体相对所有者来说,就是无权利、无能力,只有义务和责任。⑱ 比如,土地所有者的财产实际上是由相对于其他人的一系列权利、特权、权力和豁免的复杂的集合所构成,所有者可以出让一部分对土地的权利,但这不会影响其余财产关系的集合。可见,霍费尔德的财产概念实际是各种权利的“叠加品”。

---

⑯ 19 世纪 20 到 30 年代,法现实主义者将财产权视为一系列独立权利组成的“财产束”。但对于财产束的组成,却有不同的见解。有学者认为,财产束是由一系列诸如排他权、使用权、转让权、和对某些资源的继承权等功能性属性的结合(Felix S. Cohen, Dialogue on Private Property. Rutgers Law Review, 1954, 9:357)。也有学者持相反观点,认为财产束本身并无实际意义,仅仅是一些权利的聚合,就如同将主体在社会中所持的杂乱的(权利)份额放入一个信封,并赋予该信封一个统一术语(Walton H. Hamilton and Irene Till, Property in Encyclopedia of the Social Sciences. Edward in R. A. Seligman ed, 1934:528). 转引自喜佳:《英美财产理论对我国财产权重构的启示》,载《西安交通大学学报(哲学社会科学版)》2009 年第 4 期,第 79 页。

⑰ 吴汉东:《无形财产权的若干理论问题》,载《法学研究》1997 年第 4 期,第 91 页。

⑱ Wesley Newcomb Hohfeld, *Fundamental Legal Conceptions As Applied in Judicial Reasoning and Other Legal Essays*, ed. Walter Wheeler Cook, New Haven: Yale University Press, 1923. p63.

然而,财产的膨胀反而成为消解自身的“利器”。[19] 尽管霍费尔德的纯粹权利型财产备受推崇,但在其影响之下的财产概念本身却不断模糊,进而产生了必须面对的理论和司法难题。霍费尔德也注意到这一问题,他试图设定财产范围的“最低限度”。但是,正如美国法学家肯尼斯·万德威尔德所说,“一旦财产被认为包含任何潜在的有价值利益,那么就没有逻辑上的停顿点了。财产可能包含所有的法律关系。”[20]如此,不仅财产的概念本身将消解在这一无限扩大的趋势之中,且“随着被当做财产来保护的利益越来越多,就很难说各种财产都应受同等的保护了”。财产概念的“集成”潜藏着自身消亡的危机。

拯救财产概念的危机仍然诉诸于“物”。法学家和法律工作者以“物的拟制”反制“物的拟制”,“旧瓶装新酒”地用“责任意识”重新解释纷繁的财产体系,试图对财产理论的膨胀实施调控。其中,责任基础上的“再分配”就是理论上解决财产平等保护问题的一剂良药。政治哲学家罗尔斯敏锐地察觉到了财产的差别保护问题,并提出以正义原则来处理事实中的财产不平等。他认为,财产问题经过了几代人的争取和斗争,现今已经成为不争的基本权利共识,并日益获得更充分的保障,只是,财产占有的现实不平等可以通过“分配”的途径获得解决。“所有社会的基本善——自由和机会、收入和财富、自尊的基础——都要平等地分配,除非对其中的一种价值或所有价值的一种不平等分配合乎每一个人的利益。”[21]庞德的社会控制学说也从社会责任意识的角度讨论了财产分配的问题。他根据自己的社会法学研究纲领、价值原则和社会控制理论,认为合理的财产理论应当是利益及其再分配的理论,而不再是一味强调权利。庞德认为,20 世纪的法律应该更多地考虑人们的利益、目的和要求,并协调或调和各种关系,且国家、社会和个人都要对自身的财产承担相应责任。[22]

责任意识之下的司法实践活动也成为约束财产膨胀的“马勒”。美国大法官霍姆斯在“国际新闻社诉美联社”一案中认为,“财产其实就是法律所赋予的、对他人干预的排除……”[23]可见,为了增强财产概念的可操作性,霍姆

---

[19] 〔美〕托马斯·C. 格雷:《论财产权的解体》,高新译,草木校,载《社会经济体制比较研究》1994 年第 5 期,第 21 页。

[20] 〔美〕肯尼斯·万德威尔德:《十九世纪的新财产:现代财产概念的发展》,王战强译自《布法罗法学评论》1980 年第 29 期,载《社会经济体制比较研究》1995 年第 1 期,第 39 页。

[21] 〔美〕罗尔斯:《正义论》,何怀宏等译,中国社会科学出版社 1988 年版,第 265 页。

[22] 参见〔美〕罗斯科·庞德:《通过法律的社会控制》,沈宗灵译,商务印书馆 2010 年版。

[23] 前引肯尼斯·万德威尔德书,第 40 页。

斯大法官将利益本身的存在仅仅视为法定财产的条件之一,除此之外,决定财产意涵的是法律的规定、政策的执行,以及以法律和政策为基础的社会公共责任。他着力于排除非财产的法律关系,实际仍然在物的解释和认知范畴之内。就效果而言,改造之后的财产不仅强调了社会责任的决定性,还最终为膨胀的财产加注了"理智"。"责任"财产概念形成的过程,实质是财产之"物"本身反思与回归的过程。而这种反思与回归,势必与既有的财产理论与实践熔为一炉,使现代财产概念通古今而"集成"。

四、结 论

"质本物来追物去",法学财产概念的西源流变体现着"物之演进"的基本历程。不可否认,从古希腊到近现代,财产的概念经历着被创造的过程,而其自身也体现出不断革新的部分。可以看出,演进中的"财产之物",奠基于古代希腊罗马的感官辨析、借力于近代权利学说的洗礼、最终发展为现代社会多元化财产理论的进程,实际已被结实地卷入了西方政治哲学由古典自由主义向近代福利国家转变的总体趋势。但是,无论承担主动革新的推力还是充当被动改进的客体,财产的概念始终没有摆脱其"质本为物"的认识基础,或者,至少在逻辑出发点上,"财产 = 物"的思维方式仍是贯穿整个概念演进的"红线"。正因如此,即使在经历了工业化、信息化时代的今天,洛克等人的财产理念早已作古,我们却不得不援引他们以开放性拟制撼动财产边界、进而阐释新型财产概念的思路。也是得力于此,法学财产体系能够适时以自身的调试应对外界的挑战,保持鲜活的生命力。

《土地管理法》的修改与集体土地财产价值的实现

——以集体土地处分行为规制规则供给为对象

杨青贵*

一、疑问：作为集体财产的集体土地能否被处分？

笔者在重庆市某区A村调研时发现，该村于2008年左右将相邻的B村“吸收合并”。合并后，按照村内原有村民小组之间的相邻关系，采取原村民小组范围和承包经营权人均不变的原则，根据人口和土地规模，直接将两村原有12个村民小组分别组合成7个。整合后7个村民小组的集体土地是采取加总的办法，将被整合在一起的原村民小组的集体土地简单相加。笔者在调研同一时期其他“并村”案例的时候发现这成为处理集体土地所有权的普遍做法。

在集体土地所有权主体限定及《物权法》确认集体土地所有权属性的背景下①，集体土地是农民集体最重要财产。无论A村与B村以何种形式发生合并或分离，甚至解体，都会涉及作为农民集体重要财产的集体土地的处理问题。当然，由于地方公权力和“乡土规则”在集体土地纠纷处理中的重要“存在”，加之双层经营体制下农民重视个人集体土地用益物权而不关心集体财产，以及作为所有权主体的“农民集体”虚化，因此并村等实践中有关集体土地所有权的纠纷并未明显化和普遍化。尽管如此，这种做法是否符合集体土地所有权法律制度规定？尤其是在全国已基本完成集体土地所有权确

---

* 杨青贵，西南政法大学2011级经济法专业博士研究生，西南政法大学中国农村经济法制创新研究中心研究人员，西南政法大学中国市场经济法治研究中心专职人员。

① 尽管《物权法》并未明确规定集体土地所有权属于所有权，也未明确规定集体土地所有权内容，但从该法在结构上将其置于所有权一编并于国家所有权、私有所有权并列来看，若无其他排除性规定，理应认定集体土地所有权属于《物权法》上的所有权、物权理论中的所有权。

权办证的情况下,集体土地所有权主体之间乃至集体土地所有权主体与国有土地所有权主体之间变动集体土地所有权的行为应当采取何种理论解释?部分地方政府未采取征收方式而将城市郊区集体成员全部转为城镇居民,使其在法律上丧失集体土地所有权主体成员资格,如何理解?笔者试图以集体土地所有权的物权属性为逻辑起点,从对集体土地处分行为考辨和理论回应中探寻答案,促进集体土地所有权利益公平"分配结果"的实现。

二、集体土地处分行为的语词选择与合法性

集体土地处分行为是集体土地所有权主体依法处分集体土地所有权的法律行为。处分权是集体土地处分行为的权源。虽然"处分"一词往往被学者与"出让""转移""转让"等词混用,但这些词汇在相关正式文本中的使用却差异较大。[②] 除此之外,"处分"不仅更符合物权法有关"处分权"的描述,而且具有很强的内涵包容性,可在很大程度上包括"出让""转移""转让"等词所体现的主体行为方式。目前,"处分"已成为农村集体资产管理等正式文本中相关用词频率最高的词汇。据笔者对相关文本"使用频次"统计[③],"处分"为 10 次,"处置"为 5 次,"出让"为 0 次,"转让"为 3 次,"转移"为 0 次,"调换"为 1 次,"变更"为 3 次。

尽管《宪法》确立了集体土地所有权,并禁止任何组织或者个人侵占、买卖或者以其他形式非法转让集体土地所有权。按照体系解释原理,"援引性规范"可成为集体土地处分行为的法律依据。既是仅从这一规定的修改历程看,立法者也不断放宽集体土地所有权权能的限制,丰富集体土地所有权的

---

② "出让"主要适用于国有建设用地有偿使用制度,是建设单位取得国有建设用地使用权的有效方式。参见《土地管理法》第 54 条;"转移"往往指一方主体依法律或约定,将标的物的所有权转让给另一方主体的行为,着重强调所有权变动的客观效果;"转让"则更多地体现为国有建设用地、农村集体土地等所有权人或用益物权人依法通过买卖、赠与或者其他合法方式,将其享有的所有权或用益物权转移给他人的行为,强调对价性。参见《房地产管理法》第 36 条、《土地管理法》第 54 条和第 63 条、《农村土地承包法》第 32 条、《农村土地承包经营权流转管理办法》第 35 条。

③ 《浙江省村经济合作社组织条例》第 27 条;《湖北省农村集体资产管理条例》第 8 条、第 18 条;《湖北省农村集体经济组织管理办法》第 8 条、第 19 条;《广东省农村集体资产管理条例》第 19 条;《辽宁省农村集体资产条例》第 16 条;《甘肃省农村集体资产管理条例》第 11 条;《河北省农村集体资产管理条例》第 4 条、第 9 条;《江苏省农村集体资产管理办法》第 4 条、第 20 条;《山东省农村集体资产管理条例》第 18 条;《重庆市农村集体资产管理条例》第 21 条;《陕西省农村集体资产管理条例》第 19 条;《四川省农村集体资产管理办法》第 7 条、第 10 条;《安徽省农村集体资金资产资源管理若干规定(试行)》第 5 条。

物权属性。④ 然而，由于集体土地所有权性质模糊以及集体土地处分权能缺乏必要的制度供给，以致集体土地所有权的处分权能残缺成为学界和实务工作者的普遍认识。《土地管理法》第 12 条实质上赋予享有集体“土地权属”的农民集体依法通过登记“改变土地权属”和“用途”的权利。例如：相邻农民集体之间为了方便生产和生活，自愿地适当调换土地，但须报经县级以上人民政府审查批准；对于部分历史遗留问题，如目前双方仍愿意继续调换土地的，可在补办批准手续后，办理土地所有权变更登记。⑤ 直到《物权法》在结构上将“集体土地所有权”列为“所有权”，集体土地所有权所具有的传统意义上的所有权属性才得以肯定。

根据《物权法》第 39 条，所有权人（农民集体）依法对自己的不动产（集体土地）享有处分权。集体土地所有权的“私权属性”决定了集体土地处分行为须以“意思自治”为基础；农民集体享有依法处分或不处分集体土地所有权的自由。此后，2010 年修改后的《村民委员会组织法》间接规定，经“村民会议讨论决定”，农民集体可“以借贷、租赁或者其他方式处分”村集体土地。⑥

在遵循“上位法”相关规定的前提下，许多地方同样就集体土地处分行为作了较为具体的规定。笔者对相关地方文件考察发现⑦，有 12 部明确规定“集体土地”属于“集体资产”；有 10 部明确规定“集体资产”可处分（包括处置、转移、转让），2 部虽未明确但也包含了处分内容；尤其是陕西、四川、安徽 3 省地方性文件规定，农村集体经济组织可依法享有“处分”本组织集体资产的权利，并规定了行为规则。上述地方性规定实则是在遵循“上位法”禁止性规定以及现行法律政策精神的前提下，更为直接地认可了集体土地处分行为的效力。

---

④ 1988 年《宪法修正案》删除了宪法第 10 条第 4 款关于任何组织或者个人不得“出租”土地的规定。

⑤ 参见《国家土地管理局对浙江省土地管理局关于村与村之间调换土地有关问题的请示的答复》（1996 国土第 71 号）。

⑥ 考虑到村集体资产包括村集体所有的土地，而且“经村民会议讨论决定”与“村农民集体决定”有同等效力。可见，《村民委员会组织法》第 24 条仍遵循了《物权法》有关集体土地所有权的规定。

⑦ 分别为：《浙江省村经济合作社组织条例》《湖北省农村集体资产管理条例》《湖北省农村集体经济组织管理办法》《广东省农村集体资产管理条例》《辽宁省农村集体资产条例》《甘肃省农村集体资产管理条例》《河北省农村集体资产管理条例》《江苏省农村集体资产管理办法》《山东省农村集体资产管理条例》《重庆市农村集体资产管理条例》《陕西省农村集体资产管理条例》《四川省农村集体资产管理办法》《安徽省农村集体资金资产资源管理若干规定（试行）》。

三、集体土地处分行为法律规制的正当性

任何所有权并非是纯粹以获取财产转让收入为目标的“自由所有权”，往往受到国家基于特定目的而对所有权行使、转让所作的限制。[8] 对所有权绝对性加以限制的思想渊源于社会法学思潮。民法理论逐渐认同所有权并非完全绝对的理论。[9] 所有权往往“负有一定义务、受到社会公益限制并由国家法律进行干预的强调社会利用的权利”。[10] 尽管我国的集体土地所有权具有与西方法律发展中的“所有权社会化”不同的理论背景[11]，但集体土地作为农民集体最重要资产所具有的财产属性意味着其“社会责任”或类似于“社会保障”职能担当的应然性。

集体土地所有权的“社会责任”根源于集体土地的资源稀缺性及其向集体成员乃至社会承担适度供给公共产品的“义务”。目前，集体土地的资源稀缺型及其对社会的重要性使得集体土地所有权所指向的法益已扩展至集体、社会层次。就集体利益而言，集体成员生存权的保障以及集体权益的维护是集体土地处分行为应当负有的责任。尤其是20世纪80年代以降，集体土地保障功能的实现模式已从集体供给转向农户自主供给为主。但集体土地所有权应有的收益却伴随农业税、“三提五统”废止而几乎完全流向用益物权人、政府等主体。在承包经营权长久不变政策的影响下，农民集体及集体其他成员（如：无地农民、少地农民等弱势群体）几乎丧失了通过集体土地所有权参与土地收益分配的可能。就特定社会公共产品供给而言，具有稀缺性的集体土地属于社会公共资源，应当承担适度供给特定社会公共产品的责任。但在国家切实保护“真正对土地作出了投入使其产生出实益的利用者”（集体成员）的背景下[12]，如何实现公共责任则同样制约着集体土地处分行

---

⑧ 参见〔美〕克里斯特曼：《财产的神话：走向平等主义的所有权理论》，张绍宗译，广西师范大学出版社2004年版，第49—52页。

⑨ 马俊驹、江海波：《论私人所有权自由与所有权社会化》，载《法学》2004年第5期。

⑩ 参见王申义：《论物权的社会化》，载《法学评论》1999年第1期。

⑪ 这是因为我国对集体土地所有权的限制已远远超过西方法律发展中“所有权社会化”理论所谈到的所有权，而且两者产生的背景基础与社会功能有很大的差异。西方私人土地所有权大多是历史演变的结果，是“天赋人权”，国家对其所作的限制是后天制度的安排；而我国对集体土地所有权的限制是基于这种权利本源上是国家通过政治力量赋予农民集体的，其权能的缺失是与生俱来的，是无法改变的。参见王卫国、王广华：《中国土地权利的法制建设》，中国政法大学出版社2002年版，第40页。

⑫ 参见杜颖：《日本的近现代土地所有权理论》，载《中外法学》1997年第3期。

为。在现代文明社会,集体土地所有权"社会责任"的承担和履行需要立法者及时供给制度;通过系统、科学、完善的法律制度,引导公权力有效规制集体土地所有权实现行为。

四、集体土地处分行为规制的实践证成

集体土地有限处分行为规制制度变迁遵循了"完全处分"——"政策限制"——"法律限制"的历史轨迹。在前集体化时期(新中国成立后至 1956 年),农民土地享有较为充分的私有土地处分权。在这一时期,国家主导了土地的"原初配置",大致架构了农民所有、国家所有、乡人民政府管理但未确定权属的土地权属格局,并经《共同纲领》《土地改革法》《宪法》(1954 年)确认而具有法律效力。国家依法保护农民的处分等土地所有权。为避免土地买卖以及过渡集中等问题,中央通过《中共中央关于农业生产互助合作的决议(草案)》《中国共产党中央委员会关于农业生产互助合作的决议》等文件以及毛泽东关于《关于农业合作化问题》的报告推动农民合作化。但农民仍可自愿决定是否带土地入社并能在退社时拿回土地。足见农民土地所有权的传统物权属性。

1956 年后,中央鉴于农业社会主义改造后农民出卖或出租土地等问题,认为已基本具备动摇私有制基础的条件。[13] 在"大冒进"的狂热浪潮下,1956 年便迎来大规模的高级农业生产合作社建设的高潮。同年,全国人大颁布的《高级农业生产合作社示范章程》(简称《高级社章程》),成为以土地换"社员"身份的方式剥夺农民土地所有权的合法性依据。[14] 由于农民进入高级社后原则上不再分取土地报酬,这就使得其原有土地无偿变成"集体所有"。尽管该章程仍规定以农民自愿为前提,农民原则上有权决定是否"无偿"将土地处分给集体,以换取集体福利,但在当时"大冒进"的狂热浪潮以及"走资"风险之下,该规定的实际意义值得商榷。1957 年加入高级社的农户已达农户总数的 96.2% [15],集体土地所有权在全国范围内基本形成,高级

---

⑬ 参见杜润生:《杜润生自述:中国农村体制变革重大决策纪实》,人民出版社 2005 年版,第 26 页以下。

⑭ 参见《高级农业生产合作社示范章程》第 13 条、第 16 条第 2 款。此外,社员的宅基地,包括有建筑物和没有建筑物的空白宅基地,都归生产队集体所有,一律不准出租和买卖。参见《中共中央关于各地对社员宅基地问题作一些补充规定的通知》。

⑮ 《当代中国的农业合作制》编辑室:《当代中国典型农业合作社史选编》(上),中国农业出版社 2002 年版,第 108 页以下。

社成为集体土地的事实主体。后来,《中共中央关于在农村建立人民公社问题的决议》强调对人民公社“优化组合”中“并社”所涉及的土地所有权问题,强调“以共产主义的精神去教育干部和群众”,“不要采取算细账、找平补齐的办法”。[16] 这事实上剥夺了集体土地所有者对集体土地的处分等权利,显然与1954年《宪法》、《高级社章程》不符。《关于人民公社的十八个问题》则确立了以生产队所有制为基础的公社、生产大队、生产队三级所有的所有制格局。

人民公社体制下“公有公用”模式忽视人本性、经济效益低等弊端,在很大程度上助力小岗村“大包干”的实践绩效及其在各地的普遍推广,集体土地经营的“公有私用”模式逐步成型。在此背景下,1982年《宪法》采取了彭真等人主张,保留集体土地所有权[17],禁止任何组织或者个人侵占、买卖、出租或者以其他形式非法转让土地。随着《中共中央、国务院关于实行政社分开建立乡政府的通知》实现人民公社政社分离,乡(镇)、村、组三级所有的集体土地所有权格局形成。此后颁布的《民法通则》《土地管理法》《农村土地承包法》《物权法》等均以《宪法》有关集体土地所有权规定为根本依据,但并未明确集体土地所有权是否属于物权理论上的所有权。直至《物权法》的颁布,集体土地所有权的所有权属性才得以恢复,集体土地所有权及承包经营权的财产价值才得以确认。目前,我国现行立法仍未适度供给集体土地处分行为规制制度。尽管如此,但集体土地处分行为实践却屡有发生。例如:瓦房店市1996年和2003年“并村运动”[18]、华西村自2001年起的“并村扩张”、山东诸城市2010年取消部分行政村等均涉及集体土地处分行为。[19]

通过对集体土地处分行为规制制度变迁轨迹的考察,我们发现法律、政策对集体土地处分行为经历了一个“放任”——“事实禁止”——“严格限制”——“限制性认可”的过程。此外,这还利于我们更好把握现行法律、政策对集体土地处分行为的限定性:首先,集体土地处分行为主体的特定性与平等性。在公有制下,集体土地处分行为主体仅限于现行法所确认的“农民集体”。“农民集体”原则上可以处分或继受集体土地,或继受国有土地。农

---

⑯ 参见《中共中央关于在农村建立人民公社问题的决议》(1958年8月29日)。

⑰ 参见蔡定剑:《宪法精释》,法律出版社2006年版,第195页以下。

⑱ 何男:《并村带来了什么》,载《大连日报》网站,http://www.dlxww.com/gb/daliandaily/2003-11/04/content_220964.htm,2003年11月4日访问。

⑲ 涂重航:《20余省市撤村圈地发财失地农民“被上楼”》,载《新京报》网站,http://news.qq.com/a/20101102/000549.htm,2010年11月2日访问。

民集体处分行为的相对方可以是其他农民集体或国家。[20] 由于《物权法》将集体土地所有权纳入所有权范畴，因此集体土地处分行为应当以意思自治为基础，主体间应具有平等性。这是集体土地处分行为区别于公权力主导下"征收""征用"的根本点。其次，处分行为的对象必须是作为集体资产的集体土地。"农民集体"之间处分的对象自然是集体土地，而且至少一方在行使集体土地处分权；[21]而在"农民集体"与国家之间，农民集体则行使集体土地处分行为依法将集体土地处分给国家，进而形成国有土地。当然，无论是农民集体之间，还是农民集体与国家之间，作为处分对象的集体土地应当在处分行为完后，形成集体土地或国有土地。

此外，处分行为的类型也往往具有限定性。集体土地"处分"仍然分为"事实上的处分"和"法律上的处分"。"事实上的处分"是对集体土地造成实质上的变形、改造或毁损等物理变化的事实行为；"法律上的处分"则是依法对集体土地所有权进行转移、限制和消灭，从而使所有权发生变动的法律行为。为节约和保护土地资源，现行立法禁止任何对集体土地作变形或毁损等破坏行为，但鼓励和支持集体土地所有权主体对"四荒地"等土地生产能力改善。这里主要针对的是集体土地的"法律上的处分"。尽管集体土地处分行为属于私法行为，但仍应受到法律价值与功能定位的限制。例如，《国家土地管理局对浙江省土地管理局关于村与村之间调换土地有关问题的请示的答复(1996 国土第 71 号)》对"调换"问题的规定表明，作为集体土地重要处分行为应受到诸多限制。

五、集体土地处分行为规制规则缺失问题

集体土地所的"公共产品"供给职能决定了其不可能像传统私权那样不受过多限制。对集体土地处分行为加以法律限制是法治社会法治的需要，也是遵循集体土地处分行为规制制度变迁的基本要求。殊不知，由于立法者长

[20] 当相对方为其他农民集体时，集体土地只是在乡(镇)、村、组等农民集体之间发生纵向或横向的所有权转移，但集体土地性质并未改变；当相对方为国家时，国家仅享有国有土地所有权，因此农民集体将所有的集体土地处分给国家之后，作为处分法律关系客体的集体土地的性质发生变化，经法律程序后成为国有土地。当然，由于征收的非平等性、公益性等特征而不属于本文所讲的处分行为。

[21] 按处分标的的不同，农民集体间的集体土地处分法律关系有两类：一类是一方农民集体向另一农民集体处分集体土地的行为，即 A→B；另一类是农民集体间互相处分集体土地的行为，即 A⟷B，如调换。

期以来并未直接认可集体土地所有权的私权属性以及理论界、实务部门存在认知差异,等等原因,导致了集体土地处分行为规制规则供给不足。规制规则缺失所表现出的问题主要有四:

(一)主管部门对集体土地处分权的认知偏差

尽管现行相关立法并未明确限制集体土地处分权,但相关行政主管部门并未实际认可集体土地有限处分权。这在很大程度上是20世纪50年代中期以来国家高度集中管理土地的制度路径以来的结果。这实际上是对集体土地的资源属性和市场要素功能的否定,属于与社会主义市场经济体制相对立的“异化物”。当然,政府主导模式之下,地方经济发展、农村社会稳定、政府及行政领导者的价值取向等因素也是政府通过否定集体土地处分行为效力来降低未来政策的违宪或违法成本的重要动机。

(二)集体土地处分行为主体关系架构不清

当前,集体土地处分行为主体制度缺失也是集体土地处分行为规制规则缺失的重要表现。这也成为集体成员缺乏维护集体土地所有权权益动力的重要原因。据笔者对重庆市綦江区XX村村民调查问卷发现,近五年该村及村内各组集体并未直接分配集体土地收益,约92.3%的村民选择不关心或无法关心集体土地收益及其分配的选项。尽管现行法律明确了“农民集体”的所有权主体身份,但“农民集体”概念的模糊性以及集体组织的虚化,村民委员会往往成为事实上的集体土地处分行为主体。这大大增加了集体土地所有权的代表成本。

(三)集体土地所有权边界模糊导致利益冲突

法作为人的行为的一种秩序,原则上依托于权利(力)的设定和保护。权利(力)冲突的产生通常源于权利(力)模糊。尽管农民集体本应享有与其他所有权主体平等的地位,但却在空间范围、权能范围两方面均受到“制度歧视”。即使是当下集体土地所有权确权颁证工作,也不乏部分地方“一刀切”地将集体土地所有权划归村集体或组集体的问题,以致形式上明确了边界但却违背历史和理论支撑。

(四)集体土地处分行为规制模式的欠科学性

受集体土地所有权制度变迁制约,集体土地处分行为的规制规则在实践中往往体现出“彻底否定”处分行为效力的色彩。对集体土地处分行为的否定,主要源自于对作为处分行为主体的“农民集体”的否定以及对农民集体土地所有权的私权属性的否定。尤其是现行制度肯定国有土地处分权、否定集体土地处分方式的做法却与所有权的平等性要求以及社会主义市场经济的基本规律大相径庭。[22]

六、以《土地管理法》改革为契机的规制规则供给

当前,《土地管理法》正处于修改阶段,其“公平”“正义”价值目标的实现取决于规范设计的科学性与完整性。由于《土地管理法》是国家公权力对集体土地所有权监管的主要法律依据,因此可以以其修改为契机,加强集体土地处分行为规制制度供给,推动集体土地直接入市的。

(一) 重构集体土地处分行为监管理念

《土地管理法》作为“上位法”,是集体土地处分行为监管法治化的主要依据,应注重发挥集体土地的资源属性和要素功能。目前,该法应以“两个转变”作为改革的基本理念:一是从“否定模式”(即否定集体土地所有权主体及其处分行为效力)向“行为 + 结构监管模式”转变。行为监管和结构监管是现代法治文明发展的重要成果,强调主体及权利的存在并不违法,应以行为违法及结构非均衡为规制对象。《土地管理法》应当正视农民集体与国家在土地所有权主体方面的平等地位,注重对集体土地违法处分行为的监管及土地市场结构的宏观调整。二是从“安全优先、兼顾效益”向“安全”“效率”“公平”的价值结构转变。《土地管理法》的价值偏差是导致集体土地经营效益低下、公平缺失等问题的重要成因。“公平”作为衡量立法文明的重要“标尺”,应成为《土地管理法》的基本价值。同时,《土地管理法》还应当建立“安全”“效率”“公平”的价值序列。

(二) 架构集体土地处分行为主体制度

集体土地处分行为主体制度应当是“集体成员”—“农民集体”—“农村集体经济组织”的“线性”主体框架。首先,集体成员作为集体土地所有权利益格局中的真正主体,应当成为集体土地处分行为规制制度保护的根本保护

---

[22] 参见江平:《中国土地立法研究》,中国政法大学出版社 1999 年版,第 257 页。

对象,应当享有充分的监督和参与权,以促进法律预先约定的方式被切实运用。其次,“农民集体”可以被认定为特殊民事主体。[23] 具体可以考虑以农村集体经济组织为标准,兼顾集体土地所有权的历史和保有现状,划分各“农民集体”的地域边界和成员构成。此外,《土地管理法》还可以兼顾农村集体经济组织(包括乡镇、村、小组三级)的性质以及其长期代为行使集体土地所有权的现状,并充分利用农村集体经济组织的经济性、专业性、保障性以及与集体土地所有权范围契合等优势,明确赋予其对集体土地处分行为的代表资格。当然,有关集体土地处分等所有权权属事项仍然应当由符合比例的农民集体成员作决定。

(三) 厘清集体土地所有权边界

集体土地所有权边界包括空间范围、权能范围。在空间范围方面,集体土地的地下部分及地上空间具有共同性、社会性等特征,宜归为全社会成员共同所有(尤其是国家对自然资源所有权)。集体土地所有权应仅限于地表及符合集体土地合理使用需要的地上、地下的适当空间;在权能范围方面,应当依照《物权法》规定,赋予集体土地处分行为法律效力。但由于集体土地具有整体性、稀缺性、准社会保障性,属于《立法法》第 8 条规定的“只能制定法律的民事基本制度”,由《土地管理法》等法律限制。详言之,除遵守土地用途管制、基本农田保护、耕地“红线”划定与建设用地控制等现有要求外,集体土地所有权还应承载法定化的“社会责任”。

(四) 实现特定国家行为的可识别性

在政府主导模式下,明晰特定国家行为是“治愈”公权力规制集体土地处分行为“失灵”应有路径。(1) 需要明确国家角色。在集体土地处分关系中,国家可能同时扮演“运动员”和“裁判员”的双重身份。当国家(具体为政府部门)作为集体土地处分行为相对方时,应当处于与“农民集体”平等的民事主体地位;但当国家行使对集体土地处分行为监督权时,则处于监管者的地位。(2) 实现国家监管行为的法治化。为避免国家同时扮演“裁判者”和“运动员”所产生的困境,立法不仅应有效识别国家行为,更应当从监管权配置、监管程序、监管行为及监管责任等方面实现干预行为法治化。(3) 为避

---

[23] 笔者认为,“农民集体”作为《宪法》《土地管理法》《物权法》规定的集体土地所有权主体,完全可以通过“拟制主体”的方式承认其作为自然人、法人、非法人组织之外的特殊民事主体地位。

免"以处分之名行变相征收之实"等负外部性问题出现,立法应当注意监管权的优化配置,即可考虑国土资源部门仅承担监管职责,由其他政府部门作为集体土地处分行为相对方。

(五) 实现集体土地处分行为多样化

伴随着集体土地权监管模式走向行为监管、结构监管为主,原本通过限制处分方式来维护集体土地资源等立法目的,完全可以通过国家对集体土地处分行为监管和结构调控来实现。立法不宜直接规定集体土地处分权可采取何种处分方式或不得采取何种方式,而应当交由主管部门通过审查、过程监控、行为防控、风险预防、结果控制等途径加以监管。在此模式下,集体土地处分行为必定会是多样化的;不同的处分行为以及同一种处分行为均可能获得不同的法律效果。集体土地处分行为的物权变动效力,必须经主管部门审查、登记方可产生。

(六) 加强集体土地处分行为的内部监管及纠纷多元解决

集体土地处分行为的内部监督以及纠纷多元解决机制同样是集体土地处分行为规制制度的重要内容。首先,通过完善农村集体经济组织内部治理结构,降低集体成员与农村集体经济组织之间的信息不对称程度,形成成员内部监督、行政监督、社会监督及其他外部监督协同的监管机制。其次,"农民集体"作为集体土地所有权主体,应当享有诉讼主体资格。鉴于"农民集体"的拟制性,农村集体经济组织可以作为代表行使诉讼主体资格,而集体成员则可依托农村集体经济组织进行内部监督。复次,赋予集体成员的代位诉讼权。如若农村集体经济组织怠于维护集体权益,符合一定比例的集体成员可代表"农民集体"直接起诉;利益直接受损的集体成员也可对农村集体经济组织或其他主体的侵权行为直接起诉。此外,便民的多元化纠纷解决机制的建设,仍然应当突出和解、调解、行政裁决在集体土地处分纠纷解决中的基础地位。

结　语

集体处分行为的立法认同以及制度规制的主要依据,在于集体土地所有权的物权属性及其所承载的适度供给公共产品职责。这实际上也是做实集体土地所有权的重要内容。当然,这一路径符合集体土地所有权生成历史以及集体土地所有权制度变迁的基本轨迹，符合《农村集体土地征收补偿条例（草案）》所提出的“公平”原则，也与“十八大报告”提出的“城乡发展一体化”目标相一致。当然，集体土地处分行为规制研究的最大问题莫过于与中央“做实土地承包经营权”政策的协调过程中，如何处理好集体土地所有权与集体土地用益物权的收益配置问题。这是农村土地基本经营制度改革和完善应当考虑的基本问题。

专利权质押之质权人权利研究

——以物权法一般理论为基础

胡晶晶*

引　　言

目前,促进知识产权质押融资已成为一项国家政策。2005 年发布的《国家中长期科学和技术发展规划纲要(2006—2020)》明确提出要"实施促进创新创业的金融政策,建立健全鼓励中小企业技术创新的知识产权信用担保制度"。然而,我国专利质押实行的现状却不容乐观。截至 2010 年 12 月,我国的专利授权量已达到 338 万件①,专利权质押登记仅为 362 份,尽管与 2009 年相比已增长了 3.89 倍,但仍然只是专利授权总量的零头。② 专利权质押之所以难以实施,关键在于银行缺乏信心,认为专利难以为主债权提供足够的担保。由此要求在制度保障方面应有利于专利权质权人利益的保护,以实现专利权担保功能,消除质权人的疑虑。但现行立法却十分地简易,无法为质权人提供充分的保护。我国《专利法》根本未涉及专利权担保的内容,现实中依据《担保法》和《物权法》中的"权利质押"和相关司法解释及其行政规章来处理专利权质押的问题。

在 1995 年颁布的《担保法》中,与专利质押相关的仅四个条文:第 75 条第三项为专利权质押提供了法律依据;第 79 条规定了专利质押的程序性要件;第 80 条对知识产权出质人转让或许可他人使用质物的权利进行了限制;

---

* 胡晶晶,北京大学法学院 2011 级知识产权法博士生。

① 数据来源:国家知识产权局 http://www.sipo.gov.cn/ghfzs/zltj/gnwszzlsqzkzljb/201101/t20110110_562654.html,2013 年 10 月 7 日最后访问。

② 数据参见《2010 年我国专利权质押登记及专利实施合同备案情况分析》,载《中国发明与专利》2011 年第 7 期,第 50 页。

第 81 条规定权利质押的其他规则适用动产质权的规定。2000 年最高人民法院颁布的《关于适用〈中华人民共和国担保法〉若干问题的解释》(以下简称《担保法解释》)也仅在第 105 条规定了关于限制专利权出质人使用质物的规定。

在 2001 年底加入世界贸易组织之后,为符合 TRIPs 协议的要求,我国对知识产权法进行了"大修补",使我国的知识产权法律体系"基本"完备了,但与"取得""转让"等促进实施的规范相比,现有法主要落脚在"保护"上。[③]如果法律缺少促进智力成果产业化的措施,那么很难推动国家从"肢体经济"向"头脑经济"转型,并且在现实中,中小企业对专利融资又存在着较大的需求[④],因此,粗放式的框架性规范已无法满足适应现实的发展,亟须建立起完善的质押法律规范体系。然而,于 2005 年施行的《物权法》却未作出应有的回应,该法除了将登记生效改为登记设立之外,几乎与《担保法》的规定如出一辙,即在第 223 条第(五)项和第 227 条分别规定了专利权的质押标的地位和出质人使用质物的限制,其他规则仍适用动产质押的规定。为弥补立法之不足,国家知识产权局于 1996 年制定了《专利权质押合同登记管理暂行办法》;自 1999 年以来全国各地也相继出台了针对专利质押的法律规范。[⑤]但这些行政规章制度都只能在具体操作方面提供一定的指导,而根本无法对专利质押当事人的权利义务的实体性内容予以进一步的明确。

法律的缺漏与不足在一定程度上可藉由理论学说来填补。近年来知识产权质押也已成为学界热议的话题[⑥],但现有研究多数从经济学视角或政策层面谈论具体的操作难题,进而提出国家出台鼓励政策,银行等机构建立评估机制、信用机制等建议[⑦],对于专利权质押中质权人权利方面的问题却明

---

③ 参见郑成思:《中国知识产权法律体系还缺什么》,载《法制日报》2003 年 3 月 19 日。

④ 参见梁丽娜:《专利权质押融资法律问题研究》,广东商学院 2012 届民商法硕士论文,第 6 页。

⑤ 1999 年中国工商银行山西省开知识产权质押融资先例,之后,全国的知识产权质押融资实践在国家政策的鼓励和推广下逐渐展开。例如,上海市发布的《关于本市促进知识产权质押融资工作的实施意见》《镇江市专利权质押贷款管理办法》《南通市专利权质押融资管理办法(试行)》。参见任中秀:《解释论视野下知识产权质权人权利探析》,载《知识产权》2012 年第 2 期,第 64 页。

⑥ 以"知识产权质押"为篇名在中国知网中进行搜索,1999—2006 年总共不超过一百篇,然而 2009—2012 年,每一年都超过一百篇。

⑦ 参见宋伟、胡海洋:《知识产权质押贷款风险分散机制研究》,载《知识产权》2009 年第 4 期;杨明:《专利权质押贷款的可操作性难题及其应对》,载《电子知识产权》2011 年第 8 期;谢黎伟:《论专利质押的法律效力》,载《福建金融管理干部学院》2010 年第 5 期。

显缺乏关注。[8] 质押本质上是质权人权利的保障问题，专利权质押作为一种权利质押又有其自身的特殊性，由此有必要作专门的研究。本文将物权法一般理论作为基础，结合各国（地区）的担保立法和判例，对专利质押中质权人的几项主要权利进行探讨，并对相关法律规范给予评价和建议。

一、收取孳息权

孳息是从原物中分离出来的该物的收益部分。各国（地区）普遍赋予了质权人收取孳息的权利，如台湾地区民法第 889 条、《德国民法典》第 1213 条、《意大利民法典》第 2791 条、《日本民法典》第 297、350 条。我国《担保法》第 68 条第一款和我国《物权法》第 213 条也都规定了质权人有收取质物所生的孳息的权利，除非质押合同另有约定。由此，专利权质押中，质权人有权收取专利权的孳息，通常为专利权许可使用费。质权人享有孳息收取权并非基于"占有"的效力，而是基于"质权"的效力。专利权具有无形性特征，无法转移"占有"，因而质权人对孳息的"收取"并非物理形态上的移转，而是指将专利权所生孳息置于质权的效力之下。所收取的孳息并不归质权人所有，质权人仅享有质权实施时的优先受偿权。

存有疑问的是，出质前的专利权许可使用合同的效力是否因出质而消灭，亦即，质权人是否有权收取出质前的专利权许可费用？学界对此存在着分歧。赞成者认为，经登记设立质权，专利权占有转移，其收益应优先偿付质权人债权；反对者则认为，质权设立，仅占有转移，但所有权人仍持有其收益权，且该收益权属于质权设立前处分权行使的延续，因而不能为质权效力所及。[9] 本文亦持反对观点。一方面，在市场交易活动中，质权人在接受质押时，应当知悉该专利权的权属状况，一旦接受质押即表明其愿意承担相应的风险。另一方面，民法上"买卖不破租赁"规则表明物的所有权移转不影响租赁合同的效力，依据"举重以明轻"的解释原则，质押这类对物设置负担的行为自然也不会影响许可使用合同的效力。由此，质权人无权收取出质前专利权许可费用。

---

⑧　以"专利质押"为篇名在中国知网中进行搜索，在民商法类型下总共不超过十篇，分别仅有一篇专门论述专利质押质权人的利益保护和专利质押的法律效力，即朱艳平著的《论专利质押中质权人的利益保护问题》、谢黎伟著的《论专利质押的法律效力》。

⑨　易继明：《论我国专利权质押制度》，载《科技与法律》1996 年第 4 期。

二、转 质 权

所谓转质权，是指质权人为提供自己债务的担保，将质物移交给自己的债权人而设定新质权。⑩ 以是否须经出质人同意为标准，转质可以分为责任转质和承诺转质。责任转质是指质权人在质权存续过程中，不经过出质人同意而将质物转质于第三人，并由质权人承担责任。如《日本民法典》第348条、我国台湾地区"民法"第891条。承诺转质是指质权人经出质人许可，为担保自己或他人的债务，以其质押的财产为第三人再设定较自己的质权有优先效力的新质权。如《瑞士民法典》第887条、《日本民法典》第298条第2项、第350条。最高人民法院《产于适用〈中华人民共和国担保法〉若干问题的解释》(以下简称《担保法解释》)第94条第1款与《瑞士民法典》第887条类似；该条第2款规定质权人未经出质人同意在其所占有的质物上为第三人设定质权的无效，由此否定了责任转质。但有观点提出，《物权法》第217条规定"质权人在质权存续期间，未经出质人同意转质，造成质押财产毁损、灭失的，应当向出质人承担赔偿责任"，因此，"我国积极认可了承诺转质，消极承认了责任转质"。⑪本文认为，该规定并未明确认可责任转质，且《担保法解释》第94条第2款又已明确否定了责任转质，根据体系解释不宜认为我国承认了责任转质。

我国对专利权质押转质事实上予以了认可。国家知识产权局颁布的《专利权质押合同登记程序》第10条即规定，当事人凭协议及有关文件办理专利权质押合同的变更或转质登记。专利权出质需要登记，如果在未经权利人同意且未改变登记的情形下实行责任转质，不仅违背公示公信原则，而且会带来不必要的纠纷。⑫ 由此，对于专利权质押，转质规则也应仅限于承诺转质，而不适用责任转质。

如果质权人以质物"所有人"的身份转质，当满足善意取得条件时，可依善意取得制度发生转质效力；但如果质权人以质物"质权人"的身份转质，因质权人无权处分质物，一般不能适用善意取得。当质物是可转移占有的动产时，善意取得制度的适用并无异议，但在专利权出质的情形下，专利权权利人的身份在登记制度下十分明确，质权人不可能使第三人相信其具有权利人地

---

⑩ 郭明瑞：《担保法》，法律出版社2004年版，第176页。

⑪ 谢在全：《民法物权论》(下)，中国政法大学出版社1999年版，第788页。

⑫ 王利明：《物权法论》，中国政法大学出版社2000年版，第757页。

位,因而专利权转质事实上根本无法适用善意取得制度。

三、保　全　权

质押担保以质物所具有的交换价值确保债权的受偿,若质物的价值降低,或者因为质物的处分行为可能导致质物的价值降低,质权人为保全质权而有权请求出质人提供担保或者紧急变价质物。[13] 这种权利被称为质权的保全权。在专利质押法律关系中,质物无法被占有,因此在实行质押之前,质权人对于质物没有事实上的支配力,质物价值如有减损必将不利于质权的实现。由此法律赋予质权人以救济的权利,以保全其质权。

根据《担保法》第70条的规定,当质物有损坏或者价值明显减少并足以危害质权人权利时,质权人可以要求出质人提供相应的担保;如不提供的,质权人可以拍卖或者变卖质物,并协议将所得价款向第三人提存。质权人享有增加担保的请求权反映了担保的特性,即以特定物的交换价值担保主债务的履行,当该特定物的交换价值因担保人的行为而降低时,担保权人自有请求恢复原担保物价值的权利。[14] 据此,当专利权的价值因出质人怠于缴纳专利年费等行为而发生减损甚至灭失时,质权人可以请求提供相应担保;如不提供,质权人还享有请求拍卖、变卖、协议提前清偿或提存的权利。

《担保法》第80条和《物权法》第227条都作出了限制出质人处分质物的规定:专利权出质后,除非质权人同意,否则出质人不得转让或许可他人使用。《担保法解释》第105条进一步规定,以专利权出质的,出质人未经质权人同意而转让或者许可他人使用已出质权利的,应当认定为无效;由此给质权人或第三人造成损失的,由出质人承担民事责任。该规则在学界引发了较大的争议。有学者认为没有必要特别为专利权的质权人设置同意转让或许可权,因为这种限制会使出质人难以获取足够的收益来确保质权人的优先受偿权,从法律上确保专利权及时实施有利于保障债权安全,并且质权人和出质人在转让、许可质押专利权方面的利益是一致的,不需要专门进行限制,反而提前清偿或提存对于质权人而言更多了一份保障。[15] 也有学者认为该条的设立具有合理性。理由在于:质权人无法占有质物,有限制出质人处分的

---

[13] 梁慧星:《中国物权法研究》(下),法律出版社1998年版,第962页。

[14] 参见高圣平:《担保法论》,法律出版社2009年版,第350页。

[15] 参见蒋逊明、朱雪忠:《出质知识产权实施的许可与限制——兼评担保法第80条》,载《当代法学》2003年第2期;李锋耀:《专利质权研究》,华东政法大学2007届硕士论文。

必要性;转让或许可必将使出质的专利权价值减少,影响质权人实现债权;要求当事人协商同意表现了意思自治原则,立法给了当事人自由选择的空间。[16] 本文赞同前一种观点,理由在于:这种限制出质人适用质物的规定是立足于动产质权,完全无法适应专利权的特点,难以实现质权的保全效力。专利权的价值在于利用合法垄断所产生的收益,专利权的质押价值就是尽量使用专利以产生尽可能多的收益并以该收益作为债权的担保。并且在质权实施前,出质人的权利人地位并未发生改变,出质人仍应享有对入质专利权的用益权。[17] 但我国现行法律限制出质人使用质物无异于缩短了专利的有效期,使专利的价值难以完全实现,与鼓励增加收益的目标背道而驰,质权人的利益反而无法得到有效的保护。

出质人在质权设定期间因出质专利的转让、许可而获取的收益在性质上仍是出质人的财产,但出质专利作为债务的担保须保障质权人优先受偿的利益,若质权不及于此则质权便会落空。例如,出质人过失导致出质专利权因转让、实施、许可实施所得收益低于应有收益,或出质人任意地对转让、实施、许可实施所得收益进行处分,都会致使主合同债权不能得到充分担保。因此,质权的担保范围应及于出质专利权转让、许可的收益。由此该规定或可修改为:出质人转让、许可出质标的的,质权效力及于转让、许可的收益;但如果该许可使用权影响质权的实现,质权人可以请求除去该许可使用权。具体的操作可借鉴美国实务中的做法。美国现代商业银行和其他商业借贷者十分重视对出质知识产权的控制。被许可人须将对出质专利的许可实施费直接打到银行或贷款公司的指定账户,在被截留20%的专利许可受益后,剩下的80%会打到出质人的账户上。[18]

除了"转让"和"许可"之外,权利的"放弃"也属于所有权人自由处分其财产的行为。如果一项专利权的经济价值在质押期间因技术进步等原因而大幅减损,与继续缴纳逐年增加的年费相比,放弃专利权对于专利权人而言在经济上更合算;专利权人有时为了避免重复授权也会自动要求放弃其专利权。根据《专利法》第44条的规定,放弃专利权的方式有两种:不按法律规定

---

[16] 任中秀:《解释论视野下知识产权质权人权利探析》,载《知识产权》2012年第2期,第67页。

[17] 参见谢在全:《民法物权论》(下),中国政法大学出版社1999年版,第827页。

[18] See *Lars S. Smith. General Intangible or Commercial Tort: Moral Rights and State Based Intellectual Property as Collateral Under UCC Revised Article* 9[J], Emory Bankruptcy Development Journal, 2005, 22:95.

缴纳年费，或书面的放弃声明。当专利权人不缴纳年费而导致出质专利权的价值减少时，质权人依据《担保法》第70条可以要求出质人提供担保、拍卖、变卖、协议提前清偿或提存。当专利权人向主管机关提交专利权放弃声明时应如何处理？对此，《日本专利法》第97条规定，专利权人可以放弃其专利权，但须以质权人同意作为前提；德国民法典1276条第一项、台湾地区民法第903条也都规定，非经质权人同意，出质人不得以法律行为使质权标的之权利归于消灭或变更。然而，在我国，《担保法》和《物权法》并未作出相关规定。国家知识产权局于2010年颁布了《专利权质押登记办法》，该《办法》第15条规定，出质人若未提交质权人同意放弃该专利权的证明材料，国家知识产权局不予办理专利权放弃手续。由此，这一法律漏洞在一定程度上得以弥补，但作为行政规章，其法律效力层级较低，难以为司法裁判提供充分的法律依据。

四、质权受侵害时的救济权

（一）对于出质人

如果担保人自由处分出质财产的行为可能使质物遭到毁损，那么质权人是否只能待质物价值现实地减少后行使其保全权，抑或质权人也享有停止侵害、排除妨害、消除危险的物上请求权？从立法目的上看，担保的目的在于所有权人以其物担保主债权之实现，这一目的优先于质物使用的权利，该所有人自应接受由此给该物带来的限制。从实益上看，如果担保权人只能要求担保人回复价值或提供相应的担保，而不能行使停止侵害、恢复原状的请求权，那么当担保人无力继续提供担保时，担保权人的利益必将受到损害，因此有必要赋予担保权人在担保物价值减少前停止侵害的权利。

质押原则上要求质物转移由质权人占有，出质人因不再占有质物而难以对其实施任何毁损行为，从而法律并未专门规定当出质人的行为导致质物价值减少时质权人的救济权。但在专利权质押中，不存在转移占有的要求，出质专利权上负担的质押并不影响出质人的实施等利用行为，从而可能出现出质人毁损出质专利权的情形。实践中，该问题可参照抵押担保中的相关规定来处理，理由在于：“权利质权，尤其以债权、股权或无体财产权为标的之权利质权,其担保作用反近于抵押权”[19];“鉴于知识产权的特性和公示方式,应当为知识产权担保正名,其方式应为抵押”[20]。根据《担保法》第51条或《物权法》第193条,当抵押人的行为足以使抵押物价值减少时,抵押权人有权要求抵押人停止其行为、恢复抵押物的价值,或者提供与减少的价值相当的担保。据此,当出质人的行为导致质押专利的交换价值减少足以危害质权时,质权人不仅可以行使保全权要求提供相应的担保,还可以要求其停止侵害、恢复原状即回复质物价值。若出质人拒不停止侵害,质权人可以质权受侵害为由诉请法院强制执行。除了以上方式外,我国也可借鉴《日本民法典》第137条第2款的规定,即“债务人毁灭或减少担保而使债权人丧失期待利益,债权人即得实行质权”,从而要求债务人即时履行债务。

出质人“转让”或“许可”出质专利权的情形可是否可理解为危害质权的行为,从而允许质权人可请求出质人停止侵害?从目的解释的角度看,质押制度的目的在于担保主债权得到优先受偿,如上文所述,质物的转让或许可并不影响质权的行使,反而有利于质权人利益的实现,因此,不仅质物的转让或许可本身不应受到限制,而且质权人也不能以质权受侵害为由而提出停止侵害的请求。对于出质人在质物上设定后次序的质权的情形,也同样如此。[21]

如果出质人的行为使质物交换价值减少并危害了质权,质权人除了请求停止侵害之外,是否也可以请求“损害赔偿”?从理论上看,质权人确实享有对出质人或债务人的损害赔偿请求权,但此时须优先考虑由质权人依法要求恢复相应价值或继续提供担保;只有在出质人或债务人拒绝或无力提供时,才应考察出质人是否构成违约或侵权而须承担相应的赔偿责任。

(二)对于第三人

当第三人致使质物毁损、灭失时,质权人可要求出质人提供担保、拍卖变卖质物或以赔偿金来清偿出质人的债务。有疑问的是,此时质权人是否可以直接向该第三人提起侵权之诉?对此我国法律并无规定,但质权作为物权之一种,法律自应予以保护。《德国民法典》第1227条即规定:质权之侵害,发生与所有权侵害同样的请求权。台湾学者也认为,法律对质权之侵害,虽未予明文保护,然而质权人为排除侵害应可行使占有人之物上请求权,且对于

---

[19] 史尚宽:《物权法论》,中国政法大学出版社2000年版,第388页。

[20] 李鹊:《知识产权担保制度研究》,法律出版社2012年版,第94—147页。

[21] 参见史尚宽:《物权法论》,中国政法大学出版社2000年版,第370页。

侵害者，亦可依侵权行为之规定请求损害赔偿。[22] 对于排除妨害等物上请求权，依上文所述，专利权质权人对出质人可予以请求，自然对于第三人则更无不允许适用的理由，因而不再赘述。但对于损害赔偿请求权，则存在着两个值得进行深入探讨的问题：

第一，质权要求由质权人占有质物，"占有"可否成为质权人对第三人的损害赔偿的请求权基础呢？

美国法上的相关经验值得关注。美国高等法院在1891年的Waterman v. McKenzie案[23]中确立了所谓"质权人起诉制度"，赋予了质权人在专利侵权案件中的"起诉权"。该案中，Lewis Waterman享有一项钢笔的专利，他将该专利转让给了他的妻子；他的妻子又反向授予Waterman制造、销售该专利的排他许可权，但不包括使用，并将该专利出质给Shipman，而Shipman又将该专利转让给McKenzie。当McKenzie开始利用该专利生产钢笔时，Waterman家族起诉其侵犯了他们的专利权。法院在判决中分析了诉讼主体的问题："1870年专利法案已认可了专利担保，专利作为担保而移转应遵循担保法的规则"[24]；能对抗侵权的取决于"占有"而非"权利"，"当占有主体为抵押人时，他就有权起诉侵权人，而当占有主体是抵押权人时，他就应成为有权起诉的一方"[25]；"本案中，因为Shipman享有对完整专利权的担保权，且联邦登记也确认了其对专利的占有[26]，所以只有Shipman才可保护该专利"[27]。之所以如此，法院认为"将起诉权赋予一方可以避免对侵权人的多重诉讼"[28]。

美国高等法院通过对"占有"的扩大解释来赋予担保权人诉权，为担保权人的利益提供了保障，那么这一做法能否为我国所借鉴呢？《物权法》第245条第1款规定占有人基于占有享有"占有保护请求权"和"占有损害赔偿请求权"。质权具有积极的利益归属功能，能够使占有利益不同程度地归属

---

[22] 参见谢在全：《民法物权论》(下)，中国政法大学出版社1999年版，第791页；史尚宽：《物权法论》，中国政法大学出版社2000年版，第370页。

[23] Waterman v. McKenzie. 138 U. S. 257(1891)，258—259.

[24] LORIN BRENNAN. Financing Intellectual Property under Federal Law：A National Imperative [J]. Hastings Comm/Ent. J，2001，195(23)：231.

[25] Waterman v. McKenzie. 138 U. S. 257(1891)，259—260.

[26] 这种移转方式也存在于动产担保中，被认为"等价于占有的变更"，这并不意味着债权人从字面上享有对标的物在物理上的控制，在法律上这种"占有"完全可以满足所有权中要求的占有形态。See *Berson v. Nunan*. U. S，63 Cal. 550(1883). 552.

[27] Id.，p. 260—261.

[28] Id.

于占有人。[29] 由此，当占有物被侵夺或妨害导致占有物交换价值减少或使得质权人不能正常收取物之孳息时，质权人的占有利益即遭受损害，得请求行使“占有保护请求权”和“占有损害赔偿请求权”。然而，知识产权的客体是无形的智慧财产，人们普遍认同其不能适用“占有”。那么是否能通过“权利占有”制度来适用占有保护的规定？学界对此存在着较大分歧。权利占有，又称准占有，是指对于不因物之占有而成立的财产权，当事人如果事实上行使其财产权，可以准用占有制度的规定。[30] 谢在全先生在《民法物权论》中指出，专利等无体财产权“系准占有之客体，不仅为通说[31]所认同，且准占有制度于此等财产权，实具有重要之作用”[32]。也有学者从准占有的效力进行考察，认为准占有不应适用于知识产权。[33]

本文无意参与该问题本身的讨论，而仅关注“权利占有”的适用对于专利权质权人的意义。如果承认知识产权之权利占有，则在专利质权中，质权人同时也是占有人，从而可准用有关占有的规定。双重身份使其既享有物权损害赔偿请求权也享有占有损害赔偿请求权，从而发生请求权竞合，请求权人可择一行使。但在基于本权的占有中，因本权自身即带有损害赔偿请求权，基于占有的损害赔偿请求权事实上并不具有特别的价值。[34] 专利权质押中，质权人对专利权享有的权利占有是基于本权（质押权）的占有，因此，在专利质权遭受第三人侵害时，质权人可径行以质押的物权效力来请求损害赔偿，而不宜承认其基于占有的起诉权，否则将与其本权即担保权上的诉权发生竞合，反凭增繁杂。

如果质权所有人和质权人分别可以依据所有权和质权受侵害向法院提起诉讼，那么二者的损害赔偿请求权是否存在着竞合关系？目前，尚未出现

---

[29] 王泽鉴：《民法学说与判例研究》，中国政法大学出版社 1998 年版，第 251 页。

[30] 《日本民法典》第 205 条和台湾地区民法典第 966 条。

[31] 参见史尚宽：《物权法论》，中国政法大学出版社 2000 年版，第 605 页；王泽鉴：《民法物权（二）》，中国政法大学出版社 2001 年版，第 385 页；梁慧星：《民法总论》，法律出版社 2004 年版，第 88 页；〔日〕我妻荣：《新订物权法》，罗丽译，中国法制出版社 2008 年版，第 535 页；〔日〕柚木馨：《判例物權法總論》，有斐閣 1955 年版，第 424 页。

[32] 谢在全：《民法物权论》（下册），中国政法大学出版社 1999 年版，第 1033 页。

[33] 参见刘家瑞：《论知识产权与占有制度》，载《法学》2003 年第 10 期；彭诚信：《智力成果、知识产权对占有制度的适用》，载江平主编：《中美物权法的现状与发展》，清华大学出版社 2003 年版；李鹛：《知识产权担保制度研究》，法律出版社 2012 年版。

[34] 参见卜祥洪：《论占有损害赔偿的请求权基础与范围》，载《当代法学》2011 年第 4 期，第 65 页。

专门针对该问题的理论学说，但抵押权上的相关理论或许能为我们提供一些参考。在第三人侵害抵押权情形中，同时产生抵押权人之损害赔偿请求权与所有权人之损害赔偿请求权，对于二者关系如何，日本学者提出了“竞合说”和“物上代位说”。[35] 竞合说认为，抵押权人与所有人共同具有损害赔偿请求权，二者发生竞合，在判例中，实际分配比例是抵押权人得到其债权无法清偿的金额，而所有人得到余额；物上代位说则认为只产生所有人的损害赔偿请求权，抵押权人只能取得物上代位权。

就质权而言，有学者认为，质权人除与抵押权人一样支配担保物的交换价值外，还享有对担保物的占有权，因而质权与动产所有权之效力并无不同，由此并无区分竞合说与物上代位说的必要[36]；也有学者认为，台湾地区民法中侵害质物的“得受之赔偿金”包含了已受之赔偿金和赔偿金请求权，而《担保法》第 73 条仅规定“赔偿金”属于质押担保范围，对于“损害赔偿请求权”并未肯定其代位之地位，这是我国担保立法的一大缺漏。[37]

一方面，质权作为一类物权自具有物权效力，质权人可以此作为请求权基础请求侵权人予以损害赔偿；另一方面，当出质人同时向同一侵权人提起损害赔偿之诉时，侵权人的行为所导致的质物价值的减少对于质权人与出质人而言具有损害的同一性，应作为共同诉讼来处理。赔偿金在债权范围内的部分由质权人收取来继续担保主债权，剩余部分归出质人。由此可见，法律并不否定这种由质权人根据物权效力请求损害赔偿的处理方式。然而，相比之下，“物上代位说”更具有合理性。

根据“物上代位说”，质权人对出质人享有的损害赔偿请求权享有质权，这一法定债权质权能有效地控制损害赔偿债权，为质权人的利益提供可靠的保障，而无须使质权人再享有对第三人的损害赔偿请求权。但这并不等于完全地否定质权人的诉权。当出质人殆于行使对第三人的损害赔偿请求权时，损害赔偿金无从产生，质权人的保全权则无法及于赔偿金，质权人只能要求出质人提供相应担保、拍卖或变卖质物；此时如果出质人自身已无力再提供担保，且专利权因侵权而失去了大部分价值，拍卖变卖所得价金可能不足以偿还债务，则质权人的利益无法得到保护。由此，在以上情形以及出质人同

[35] 〔日〕近江幸治：《担保物权法》，法律出版社 2000 年版，第 148 页。
[36] 蔡永民：《比较担保法》，北京大学出版社 2004 年版，第 221 页。
[37] 谢在全：《民法物权论》（下），中国政法大学出版社 1999 年版，第 775 页。

意质权人代位行使其诉讼权时,应允许质权人向第三人提起侵权之诉。

综上所述,当第三人侵害质物从而危害质权时,质权人可以基于物权效力或"权利占有"向该第三人提起侵权之诉,但"权利占有"是否适用于知识产权存有争议,且占有损害赔偿请求权在此并无实际意义,因此只应承认质权人基于物权效力的损害赔偿请求权。在此前提下,若质权人和出质人同时分别依据质权和所有权的物权效力而提起侵权之诉,根据"竞合说",二者的诉权固然可以同时行使,但相比之下,"物上代位说"的做法更有效率。根据该说,当出质人已就第三人侵权获得损害赔偿时,质权人对出质人享有的损害赔偿请求权享有质权,其质权利益已足以得到保障。但如果出质人殆于行使诉权或出质人同意质权人代位行使其诉讼权时,质权人可以自行向第三人提起侵权之诉。

五、优先受偿权

质权的设定目的在于确保债权得到清偿,当届期债权未获受偿时,质权人处分质物以其变价款优先清偿其债权,此即质权的优先受偿权或实行权,这是质权人的最主要权能。《担保法》第 71 条第 2、3 款以及《物权法》第 219 条第 2 款都规定了质权的三种实现方式:出质人可以与质权人协议以质押财产折价,也可以就拍卖、变卖质押财产所得的价款优先受偿。相比之下,有的国家(地区)则为质权人提供了更为多样的质权实现方式,并且承认当事人有自行约定其他实现方式的权利。如美国《统一商法典》第 9—610 条(a)项规定,违约发生后,担保权人可以以担保物当时的状况,或者依任何商业上合理的准备或者处理、出卖、出租、许可使用或者以其他方式处分担保物的任何部分或全部。[38] 日本《民事执行法》第 193、161 条更是专门直接针对专利权规定了四种质物转价的方法:一是让渡命令,即依法院的让渡命令债权人通过清算程序直接获得出质的专利权;二是管理命令,即依管理命令由第三人处得到的使用费或受让费充作债权的清偿;三是出卖命令,四是其他适当的换价方法。[39] 其中,第一种让渡命令十分值得关注,这实际上是一种非典型

---

[38] 美国统一州法委员会:《美国〈统一商法典〉及其正式评述》(第三卷),高圣平译,中国人民大学出版社 2006 年版,第 386 页。

[39] 〔日〕中山信弘编:《注解特许法》(上),青林书院新社 1983 年版,第 664 页。

的担保方式，即“让与担保”。

所谓“让与担保”，指的是债务人或第三人为担保债务，将担保标的物移转于担保权人，于债务清偿后，标的物应予返还，债务不履行时，担保权人得就该标的物受偿。[40] 让与担保设定后，标的物通常由设定人继续占有，保留其用益权，因而类似于动产抵押，对于在性质上与抵押更接近的专利权质押制度具有重要的参考价值。在让与担保的有效性方面，存有违反物权法定和流质契约之禁止的疑虑。法律不承认一般的动产抵押，但让与担保并不依照抵押的设定方式，且并用所有权让与和租赁或借贷关系两种方式[41]，虽有担保债务清偿目的和作用，但并非创设新的物权，不生违反物权法定的问题。在流质契约下，债权未获清偿时，担保权人即当然取得物之所有权；而让与担保中，担保权人仍有清算义务，就超过债权部分负有返回责任。由此，让与担保是以债之关系加所有权让与，且担保权人负有清偿义务为其法律构造[42]，并未违反强制性规定，当事人得自由约定。尽管担保法仅规定了质权人折价、拍卖或变卖这三种变价方式，但根据民法上“法不禁止即为许可”的原则，只要不违反公序良俗和强制性规范，专利权人得与质权人作出“让与担保”的约定，当债权未获清偿时，质权人得就该专利权受偿，但经清算后超过债权的部分应返回专利权人。

结　　语

专利权质押融资在现实中尤其对于中小企业而言有着较大的需求，要树立银行接受专利权质押的信心，关键就在于如何在规则和制度层面为专利权质押权人提供充分的保障。本文以物权法的一般理论为基础对专利权质权人的几项重要权利进行了初步研究，其合理性还需在司法实践中进行检验，并最终等待时机成熟时将有益的理论和实践经验上升为立法。

---

[40] 谢在全:《民法物权论》(下)，中国政法大学出版社 1999 年版，第 897 页。

[41] 参见史尚宽:《物权法论》，中国政法大学出版社 2000 年版，第 424 页。

[42] 参见谢在全:《民法物权论》(下)，中国政法大学出版社 1999 年版，第 908 页。